海昌文存丛谈

钱菁 著

華文出版社
SINO-CULTURE PRESS

图书在版编目（CIP）数据

海昌文存丛谈 / 钱菁著 . —北京 : 华文出版社，2023. 6

ISBN 978 - 7 - 5075 - 5785 - 5

Ⅰ. ①海… Ⅱ. ①钱… Ⅲ. ①古籍—介绍—海宁 Ⅳ. ①Z835

中国国家版本馆 CIP 数据核字（2023）第 100773 号

海昌文存丛谈

作　　者：钱　菁
责任编辑：谭　笑
出版发行：华文出版社
社　　址：北京市西城区广安门外大街 305 号 8 区 2 号楼
邮政编码：100055
投稿信箱：784263235@ qq. com
电　　话：总 编 室　010 - 58336239
　　　　　发 行 部　010 - 58336267
　　　　　责任编辑　010 - 58336237
经　　销：新华书店
印　　刷：三河市龙大印装有限公司
开　　本：710mm × 1000mm　1/16
印　　张：22. 5
字　　数：369 千字
版　　次：2023 年 6 月第 1 版
印　　次：2023 年 6 月第 1 次印刷
标准书号：978 - 7 - 5075 - 5785 - 5
定　　价：98. 00 元

序

庚子岁末,钱菁君以新作《海昌文存丛谈》初稿见示，并嘱我作序。我与他既是契友，又有师生之谊，便欣然从命了。

我俩相识可以追溯到20世纪70年代，那时我在海宁第一中学任教，他还是一位高中学生。虽未面授，但早已知道他是一名品学兼优、兴趣广泛的优秀学生。因为历史的原因，毕业后未能进一步深造。后来得知他入业杏林，师从当地名医朱炼之学了中医，并且业绩卓著：在海宁创建了中医男性专科，还担任了海宁中医院院长的要职。虽然同在一地，但也是缘悭一面，睽违许久。一个偶然的机会，我从《海宁日报》上看到了他写作文史专著《海昌余韵》的专题报道，感到意外和惊喜，就马上联系上了他，并向他索取了此书。那时我忝任海宁名人研究室副主任，对当地名人文化比较关注，而且正在进行《海宁历代名人百咏》的创作。我认真翻阅了他的著作，获益匪浅，既从中获得了许多资料，又打开了我的创作思路。

此后，我们的交往就多了起来。我还特地到他的工作室拜访。他退休后仍在医院发挥余热，半天门诊，半天在工作室从事学术研究工作。除了整理有关名家医案外，就专注于海宁文化名人的研究。自古以来就有儒医一家的说法，钱菁君在从事中医和研究古代医案的过程中，打下了扎实的古典文学基础，得以阅读并浏览了大量的文史典籍，尤其对海宁历史名人的事迹和著作产生了极大的兴趣。在此过程中他发现当地的资料不足，就千方百计联系国内知名的图书馆和博物馆，搜集了大量散见于各地有关海宁的文史资料，爬罗剔抉，索引钩沉，孜孜矻矻，笔耕不辍，花费了多年的精力，先后撰写并出版了《海宁历代医家要略》《海昌余韵》《细说海宁》《大国医王孟英》

等多部著作，名闻乡里，令人刮目。为海宁的名人文化研究注入新鲜血液，填补了海宁文化名人研究领域的空白。

海宁钟灵毓秀，人文荟萃，古今名人著述浩如烟海，据《海宁市志》记载：有历史和现代文化名人近600位，著作1600余种，可谓洋洋大观，源远流长，其中不乏鸿篇巨制和学术巨擘的扛鼎之作。许多珍稀典籍都有待整理出版。地方有关部门近几年虽然投入了大量人力和财力，陆续编印出版了《海宁珍稀史料文献丛书》，但也仅取其什一而已。钱菁君长期涵泳于海昌文史瀚海之中，对海昌文存的整理出版寄予厚望，多次跟我谈起此事，常感叹于热衷和能胜任此浩大工程的人才之不足，但自当立志尽一己绵薄之力，做一些搜集和推介工作，这对继承和弘扬历史文化传统是很有意义的事情。我对此也很有同感，对他的作为由衷赞叹！

《海昌文存丛谈》一书从历代海昌名人及其典籍中精心遴选了108人的百余种著作，跨时千余年，涉及经、史、子、集各个领域，可谓是瀚海拾贝，艺苑撷英。对他们的生平行迹，作品内容、特点，业绩贡献及前人评述等做了详尽而恰当的介绍和品评。阅读此书犹如游走于历史文化长廊之中，应接不暇，如聆听先贤教诲，如沐春风，醍醐灌顶！正如清代学者陈克恕所言："博观约取，心手间别有神解矣！"钱菁君也自感浸淫于此中，犹如江皋拾翠，洛浦探珠，含英咀华，收益良多！王荆公在《游褒禅山记》说："入之愈深，其进愈难，而其见愈奇。"做学问何尝不是如此！面对海昌文存这一宝库，一本丛谈只能是尝鼎一脔，窥豹一斑，未免沧海遗珠，顾此失彼。有感于此，他便一发而不可收。面对这一文化学术宝库，准备再接再厉，另辟蹊径，阐幽抉微，续写更多有关研究海宁名人文化的专著，以飨读者，我们也殷切期待着！

海宁清代学者吴骞有一印语："寒可无衣，饥可无食，至于书不可一日失。"查有新也有言："出交天下士，归读古人书。"诚哉斯言！海宁众多先贤为我们留下的文化遗存有待我们进一步去发掘和研究，他们的学术精神有待我们去传承和发扬，钱菁君正致力践行之。见贤思齐，让我们勉力同行吧。

辛丑孟春于海宁　唐兆基

目　录

一

善言天者必质于人

——晋·干宝《搜神记》

干宝（283—351 年左右），字令升。自河南新蔡移居浙江盐官灵泉乡（今海宁黄湾）。西晋永康元年（307 年）任盐官别驾，又任山阴令（今浙江绍兴）及始安（今广西桂林）太守。官至散骑常侍。后经王导疏荐，召为佐著作郎，主修国史。著有《晋纪》《司徒仪》《后养议》《杂仪》《春秋左氏函传义》《春秋序论》《干子》《周官礼注》《周易注》《周易爻义》《周易宗涂》《周易玄品》《周易问难》《答周官驳难》《易音》《毛诗音隐》《正言》《立言》《百志诗》《干宝集》《史论》《搜神记》等。

《搜神记》二十卷收录于《四库全书》子部五十二，为内府藏本，是海宁人著述现存《四库》子部中最早的古籍。原本有三十卷，《隋志》及新旧唐志俱著录三十卷，《宋志》作十卷，史志所记载的卷数互不相合，因此从唐以后至宋元时期，干宝原著已散佚，今本为二十卷是明代学者胡应麟从《法苑珠林》《太平广记》《太平御览》等书中辑录而成。目前有中华书局等多种点校本出版。

干宝在《搜神记》自序中开首即说："虽考先志于载籍，收遗逸于当时，盖非一耳一目之所亲闻睹也，又安敢谓无失实者哉。"意为写本书时虽然在过去的记载书籍中查考记录，收录当时遗失没有记载的事，因为不是亲眼看见，亲耳听见，又怎么敢说没有与事实有出入呢？开宗明义说明了这些故事都是古籍记载或传说中的事。在编写过程中，"群言百家，不可胜览。耳目所受，不可胜载"。尽管干宝当时是通过博览群书，采访近世之事，还是认为"苟有虚错，愿与先贤前儒分其讥谤"。而今三十卷的原著已不可见，今本二十卷是在散佚遗篇后又经过后人增删而成，已经不是干宝所著的原貌了。

现在二十卷大致内容为，卷一所记皆为晋代以前神仙方士神通变化的奇闻异事，从传说中的神农氏到三国时的吴猛，讲述这些人得道成仙、呼风唤雨、骑龙驾虎、长生不老的故事。

卷二记述了汉晋时期巫人与术士降伏鬼魔、人鬼互通的奇异怪事。有汉献帝时的寿光侯降伏妖魔鬼怪，有能预见吉凶的韩友，能断舌吐火的天竺人等，都是一些当时很有影响的术士与巫师。

卷三所记的人物都是汉晋时期通易学、善卜辞的名士，有许季山、郭璞、管辂等人。其中，管辂对神明与妖异的故事，颇有积极意义，指出了正气内存，安神修德是保身正命的根本，只有保持了身体的真气，才会不受邪怪所侵。篇中还有两则华佗治疗疑难杂症的案例。

卷四记载的都是星宿和山岳河川与诸神有关的灵异故事，这些山神河伯执掌风雨，为人疗疾，如泰山府君、彭泽湖神的知恩图报；泰山之女、庐山神君对德行仁义的敬重；天使搭乘麋竹的便车，为人间减除火灾等，都具有劝人行善的积极意义。

卷五所收录的故事以宣扬因果报应的观念为主，有丁姑显灵、王佑以清廉延寿、周式失信丧命等故事。

卷六以编年体形式记述夏代至三国期间的各种妖魔鬼怪之事，用阴阳五行学说来解释世间万物的变异，以《黄帝内经》“有诸形于内，必形于外”的理论，列举了各种灾异与妖怪依附弥漫于物体内部，物体的外表随之发生变化，然后以五行生克的消长变化来说明妖异的形成和出现。故事听起来颇为荒诞，却蕴含一定的哲理。《论山徙》中的“善言天者，必质之于人；善言人者，亦本之于天”，说的就是天人合一的哲学思想。

卷七记述了各种与灵异有关的奇闻趣事，以山川河岳、草木禽兽、衣食住行、风俗日用中出现的怪异之事，来预示未来的吉凶祸福。例如，两足虎、鱼现屋上、牛说话、女产怪物等怪事，都预示着自然灾难与社会动荡的关系。

卷八记述历代王朝的更替与天命的关系，以此说明自古以来，王朝的建立都是奉天命而建，因此，王朝的兴衰更替，与此相关的瑞祥符命会相继出现。例如，舜得玉鬲，即知天命在己；孔子拜北辰得刻字黄玉，即预知刘汉王朝的兴起，以此来表明新王朝建立的合法性。

卷九记载的十则故事都是与瑞应灾异相关，如汝南应妪昼夜见神光即子孙兴旺显赫；常山张颢得金印官至太尉；长安张氏得金钩而富贵；何比干符策而子孙致宦等，说的是富贵皆有天命。又如狗咬鹅、狗戴帽着衣上房、狗衔衣、炊饭变虫等，看似荒诞不经的故事，则预示主人将要遭受各种灾祸的先兆。

卷十的故事是解梦与占卜，记录了汉代以来有关梦境的故事，有讲梦境，有作解析，以及最后的验证结果，以此说明占梦而辨吉凶是可信的。

卷十一讲的是孝道，故事中的主人公都是卓绝才识、至诚情义的仁人义士、孝子贤妇，如熊渠、李广、养由基、更赢、古冶子、东方朔等，都因武艺高强而流芳百世，通过这些仁人志士、孝子贤妇的传奇故事，宣扬以孝为本的人伦道德规范。

卷十二讲各种怪物是宇宙万物中为五行生化所形成，各种怪物因其元气的变化而产生，种种奇异故事的发生，自有其存在的合理性。例如，能夜间飞行的落头民、可化为虎的貙人、专抢美女的猳国马化、人鸟之间变化的越祝之祖等，都是自然之物。

卷十三记载的是有灵性的物产，以及这些奇物与人的神奇感应，或者记述奇人异事的特异功能。例如，泰山澧泉、霍山镬、昆明湖的黑灰、龟化城等，旨在说明自然界的有些物产具有不同寻常的神性。

卷十四收录的故事比较杂乱，中国历史上著名的“嫦娥奔月”即源于此篇，其他还有黄母化鼋、宋母化鳖、宣母化鼋及老翁作怪，似乎是在阐述人类对于生命规律的认识。

卷十五所讲的主人公都是能跨越生死界限、能死而复生的传奇人物，以此表达长生不老的愿望以及对死而复生的期盼。广陵大冢描述的是古代诸侯之家的墓葬习俗。

卷十六收录的是因鬼而起的故事，有人鬼辩论，人与鬼之间的冲突，用传奇的方式表达了人鬼情未了的愿望，如韩重与紫玉、辛道度与秦女、谈生与睢阳王女、卢充与崔氏等故事。

卷十七讲人与精怪之间的有趣故事；卷十八是一些驱除精怪、为人类除害的故事；卷十九是讲降妖除怪的故事；卷二十讲因果报应，动物对人类恩怨的回报，如义犬救主这则很感人的故事就出于此。

《搜神记》在中国小说史上影响深远，被称作中国志怪小说的鼻祖。

二

李白杜甫已死　非君将谁与哉

——唐·顾况《顾华阳集》

《顾华阳集》是唐朝诗人顾况的诗文集，是海宁历史人物诗文中留存至今年代最早的诗文集，也是海宁人在《四库全书》集部中的第一部诗文集。最早的集名是《唐著作佐郎顾华阳集》，著作佐郎是以官命名，收录《四库全书》时，因号为华阳真逸，故以顾华阳名。顾况（708—801年），字逋翁，号华阳真逸，晚号悲翁。唐至德二载（757年）进士。曾任润州（今江苏镇江）刺史，后由德宗时宰相柳浑引荐，入朝为秘书郎，稍后任著作佐郎，因习惯了闲云野鹤式的自由生活，三年后弃官归隐茅山（今江苏句容），故后人称其为“唐著作郎”或“唐著作佐郎”。顾况著述颇多，著有《顾逋翁集》《华阳集》《书评》《画评》等。《旧唐书·艺文志》载有二十卷，《宋史·艺文志》作十五卷，至清《四库全书》收录仅三卷。

顾况最早的诗文集应该是出自唐元和年间，去世不久由友人结集刊印，从皇甫湜序可知，虽序文没落年号，但从内容看应该是顾况去世后所作。皇甫湜是顾况的高足，性极高傲，对顾况极为崇敬。因童子时就结识顾况，一别已30年，皇甫湜出生于777年，所以皇甫湜写序时应该是元和以后了。皇甫湜对顾况评价极高，在序中甚至认为“李白、杜甫已死，非君将谁与哉”。顾况的诗，在唐朝诗坛上占有一席之地，开创了大历诗坛的新风。在皇甫湜看来，顾况是继李白、杜甫以后的又一位伟大诗人。

顾况家在海宁横山，有诗为证，七绝《横山故居》起首一句即“家在双峰兰若边”，双峰通常指大横山、小横山，兰若为佛语指寺院，因横山旁有禅寂院。据《海盐县志》载：“禅寂院在县西南五十里横山，旧名兴福院。宋治平元年改赐禅寂院，祠顾况为伽蓝神，以况旧居在寺侧故也。”一说，顾况家在东山葛洪丹井旁，因东山、西山也是两峰，《山中》一诗中有“野人爱向山中宿，况在葛洪丹井西”之句，《海宁县志》载东山有顾况读书台，在葛洪炼丹井遗迹西面。当时横山属海盐，东西山属海宁，现在都属海宁。

入京以前的顾况，生活及活动主要范围在吴越一带，从其文集中的内容可略知一二，如在浙江有《嘉兴监记》《湖州刺史厅壁记》《衢州开元观碑》，在上海有《华亭县令延陵包公壁记》，在安徽有《宛陵公署记》，在江苏有《苏州乾元寺碑》《广陵白沙大云寺碑》《瘗鹤铭》等。因此，皇甫湜序言开篇即是“吴中山泉气状，英淑怪丽，太湖异石，洞庭朱实，华亭清唳，与虎丘、天竺诸佛寺，钩绵秀绝。君出其中间，翕轻清以为性，结泠汰以为质，煦鲜荣以为词”。可以说吴越的秀丽山色，孕育了顾况诗文的灵性。

入京以后的顾况，很少再回到故乡，辞官后隐居茅山，故乡只是他梦境中的回忆。晚年有《忆故园》一诗流露了浓郁的乡愁：“惆怅多山人复稀，杜鹃啼处泪沾衣。故园此去千余里，春梦犹能夜夜归。”这是顾况诗集中少有的流露悲戚之情的句子，人之将老，思乡之情尤为殷切。

顾况的交游，从诗文看，有朝臣权贵李泌、宰相柳浑，诗人贺知章、白居易、韦应物，文学家韩愈，画家韩滉，还有齐映、刘太真、韩皋、包佶、吴通微、李纾等，都为当时名流，因留存的诗文不多，实际交往应该远不止这些。

《顾华阳集补遗》中有《瘗鹤铭》一文。关于《瘗鹤铭》自有一段公案，《顾华阳集补遗》为清乾隆三十八年（1773 年）顾况六十六世孙顾球纂辑，并作了如下注释：“焦山瘗鹤铭，华阳真逸撰，上皇山樵书，今剥落不可读其全文，见董逌书跋。《茅山志》载：‘唐顾况隐于菖蒲潭石墨池上，自号华阳真逸，撰焦山瘗鹤铭。’均有可据。如此而前辈棼棼或以为逸少，或以为陶隐居皆臆度语耳。”《茅山志》为元代海宁人张伯雨所修。可见在元代就有明确记载，铭文为顾况所撰。现在史学家比较公认的意见为南朝陶弘景所撰，因陶弘景晚号也是华阳真逸，与顾况同号。此铭原为摩崖石刻，在镇江焦山西麓崖壁，北宋时被雷击断，碎为五块坠落江中，平时没入水中，至水枯时方能见到。此碑残石自宋代被发现以来，历代书法家极为推崇，纷纷考证铭文及书法作者。

《四库全书》收录的《顾华阳集》是根据明万历四十一年（1613 年）顾端的版本辑录，集首有明末海盐人姚士麟所作的《顾著作传》，载有几例顾况逸事。例如，唐德宗时期，宰相柳浑推荐顾况赴京任秘书郎，顾况作诗谢答："四海如今已太平，相公何事唤狂生。此身还是笼中鸟，东向沧溟叫数声。"无意仕途的一介狂狷之士跃然纸上。年轻的白居易初到长安，携诗集拜访 80 多岁的顾况，顾况一看姓名，便戏谑说，"居易长安百物贵，居大不易"，稍后读至《赋得古原草送别》诗，"野火烧不尽，春风吹又生"一句，又叹曰"有句如此，居大不难"，凸显了一位率真幽默而风趣的老者形象。

根据《四库全书总目提要》载，纪晓岚在审定书稿时，认为"《红叶题诗》事，尤属不经，其所题诗亦猥鄙，不足传"。纪晓岚从卫道士的视角，将此爱情诗视为猥鄙，仅反映了他个人的观点。其实，孔子删诗编成《诗经》时，老夫子的观念比后人要开放得多，首篇《关雎》，描写一位青年男子因思慕一位女子而转辗难眠的情状，千古以来成为情诗之祖。孔子的弟子子夏作传曰"发乎情止乎礼义"，这也是孔子"乐而不淫"的主张。《红叶题诗》原名《叶上题诗从苑中流出》，本来是一首很凄美的情诗，"花落深宫莺亦悲，上阳宫女断肠时，君恩不闭东流水，叶上题诗寄与谁?"但在纪晓岚的眼里就成了猥鄙之作。好在乾隆以后，重刻《顾华阳集》时，没有把此诗删除。

顾况的诗流丽清新，明白晓畅，没有过多修辞，也无矫揉造作之态，如《题明霞台》："野人本自不求名，欲向山中过一生。莫嫌憔悴无知己，别有烟霞似弟兄。"语气明白如话，似用口语与朋友聊天，意境却超凡脱俗，蕴含深意。也表达了"才抱不羁，志坚独往，黄衫白鬠，而卒老青山，有以自乐"的隐士气质。

三

学不能用　则终身为腐儒

——宋·张九成《横浦集》（附《心传录》《日新录》）

《横浦集》是张九成的诗文集，横浦位于今江西省大余县，是当年张九成谪居南安的所在地，故诗集以此名。张九成一生著作颇丰，宋以后大多已散佚，现仅存《孟子传》《中庸传》《横浦日新》《横浦文集》五种。

张九成（1092—1159 年），字子韶，号横浦居士。因祖上为涿郡范杨（今河北涿州市），故有时署名为范杨张子韶。张九成师从著名理学家杨时，是程颢的再传弟子。绍兴二年（1132 年），41 岁的张九成以“中兴策”被宋高宗擢为廷试第一，成为海宁历史上第一位也是唯一一位状元。

载《横浦集》首篇即《状元策》，又称《中兴策》，是张九成政治主张极为重要的论文，文声情并茂，极富感染力，大到治国抗金之策，小到天子修身养性，洋洋万余字。因宋高宗欣赏文中的观点，张九成一举成名。其文在主张与金抗战，提出坚持到底、金兵必败的三大因素，“夫好战必亡，失其故俗必亡，人心不服必亡”，成为抵御外敌侵略的千古名言。张九成以历史上的多次侵略战争为例，力图说服高宗抗金。但最终因高宗下不了决心，议和派占据主导，张九成得不到重用，仅做了几年著作郎及经筵官。

《横浦集》卷十三有一篇《迩英春秋进讲》，是张九成担任经筵官时为高宗讲《春秋》的讲稿，可惜只是残篇，仅存两篇，否则更能了解张九成治国理念的全貌。篇中不乏名言警句，如讲到以德服人时，他说：“以力加人者，力尽则祸至，以德怀人者，亘千古而常在也。”张九成强调学而致用，卷十五《孟子拾遗》中有一句名言：“学不能用，则终身为腐儒而已矣。故学者尚论古人，在论其世也。”学古代经典，论古代名人，最终目的是为当世所用。

因高宗倾向议和，张九成与秦桧意见不合，遭罢官。回到海宁后，他在县庠学讲学，《横浦集》中有《春秋讲义》一卷，即是当时的讲稿。因名儒设坛，一时各地学生来海宁听讲者甚众，因此培养了众多学生，18 岁中状元的汪应辰，就是他的学生。《春秋讲义》也仅存三篇残稿，但对学子的教诲之言极为精彩，如“穷而独善也，隐微之间有廊庙之气，幽暗之际有日星之明”，是对“穷则独善其身”最精辟的阐释。

尽管没有得到宋高宗重用，但高宗还是看重张九成的才学，以祕阁修撰身份外派江西太平兴国宫任了一个闲职。其间，张九成与一代高僧大慧宗杲结识，并成为莫逆。

绍兴十二年（1142 年）是一个特殊的年份，岳飞被杀，以秦桧为首的议和派掌权，成为南宋的转折。秦桧以谤讪朝政为由，宗杲被驱逐到衡阳，后到梅州，张九成则被流放到南安横浦关。横浦地处赣粤交界的大山深处，地僻人荒，张九成在此潜心读书，著书立说，他的一些经学著作便是这一时期的成果，如《尚书详说》《孟子传》《论语解》等。《横浦集》中的大部分诗文也作于此时。《谪居赋》写出了他在横浦时的心境：“天心仁兮，哀怜之。免余死兮，窜江西。维兹地兮，古横浦。岭之北兮，江之浒。团瘴烟兮，飞雾雨。七年于兹兮，无与晤语。俗目并观兮，吾何以处？惟吾早闻道兮，传孔孟。用圣心兮，履圣行。”从绍兴十二年（1142 年）到绍兴二十五年（1155 年）被召回，张九成在安南待了 13 年，写这首赋时已在横浦这个荒山野岭过了七年，依然还是“传孔孟”“履圣行”，矢志不移。

《谪居赋》是被贬南安后孤独、悲怆、绝望心境的流露，但他并未就此消沉，而是以闻道孔孟来寻求精神寄托。他整日以读书解忧，如《辛未闰四月即事》这首诗，有“所以常闭门，九年唯读书”这样的诗句。张九成留下的诗不多，仅 168 首，但其诗歌语言清新淡雅，全然无宋诗之刻意雕琢，无论咏事咏物，或游山玩水，大多以遣怀寄兴，淳朴自然，而无消沉萎靡的心态。谪居南安穷乡僻壤，张九成依然笃志经学，或寄情典籍，或寄情山水。例如，《读书》中“横浦非吾土，久寓亦何聊”“饥寒何以遣，唯一文字消”，《所见》中“人生百年如逝川，那用如此争后先”，尽管无奈，但超脱旷达；又如《有感》中“胸中却有最佳处，一息遨游三万里”，都表达了他意境高雅、心胸宽广的气度。

张九成是二程理学的再传弟子，后因参游禅学，与宗杲成为至交，受到佛学影响，以至于后来被所谓正统的儒家学派，尤其是朱熹的批判，被称之为“阳儒阴释”。《横浦集》中的诗文，也有许多体现了张九成儒学中的佛禅思想。

《孟子传》及《孟子拾遗》是张九成谪居南安时所撰的重要经学名著，是继承二程理学的力作，也是阐述孟学理论的创新和发展，奠定了张九成心学理论的先驱地位。

《心传录》和《日新录》是张九成的外甥于恕、于宪随其游学南安，朝夕侍坐在侧，记录讲论经史、疑难答问所记，包括了张九成谈世故、论史事、释难题等内容，以语录形式保存了张九成的儒学精髓和治学理念。文中不乏精辟名言或不朽名句，如论人品修养：“士大夫学术须正，一或不正，往往操履皆邪，其为利害不止及其一身。”如治学之道：“学问于平淡处得味，方可以入道，不然，则往往流于异端，不识真味，遂致误人一生。”类似这样的教诲，体现在与弟子的问答中，语句看似朴实平淡，思想则极为深邃。

秦桧死后，张九成被朝廷起用，任温州知府，不久告老还乡，于 68 岁去世，葬于盐官净居院之侧。

四

为官者私罪不可有　公罪不可无

——宋·施德操《北窗炙輠录》

《北窗炙輠录》二卷为南宋施德操杂记集，是书流传当在乾隆以后，宋元明三朝公私书目俱未见著录，《四库全书》归入子部十二，小说家类一杂事之属。根据《四库全书总目提要》所说："其书明以来传本亦希，朱彝尊始得是本于海盐，乃稍稍传抄流播，残编蠹蚀，几佚幸存，亦可云希觏之秘笈矣。"朱彝尊在抄本后有一跋语，记载了得此书的经过："《北窗炙輠录》二卷，宋施彦执编。予得之海盐陈玙少典所藏，昆山徐氏、晋江黄氏从予借钞其书，稍稍流传于世。"可见此书在朱彝尊发现之前，几乎已经绝迹。施德操其人也悄无声息四百余年，乃至于《四库全书总目提要》说"德操病废终身，行事无可表见，《志乘》至不载其姓名"。其实，地方志是有记载的，比较简略而已。经查阅明嘉靖蔡完修的《海宁县志》有载："施德操，字彦执。其学主孟子，排释氏。学者称为持正先生。"近代学者、藏书家罗振常著的《善本书所见录》亦云："《北窗炙輠录》传本绝少。"

钱泰吉的《海昌备志》对施德操其人有较为详细的记载："彦执，讳德操，海昌人，张子韶之友也。生不婚宦，病废而没。子韶以文祭之云：生平朋友不过四人，姚、叶先亡，公继又去。其和彦执诗云：环顾天下间，四海惟三友。三友者，彦执及姚进道、叶先觉也。彦执尝著《孟子发题》一篇，子韶之门人郎昱编《横浦集》，附之卷末。"这是了解施德操最为详细的文字。子韶即张九成，称其为四海惟三友之一，可见两人关系非同一般，《北窗炙輠录》中也有多条关于子韶言论。施德操一生没有结婚，没入仕途，因病残疾终生。书中记载张九成兄弟子侄以及施德操兄弟家况的条文，可弥补地方史志的不足。例如，张九成之弟张九思的两个儿子子才、子容都是施德操的学生，子容后来是绍熙元年（1190 年）进士。据周广业在周春《海昌胜览》眉批中的考注：“今考彦执发崇宁间人，治诗讲学，为横浦前辈，且系宁土著，当为吾州宋儒之冠。”崇宁元年是1102 年，施德操生活在南北宋之交，年龄应长于张九成，为张九成的前辈友人。

《北窗炙輠录》应该是施德操的病中杂记，收入读书札记、前朝轶事、耳闻目见共一百四十八则，大到国家大事、皇上趣闻、朝廷重臣，小到街头闾巷、贩夫走卒、行医治病等，内容颇广，对研究宋代社会历史有参考价值。文中涉及许多宋代名人，如宋仁宗、范仲淹、司马光、欧阳修、范镇、晏殊、苏东坡、程颢、程颐、韩琦、赵清献、蔡京、童贯等，以及张九成兄弟、施家兄弟之间的轶事趣闻。

《北窗炙輠录》首条，讲了王安石与程颢关于变革过程中的一则故事，可补正史之不足。王安石变法，在廷议时发生争执，由于王安石措辞激烈，引起朝臣各官员议论纷纷，辩论异常尖锐。为此程颢想跟王安石沟通一下，来到王安石府上。因程颢是变法的反对者，王安石一见他，便怒目以待，准备与之辩论。没想到，程颢见到王安石，心平气和，笑容可掬，微笑着对王安石说：“今日朝廷诸公所争之事，并非私事，都是天下大事，王相公能否收起你的怒威，允许大家商量呢？管子曾说：下令如流水之源，令顺民心也。管子尚且知道，政令如要通畅，必须顺应民心，况且你王相公远比管子高明啊，何苦急于做违背人心的事，能否不要那么激烈呢？”程颢的一番话，使刚刚在朝廷上激烈辩论的王安石，觉得有道理，便缓和地对程颢说，皇上已经启动了这次变法，怎么办呢？程颢说道，按皇上的意思，尚有改变的可能，关键是相公你的意见对皇上的决策至关重要。王安石觉得有道理，答应明天上朝，再向皇上禀报利弊。第二天上朝，有一位朝臣张天骥，是张载的弟弟，刚从处士被征为谏官，大有不畏权贵的气势，一开朝便在皇上面前大揭王安石变法的种种弊端。这下便触怒了王安石，使其不胜其忿，反而以硬碰硬的态度，决心与保守派斗争到底。于是王安石在神宗皇帝的支持下，强行推动变法，最终因急于求成导致变法失败。程颢的弟弟程颐后来向被皇上罢官的反对派们说，变法后出现的种种弊端，你们都有一定的责任，假如当时能像程颢一样，心平气和地讲明道理，何至于此。正是由于你们中的一些人，各不相让，意气用事，激怒了王安石才导致他益发激进的心态。

这个故事旨在使人明白一个道理，争论一件事，沟通、语言、技巧都很重要。小到家事，大到国家大事，都是一样的。

第三则有一个范仲淹与韩琦的小故事，展示了两位政治家的气度和胸襟。韩琦在仁宗时期为相十年，与范仲淹等人力推“庆历新政”，为北宋的繁荣发展做出了贡献，在朝廷中被欧阳修称赞为“临大事，决大议垂绅正笏，不动声色，措天下于泰山之安，可为社稷之臣”。而施德操所讲的故事印证了韩琦的气度。一次，韩琦与范仲淹在仁宗面前议事，因意见不合，范仲淹拂袖而去，韩琦从后面紧赶上去，拉着范仲淹的手和颜悦色地说道，希文兄，此事难道真的不容商量了？这一拉手，范仲淹怒气顿时消融。施德操的评论是，韩琦之所以能办大事，其胸襟以此可见。

范仲淹有一句名言，“凡为官者，私罪不可有，公罪不可无”，出处就在《北窗炙輠录》，已成为现在为官者的座右铭。

司马光砸缸救人的故事，现在注明的出处是元朝人编的《宋史》，其实、最早的出处也在《北窗炙輠录》。原文是这样的：“温公为儿时，与群儿戏。有一儿堕水瓮中，群儿怖奔，公独不去，乃亟取石就瓮下作一窍，以出水，水流出，其儿乃救。公为儿时，其仁术已如此矣。”现在小学三年级的语文课本中这篇课文也是取材于《宋史》。《宋史》是元至正三年（1343年）脱脱和阿鲁图先后主持修撰，施德操此书写于宋绍兴年间（1131 年左右），整整早了两百多年。

苏东坡宴客分亲疏也是一个有趣的故事。苏东坡任杭州知府时，经常要宴请南来北往的宾客，他的待客之道别具一格，从宴请的盛况、方式可分辨，哪些是他喜欢或不喜欢的客人。当他遇到话不投机的客人时，往往歌姬盛列，丝竹之声不绝于耳，整场宴席下来，可能与客人不会说上一两句话，而客人则认为自己是苏东坡的至交，受到盛情款待。当苏东坡遇佳客到访，则不用歌姬音乐，只与客人举杯喝酒，谈笑终日。这一故事反映了苏东坡聪敏的迎客之道，率真又不失豪爽的个性，极富戏剧化。

施德操认识一位医生，医术颇高，名声日振，用沈元用（北宋大臣）的话来说，称他为“今世和扁”也不为过，（“和扁”分别指医和、扁鹊，是古代两位良医）。但这位名医后来却名声渐衰，施德操观察和思考了好久，发现是因为该医生治疗病人时喜欢收受贿赂，逐渐失去了病人的信任。为此，施德操有一段评论：“医者好货重财已非其道，况一好贿则有命于其间矣。”医生看重钱财，已违背了医道，况且悬命于生死之间，再收受病家的贿赂则更是不应该了。这个故事，对当今医生具有警世意义。

从内容上看，《北窗炙輠录》似乎是施德操的读书笔记，既录有宋代官吏文人的政论、轶事，以及风俗，医药、经济等方面的内容，又展示了江浙地区的人物和社会风貌，保存了两宋时期的普通市民生活和风俗习惯，对今人挖掘研究宋朝历史文化，提供了非常有价值的史料。

五

各自风流一种愁

——宋·朱淑真《断肠诗集》

《断肠诗集》是朱淑真的诗词集，最早的版本为南宋淳熙九年（1182年），在朱淑真去世后，钱塘人魏仲恭收集朱淑真遗作，汇编成集，并为之作序，因此魏仲恭的序言也成为了解朱淑真身世最早的原始资料。

朱淑真是北宋末年南宋初期著名才女，《四库全书总目提要》载："淑真，海宁女子，自称幽栖居士。"有史料说朱淑真是朱熹族侄女，但《四库全书总目提要》对此则予以否定，理由是"朱子自为新安人，流寓闽中，考年谱世系，亦别无兄弟著籍海宁"。而清末胡薇元认为是"文公族侄女"，也是有根据的，因《海宁朱氏宗谱》记载，朱熹儿孙确有一支移居海宁。

朱淑真诗词的成就，魏仲恭认为可与"蜀之花蕊夫人，近时之李易安"齐名。花蕊夫人是五代十国时期，才色双全的贵妃；李易安即李清照。朱淑真的诗词"清新婉丽，蓄思含情，能道人意中事，岂泛泛者所能及"，确实可与历史上任何一位女性诗人媲美。

关于朱淑真的身世，魏仲恭序言中这样说："早岁不幸，父母失审，不能择伉俪，乃嫁为市井民家妻。一生抑郁不得志，故诗中多有忧愁怨恨之语。每临风对月，触目伤怀，皆寓于诗，以写其胸中不平之气，竟无知音，悒悒抱恨而终。"因时运不济，命运多舛，诗词今所传者"百不存一，是重不幸也"，并为之发出"呜呼冤哉"之叹息。居于此，故为其诗集取名为《断肠诗集》，一是感其身世，二是朱淑真诗中用"断肠"二字，频率极高。从魏仲恭序中可知，朱淑真遗稿曾被父母"一火焚之，今所存者，百不存一"，尤其是词作，今所存无几。

《断肠诗集》最早由南宋人郑元佐注，其珍本后由著名藏书家黄丕烈从海宁藏书家道古楼马寒中后人处获得，后又归硖石别下斋蒋梦华所得，吴骞藏有钞本，并有陈鳣、黄丕烈题跋，是目前最为完整的版本。现有上海古籍出版社《朱淑真集》校注本及中华书局《朱淑真集注》影印本。

从集中诗作可知，朱淑真出身于官宦富裕家庭，自幼受到良好教育，生活优厚富足，其家有东西园、西楼、水阁、桂堂、依绿亭诸胜，如《春游西园》《晚春会东园》《西楼寄情》《夏日游水阁》《夜留依绿亭》等诗，都是其生活环境的写照。

情感诗是朱淑真诗集中的主流，从现存三百多首诗词中可见，追求美好和幸福的婚姻，是她一生的理想，她大胆言情，真挚感人，时而清新秀丽，时而幽怨缠绵，时而孤独寂寞，时而相思断肠，情感细腻而丰富。

少女时代，天真烂漫，因家境优良，过着无忧无虑的生活，赏花吟月，踏花游园，春夏秋冬，生活丰富多彩，所以其诗作舒畅明快。例如，《晴和》一诗："海棠深院雨初收，苔径无风蝶自由。百结丁香夸美丽，三眠杨柳弄轻柔。小桃酒腻红尤浅，芳草寒余绿渐稠。寂寂珠帘归燕未，子规啼处一春愁。"

婚后失意，抑郁不乐，于是诗中流露出颇多的凄怨怀旧情感。当生活的现实不再是梦幻中的浪漫，甜蜜的琴瑟之弦遭到无情风雨的摧残，诗中的景况则充满了怨恨。例如，《愁怀》一诗："鸥鹭鸳鸯作一池，须知羽翼不相宜。东君不与花为主，何似休生连理枝。"而稍后的《黄花》，则是从鸥鹭鸳鸯，羽翼不宜的无奈，走向了反叛："土花能白又能红，晚节由能爱此工。宁可抱香枝上老，不随黄叶舞秋风。"

现实婚姻生活的不理想，却依然对心目中的情侣念念不忘，所以朱淑真的诗，大多抒发了思念、离愁、怨恨、悲痛的内心楚痛。例如，《春归》《闻子规有感》《窗西桃花盛开》《秋夜牵情》等，只能发出"闲闷闲愁百病生，有情终不似无情"的哀叹。读朱淑真的诗，大多有一种离别恨愁的心境，如《恨别》《伤别》《诉愁》《愁怀》。其幽怨遗恨之情，有时不忍卒读，如《春夜感怀》中"清江碧草两悠悠，各自风流一种愁"，是诗人很真实的写照。

作为一位女性诗人，朱淑真的诗不失婉约、温柔和细腻；作为一位有才华的闺阁诗人，有的诗句也会豪迈而具有丈夫气概，如《中夜》写一轮明月从水面升起，则大气磅礴：“冯夷捧出一轮月，河伯吹开万里云。寥廓无尘河汉远，水光天影接清芬。”她的咏史诗也是掷地有声，出自闺媛，令人刮目相看，如《项羽》：“盖世英雄力拔山，岂知天意主西关。范增可用非能用，徒叹身亡顷刻间。”岂是一小女子的笔墨。

朱淑真诗歌中有许多咏物诗，风花雪月均有入诗，其中以花卉寄托真情居多，有杏花、梨花、海棠、荼蘼、青莲花、芍药、牡丹、李花、长春花、芙蓉、荷花、梅花、竹、柳等。

朱淑真的词仅留下二十八首，大多缠绵哀婉之作，以闺怨为主，诚如魏仲恭所言，有“一唱而三叹”之感。朱淑真不幸的婚姻以及对美好爱情追求的落空，在其词中，寄托了无限的思恋。例如，《谒金门·春丰》：“春已半，触目此情无限。十二阑干闲倚遍，愁来天不管。好是风和日暖，输与莺莺燕燕。满院落花帘不卷，断肠芳草远。”以景入手，触景生情，在风和日丽的春天，看到成双成对的莺莺燕燕，衬托了自己只影孤单的寂寞，怨愁而含蓄，伤感中寄托忧思。

朱淑真能诗善画，诗集中有不少自题画诗，是一位多才多艺的诗人，如《墨梅》《春画偶成》《早秋偶笔》《清画》《冬日梅窗书事四首》《试墨》等。

魏仲恭《断肠诗集》之序，是历代对朱淑真评价中比较中肯的观点。

六

读之凛凛有生气　不啻针砭而药石

——元·荣肇《荣祭酒遗文》

《荣祭酒遗文》一卷，作者荣肇，见于蒋光煦《涉闻梓旧》丛书，商务印书馆民国二十五年（1936 年）有排印本。遗文仅存十二篇：《论短伤疏》《民牧论》《天无私论》《论佛》《原释》《论鬼》《惩贪》《论奢》《任人论》《远虑论》《调停君子小人》《论朋党》。从篇目看，应该是荣肇任国子监祭酒时的讲稿。

卷前有陈鳣序一篇，顾澜七律一首，宋濂写有《荣祭酒像赞》以及许淳作《荣祭酒传》。根据许淳的《荣祭酒传》记载，荣肇，字子兴，世居盐官硖石（现为海宁市硖石街道）。生于宋宝庆二年（1226 年），卒于元大德十一年（1307 年），享年 82 岁。许淳称荣肇自幼聪颖过人，为人行为端正不苟言笑，"既长，通经史百家之言，尤服膺濂洛关闽之学，私淑朱子，以诚意正心为务"。濂洛关闽为宋代理学四大学派，"濂"指濂溪周敦颐，"洛"指洛阳程颢、程颐，"关"指关中张载，"闽"指讲学于福建的朱熹。在宋末，荣肇曾应试京兆，正值权相贾似道当政，因不屑附庸，"遂拂衣而归，隐紫微山中，励志潜修，学益醇粹。已而宋亡元兴，儒者不见重于世，肇亦不求闻达"。直至元成宗时期，征召天下贤士，荣肇被荐入都，经成宗面试，被称之为"真宋儒也"，于是就任国子教授，不久升为祭酒。"肇居官三载，方正诚恳，为有元第一流人物。"三年后，72 岁的荣肇告老回乡，在家乡设坛讲学，传授程朱理学，悠游林泉，十年后去世，葬于紫微山麓。许淳为清初著名藏书家，其《荣祭酒传》较为详细记载了荣肇的生平事迹。

清嘉庆十七年（1812 年），海宁另一位著名藏书家陈鳣从顾葛民处获得荣肇遗稿十二篇。因是钞本流传，破败不堪，陈鳣称之为“墨黯纸残，殆不可卒读”，经过再次整理抄录，悉心校订，认为“如子兴先生者，言行如此卓卓，而文章几至不传”，“志乘不为之阐扬，邑人莫悉其表德”，经过五百多年的风雨，仅存十二篇草稿。陈鳣评价荣肇的文章“平和条畅，婉而多风”，并将荣肇与海宁历史上大儒并列，认为“吾乡以儒林著者，晋有干令升，齐有顾景怡，梁有戚公文，陈有顾允南，南唐有褚宏度，宋有张子韶，而元则以先生当之，庶几无愧”。经陈鳣考据，荣肇家在硖石镇预备仓（今硖石仓基），其墓毁于清初，并录下明朝祝鳌《荣祭酒墓诗》一句：“郁郁佳城傍水涯，丰碑满载旧声华。”

陈鳣所钞得的《荣祭酒遗文》，前有元末明初大儒宋濂所书《荣祭酒像赞》一篇：“先朝之老臣，当世之巨儒。桥门清贵，左图右书。元君宠顾，后拥前驱。连城之璧，照乘之珠。修髯大颡，此诚魁梧。峨冠博带，可肃薄夫。噫！孟轲氏有云：得天下英才而教育之，舍公其谁乎！”宋濂用孟子的话来比喻荣肇，可见其地位。而陈鳣认为，宋濂称之为“先朝之老臣，当代之巨儒”似乎不妥，或为笔误，应该是“当代之老臣，先朝之巨儒”，因为宋濂作此文的时间是元朝。

经过陈鳣抄录、校订、整理，汇成一卷，当时硖石贤士曹桐石、吴榕园、顾葛民均颇为庆幸，顾葛民为之题诗，曹桐石为之作跋。顾葛民诗为：“室庐辗转尽邱墟，屈指年经五百余。独有文章偏不朽，翻教声价重璠玙。巨儒名望共流连，著述终怜渺不传。且喜东湖贤太史，独能收拾到残编。”尽管时间已过去五百余年，荣家室庐尽废，但文章却流传千古而不朽，因陈鳣的搜罗整理而感到欣慰。

曹桐石跋文对荣肇的遗稿作了这样的评价：“指陈剀切，读之犹凛凛有生气，良以实理名言，大有裨于风教。且觉与今时习俗流弊，深为切中，有不啻针砭而药石也。”

《荣祭酒遗文》十二篇，皆立论精辟，切中时弊，现在读起来，也颇令人深思。

《民牧论》是为基层县令代言的文章。“而与民最亲而近，众务待以理者，则尤在乎县令也。县令，牧民之微员耳。其位卑，其事繁，其责重，而又受制于诸上司。为之亦正不易矣。”文中荣肇对一些地方官员，为官期间，不为民生考虑，只顾为自己私利的行为展开批评，“吾将何以肥室家而为子孙计”，以为为官之方，是自己的“居奇殖财之地”，这些官员“其精神之所专注者，则惟在于催科”。所谓“催科”，是指向百姓催征税收。于是老百姓在重税之下，生活艰难，导致社会不稳定。“自古国家致乱速祸，未有不起于聚敛之有司，竭泽而渔，不恤其民。为人主敛怨于下，因以酿天下变。故欲固邦莫如安民，欲安民莫要于慎择牧民之吏。”荣肇的观点是，要治理国家，选好基层县令至关重要。

《惩贪》是很好的廉政教育论文，荣肇认为当时“天下之贪吏多而廉吏少”，究其原因，“人逐于利耳，以利为尚，则虽欲遏其贪饕之欲而不能”“州县之吏，其贪也，在营身家之肥”“封疆大吏，在于位高权重，而贪得之心，亦竟持之而愈炽，以至于浚民膏、蚀国赋”。而导致贪官的原因，荣肇认为，“其原生于上司喜贿赂，下属竞进奉耳”“吾思身为大吏，居高位，享厚禄、负尊势、操重权，其受朝廷之寄，荷国家之恩也大矣。曾不思为国为民，而专于盈己溪壑”。作为国家高官，朝廷大吏，首先要做好表率，“大吏者，群吏之表也”“国之于大吏也，待之甚优，而责之特重”，朝廷更因严于法惩，使其约束。对于惩治贪官，荣肇建议，“吏无大小，一以贪败，而法在所必行，其赃贿虽经抄籍入官，犹不得侥免于罪，则刑均而法严，人生畏惧之心，长其廉耻，遏其贪墨，而浚剥侵蚀之弊自戢。澄吏治而肃官方，厚民生而裕国储，其道尚有在于斯也夫”。此论从大小贪官产生的原因，对国家的危害入手，提出对策，建议惩治，敢于直言之精神可嘉。

《论奢》是对于奢侈之风的批判。“风何以淳，本于俭也，俗何以坏，成于奢也。”开篇点明题意，然后层层深入，“嗟乎！自奢风一倡，浸淫人心，溺而不知所返也久矣。富者相耀，而贫者竟慕”。由于穷人为饰一时之美，借贷负债，到最后越来越穷，而富者，自持家财丰盈，极欲穷侈，子孙效仿，其家未有不至于倾荡，迨倾荡而后悔，为之已晚。当时江浙一带奢侈之风尤甚，“家饶于财，具宫室之华，衣服器皿之丽，食肴之丰美鲜腆，俨若王公。而婚嫁丧葬，外观益极其侈，虽缙绅阀阈之家，视之有远不逮者，滔滔江河，流而日下，正不知有何底止也”。荣肇列举了自古骄奢而致败亡不可胜数的案例，告诫世人“去其淫靡，归于淳朴，以为后人法”，措辞犀利、批评尖锐。

其他如《任人论》《远虑论》，都是议论精辟之作，“大有裨益于世道人心”，可谓理学名言，百读不厌。

七

诗文字画　皆为本朝道品第一

——元·张雨《句曲外史集》

张雨（1283—1350 年），又名天雨，字伯雨，号贞居子，又名句曲外史，海宁人。为南宋状元张九成六世孙。祖父张渊甫有“月泉精舍”藏书楼，是宋末元初文人墨客的雅聚之处，父亲张似之收藏更是名盛一时，张伯雨自幼耳濡目染，又有幸得到启蒙老师前朝遗老仇远的润泽，稍长又随赵孟頫学书，再加上勤奋和天资聪颖，年轻时便出类拔萃，获得士林推重。据刘基为张伯雨所写《墓志铭》载：伯雨“性狷介，常眇视世俗，悒悒思古道，知弗能与人仰俯”。作为南宋贵族的子孙，孤傲狷狂乃是本性，不仕异族忠于大宋，遁迹方外是最好的选择。于是，张伯雨不入元仕，一生游历于名流间，往来于吴越苏浙，置身于尘世之外，因此名震大江南北。曾悬壶京城，入道茅山，65 岁于杭州浴鹄湾筑黄篾楼水轩，储古籍字画甚丰，68 岁病逝于开元宫，葬杭州南高峰左麓。张伯雨是元朝时期非常杰出的人物，倪云林称“贞居真人诗文字画，皆为本朝道品第一”。倪云林何许人也，如此赞誉，可见张伯雨的惊人之处。

《句曲外史集》是张伯雨的诗集，收入《四库全书》集部五、别集类五本，为六卷本，钱塘藏书家丁丙、秀水藏书家计光炘所藏抄本有补遗一卷为七卷本，名为《句曲外史贞居先生诗集》，现有浙江古籍出版社点校本，名为《张雨集》八卷本，卷八为文集。

句曲外史号的由来，刘基在《句曲外史张伯雨墓志铭》中说：“雨独与翰林学士吴兴赵文敏公善。赵每以陶弘景方雨，谓雨曰：‘昔陶弘景得道华阳，是为华阳外史。今子得道于句曲，其必继陶后也。’乃号雨句曲外史。”

可见句曲外史是赵孟頫所取。陶弘景为南朝梁时著名隐士，杰出的医学家、文学家、道家，是南北朝时期相当有影响的人物，对博物学、本草学贡献尤大，因其得道于句容句曲山，即茅山，故赵孟頫把张伯雨与陶弘景相提并论，希望弟子成为陶弘景式的人物。

《四库全书》对张伯雨的评价是："早年及识赵孟頫，晚年犹及见倪瓒、顾阿瑛、杨维桢，中间如虞集、范梈、袁桷、黄溍诸人，皆以方外之交，深相投契。故耳濡目染，具有典型。虽讬迹黄冠，而谈艺之家位置于文士之列，不复以异教视之，厥有由矣。"黄冠是道士之称。张伯雨寄托黄冠，藐视俗流，以儒者身份入道。宋亡以后，仕宋官宦子孙大多云游四方，寄托黄道，放浪形骸，故在文学、诗词、书画、医药等方面造诣极深。

张伯雨在元朝诗坛享有盛誉，交游极广，正如他自己所说"每嫌新酒少，尚喜故交稠""一代交游在缙绅"。"缙绅"即官宦的代称。喝酒交友是人生一大快事，与他有诗酒交往的友人，在诗集中常见的有顾瑛、柯九思、李孝光、杨维桢等人。尤其是晚年结识杨维桢，两人便"二老风流老更狂"，成了花间美酒，声色犬马中的常客。与书画家的交往尤为密切，有赵孟頫、黄公望、倪云林、高房山等，与赵孟頫情亦师亦友，与倪云林可谓至交。张伯雨的诗，《四库全书》评价为"豪迈洒脱，体格遒上"，由于其文学的修养加上道士的身份，其诗别开生面，往往具有仙风道骨般的风韵。例如，《凤凰山怀古》中"夕阳枯木山如赭，秋雨荒台草自青"，抒发了山水依旧，草色仍青，但夕阳枯木，秋雨荒台，昔日的辉煌再也回不来的怅然，思古之情油然而生。

题画诗是张伯雨的一大特色。元代画家辈出，集诗人、画家、书家于一体的人物不在少数，《句曲外史集》中题画诗尤多。为友人画题诗，最多的是倪云林、赵孟頫、黄公望，如《题云林春山岚霭图》《赵吴兴秋江待渡图》《题黄子久层岚积翠图》《题大痴山水》《题高房山画》等；题山水的有《赵仲穆秋晓青岚图》《李遵道溪山春晓图》《次韵钱舜举题自写山居图》《题春溪晚渡图》《题张彦辅雪山图》等；题花卉的有《题赵松雪滦菊图》《题王若水梨花山雀》《梅竹双清图》《题顾定之竹》《题文与可竹》《修竹仕女图》等；也有不少是为自作画题诗，如《自题溪山雪意图》《自题浔阳归兴图》《自题清閟阁图》等。

在各类题诗中，常流露出对故国的怀念，沦落异族的无奈，如《题墨梅》有“近日国香零落尽，王孙芳草遍天涯”的悲伤，题《张公甫铁山隐居图》中有“南渡功名有足观……钱镠孙子已黄冠”的无奈。

师友之间的唱酬赠答之作，在《句曲外史集》中占据了很大一部分，其中涉及名人之多，交游范围之广，在海宁历史人物中可以说无出其右，粗略统计，有名有姓者多达上百人。张伯雨性情高洁，极重情谊，与友人真情相待，灵犀相通，尤其是与友人间的纪游诗，描绘的江南风物秀美景色，引人入胜，如《次倪元镇游虎丘》《过太湖》《春日游南山》《吴兴道中》《吴兴舟中》等诗。

张伯雨诗歌中不乏医药之作，《九日采菊》中有“忆昔卖药游京都”；《寄谢张子寿御史京口留饮》中有“卖药南徐两日留”之句，南徐即今之镇江，可见其曾在京都、镇江行医；《怀茅山》有“遥忆田泉洗苍术，更思陶涧采香芹”的采药之乐；《次韵刘伯温御史春游》有“相伴仙人采药归”；《春药》则描述了春天采药的喜悦：“紫甲红芽玉满阑，时分花雨润斑斑。茯苓乍可来归笼，远志从来不出山。”

张伯雨的诗，与其仙风道骨式的人品一样，超凡脱俗，处处流露出庄老式的解脱以及追求精神的自由，如《夕佳楼》一诗：“西山朝气爽，南山夕气佳。朝爽人共忻，夕佳吾所怀。山僧阅世久，结庐深避乖。蕙楼将对峙，菌阁亦双排。”“菌阁”是张伯雨避隐的一处胜迹。张伯雨好友陈旅的《安雅堂集》有一篇《菌阁石记》，记载了张伯雨的钱塘别业：“外史旧有菌阁，在金菌山，吴兴赵文敏公篆榜，极高古。”这应该是黄篾楼以外的另一处山庄。

张伯雨的诗，题材丰富，涉及范围广泛，从修行道观、行旅景色，咏史述怀到春风秋雨风物民情，是元代文人半隐半俗生活的典型写照。其诗风清新闲适、秀丽典雅，一山一水、一人一物都充满清丽逸趣，很少用典也很少有晦涩难懂之句。在朗日清风、山水旖旎的环境之中，一杯清茶，一本《句曲外史集》，待上一整天，一定是一件很享受的事。

从《阳德馆幽居八咏》可知，当时的黄篾楼水轩是西湖边一处风景极佳之地。八咏者，咏当时水轩八景，为得月轩、浴鹄湾、来鹤亭、拜石厅、蓬庐、药井、梓树坡、黄篾楼，现在只剩下浴鹄湾和黄篾楼了，其中黄篾楼诗：“黄篾织文浪，丹梯插珠树。时就北窗眠，遥见西泠渡。何如风篁岭，层层听松处。”写出了当时作者的心境。《答杨廉夫》中有“黄篾楼中惟饮酒，楼下长沟凫雁多”。晚年的张伯雨，读书修道于西子湖畔，蔑视权贵，鄙视世俗，与一批文人潇洒其间。《吾爱吾庐》一诗，写出了隐居黄篾楼的真切感受：“吾爱吾庐聊复尔，眼前白石与苍苔。水从林木阴中过，风自帘栊曲处来。薄有余情归竹素，都无长物受尘埃。先生闭户真成懒，诗债敲门不厌催。”在黄篾楼的几年，张伯雨曾手编诗文集多种，可惜大多毁于历年战火。黄篾楼也因当年乾隆下江南，寻访此楼曾改名皇觅楼。

张伯雨不仅诗写得好，还是元代有名的书法家，其诗文、书画能被倪瓒推为本朝第一，绝非等闲之辈。张伯雨有不少书法作品流传于世，其中《自书书册》现藏上海博物馆，《石渠宝笈》中有著录，在中国书法界地位极高，堪称绝作。

八

沧海倒流吞日月

——元·贝琼《清江贝先生集》

《清江贝先生全集》是《清江贝先生文集》三十卷和《清江贝先生诗集》十卷的合称，为元朝贝琼所著。

贝琼（1315—1379 年），字廷臣，字廷琚，号清江，浙江崇德人。崇德县，宋以前属杭州，宋以后归嘉兴，1958 年并入桐乡。因贝琼曾长期寓居海宁硖石，《清江贝先生全集》中有很多诗文都是在这期间所作。贝琼曾避乱于殳山（今属浙江海宁双山），晚年又隐居殳山，期间与海宁文人交往密切，明朝诗人胡奎曾随其游学。《海宁州志稿·艺文志》记载了“元季尝寓居硖石，教授生徒甚众”，其文集中《海昌集》以及《两峰集》“系寓硖所作，今并入《清江全集》”。其实，除硖石外，贝琼也曾侨居黄湾，他在《东白轩记》一文中有“昔余侨居海昌之黄湾”的记载，他的另一篇《游山记》，在游鹰窠后，有“使予忘幽尤而轻去故土”一句，也印证了曾侨居黄湾的事实。因此钱泰吉的《海昌备志》把贝琼编入“寓贤”人物。

贝琼一生大部分生活在元代，没有入仕，嘉兴人沈季友说其“累征不就，隐居殳山，教授生徒”。入明后曾应征入都，奉命编修《元史》，于洪武八年（1375 年）入国子助教，有《洪武八年三月奉旨分教中都生》诗为证，中都即朱元璋建国初期定都凤阳暂时的首都。不久辞官回乡，于明洪武十二年（1379 年）去世。贝琼的著作，最早是由其子贝翱编于洪武年间，以抄本流传。从徐一夔序文可知，徐一夔曾是贝琼的朋友，序文真实可信。直至清初，桐乡人金檀收集到明初抄本，合编为《清江贝先生全集》，于乾隆时收录《四库全书》，是贝琼最为完整的作品集。

文集以写作时所居地名分类，《海昌集》是寓居海宁时所作，《云间集》是坐馆松江时所作，《两峰集》是寓居硖石时所作，《金陵集》是客居南京时所作，《中都稿》是应召入国子助教时在凤阳所作。

《海昌集》和《两峰集》有多篇游记，记载了硖石周边的山水胜迹，留下了非常珍贵的乡邦文献史料。例如，《游山记》写于至正二十年（1360年）重阳节，46 岁的贝琼应海宁万户马仲贞之邀，登“鹰窠”诸峰，以及明洪武十二年（1379 年）清明，应陈仲谋之约，游殳山、史山、西山、东山，两篇游山记，还原了六百多年前海宁几座小山的自然景色，引人入胜。

贝琼对殳山情有独钟，诗文集中有多篇关于殳山的文章和诗歌，如《游山记》《来青堂记》《晨兴在殳山作》《述怀》《屡游殳史两山酒后兴发赋诗一首》《壬子春既望重游殳山》《归殳山一首》《殳山隐居夏日》《杨鸣鹤枉顾留宿殳山有诗相示用韵答之》《壬子冬至日过来青堂三首》《客殳山偶成》等。殳山不仅是他常去之地，也是他曾经设讲授徒之处，有好友有学生，元末避乱，晚年隐居，是一生结下的情缘。在贝琼眼里，殳山“居人四五家，皆棘樊荆扉，鸡犬相应，仿佛桃源中”。其中《述怀》一诗，是他晚年定居殳山后所作，可视为一生之小结：“浩荡三十年，如萍寄沧海。起为太学师，一日扬光彩。迢递赴中都，送客纷云靄。名惭相国知，礼感亲王待。徘徊未得去，忽复朱颜改。诏许江南归，青山草堂在。放浪黄牛村，犹瞻金马门。适性讵非乐，扪心空自论。田翁四五人，共忘卿相尊。把酒酹殳基，白石今犹存。天寒落松影，岁久生苔痕。试求金光草，超然事幽讨。依稀顾况台，寂寞钱王道。东门叹黄犬，税驾胡不早。长歌归去来，吾从鹿门老。”诗中的青草堂、殳基台、顾况读书台、钱王试剑石都是殳山、东山的古迹，全诗在清闲洒脱中抒发自己的隐逸情怀。“吾从鹿门老”典出东汉庞德公隐居鹿门山的故事，隐喻自己将终老殳山的意愿。

在诗集中，有许多战乱动荡生活的描写，《迁居》有“我贫无定居，一岁三四迁。破庐仅蔽席，于生已为宽”；《丁未重午》有“世乱无安宅，尽室久在路”。丁未年是元至正二十七年（1367 年），正是朱元璋军队与元军决战阶段。在推翻元朝统治，明朝建立后，朱元璋又平定东吴张士诚，当时江浙一带战乱频繁，故有“一岁三四迁”“尽室久在路”的动荡，过着破庐蔽席的艰苦生活。

贝琼在任国子助教时，两个儿子去凤阳看望父亲，贝琼“留一月遣归，因令早营草堂殳山下，为止息之所”，可见，贝琼在辞官回乡之前已经做好了隐居殳山的准备。诗集中有《怀旧赋》一篇，在序言中他写道“余春秋二十有四，馆于云间夏景渊氏”，可知贝琼24岁离开家乡崇德，到松江坐馆于夏景渊家，至离乱回家，有30年时间漂泊在外，《久客始归寓井西旧宅述怀一首》中有“忆我初去乡，忽忽三十年”，写此诗这一年，贝琼已55岁，回家不久即隐居殳山，故有“伤哉乱离后，衣冠今几存”的感叹。

贝琼一生与医家关系密切，诗文中有许多为医生的题诗撰文，集中有《西翠楼记》《赠医师沈光明序》《恒斋记》《药石窝记》《赠医师王德裕序》《溪云草堂记》《送医师张仁齐》《赠医者徐仲纯》等，其中《恒斋记》中的郜克让、《溪云草堂记》中的郭子方，分别为海宁郜氏医学世家、郭氏医学世家提供了极为珍贵的地方医史文献史料。

贝琼的文，徐一夔的评价是：“驰骤奇崛，如长风驾涛，银山铁壁，澎湃叠至，鼋鼍蛟龙，百怪出没，而金支翠旂，焜耀前后，何其才之赡而气之雄也!”

贝琼的诗，大气磅礴，如《浙江亭观潮》，有“沧海倒流吞日月，青天中裂走雷霆”这样气吞山河的句子。朱彝尊的评价是：“其诗爽豁类汪广洋，整丽如刘基，圆秀胜林鸿，清空近袁凯，风华亚高启，朗净过张羽，繁缛愈孙蕡，足以领袖一时。”《四库全书总目提要》的归纳是“其诗温厚之中自然高秀，虽不能兼有诸人之胜，而驰骤于诸人之间，实固无所多让”。

九

公之功名事业　著于人人

——元·朱鐩《玩斋先生纪年录》（附贡师泰《玩斋集》）

朱鐩是贡师泰的学生，贡师泰寓居海宁期间，与上虞谢肃陪侍左右，并收集整理先生诗文，名《玩斋集》。贡师泰去世后，朱鐩割地葬师，故贡师泰墓在海宁，留下一时胜迹。贡师泰去世后，朱鐩从其儿子贡昱处详细了解先生动荡坎坷的一生，编写了《玩斋先生纪年录》及《玩斋先生年谱》。将“公之功名事业，著于人人”，为后人留下了一部贡师泰的生平史料。

朱鐩随师时间并不长，但为老师写下的《玩斋先生纪年录》及《玩斋先生年谱》是目前国内研究贡师泰生平最完备的著作，几乎所有研究者都必须参考，故价值非同一般。

朱鐩为朱圭之子，朱圭为南宋大儒朱熹六世孙，居海宁湖塘小桃源，小桃源名便是贡师泰所取。元至正二十二年（1362 年），贡师泰再次自闽到海宁，与家眷团聚于湖塘朱家，因湖塘地处僻静，洄溪幽深，故题名为“小桃源”，其地名至今犹存。

朱圭是贡师泰的好友，在湖塘筑一经堂为儿子读书之处，贡师泰为其作《一经堂记》，文中记述其事：“一经堂者，海昌朱肃斋氏名以训其子，而参政周公伯温之所书也。肃斋之子鐩从予游。”肃斋即朱圭，朱圭让儿子拜贡师泰为师，当时贡师泰在海宁，还有两位学生，一是钱唐刘中，另一位是上虞谢肃。

根据朱鐩《玩斋先生年谱》记载，贡师泰两次寓居海宁，一次是元至正十九年（1359 年），贡师泰“赴闽，道梗。二月，迁居海宁之北郭，时鐩得列弟子员，后八月，自海宁航海达闽，而眷序侨寓如故。冬，值兵入境，鐩具舟迎夫人眷序过家，留居东野草堂”。这是贡师泰第一次来海宁，朱鐩在州学列弟子员并正式拜师，当时，贡师泰住在盐官县城张世民家，贡师泰有《娱亲堂记》一文记其事，“至正十九年春，予奉诏总漕闽南，道出海昌。属海上有警，遂留居州民张世荣家”。而《玩斋先生纪年录》记载较为详细，“海上有警，留居海宁，与诸生谢肃、刘中、朱鐩讲明道义，露晨月夕，时援琴赋诗以释尤愤”“冬，值兵入境，鐩具舟迎夫人眷序过家，卒底平安”。至正十九年，正是张士诚起义军在浙江一带激战期间，因赴闽道路不通，贡师泰暂住海宁，战事稍平，贡师泰去了闽南，把家眷留在了张家，后因张士诚兵入境海宁，朱鐩考虑县城不安全，于是把师母及家眷接入湖塘朱家东湖草堂。东湖草堂地处僻静，后来贡师泰回到海宁，看到夫人、家眷安然无恙，甚为高兴，有《题朱质夫东野草堂》诗一首：“幽人海昌住，草屋向村墟。击竹频呼鹤，分泉谩种鱼。梨花春巷冷，榆叶夜窗虚。细雨篝灯火，匡床正读书。”描绘了幽静耕读人家的书香氛围。

第二次是至正二十二年（1362 年），《玩斋先生年谱》记载：“七月七日，自闽中归眷寓，命其地曰‘小桃源’。冬十月十日，殁于寓所。”《玩斋先生纪年录》记载：“二十二年夏五月，自闽浮海归于海宁旧寓，命其地曰‘小桃源’。方杖策优游，留情溪壑，而瘴疠作楚，卒以不起。”这一年，贡师泰来到海宁，本想在湖塘的小桃源再次隐居下来，安享晚年，不料染上时疫而去世。临终之际，贡师泰呼两位弟子朱鐩与谢肃，留下遗言：“余平生苦志励行，期于无愧于心耳！非讬于文字，则当世立言之君子无所取徵尔。尚摭其梗概，以副吾志。”朱鐩和谢肃没有辜负老师的期望，收集整理先生的诗文，完成了《玩斋集》的刊刻。朱鐩更是为葬师竭尽全力，于至正二十三年（1363 年），“是年春，鐩割地以葬，实闰三月三日也”。由此可知，1363 年闰三月三日贡师泰墓葬湖塘，这也是湖塘尚书坟地名的由来。

《玩斋集》是贡师泰的诗文集，共十卷，附录一卷是朱鐩的上述两文。贡师泰，安徽宣城人，元代著名散文家，曾任吏部侍郎、兵站侍郎、礼部尚书、户部尚书。元大德二年（1298 年）生，至正二十二年（1362）卒，生于元，卒于元，名副其实的元朝人。贡氏为世代官宦之家，先祖曾随护高宗南渡，南宋至元初七世为朝廷命官，父亲贡奎官翰林学士，谥文靖。贡师泰自幼随父习儒，儒学根底极深，曾官为户部尚书和礼部尚书，因适逢乱世，几经挫折，一生宦途坎坷，本想找个幽静之地颐养天年，却不幸染疾而逝。

谢肃有《贡礼部玩斋文集序》，详细记载了老师文集的收集整理过程，“与新安胡彦举、钱唐刘中、海昌朱鐩力加搜访，或索之记忆，或求之卷册，或录之金石，得古赋、歌诗、论辨、书启、记序、表状、备志、赞颂、杂著凡若干卷”。在此之前，贡师泰的诗文集有《友迂集》，编于至正十四年（1354 年），《东轩集》编于至正十五年（1355 年），均一并收录《玩斋集》。

尽管贡师泰在海宁两次停留时间都不长，第一次六个月，第二次仅三个月便去世了，加起来不到一年，但还是为海宁留下了不少诗文，诗有《题朱质夫东野草堂》《张伯雨丹房偶题》《书扇饯徐大章往黄湾》《题朱质夫所藏梅花图》等，文有《江浙分省陈都事城海宁诗序》《一经堂记》《娱亲堂记》等。

《江浙分省陈者事城海宁诗序》是海宁新城墙修缮完工后，州内寓公即士大夫纷纷写诗歌庆贺，汇编成册后，请贡师泰写序。文中记载了元至正十九年（1359 年）海宁以户众升州后，由于历年潮灾决堤，原州治城墙被淹坍塌，经江浙分省左右司都事陈元礼支持之下，以重修海宁州城墙为背景。文章结语一段关于修城墙何以得民心的议论，语言精辟，可为地方官吏借鉴：“然其所以为固也，在得人心而已矣。得其心，则即墨用之而有余，失其心，则函谷守之而不足。是故城可以力为。苟得其心，则城有不固者乎？今海宁城则固矣，盍亦思所以守之哉！元礼以予言为何如？”这一问，是对地方官提出了比修城墙更高的治理要求。

《一经堂记》是应海宁朋友朱圭之请所作，一经堂者，是朱圭为儿子朱鐩修筑的读书处，文中老师对学生提出了要求：“然有读书万卷，而终身无一言之得者，有得一言之要，而终身守之不失者，其故何也？道之明与不明而已。是故明经所以明道，道明则经无不明者。”而后一句话，则进一步印证了朱鐩是朱熹的裔孙，“而鐩也，又文公诸孙”。文公即朱熹。

《娱亲堂记》是贡师泰在盐官寓居时为房东所写，在此期间，因有感张世荣一家，安居乐业，颐养父母，兄弟和睦，为之题“娱亲堂”额，并作此记。这些文章都为地方文史留下了珍贵的资料。

十

饮食之所慎　岂但医云乎哉

——元·吴瑞《日用本草》

吴瑞（生卒不详），字瑞卿，浙江海宁人，其生活年代应在元天历年间，约1329年左右。吴氏世代业医，曾任海宁医学教官。《海宁州志稿·艺文志》记载其著有《日用本草》八卷。长期以来，国内一直认为其著作已佚。20世纪末，日本医史学者真柳诚先生向学术界宣布发现此书的报道，之前医学界、文史学界几乎已经很少有人知道这部古代很有名的著作了。此古籍为明嘉靖四年（1525年）刻本，一直藏于日本龙谷大学。

《日用本草》2002年人民卫生出版社点校本出版，收录于科学技术部科技基础性工作专项资金资助项目中的《海外回归中医古籍善本丛书》。该丛书所收善本古医籍，是中日学者从国外回归的近200种国内失传古医籍中，精选出具有较高学术水平和实用价值的书籍，再予以研究、整理，并加标点、注释而成。本丛书收载了62种从海外回归的中医善本古籍，共十二册，《日用本草》收录在第九册。

《日用本草》有五篇序跋非常珍贵，对了解吴瑞其人其书很有帮助。第一篇是李汛的重刊《日用本草》序："元天历中，海宁医学吴君瑞卿所编《日用本草》。是已岁久，旧版残缺殆半，其六世孙景素，有祖风，尝有志翻刻，未克而没。其子世显继起卒事，而嘱予序。夫本草曰'日用'者，摘其切于饮食者耳。盖饮食所以养人，不可一日无，然有害人者存。智者察之，众人昧焉。故往往以千金之躯，捐于一箸之顷而不知。瑞卿悯之，于是类次食物，凡五百四十余品，共为八卷，曰《日用本草》，行于世。盖以往者不可追，来者犹可救也。其用心亦仁矣。然非上考神农疗疾本草，及历代名贤所著，与夫《道藏》诸方书，恶足以知之？虽曰四方之味，不止于此，而因是可推矣。抑观鲁记，宣父沽酒、市脯不食，馁败、色恶失饪、不时之物不食。则饮食固圣门所尝谨也，瑞卿可谓善学，继其先志，修复先世遗文，俾二百余年残仁断惠，续行于世如一日，世显可谓善绍，皆宜书此固然也。愚复窃谓是编，事虽近而利则远，文虽浅而意则深，不但泛泛误于饮食者可免而已，为人臣子而欲尽忠，爱于日膳者，皆不可以不知也。故为序之云。”李汛在序言中详细介绍了本书重刊的情况，并强调了饮食养生的重要性。

第二篇序是阿思兰海涯的家传日用本草序，写于至正三年（1343 年）仲夏七日：“世之人养生也，莫先乎饮食。苟一物弗当，亦致使不寿。是故达者去浮华而从实理，却珍馐而甘淡薄，不为奢侈移志，与乐诸天然。昧者反是，斯又非养生之论。达可良相、良医者，不外乎此也。伟哉！海宁瑞卿吴君者，世医名家，著《日用本草》，明其养害避忌，见其情性善恶，使人知之，从而锓梓广之，夫岂不为良心也哉！才因稚茗赠之，次兼于临轩朱先生家，获观其书，征余言记之。夫志养生也，去其饮食有不善于人，谨其节而审其性，从而推之，此又非外乎修身治国之事也。”阿思兰海涯是元统领阿里海牙的曾孙，文宗时期曾任江南行台御史大夫。作为官员，序言将养生与修身治国提到同样高度，可谓立意之高。

第三篇为吴瑞自序，写于天历己巳（1329 年）中秋。落款为“海宁医学吴瑞”，“医学”为官名，时吴瑞任海宁医学教授，其序为：“瑞世家医学，医之于人，仅供方匕。谓之辅养，固不敢不审。为人之所以自养，莫切于饮食。或不审焉，如斛茶吐瘕，醽醁伤血。生啖孳蝌蚪，劝学误蟛蜞。类此者，多因阅《神农经》，汲诸方书，摭凡药物寻常可登觞俎者，水谷、禽兽、虫鱼、蔬茹、果蔬，分为六部。物之性寒温、良毒、主治、编为书，部各一卷，著之梓墨，以奉士大夫其览存之。淄渑之饮，期于昌才；日食万钱，谨于下箸。则饮食而康寿，将自得其医。惟曰天一生水，水生物。物之谷为养，肉为益，蔬为充，果为助。是编仿此也。亦闻儒者云：宣圣不饮沽酒，饐餲馁败、色恶臭恶、失饪不时，皆不食，饮食之所慎，岂但医云乎哉。”自序强调了饮食对于健康的重要性。

第四篇为山西泽州沁水教谕陈鳌《书家传日用本草后》，时间为明嘉靖四年（1525 年）春三月：“饮食所以养生，乃日用之不可缺者也。世之人但知饮食为能养生，而不知饮食亦能伤生。故往往因饮食致疾而伤生者多矣。姑举一事之切见者言之：予近游宦沁水，学邻有王姓者，其子七岁，无疾遽亡，人皆惊之。后究其所以，曰曾食杏仁未制者一二枚，以致于此。戏！一食之不谨而人之死生关焉。此吴氏本草之有益于世也，大矣。瑞卿公之心，仁矣哉！瑞卿公以世医鸣家，尝著《日用本草》传世，年久字讹，不便观览。六世传至宗卫公，医道大行，活人莫计，郡邑之请药者，接迹其门。篁墩程先生尝服其药，屡疾屡瘳，乃书'景素堂'三字以颜其轩。公甚欲重刊是书，未就而卒。厥子世显，能继父志，命工锓梓，亦可谓能子矣！非绳祖武者，而能如是乎？昔人云：'莫为于前，虽美弗彰。莫为于后，虽盛弗传。'此予所以深嘉瑞卿之能作，而世显之能述也，于是乎书。"序文写明了吴瑞医学世家的传承，至明嘉靖已是第七代。

第五篇为吴瑞七世孙吴镇题识，时间为明嘉靖四年（1525 年）夏四月："右家传《日用本草》六部，凡八卷，乃七世祖瑞卿公编辑。梓行于世，历二百余年。版蠹，字多亥豕。先君景素公尝欲以校正重刊，未果而卒。镇不肖，恐先善弗传，无所追罪，因正讹补逸，命工锓梓，以继先君之志，使养生修身，老□□□□览之，不能无小助云。"经过二百多年的流传，至七世孙吴镇，《日用本草》已残缺不全了。

综合以上诸序跋，可以对吴瑞《日用本草》的编著及流传有一个比较完整的了解。吴瑞认为"人之所以自养，莫切于饮食"。如果不加审察，就会因为误食误饮而伤身体。因此从《神农经》（实即当时传世的《证类本草》）以及方书中摘取材料，并以其自身所见所闻，编成《日用本草》八卷，收药 540 味，成书于天历二年（1329 年），刻印于至正三年（1343 年）。

《日用本草》共收载日用食物 540 种，分为八类，依次为诸水类 13 种、五谷类 32 种、五畜类 152 种、诸禽类 64 种、虫鱼类 66 种、五果类 98 种、五菜类 81 种、五味类 34 种。在现存的明清医药书中，直接引用《日用本草》最多的是明代李时珍的《本草纲目》。李时珍在其书卷一"历代诸家本草"中专门介绍了《日用本草》："书凡八卷。元海宁医士吴瑞，取本草之切于饮食者，分为八门，间增数品而已。瑞，字瑞卿，元文宗时人。"据统计，李时珍的《本草纲目》引用了《日用本草》一书中的内容，共有 76 种药物。分别属于水产类、海产类，以及南方民间的一些山珍之物，这与吴瑞生活在浙江近海，了解江浙一带的土产特点有关。从李时珍引用的 76 种药物来看，也可以看出吴瑞对本草学的贡献。

从日本回归的《日用本草》原书，使我们得以窥其全貌，重新认识吴瑞对我国饮食疗法的贡献，同时也纠正了李时珍《本草纲目》有些引用的错误。《日用本草》是我国早期的有关饮食养生方面的著作，较贾铭的《饮食须知》早五六十年，也是目前海宁医学史上发现的本土医家最早的医籍著作。

十一

是养生者亦未尝不害生也

——元·贾铭《饮食须知》

《饮食须知》是一部养生学著作，作者贾铭，字文鼎，号华山老人海昌（今浙江海宁）人。贾铭是海宁历史上文人中最高寿者，生于宋末，卒于明初，历宋、元、明三朝，享年 106 岁，也是一位颇具传奇式的人物。

《饮食须知》是贾铭得朱元璋召见时进呈的著作。入明后，贾铭年已过百岁，朱元璋征召天下贤士，经刘基引荐，贾铭获朱元璋召见。刘基在元朝时，常来海宁，其诗文集中有许多与海宁友人的唱和，贾铭是他的好友，为人豪侠，博儒通医，又擅养生之道，于是，刘基向太祖引荐。

《四库全书总目提要》卷 116《谱录类存目》，对此书有简单介绍："《饮食须知》，八卷，元贾铭撰。铭，海宁人，自号华山老人。元时尝为万户，入明已百岁，太祖召见，问其平日颐养之法。对云：'要在慎饮食。'因以此书进览，赐宴礼部而回，至百有六乃卒。书中所载，自水火以及蔬果诸物，名疏其反忌，皆从诸家本草中摘取成书。"由此可知，朱元璋召见贾铭，主要是为了询问颐养之法，作为百岁老人，自然是长寿之道引起朱元璋的兴趣。而贾铭的回答是"谨慎饮食为要"，并进呈所撰《饮食须知》一书，当即受到朱元璋赞许，获赐宴嘉奖。

贾铭精通养生之道，对食疗食补尤有研究，其本人亦得益于饮食之滋补，得享高寿，在当时极为罕见。其所撰的《饮食须知》一书，成为我国较早的食物养生学专著，也是历代养生学著作中颇具特色的一部。本书由民国期间出版家王云五收录在《丛书集成》之中，于 1936 年由商务印书馆出版。近 20 年来，此书又多次被整理出版，其中比较有代表性的是 2011 年中华书局版的评注本。

《饮食须知》有贾铭自序一篇："饮食藉以养生，而不知物性有相反相忌，丛然杂进，轻则五内不和，重则立兴祸患。是养生者亦未尝不害生也。历观诸家本草疏注，各物皆损益相半，令人莫可适从。兹专选其反忌，汇成一编，俾尊生者日用饮食中便于检点耳。"这段话充分表达了他撰著此书的目的。贾铭认为，饮食本来是用于养生的，但饮食的选择和搭配必须适宜，否则欲益反损，反而有害健康。鉴于历代本草对饮食宜忌的论述过于杂乱，很不明确，使人难以适从，故决定撰写《饮食须知》供人们参考。贾铭根据物性有相反相忌的特性，专选其反忌方面的内容，汇成一编，在于教人合理膳食，避其危害。

历代的饮食著作，大多以研究物性间的相配为佳，即某物与某物之间的配伍如何达到最佳效果，而研究某物与某物反忌相克的则很少，而贾铭专从反忌相克入手，提醒人们合理饮食，合理搭配，无疑是有益的。

《饮食须知》共计八卷，分为水类、谷类、菜类、果类、味类、鱼类、禽类和兽类等八个专题。全书收录食物 355 种，加上附收部分，总计在 375 种以上。贾铭很重视用水，水类是首篇，如介绍"井水"时说："井水味甘，淡，咸之异，性凉。凡井水远从地脉来者为上，如城市人家稠密，沟渠污水杂入井中者不可用。"如要饮用，则"需煎滚澄清，候碱秽下坠，取上面清水用之"。每天清晨从井中吸取的第一桶水最清亮，煮药炼丹用此水则疗效更佳。

第二卷是谷类，介绍了粳米、糯米、大麦、小麦等 40 种主食。提倡主食也应该经常变换品种，每一种都不宜吃得过多过久。这种观点对改善主食结构和营养成分无疑具有参考价值。第三卷是菜类，列举了韭、葱、大蒜、荠菜、菠菜、胡萝卜等 75 种蔬菜，主张常吃胡萝卜，认为"胡萝卜，味甘辛，性微温，有益无损，宜食"。第四卷是果类，收录 51 种水果，认为果物常食有益，多食有毒，介绍了水果保鲜贮藏的方法，以及肥瘦小孩孕妇对水果的宜忌，很有指导意义。第五卷为味类，即调味品，有盐、豆油、麻油、白砂糖、蜂蜜等 32 种，如对"盐"的认识"患水肿者，喘嗽者忌食"，白砂糖"多食助热，损齿生虫"，醋"解鱼肉瓜菜毒，米醋乃良"。第六卷为鱼类，列入鲤鱼、鲫鱼、鳗、鳝、海参、牡蛎等 63 种淡水、海水鱼类，对有毒无毒，多食少食之利弊作了详细介绍。第七卷是禽类，罗列鹅、鸭、鸡、雀等31种，有家禽野禽、飞鸟等种类。第八卷为兽类，有猪肉、羊肉、狗肉、牛肉等39种，各种肉类对五脏的损益各有利弊，不宜多食。

贾铭提倡的饮食养生，在于强调任何食物都应适可而止。他注重食物间的配伍和烹调的方法，如某物与某物的配伍为佳，某物与某物反忌相克，尤其是后者，他特别强调，这也是本书的一大特色。他在书中反复强调的一个重要理念，即对任何好的食物也不可多食。对某种食物，不论是一次多食还是长期多食，都是有害的。这个观点，在今天对人们饮食养生仍然具有较高的应用价值和指导意义。

十二

殆非一时学者之所及

——明·胡奎《斗南老人集》

《斗南老人集》，其集名现存版本名称不一。上海图书馆藏有《斗南先生诗集》六卷，明永乐宁藩刊本；《四库全书》本称为《斗南老人集》六卷；天津图书馆藏有明姚绶钞本，名为《斗南老人诗集》；今有浙江古籍出版社点校本《胡奎诗集》，也是六卷，后有补遗及附录共收录胡奎诗 1900 余首。

胡奎（1335—1409 年），师从贡师泰。《四库全书总目提要》说："《斗南老人集》六卷，两淮盐政采进本。明胡奎撰，奎字虚白，海宁人。生元至顺间，尝游贡师泰之门。明初以儒学徵，官宁王府教授，是集前有宁王权序。"

胡奎入贡师泰之门，应为贡师泰寓居海宁时期。贝琼文集中有《送胡虚白归海昌序》一文，"余客海昌时，尝谒民曹尚书贡公玩斋于北郭，坐有胡虚白，公极称其好学工文辞，遂纳交焉"。北郭即盐官城北，贝琼初次结识胡奎时，正值贡师泰寓居盐官，在拜访贡公时，在座席上与之相见，然后订交。贝琼年长胡奎 25 岁，应该是忘年交，后各奔东西，直至明洪武六年（1373 年），也就是 20 多年以后，两人在京师再次相见，当时贝琼任国子助教，而胡奎应征天下诸儒入京，后胡奎以母老求归，与贝琼在京师作别，故有此文之作。序中称胡虚白的诗如"翕然天籁之投曲，殆非一时学者之所及也"，评价极高。

后来，胡奎以儒学征，应召入宁王府教授。宁王府为朱权府邸，在江西南昌。朱权（1378—1448 年），朱元璋第十七子，封宁王，号臞仙，又号涵虚子。朱棣即位后，改封南昌，于是，朱权在南昌宁王府韬光养晦，征召天下名士，寄情于戏曲，诗词、释道，沉醉于琴棋书画。胡奎就是在这一时期被朱权召入宁王府，成为宁王教授，故《斗南老人集》有宁王朱权作序。

从朱权序言中可知，胡奎在南昌宁王府担任教授七年，“居豫章七年，予悯其衰老，遣使送归海宁。明年卒于家，时年七十有五”。豫章即南昌。胡奎卒于1409年，由此可知，入宁王府时应为1401年，时年68岁，朱权24岁。

朱权对胡奎的诗评价甚高，在元朝“声誉从于京师，诗名震于渊薮”。朱权认为：“先生以诗鸣于世者久矣，然生而颖悟，天性不凡，其胸次之量，又是一般涵养与人不同处多，但讬兴于诗酒，隐化沦景，有出世间语，非神仙中人，莫能及也。”其讬兴诗酒、出世脱俗的个性，与当时宁王的心境颇为相似，故能获得宁王青睐。乃至于朱权以南宋著名道家白玉蟾的诗“收入酒生涯，拥出诗世界”，来与胡奎相提并论。胡奎去世后，朱权为其刊印诗集，《斗南老人集》刻于宁王府文英馆，收录于《宁藩书目》。《宁藩书目》是朱权在宁王府时期，与文人往来时的诗文集，有137种，内容涉及诗词、戏曲、院本、道家、炼丹等，可见胡奎在宁王眼中非同一般。

胡奎生活于元末明初，元末随贡师泰游学，长年旅居在外，诗中足迹涉及地域甚广，京、津、豫、江、浙、皖、赣、湘、鄂、琼等地都留下了诗人足迹。因长年旅居在外，思乡情结甚浓，诗集中有关乡贤人物及胜迹题咏颇多，如《海昌八咏》《顾况读书台》《游硖山寺》《葛洪丹井》《题硖川佳胜图》等。

选录四首《海昌八咏》，其诗风大概可见一斑。

其一《海门洪涛》，写钱江大潮，气势磅礴：“一花初起白龙堆，万骑长驱石壁开。碧海有山都是雪，青天无雨只闻雷。秋高鸿鹄排云去，夜静蛟龙出穴来。借问乘槎向何处，五云咫尺是蓬莱。”

其四《顾况书台》，写唐代诗人顾况位于东山葛洪丹井旁的读书台：“紫微之峰林壑幽，顾况台前曾一游。千年古寺白云外，一个长松丹井头。僧借翻经凉月夜，童来扫叶夕阳秋。明朝别后登临处，惟有书声杂涧流。”

其六《安国禅灯》，写盐官安国寺千年禅院：“白头僧说唐朝寺，舍利犹存窣堵波（窣堵波梵语佛塔）。师子座空无所住，犀牛扇破竟如何。灯悬海月慈光近，铎振天风梵呗多（梵呗佛教音乐）。最爱平原好子孙，时来坐石看曼陀。”

其八《虹桥夜月》，写长安虹桥赏月：“渴虹饮涧不曾收，化作飞梁卧碧流。银汉水分天上下，白莲花出海东头。鹤归华表吹笙夜，龙献明珠解佩秋。载酒长安三十里，醉呼鹦鹉更停舟。”

胡奎在南昌宁王府期间，第五年曾有过一次回家探亲，回到家乡，已临近年关，诗集中有《除夕》一诗，记录了当时的心境和身体状况：“五年为客在洪都，红烛花前酒满壶。今日还家筋力倦，笑看儿女进屠苏。”尽管家里已经准备好了过年的红烛、鲜花以及满满的酒壶，但长年旅居在外的胡奎已经感到身心疲惫，只是看着儿女喝酒过年感到高兴而已。两年以后，宁王看胡奎年老体衰，于是派人专程把他送回海宁，次年，胡奎死于家乡，享年75岁。

十三

履道坦坦　幽人贞吉

——明·祝淇《履坦幽怀集》

《履坦幽怀集》二卷，是明末祝淇的诗文集，台湾汉学研究中心藏有明刻本，现收录于齐鲁书社《四库全书存目丛书补编》第99册，有影印本出版。

祝淇（1418—1508年），字如渊，号梦窗，海宁人。享高寿，年九十而终。“履坦幽怀”语出《周易》“履道坦坦，幽人贞吉”，意为践履之道必须守静，就要像幽禁之人一样安闲而不生事端，而且长久坚持下去不作改变，才会吉祥。卷前有蔡潮、查焕二人写的序。

蔡潮，字巨源，号霞山，浙江临海人，明弘治十八年（1505年）进士，官兵科给事中。蔡潮的序言写于明弘治十六年（1503年），这一年，祝淇已87岁，依然“视听聪以明，步履不资杖策”，每日必率子孙谒家庙行祭拜礼，礼毕，为子孙授诗书礼乐。祝淇为人豪爽，乐于行善，擅岐黄，疗疾每起沉疴，见乡人贫而无资者，则济以财，病痨者，施以药。蔡潮序言中说，写祝淇为人，其目的是为了使后人“知公之为人，非尽于文艺而已也”。

查焕，为海宁查氏家族第一位进士，序言也写于弘治十六年，其时任河南按察使佥事，序言称“先生性聪慧，幼嗜学，涉略经史，通古今，尤善诗歌”。平时喜吟咏，“凡遇风月之感怀，山川之有识，事变之相形，辄付之吟咏。因此一生积累了大量诗作，而《履坦幽怀》为祝淇自选集，仅选取诗文中的一小部分，希望子孙什袭而藏”。查焕称赞“先生为人和而不流，直而不傲，逸而不纵，守幽独之贞，不泥而不通者”。蔡潮和查焕都是祝淇儿子祝萃的好友。

集后有祝淇自跋，从跋中可知，祝淇师从四明玉泉章珍先生门下，章珍课徒甚严，要求日习背诵汉唐以来诸名贤诗集，能烂熟于心的不下数千首。平日在应酬之际稍有感触，则喜吟咏挥毫，“日积月累，其数亦与记诵等”，可见祝淇诗作数量之多。当时，李伯玙、冯厚编辑的《文翰类选》一书，收录了祝淇的数十首诗作，儿子祝萃从京师带来此书，“余阅之不觉汗颜，亲知者亦劝余锓梓以传”。祝萃带回的《文翰类选》和亲朋知交的鼓励，使祝淇有了编辑诗文集的想法，于是“取全稿十存一二，题之曰履坦幽怀”，《履坦幽怀集》便是在这样的背景下问世。

《履坦幽怀集》仅二卷，卷一为文集，卷二为诗集。文集多为题跋、序言、记以及墓志铭。文集首篇是《悦亲楼记》，悦亲楼是祝淇晚年读书课孙、颐养天年的新居。祝淇有三子，长子祝乾，次子祝蒙，三子祝萃，祝萃是成化二十年（1484 年）进士，官至刑部主事，三年后因病归养。这一年祝萃母亲 74 岁，因患痰疾，“经时弗瘳，举家寝食不安”。祝萃见家里老宅陈旧阴暗，于是将几年在京为官的俸禄余资拿出来为父母修建新楼，祝淇亲自为新楼取名“悦亲楼”。搬入新居后，祝淇夫妇身心大悦，全家大小朝夕相处，“昼则各就职事，夜则率群小、具香烛，稽首北辰，以延父母之寿”。然后，置酒以饮，令小儿诵书、歌诗词，讲解孝悌忠信，市井里巷之语不出诸口。到兴致极浓时，“或击鼓，或弹琴，务以悦亲为事”。这样的生活状态，子孙满堂，其乐融融，母亲的病很快康复，祝淇也安然康寿。祝淇有诗记之：“构得楼居仅四寻，交踈丹雘寝帏深。不思百计荣宫级，只要千般悦母心。一片丹诚存爱敬，满门和气蔼胸襟。人生忠孝当然事，熟读斯干是赏音。”诗后附有沈周赠诗一首《题祝惟贞悦亲楼》。沈周与祝淇关系密切，诗文集中留下多首唱和之作。其中《赠沈石田》一诗，是两人初次相识时所作，大有相见恨晚之感：“王维昔备诗中画，沈子今兼画里诗。八十空惭称我老，一生惟恨识君迟。藏书已阅九千卷，聚问咸传三总彝。日日心悬吴下路，望穷云树益凄其。”沈周小祝淇十岁，两人相识已是晚年，故有“一生惟恨识君迟”的感叹，沈周有来海宁探望老友之约，故祝淇才有“日日心悬吴下路，望穷云树益凄其”之盼，急切相见的心情跃然纸上。

文集最后一篇为《题八骏图》：“世传周穆王乘八骏，升昆仑之墟，宴王母于瑶池，其八骏之名有骅骝、绿耳、赤骥、白义、渠黄、踰轮、盗骊、山子者，若飞云，若凌风，日月不足至，天地不足周。”唐朝画家绘《八骏图》是一种风气，历史上有多种版本的《八骏图》流传，此幅经祝淇审定之画乃出自韩幹之笔，从题诗和字迹来看，祝淇认定为诗是杜子美之作，字是元代书法家赵子昂笔迹，是一幅从唐代流传下来的真品，“斯可以珍之、爱之，书此俾览之者辨之”。并题诗一首：“日乘八骏遍天涯，阿母瑶池事竟赊。狼鹿护归空好看，却留虚诞后人夸。”

诗集分拟古、五言古诗、七言排律、七言律诗、七言绝句350余首，与亲朋好友间的唱和为多。诗风平朴自然，淳静清新，如《农家》一律：“东皋卜筑老耕桑，满目生涯引兴长。白酒黄鸡秋月霁，葛衣葵扇晚风凉。山田时见羔豚乳，园圃秋闻橘柚香。最喜农家乡无事，不知人饱大官羊。”大官羊在古诗词中指羊肉。躬耕农桑，山鸡乳豚，安于乡村闲适恬静的生活，好一幅健康长寿老人的晚年安乐图。又如《湖海闲情》：“闲情炊棹米家船，览遍名山及大川。访古只思云谷黄，论心岂慕竹林贤。谩携雅兴求三竝，时把清风入五弦。自是遨游寻无事，非关红紫拾花钿。”祝淇生活的袁花龙山，乃傍湖依江，山清水秀，悠然于山水之间，仰慕竹林七贤式的林泉之雅，临风抚琴，可以忘却尘世间的种种烦事。由此可知，祝淇一定是一位心态极好的老人，故能得享高寿。70多岁那年，祝淇一场大病，以为不久于人世，写了一首《病中别亲友》的绝句：“七十余年阅世情，自将垣直信平生。西山是我归藏处，笑依丘隅听鸟声。”表达了豁达乐观、视死如归的人生观。《八十生辰自作》一首，同样体现了祝淇自得其乐的精神状态：“捻指俄惊八十春，谁知今日庆生辰。满楼书史经心久，绕膝儿孙戏彩新。服食遂情聊自足，田园生意不忧贫。一家和气存忠孝，共享清时寿域民。”可知，祝淇的长寿与其悦亲、躬耕、闲居、豁达的生活状态有很大关系。

十四

宿望不在廊庙钜公下

——明·张宁《方洲集》

张宁（1426—1496年），字靖之，号方洲，一作芳洲，浙江海宁人，寄籍海盐。景泰五年（1454年）进士，为明朝中期大臣，一生著作甚丰，与岳正齐名。《明史·张宁传》对其有专门介绍："宁才高负志节，善章奏，声称籍甚。英宗尝欲重用之，不果。久居谏垣，不为大臣所喜。既出守，益郁郁不得志，以病免归。居家三十年，言者屡荐，终不复召。"

《方洲集》三十二卷是张宁的诗文集，收录于《四库全书》集部六，别集类五。《四库全书总目提要》称："宁官给事中，謇谔自持，六科章奏多出其手，每有大议，必问张给事。""謇谔"即正直敢言，四库馆臣对其的评价是"宿望不在廊庙钜公下"。从卷一"廷策"看，其大胆直言，确实令人折服，如向皇上进言人才择贤的建议："臣愿皇上勤于用德，以标准天下人才，每用一人也，必贤而用之，退一人也，必不贤而去之，将见天下谁敢不让？敢不敬？"以德和贤作为选择用人的标准，其卓越的见识和胆略，令人敬佩。后因谏疏得罪朝廷权贵李贤，受到排挤，与岳正同时被调出京城，任汀州府知府，曾出使朝鲜。《方洲集》目前有上海古籍出版社《四库明人文集丛刊》影印本。

《方洲集》收录了张宁的主要著作，包括《奉使录》《方洲杂言》《读史录》。《奉使录》是张宁出使朝鲜时所作，主要是奉使朝鲜的召奏稿，或途中留题之作以及至朝鲜后的诗文；《方洲杂言》为见闻和感悟；《读史录》为读史笔记。

《方州集》三十二卷的内容为卷一"策、议、表、奏"，卷二"奏疏"，卷三“赋、古乐府”，卷四至卷六是“五言、七言古诗”，卷七至卷九是“五言、七言律诗”，卷十至卷十一是“五言、七言绝句”，卷十二至十三是“奉使录上、下”，卷十四至十五是“序”，卷十六至十八是“序、书、碑、记”，卷十九至二十一是“记、说、跋”，卷二十二至二十三是“论、像赞、祭文、墓表”，卷二十四至二十五是“墓志铭、行状”，卷二十六是“杂著，箴、铭文、杂言”，卷二十七至卷三十二是“读史录”。

《方洲集》作为张宁生平所有诗文作品的合集，大致反映了张宁一生丰富多彩的生活经历。张宁既为朝廷京官，还做过出使朝鲜的外交官，又出任过地方知府，最后引疾归田，隐逸山水林泉，绘画、书法也有一定成就，因此《方洲集》其含量及内容极为丰富，是研究明朝中期政治、社会、文化的宝贵资料。

张宁身为朝廷命官，对家乡非常关注，因此，对潮水的灾难，修筑海塘的记录等，留下不少诗文。钱塘江潮素以壮观天下闻名，《听潮轩》描写了钱江潮壮丽磅礴的气势：“海门荡荡天风来，云潮千里如山推。空雷隐地雨将作，万鼓齐伐车喧厬。初疑群蝇争振翅，忽如洪炉沃汤液。风回籁歇如渐远，兵马萧萧走勍敌。年去年来似有期，春秋长落几人思。天涯共道初来惧，梦里空惊夜雨时。海滨老禅得幽趣，禅居正近潮来处。山空水落境无人，地迥天高岁云暮。尘缘断绝双耳清，天机自动非人声。上方钟梵随风散，下界楼台孤月明。风微月朗众将定，将定犹闻心转静。来非有为去无情，留连世韵何须听。见说空轩百事无，音声色相尽成虚。禅家自有西来话，莫向中洲说六如。”此诗上半篇写潮，下半篇写禅，一动一静，潮中有禅，禅中有潮，读其诗有一种身临其境的感觉。

钱江潮以壮观举世闻名，但大潮决堤造成的深重灾难，也是海宁历史上永远的伤痛。张宁的《纪事》一诗，真实记录了成化八年（1472 年）以后的几次潮灾：“成化壬辰秋七月，海涛腾风石塘决。桑田夜变陆成川。一望边沙烟火绝。青苗白屋随奔流，红颜皓首尸横丘。一身虽存六亲尽，至今乱骨无人收。已午年来岁云愈，乙未严寒冰雪沍。无端申酉魃为殃。两度风涛迅如许，河流作卤蛸蛑生。咸风著树枝条零，苗方秀实水将涸。丰稔不及荒年登，今年夏月久不雨。清昼耘苗夜车水，可怜枵腹不支劳。近海膏腴半枯死，虹睆目断心焦劳。炎风吹云天宇高，谁知飓母肆狂疟，平地掇入钱江潮。溪腾谷沸雨川迸，城坏堤摧风转盛。大家浥漏小家漂，不顾田畴顾身命。因思去岁初阳逢，雷轰电掣当严冬。如何六月忘溽暑，一雷不振翻为风。崇朝极夜力不息，潜启蓬窗看天色。东方欲白西未明，可是龙王听河伯。莫黑匪乌赤者孤，有子死父妻死夫。下车泣罪知何意，卿尹当思日月图。”诗以写实的方式展示了潮灾的频繁及带来毁灭性的破坏。

诗集中有《杨廷宪修障海塘妙得古法但百世之工非朝夕可致所冀增高倍厚坚表实里迟之以岁月庶可持久诗以寄之》一篇长诗，对钱江潮的壮势，对捍海大堤的作用以及杨廷宪筑堤创举的赞赏，是海宁历代修筑海塘诗词中最为完整也是较早的诗歌之一：“吾闻浙江潮，涌撼世莫比。回流趣盐官，一射数百里。海盐当其冲，适际东北趾。何年作长防，去郭数丈许。叠石类悬崖，壁立瞰其涘。刳中实外障，高岸湮入水。表里河海间，相隔才一指。譬如溃瓜形，皮好肉已毁。潮来石奋角，潮缩石拔齿。时平渐离缺，风迅遽披靡。工役岁无涯，漂荡日常耳。皇皇鱼鳖民，藐藐轩裳子。剥床不及肤，解牛未得理。岂无达务才，遗我徒好语。使君人中英，万物备一已。询咨度豁如，瞻顾心隐只。秦鞭竟空谈，汉緪无用此。轩然巨鳌侧，坦若长坡迤。罅漏互蔽亏，力势相并倚。盈不与潮斗，缩不随浪委。肉厚骨不疏，腹饱背复偻。何期既倒阔，忽见急流砥。但恐述者能，不类创智美。速成功易隳，举重力易弛。安得百使君，历岁如大禹。”长诗记述了杨廷宪用古法创新修筑海堤的历史功绩。

以上三篇七言古诗，第一篇写钱江潮壮观，第二篇写钱江潮灾难，第三篇写钱江修堤，如史诗般刻画出钱塘江给家乡人民既带来美好的景象也带来深重的灾难，以及千百年来海宁人修塘抗灾的智慧。

张宁与海宁郜氏医学世家有极深的关系，文集中有《郜氏先茔碑记》一文，撰述了郜氏医学世家的渊源流传，提供了郜士清于洪武年间被召充太医院院士的珍贵史料。郜士清于永乐十年（1412 年）奉旨出使东南亚诸国，殁于苏门答腊，是国内较早出使东南亚的医学使臣之一。郜士清儿子、孙子、曾孙都是当时名医，三代人与张宁友善，文集中有为郜士清子孙题《郜仲垣先生像赞》，为郜文晖题《郜文晖杏雨轩八韵》，为郜弘敬写《恒斋说》，为郜汝济写《橘井序》等，都是很宝贵的地方医学史料。

十五

冰清玉洁　才思不减李易安

——明·朱妙端《静庵剩稿》

朱妙端（1423—1506 年），字仲闲，号静庵。其生平海宁地方史志记载甚少，钱泰吉《海昌备志艺文志十六·闺秀》作如下介绍：“尚宝司卿祚女。归福建光泽教谕邑士周汝航济才，后因海溢移家武原。晚复因其子梦龄办事南京，遂迁江宁。寿八十四终。”《明诗综》载有《静庵集》十卷，《拜经楼诗话》载有《自怡集》十卷，《槜李诗系》载作《诗集》十卷，《遗集》五卷，《杂文史论》五卷。

朱妙端为朱祚之女，朱祚，明学者，官至翰林修撰、尚宝司卿。朱妙端嫁海宁周汝航，因丈夫任福建光泽教谕，随夫移居光泽县，夫死后，扶柩回归，后又迁居海盐，晚年随儿子定居江宁。其上述著作现仅存吴骞收集整理的《静庵剩稿》一卷，收录《拜经楼丛书》。民国十年（1921 年）商务印书馆有影印本出版，现有华东师范大学出版社吴骞所著《海昌丽则》点校本出版。

吴骞的《拜经楼诗话》对朱妙端有介绍：“海昌闺秀朱静庵，在明化治间，以诗鸣于时，前此未闻也。有《自怡集》等，今皆不传。《咏虞美人》及《梅花灯笼》诗尤脍炙人口。”可见，在吴骞之前，朱妙端的诗名已很少有人知道，像吴骞这样博学的乡贤，也是“前此未闻也”。好在吴骞编成此残卷后，又增加了一篇附录，将其收集到的朱妙端与同时期友人间的唱和，以及明朝人对她的评价，附录于诗集后，才使后人对这位明朝中期“以诗鸣于时”的才女有所认识。

吴骞在《海昌丽则》附录中有《海宁周氏宗谱》对周汝航、朱妙端夫妇的记载："子济，字汝航，号简庵，成化四年岁贡，福建光泽教谕。恭人幼聪慧，七岁能诗，十三丧父，哀毁如成人。长遂博览群籍，以诗赋闻于时。比来归，闺中唱和，有金童玉女之目。六十余，从简庵公之闽任。越五年，简庵公卒于官，扶柩旋里。自后年益高，才德益著，卒年八十四。"这是对朱妙端生平比较详细的介绍。

与朱妙端唱和的同时期诗人，有祝淇《和孺人朱太仆妹》，陈德懿《朱静庵夫人许来访，竟不见遇，作此以寄》。陈德懿，仁和人，都御史李公昂妻，平生与海宁朱静庵唱酬最密。明代人姜南对朱妙端的评价是："海昌朱静庵《梅花灯笼》诗脍炙人口，又咏虞姬云云，才思不减李易安也。余十五六时识之，今有集行世。"徐咸《徐襄阳西园杂记》称朱静庵"博学能诗，有声化治间。若乐府长歌短章，俱有古人法度，无纤丽脂粉之气。有集藏于家。平生妇德，冰清玉洁，朱淑真、李易安不足多也"。从姜南的"今有集行世"和徐咸的"有集藏于家"，都说明了当时有朱妙端诗文集行世。

稍后于朱妙端的乡贤董榖，在《碧里杂存》一书中，对历代女诗人有过评价，他对朱妙端评价尤高："我朝成化、弘治间，海宁朱静庵者，周汝航妻，博学高才，福德兼备，寿考令终。遗文垂后，才识纯正，词气和平，笔力雄健，真闺阁之懿范，女德之文儒也。"董榖甚至认为朱静庵的人品才德，远在李易安、朱淑真之上。而吴骞则认为"至侪于《漱玉》《断肠》之流，过矣"。《漱玉集》《断肠集》分别是南宋词人李清照、朱淑真的集名。可谓仁者见仁，智者见智。

蔡完在编《海宁县志》时，介绍朱静庵生平是："自幼咏聪慧，博览群书，酷嗜吟。"也将董榖评价抄录于后，其他诸如田艺衡的《诗女史》、顾起纶的《国雅品》、葛徵奇的《竹笑轩诗集序》、谈迁的《海昌外志》、许三礼的《海宁县志》、朱彝尊的《静志居诗话》、沈季友的《檇李诗系》、程如婴的《明诗归》等著作中，都有对朱静庵其人其诗的论述。其中，清初诗人沈季友《檇李诗系》称朱静庵"其诗才致清瞻，声调遒健，平平抒写，自然娴丽，无愧名媛矣"，是很中肯的评价。

吴骞对朱静庵最为赏识的诗是《咏梅花灯笼》和《咏虞美人》两诗，认为是脍炙人口之作，《咏梅花灯笼》："篔筜织作巧玲珑，朵朵分明似化工。薄暮高挑照归路，满阶疏影月朦胧。"用纤细的竹子编织成灯笼的骨子，绣上梅花点点似天工所化，在夜色将临的薄暮之中，朦胧的月光映衬着灯笼的梅影，好一幅“疏影横斜月黄昏”的仕女夜归图。

《咏虞姬》诗，又作《虞美人》：“力尽重瞳霸气消，楚歌声里恨迢迢。贞魂化作原头草，不逐东风入汉郊。”与另一首《题虞美人》的五言古风一样，大气凛然，感怀思古，慷慨激昂，确无“纤丽脂粉之气”，而大有巾帼不让须眉之雄健豪迈气概。朱静庵其他几首怀古诗，也同样体现了这种风格，如《读霍光传》《白门怀古》《小桃源诗为故元尚书贡玩斋隐朱质夫亭馆作》《从军行》《题明因尼寺陈后主所建》《金陵怀古》《吴山怀古》等。

《成化纪事》一诗，描写了发生于明成化八年七月的一次潮灾：“飓风拔木浪如山，振荡乾坤顷刻间。临海人家千万户，漂流不见一人还。”此诗如与张方洲的《成化纪事》诗相互参照，便构成了一幅钱塘江大潮给海宁造成灾难的完整画面。

悲秋是朱妙端诗中的一大题材，历代悲秋诗多如汗牛，而朱静庵的《秋日见蝶》无疑是众多悲秋诗中的佼佼者：“江空木落雁声悲，霜染丹枫百草萎。蝴蝶不知身是梦，又随秋色上寒枝。”作者出生于钱塘江畔，依山临江，深秋时节，江空寥廓，落木萧疏，大雁纷纷南飞，啼声悲凉，百草已经开始枯萎，惟有经霜后的枫树，金黄而红，引来蝴蝶以为是万紫千红的春天到了，在寒凉秋意中平添一份春意。《采莲曲 · 五月薰风至》中的“不爱莲花红，惟采莲药苦”，也流露了同样的心境。

可惜的是，朱静庵留下的诗仅剩《静庵剩稿》薄薄一卷，共45首诗，补遗一首《题琴清轩》，是吴骞从海盐张氏石鼓亭所藏墨迹补入，自署“八十老人朱静庵”，另有残诗两句：《读李易安词题后》“一代才华真可惜，错将闲恨寄新词”，《篱落观梅花有感》“可怜不遇知音赏，零落残香对野人”。这两句诗被后人误解为朱静庵与朱淑真似乎有相同身世，吴骞为此做了纠正，朱静庵与周汝航“白头偕老，未尝有天壤王郎之恨。乃好事者摘其《篱落见梅》诗，至侪于《漱玉》《断肠》之流，过矣”。事实上，朱静庵的人生远比李清照、朱淑真幸福得多。

十六

柴门倚杖立斜曛　紫硖双峰望里分

——明·李璋《嗜泉诗存》

《嗜泉诗存》二卷，附录一卷，明李璋撰，清乾隆二十八年（1763 年）海盐李凤藻刻，嘉庆五年（1800 年）重刻，现有黄山书社《明别集丛刊》影印出版。

李璋（1453—1511 年），集前有同邑董上容所作《嗜泉先生传》："先生生于有明景泰癸酉，卒于正德辛未。""嗜泉姓李名璋，字政虹，别称嗜泉其别号也。"董上容所作《嗜泉先生传》中对李璋作了这样介绍："先世河南相符人，代有明贤，后居浙西，至嗜泉始卜宅盐邑之横港。贝廷琚所云'南行入横港，茅屋带林邱'即此。少时寄籍于杭之海宁，补学官弟子，屡踬棘闱，以明经终。慕张方洲之学，师事之，集中每有唱和之句。晚以不得志，益闭门读书，日以诗酒自娱。"对李璋生卒、身世作了简单的介绍。李璋本是海盐人，寄籍海宁，与其师张方洲不同，张方洲本是海宁人，后入籍海盐。

《嗜泉诗存》为李璋自选集，编于明正德四年（1509 年），有自序曰："今夏养疴来鹤亭，取旧刻读之，痛加刊削存十之一，并及近作为二卷，杂著诗余为一卷，易其名曰诗存。"从自序可知，李璋以前应该有过旧刻，此集仅为近作，故名为《嗜泉诗存》。

《嗜泉诗存》除李璋自序，还有海盐知县舒瞻，海盐教谕四明李恭宽，淳安方絜如，海宁许道基、董上容，秀水贺基巩作序，董上容作《嗜泉先生传》。集后有裔孙李缵祖及十世孙李凤藻跋语两篇。

舒瞻，满洲正白旗人，乾隆四年（1739 年）进士，曾官浙江桐乡、平湖、海盐知县。序为任海盐知县时所作。舒瞻认为，有明一代，海盐有诗名者，“达如方洲，穷如西村最著”。方洲即张宁，进士出生，官为大臣，西村即朱朴，一生布衣，以诗闻名。而“嗜泉出方洲门下，与西村同时，其名独晦”。只是李璋的诗并未像张宁、朱朴一样广为流传，而是到了乾隆年间，才有其裔孙重新刻印。

李恭宽时任海盐教谕，序文叙述了李璋九世孙李缵祖收集整理先祖诗集并嘱其题词的过程。李恭宽是李缵祖、李凤藻父子的朋友，对其先祖李璋也颇为崇敬，“景韩（缵祖）之九世祖嗜泉公，读书慕道，高隐不仕，卜居横港，带经而鉏，以吟咏自娱，教子孙读书为善，迄今三百年。咸克荷其绪训，罔敢失坠。至景韩而家声弗衰，且益以振”。说明横港李氏至乾隆年间三百多年依然保持着书香世家。“景韩（缵祖）尝绘《横港春望图》，索余题句，曰不敢忘先人之旧庐也。一日复命其子凤藻持一编来，曰此先人之遗草也。阅世久远，全集已散佚无存，家君搜罗残失而汇录之，仅止此。”李恭宽对李璋诗的评价是“质而不俚，淡而不厌”。

淳安方楘如写序时，年已 86 岁，方黎如为康熙四十五年（1706 年）进士，曾受业于毛奇龄，以文章名天下。对李璋诗颇为推崇，“先生慕张方洲之学师事之，集中每有唱和之句。晚不得志，日以诗酒自娱。今取集读之，理杼轴则匠巧呈焉，占蹊径则门户别焉，聆音节则抑扬坠谐焉”。

海宁许道基是李璋十世孙李凤藻的老师，也是由海宁寄籍海盐，故自号两海竹人。序中解释了海宁、海盐二郡原实为一家，故收入历史人物时，多有重叠，如干宝、陆逊、顾况、谭峭等。历史上许多海宁、海盐人物在借籍、寄籍、入籍方面互有交叉，故两县多有重复记载。“横山当峡东六七里，予童子时所钓游，其都在六其里为冈，予寄之以通籍盐邑。今读其传，实寄宁庠弟子籍。”许道基认为李璋“其诗穆如清风，粹若良玉，言思音响，表自有真气往来，殆幽人而君子，夫是以晦，夫是以不终晦”，由于其后裔的珍藏，“因人存诗，因诗存人，诗系人存，而况志乘既为立传寓贤”，因此，为之作序，希望“后世复有综明诗者，必高置嗜泉诗于勾溪碧里间矣”。勾溪、碧里分别指陈勾溪、董澐两位诗人。

贺基巩是秀水人，其祖父曾坐馆于李家，乃为世交，乾隆四十年（1775 年），李缵祖将诗稿寄予贺基巩，请为之序，“余读而嗟曰：嗜泉酒酣纵笔，著作多矣，而乃零落散亡，几于湮灭，岂不重可惜哉！”尽管诗集

“虽一脔片羽，未必不足见其性情”，因“弗辞而序”。

董上容是李缵祖好友，应好友之邀，最后为诗集订定，“比其次第，正其缺伪，得百有余首”。并为诗集作序，又为李璋作传。使《嗜泉诗存》诗与人俱传。

从现存《嗜泉诗存》的内容看，到李璋九世、十世孙，已经是乾隆中期，距李璋在世已过了三百多年，其诗文大多已散佚，这100多首诗也是经过李缵祖、李凤藻父子的努力搜寻才得以编成。诗都是李璋隐居横港时，借酒消愁，以诗咏志之作，如《闲居十咏》序中，李璋对隐居生活作了如是描述：“余自卜居横港以后，田野自适，萧然尘外，无复用世之志。屋旁架数椽，广不过寻丈，坐卧其中，置书数十种，随意披阅，有所得，辄复自吟自赓。尝与笔砚为伍，兴阑揞筇出游，时往来町畦间。课小奚种艺，亦或手自芟薙灌注，颇以为乐。屋后一小池，养鱼百十头，凝眸观之，有江湖之兴，意倦而返，或芟松烹茶，或钓鲜下酒，与妻孥团圞话桑麻。若不知有世间荣辱事者，随时赋诗，得十首，曰闲居十咏，亦使读予诗者，知予况味，皆得自闲居中也。”文中的横港一派田园风光，诗人自得其乐，逍遥其中，这也是中国士大夫隐而退其次的理想生活写照。另一首《田家杂兴》也有序：“田居日久，熟悉田家境况，读储、王田家诗，悠然意会，伫兴有作，不敢云拟古，聊以自适已尔。渊明诗云：虽未量岁功，即事多所欣，盖有味乎其言之言。”储、王分别指唐朝诗人储光羲与王维，都是描写田园之乐的代表诗人。又有《和陶诗》十首，分别写了《移居》《怀古田舍》《饮酒》《咏贫士》，流露出对陶渊明式的田园生活的向往。

李璋隐居横港，对所居环境，几乎到了痴迷的程度，有《横港杂兴》组诗并序：“横港去县城四十里许，前对横山，旁接紫硖双峰，溪流迂廻，村舍错落，桑畦麦垄，高下参差，间以竹树苍翠，弥野炊烟四起，与远山之雾，翁翁然若合若离，乍浓乍淡，宛在画图。余卜居以来，朝暾夕月，领略不尽，读书之暇，或倚阑望远，或曳杖寻诗，积日既久，随兴写意，满上下平韵，聊以志村居之乐。”杂兴组诗有30首，可见对横港之厚爱。有《望紫硖双峰》一诗，描写其胜景，非常陶醉：“柴门倚杖立斜曛，紫硖双峰望里分。雨过春林开晚色，一峰楼阁一峰云。”

李璋诗风，质朴自然，清新流畅，得唐诗真趣。例如，《卜居横港》：

“岂有林泉志，聊从幽僻栖。琴书皆石友，井臼付山妻。新涨循除下，高峰与屋齐。春来桃梨艳，孤赏不成蹊。”

《嗜泉诗存》集后附有李璋所作《横港小庐记》，以及其十世孙李凤藻后记各一篇，有助于了解李璋其人其诗。

十七

南渡江来乐有余　广堂守岁即吾庐

——明·董澐《董从吾稿》

董澐（1458—1534 年），字子涛，又字复宗，号萝石，晚号从吾道人。海宁袁花人，寓居海盐澉浦。年六十八，渡江游会稽，拜王阳明为师，著有《董从吾稿》。有子董穀，承家学，有时名。

《董从吾稿》，收录于《四库全书存目丛书》，为一卷，“其集以诗与语录、杂文，共为一编，而附守仁和赠诸作。大抵皆暮年谈理之词”。而《海宁州志稿》记载为两卷，“上卷古今体诗，九十二首，下卷八十三首，歌、颂十五首，附录二首，绝笔三首”。日本蓬佐文库珍藏有《从吾道人语录》一卷，据《名古屋市蓬佐文库汉籍分类目录》载：“《王门宗旨》十四卷，《从吾道人语录》一卷。”另有浙江省图书馆藏《湖海集》两册三卷，为清钞本，有诗词一百二十首。现有钱明将以上版本汇编成《董澐集》，列入《阳明后学文献丛书》，由凤凰出版社出版，是目前董澐最为完备的诗文集。

《董澐集》收录有《从吾道人语录》《湖海集》《从吾道人诗稿》。《从吾道人语录》，明朝学者焦竑订，周汝登参，陈大绶阅，余懋孳校梓。仅存《语录》部分有《日省录》九则、《求心录》六十则、《把卷录》六十一则。卷后附有王阳明《从吾道人记》《守岁诗序》二篇，前者对董澐生平所述颇详，后者记述了董澐 70 岁那年除夕，因追慕阳明之学，再次渡江访师，风雪之夜与师共度除夕，并留下诗篇。从序文可知，董澐第一次渡江拜师在嘉靖甲申（1524 年）春天，是年 68 岁，“萝石来游会稽，闻阳明子方与其徒讲学山中，以杖肩其瓢、笠、诗卷来访。入门，长揖，上坐。阳明子异其气貌，且年老矣，礼敬之”。两人长谈几日，王阳明并未答应收徒，于是董澐通过王阳明的另一位学生何生秦，再次转达对王阳明的仰慕之情，“今吾闻夫子良知之说，而忽若大梦之得醒，然后知吾向之所为，日夜弊精劳力者，其与世之营营利欲之徒，特清浊之辨，而其间不能以寸也。幸哉！吾非至于夫子之门，则几于虚此生矣。吾将北面夫子而将终身焉，得无老而有所不可乎？”言辞恳切，笃志于学。当何生秦把这番话转达给王阳明并代董澐再次恳请老师能收其为徒，王阳明回答：“有是哉？吾未或见此翁也！虽然，齿长于我矣。师友一也，苟吾言之见信，奚必北面而后为礼乎？”这一年，王阳明 54 岁，而董澐已 68 岁，王阳明不好意思称师，就作为师友吧。第一次拜师，董澐无功而返。两个月后，董澐再次渡江来越，这次什么也没带，仅带一条长缣，叫何生秦转送并告知老夫子，这条长缣是老妻花了两个月所织，是双层密织的丝织品，用功精细缜密，就像我拜师之诚心，希望老夫子能接纳我。董澐这次可谓是“入而强纳拜焉”，在董澐的执意恳求之下，王阳明为其诚心所感动，才答应其留下。于是，“阳明子固辞不获，则与之以师友之间。与之探禹穴，登炉峰，陟秦望，寻兰亭之遗迹，徜徉于云门、若耶、鉴湖、剡曲。萝石日有所闻，盖充然有得，欣然乐而忘归也”。后来，乡里的亲朋好友都因董澐年事已高劝其回家，董澐却说：“吾方幸逃于苦海，方知悯若之苦也，而顾以吾为苦耶？吾方扬鬐于渤海，而振羽于云霄之上，安能复投网罟而入樊笼乎？去矣，吾将从吾之所好。”因此，自号“从吾道人”，董澐晚年自号由此而来。为此，还引发了王阳明一段关于良知的论述。

《守岁诗序》记述了两年后，董澐出门前，儿子董穀长跪请留的动人一幕：“道人今年已七十，终岁往来湖山之间，去住萧然，曾不知有其家室。其子穀又贤而孝，谓道人老矣，出辄长跪请留。道人笑曰：‘而之爱我也以姑息。吾方友天下善士，以与古之贤圣者游，正情养性，固无入而不自得。天地且逆旅，奚必一亩之宫而后为吾舍耶？’”可见，70 岁的董澐，还胸怀天下，志向远大，这令王阳明大为感动，并作诗以记：“是夜风雪，道人有作，予因次韵为谢：多情风雪属三余，满目湖山是旧庐。况有故人千里雪，不知今夜一年除。天心终古原无改，岁事明朝又一初。白首如君真洒脱，耻随儿子恋分裾。”《从吾道人诗稿》中有《丙戌除夕》两律用同韵，应该就是王阳明次韵为谢的原诗，其一为：“南渡江来乐有余，广堂守岁即吾庐。二三千个同门聚，六十九年今夜除。文运河图呈象日，寒梅禹穴见花初。阳明甲第春风转，老我明朝口曳裾。”留下了师徒间的一段佳话。

《从吾道人语录》是董澐儿子董穀于明嘉靖十四年（1535年）所编，后有董穀跋语。从跋语可知，为当年父亲随师游学时所思所得的记录，“积久成数巨编，皆精神之会，性命之微也”。经整理删减，编成此集，以后还有《淘金录》《自怡录》《萝荫野录》并诗文若干卷，可惜今皆不存。

《湖海集》为诗词集，仅存诗词104首，卷前有王阳明序。王阳明认为“诗自三百篇，均为忠君爱国，缠绵悱恻之忧，而次及于山川鸟兽，君子所诏多识者，今观萝石诗，其于山川景物、草木鸟兽则多矣，言情之任则亦众矣，当于忠君爱国间求之，则更上层楼矣”。以“湖海”命名者，董澐时居海盐澉浦，名为“湖海山居”，集中有题湖海山居诗多首。

《从吾道人诗稿》前有郑端胤《刻从吾先生集引》一篇，诗集刻于明崇祯十五年（1642年），此时距董澐去世已近百年，郑端胤因仰慕董氏父子之为人为学，为其重刻。从《刻从吾先生集引》看，当时应该是诗文集，“读其语录，粹然濂、洛、关、闽之衣钵也；诵其诗词，烨然庐、骆、王、杨之音响也”。认为董澐儒学宗宋，诗歌宗唐，开一时之风气。《诗稿》中有一首七言绝句《五亩山海月堂雅集》，记载了董澐等13人的海月堂诗社，在社者有“孙朴居、吴南溪、徐丰厓、东滨、刘海村、钟西皋、朱西邨、陈勾溪、朱南野、沈紫峡、释石门、石林与余十有三人”，在五亩山的一次雅集，人员大多是海宁、海盐、桐乡、嘉兴一带的诗人。

1529年王阳明去世，年仅58岁，先于董澐而去，时年73岁的董澐悲伤万分，作《哭阳明夫子》五言长律一首，有“哲人成萎逝，斯道堕微茫”之哀叹，回忆几年前，与先师“览胜心犹在，从游兴未央。云门摩石刻，禹庙访梅梁。萝月朱华麓，松泉道士庄”的快乐时刻，如今成了“昔日歌邪水，今晨哭浙江”，倾诉对先师恩重如山的深情。

1534年，77岁高龄的董澐自知留日无多，作《自诀》诗：“我非污世中者俦，偶来七十七春秋。自知此去无污染，一道天泉月自流。”溘然长逝。

十八

志将身挽一世风　还前古而力莫之从

——明·许相卿《云村集》《许氏贻谋四则》

许相卿（1479—1557年），字伯台，号云邨老人。明正德十二年（1517年）进士，官至兵科给事中，因敢于直谏而不为权贵所容，遂称病归养，后屡拒出仕，清名益高。与名流高士优游湖山，隐居茶磨山30余年。著有《史汉方驾》《革朝志》《良方辑要》《校正海昌续志》《云村集》等。

《云村集》，十四卷，收录于《四库全书》集部六别集类五。《四库全书总目提要》谓“是集为相卿自定，简择颇精”，集前原有自序，四库版未收录。钱泰吉《海昌备志》收录自序全文。

卷一、卷二是诗赋，《四库全书总目提要》对许相卿诗的评价是：“今观其诗，大抵近体居多，五言有大历之调，七言出入于陈师道与陈与义间，可谓自知之审矣。”其五言诗宗唐，诗风近大历，七言诗宗宋，在两陈之间。五言诗的代表作有《晚晴》《瞑色》《霁色》《江上》等，七言诗的代表作有《山游》《除夕感怀》《月林僧舍》《金山吞海亭》等。例如，《山游》：“杞山秋高风日好，独扶藜杖步晴冈。达观浮世身如寄，任侠当年气自降。云水茫茫去鸟没，烟霞隐隐归樵双。清林孤眺坐成晚，遥见疏林明夜缸。”杞山是许相卿隐居的九杞山，为海宁东部群山之一。一个风和日丽、秋高气爽的下午，作者策杖登高望远，遥想当年踌躇满志，如今寄身山林，达观尘世，感慨万千。不经意间，已日落余晖，飞鸟远去，隐没在茫茫山水之间，上山砍柴的樵农已结伴归去，不知不觉夜幕已经悄然降临，一轮明月出现在稀疏的树林之上。秋景暮色，鸟去樵回，寄托了作者晚年的闲适情怀。《除夕感怀》则抒发了一种豁达的人生观：“酒冷香销梦不成，逼人殊觉岁峥嵘。老如旧历浑无用，醉恋残灯亦暂明。雪霰已应随腊尽，梅花宁复与春争。向来筋力虚名尽，白发无愁也自生。”

卷三、卷四是疏奏，文集中有关疏奏部分，《四库全书总目提要》评价：“章疏切实，文体裁雅洁，亦多有道之言，无明季士大夫求名若渴之习，殆笃实君子欤!”“笃实君子”是对许相卿人品的很高评价。政论文中，如《论政权》，提出了“天下政权必出于一”，政令统一则治，政令不一则乱。因此直谏皇上，希望皇上能“务学亲政，远色去谗，绥留故老，延访忠言，详察民隐。宫府一体，上下一心，则德可尧舜，治可商周，功可祖宗。陛下享无疆之祚，群臣与弼谐之荣，近习私人亦得同乐和平矣”。如此大胆率直的献言，是需要勇气的。《论朝觐考察》一文，向皇上进言，应赏罚分明，严惩贪酷，褒奖廉清，“以鼓舞人心，丕变士习”。《论罚言者》则列举礼部、吏部对敢于直言官吏处罚的案例，向皇上直谏，长此以往，“臣恐自今大小臣工以言为讳，朝政阙遗，生民困厄，中外奸欺，莫得上闻。陛下孤立蔽欺之中，顾倚近习私人，共图社稷，至计岌岌乎危哉!”

多次的直谏，必然得罪权贵，甚至引起皇上不悦。嘉靖二年（1523年），43岁的许相卿，因妻子李氏去世，以送15岁的儿子回老家为由向皇上请辞。这次请辞回家，是临时获准，到了嘉靖三年（1524年），许相卿以病为由，于这年四月十三日，再次请辞，延期返京，后又多次以继母病故、父亲病危以及自己久病难愈等理由，申请延期。其间吏部多次催促返京赴任，直至66岁，“以原籍致仕”（致仕即交还官职），彻底退休。这20多年间，隐居山里，不再参与政事，避世之意，显现无疑。

卷四至卷六是书信，归隐山里的几十年间，除了交游诗赋，许相卿始终关心家乡的民生。与师友书信往来，与老师王阳明探讨学术；与文徵明讨论江南山水入画；与礼部尚书夏公言、兵部尚书聂豹讨论时政；与太守商讨修筑海塘，为秋收临近，海患波及农田担忧；给胡宗宪献计抗倭良策；关心科举考试中的士子；等等。从一系列信札中可以看出，许相卿虽隐居深山，但忧国忧民之心尤切。

卷七至卷九是序、记、传。许相卿隐居山里，名声在外，求序者众多，有为朋友诗文写序，如《渐斋诗草集序》是明朝赵鸿逵的诗集，为汪道弘《近徵录》作序，《紫云宗乘序》是为灵泉许氏族谱而作。这些为友人来往送别而作的序文，情真意切，留下了乡贤间的真诚交往。《寿朱陈两翁序》，回忆年轻时与朱西村、陈勾溪等人，同游于湖山间，觞咏谈谐唱和之快乐；《送医吕生序》则是为感谢儒医吕贞夫而作，晚年的许相卿抱病山里，孤独寂寞，“岁不一见城市之人，虽亲旧月不一见，日或与接者，同业之农圃、樵牧而已”，而吕贞夫的到来，“与之讲学论医及乡之故则”，使许相卿欣喜万分，送别时，专门为吕贞夫作文道谢。

《乡贤祠记》是为有明一代入海宁乡贤祠的20人写的一篇纪文，记录了正德十四年（1519年），浙江按察使刘公端为各地立乡贤祠，文中内容为海宁历史上乡贤文人留下了史料。其他如为友人叶应祥读书之所作《蓉池书屋记》，为友人祝守愚作《一笑轩记》等，都是很珍贵的地方文史研究资料。

卷十至卷十二为颂、铭、赞、碑及杂著。其中《自赞》二则，是许相卿为自己而作，“昂七尺而中空空，酣群籍而理梦梦。志将身挽一世风，还前古而力莫之从”，抒发了自己曾怀远志，而终无报效的惆怅，大有烈士暮年，不失豪气之感。

卷十三、十四为墓志铭。为去世人物写墓志铭，也是历代官宦名流文集中的主要内容之一。其中董澐的墓志铭，为海宁董氏源流、迁徙以及董澐生平做了详细记载，董澐是许相卿的忘年交，其记录真实可信。而《云郪老人墓志铭》则是许相卿自撰的墓志铭，嘉靖三十六年（1557年），许相卿79岁，自知病将不起，便将自己一生作了小结，临终前，老人神志清晰，“嘉靖三十六年八月初九日，鸡始鸣号，老人梦指画太极图动静交处，已而吸清露三巨觥，昧爽而寤，遂病日弥留”。视死如归如此者，真隐士也。

许相卿的《许氏贻谋四则》四卷，见《续修四库全书》子部第938册，有自序，作于嘉靖己酉（1549年），为许相卿70岁时作。四则者，首为家则，“治家先分严，而后教行，家人所以吉嗃嗃，吝嘻嘻也”。嗃嗃、嘻嘻语出《周易》，嗃嗃，严酷之意；嘻嘻，喜笑之貌，这是对许家子孙从祭祀、豢养、慎习、礼俭、德量、亲睦、保家、治生、内则、劝诫、仕宦等治家准则所作的严格规定；其次为学则，从学之序、修身之要、处事之要、接物之要等，对子孙行为规范也做了严格规定，如朔望之仪、常日之仪、学礼、学坐、学行、学立、学揖、学言、视听、容貌、衣冠、饮食、诵读等具体要求；第三为祠则，对如何祭祖、祠堂陈式、时节祭期、祭祀仪式等作了详细规定；第四为墓则，从先祖墓葬到各代墓穴位置，以及墓地产业的管理都作了明确交代。尤其是家则和学则两篇。是古人修身治家的范式。

在家则篇序言中，许相卿如是说："吾幼志于学，长从阳明先生游，暨海内志义之士过从磨砺，垂三十年，忧病莫晚，志犹罔甘自阻，又有望于后之人，于是作家则。"这是晚年许相卿对许氏子孙的期许，因此而作《许氏贻谋四则》以垂训后人。

十九

游阳明之门　然多失阳明之意

——明·董穀《碧里杂存》

董穀（约1490—1566年），海宁袁花人，后迁居海盐澉浦，字硕甫，因从汉阳令辞归，故自号汉阳归叟，移居澉水后称两湖山人，因澉浦有碧里山，故又号碧里山樵。董穀为董澐子，许相卿《云村集》有为其父作《董先生墓志铭》，谓董澐有“子男穀，乡举士”。黄宗羲《明儒学案》对董穀如此介绍：“董穀，字石甫。嘉靖辛丑进士。历知安义、汉阳二县，与大吏不合而归。少游阳明之门，阳明谓之曰：‘汝习于旧说，故于吾言不无抵牾，不妨多问，为汝解惑。’先生因笔其所闻者，为《碧里四存》，然而多失阳明之意。”从黄宗羲所作传中可知，董穀继承父志，也是师从王阳明，有读书笔记《碧里四存》，今仅存《碧里杂存》二卷。

《碧里杂存》原存《盐邑志林》，为樊维城任海盐知县时汇编而成，明天启初年（1621年），樊维城会同郑端胤、姚士麟、刘祖钟等人，收集整理刻印历代海盐著述41种，计62卷，编成《盐邑志林》，是我国第一部地方丛书。根据钱泰吉《海昌备志·艺文志》记载：“穀所著《碧里四存》前后稿，《鸣存》，诗也；《达存》，文也；《疑存》，经解也；《杂存》，说部也。”今仅存《碧里杂存》，为该书第二十八种。商务印书馆于民国二十六年（1937年）有影印本出版。其余三存均已不见。

《碧里杂存》上下二卷，上卷存杂记50篇，下卷36篇，共计86篇。多为杂记及读史笔记，正如黄宗羲所说，为游阳明之门，笔其所闻者，“然而多失阳明之意”，杂记大多与阳明之学无多大关系，仅《习静》《郭景纯》《田石谣》《虔台梦》《投江》《铁柱老僧》《铜柱梦》等数篇涉及王阳明轶事，甚至有些荒诞，故黄宗羲在《明儒学案》中也对董榖的观点提出异议："学者读先生之书，以为尽出于阳明，亦何怪疑阳明之为禅学乎！"

董榖生活的年代是明朝鼎盛时期，有一篇《本朝超越前代》，列举了七大一统之盛来阐述明朝是历史上最好的时代。尽管《碧里杂存》遗存篇幅很少，但也留下了不少明朝的奇异趣闻、掌故人物。例如，《沈万三秀》，因董榖在南京时亲耳所闻，故具真实性。"太祖高皇帝，尚于月朔召秀，以洪武钱一文与之，曰：烦汝为我生利，只以一月为期，初二日起至三十日止，每日取一对合。秀欣然拜命。出而筹之，始知其难矣。盖该钱五万三千六百八十七万零九百一十二文，今按洪武钱每一百六十文重一斤，则一万六千文为一石，以石计之，亦该钱三万三千五百五十四石四十三斤零。沈虽富，岂能遽办此哉！"以每天利息百分之百利滚利，岂知30天后高达五亿多文钱，朱元璋巧使妙计使沈万三破产的故事便记载于此。

《贾万户》记载了元朝时期海宁人贾铭与刘伯温交往的故事。刘伯温名声尚未显赫时，常来海宁，为贾铭在尖山之麓选择一处风水宝地，建造新宅，并预测其有使"汝家世世金带，与国同休"的辉煌，果不其然，到了明太祖时代，贾铭两个儿子为明朝开国建立功勋，一个任河南指挥，一个任临山卫指挥，并"子孙世袭"一直到董榖所处的明朝中期，依然显赫。贾铭自己也得享高寿，至106岁去世。

《朱静庵》介绍了明朝成化年间海宁诗人朱妙端的生平，列举了历史上蔡文姬、薛涛、李易安、朱淑真等人的诗词人品，认为朱静庵是自汉以来不可多得的女诗人。"我朝成化弘治间，海宁朱静庵者，周汝航妻，博学高才，福德兼备，寿考令终，遗文垂后，才识纯正，词气和平，笔力雄健，真闺门之懿范，女德之文儒也。"对朱静庵评价甚高。

《干宝》则记载了晋人干宝墓的具体位置，在"今海宁灵泉乡真如寺，乃其宅基"。而干宝之所以载录于海盐县志，是因为"盖古地属海盐也"，并记载了干宝父亲去世时，其妻因嫉妒小妾将其随葬，后复活讲述地下鬼神故事，是干宝作《搜神记》的始因。

《张方洲》记载了张宁未入仕及出使朝鲜时的二则轶事，可弥补史料之不足。张方洲是与董榖父亲董澐同时代人，董榖称其为"仪表丰整，有俊才，诗、字、丹青一时三绝，文集甚富，行于世"。出使朝鲜时，朝鲜国王派大臣朴元亨整日陪伴，朴也颇具诗才，当张方洲与朴元亨游至太平馆，张方洲即兴作百韵诗，每一句诗联出口，朴元亨能随手相和，咄咄逼人，毫无谦逊之意，但当张方洲写至“溪流残白春前雪，柳折新黄夜半风”一句时，“朴遂搁笔，曰不敢和矣”。张方洲以诗才赢得朝鲜王公大臣的敬重，不负使臣使命，成一时佳话。

《秦驻山碑》一文，董穀考证了秦始皇三十七年（前210年）南巡至会稽，“凡刻石颂德七处，史载其词者五，东南惟会稽秦望山者尚存，今按《武原志》载，吾邑秦驻山碑赵宋时已破碎。所可考者有云：‘前贤灼灼，后圣茂哉。始皇承天，越受帝命。业超上古，歼周灭郑。七雄靡余，六国是并。功深太古，道迈前王。埒炎均昊，美冠颛黄。通灵七代，敬拘斯堂。纵圣凝贤，荷兹休祉。菴蔼余辉，蜚声万祀。’凡六十八言。其词甚古，真先秦文《史记》所不载者”。这段碑文留下了秦始皇登临秦驻山的真实史料。经董穀考证，秦始皇这次南巡越地，“遵海而南，先登秦驻而后登秦望也。今碑不存而庙在”。可知明时，秦驻山尚有庙存。

《器车》一文记载了正德九年（1514年），董穀的朋友沈祐（海宁硖石镇人），“于紫硖山土中得异石无数，有如斧钺者、圭璧者、方者、圆者，而长者厚仅二三分，周围口尤廉薄，各有圆窍，窍皆倒棖，黄白黑绿各不同，光洁工巧，人为有所不如见者，皆以为霹雳砧而藏之，嘉靖丁巳，黄湾马氏开山作圹，亦于土中得如前者一十六枚，其形极相似，白者光可鉴，皆余所亲见者，谅非人之所为，且人亦安事于此，岂即器车之类乎？”这应该是远古的兵器、玉器、钱币之类，明朝人尚无这方面的考古知识，看成是“器车”一类的异物。“器车”，古代认为是盛世出现的祥瑞之物，是天所赐。这也应该是海宁历史上出土新石器时代文物最早的记载。

二十

知节俭则无求　无求则廉耻立礼义生

——明·查秉彝《觉庵存稿》

《觉庵遗稿》四卷，明朝查秉彝的诗文集，也是迄今所见，海宁查氏众多存世著述中最早的著作。原为明钞本，由罗振玉收藏，后收录《罗氏雪堂藏书遗珍》，全国图书馆文献缩微复制中心有《中国公共图书馆古籍文献珍本汇刊》影印出版。

查秉彝（1504—1561 年），字性甫，号近川，嘉靖十七年（1538 年）进士，官至户部科左给事中，因疏奏严嵩父子遭贬定远典史，终顺天府尹。著作仅存《觉庵存稿》。

《觉庵存稿》卷一、卷二为“掖垣奏议”，卷三为“诗”，卷四为“书”。“掖垣”意为皇宫的旁垣，指宫中。卷一、卷二是查秉彝在户部任官时的奏议。从几篇参劾的疏奏看，查秉彝率真耿直，敢于直谏，其不畏权贵的性格值得称颂。

《参劾左庶子郭希颜妄议庙礼疏》写于嘉靖二十三年（1544 年），郭希颜时任右春方右赞善兼翰林院检讨，为东宫太子的老师，权重位高，但参劾中直指“其平生心术之微，而议礼之不经人品之卑下”。能如此大胆直谏朝廷内臣，且说：“臣冒昧进言，无任悚惧陨越之至。”后郭希颜因开罪嘉靖皇帝被斩。

《议初宗藩疏》也是一篇大胆的疏奏。宗藩是指天子分封的宗室诸侯。明朝宗藩发展至嘉靖年间，已经形成一个特殊的阶层，每年的消耗占了朝廷财政支出的包袱，个别藩王甚至威胁到了皇朝的统治。查秉彝从宗藩上奏的众多奏折中看到很多问题，“宗藩所上章奏，其间循理乐善者固多，而动违祖训者亦间有之”。从明太祖朱元璋开始实施宗藩制度，经过一百多年的发展，郡王数量急速扩张。至嘉靖已多达2850余位，所赠禄粮80余万两，仅一省开支，数量已足够庞大，“以是而推之，岁支所入数可知也”。于是，查秉彝向皇上进言，“适今不处，后将何以待之?”到了应该下决心处理这个问题的时候了。疏奏从“议处封禄”“崇重恩典”“肃闲闺”“禁止交结”“饬明藩”“慎择王府”六个方面，对宗室制度弊端展开批评，建议皇上压缩朝廷开支，全面整治宗藩制度。

《参劾楚世子奏报异同疏》则将批评的锋芒直指楚世子。明朝楚国世子朱英耀。是楚愍王朱显榕庶长子，嘉靖二十四年（1545年）因谋杀父亲被朝廷处死，史称“楚藩宫变”。楚世子向皇上报奏父亲死于中风，因两次上奏死因有异，查秉彝要求派官员查勘，“两词同异之间，致慎于千里毫厘之辨，即事而论情，用意以权法，务明春秋之义而不失公恕之心”，对楚王之死直接提出疑义。此疏奏为“楚藩宫变”事件提供了珍贵史料。

其他如《参论边臣功罪失实疏》，是针对地方官员上奏案例有不实之处提出异议；《议慎名器以重恩典疏》对官员重虚名以求皇上恩典的泛滥现象提出建议，尤其是世袭授封者，因以考察其贤德，以示公平；《议正纪纲以厚风俗疏》则建议严正法令，“夫法者，天下之平也，不以富移，不以贫贷，不以势阻，不以怒加”，强调了法律公正的重要性；《议崇节俭以裕民生疏》针对各级官员奢侈之风盛行，上效下仿，导致民风日衰，提出了“欲民善良，在先明礼制，礼制明，则人知节俭，俭则无求，无求则廉耻立而礼仪之心生，奸盗之原息矣”的观点；《举劾京营将领疏》提出以整肃军营，严阵以待，“夫今日京营之兵，即鹰扬虎旅之士，有事征行，无事居守，畜威昭德，意深远矣”，针对今日将领松懈，士卒偷安，提出了相应的整肃措施；《议饬京营戒政疏》对选将选军提出具体观点，建议皇上从严治军，以备战事。

作为户部给事中的查秉彝，官位并不高，但这些大胆直言的疏奏，是查秉彝正直率真个性的流露，也是查秉彝秉笔直书参政议政的真实记载。

根据《觉庵存稿》中的诗文看查秉彝的交往，大多是严党的受害者。查秉彝为官时，正是嘉靖年间以严嵩及其儿子严世蕃党羽操控朝政时期，一大批清正廉明的官员受到迫害。与查秉彝深交的贾应春，官至户部、刑部尚书，查秉彝有《双寿崇封为樵村贾尚书题》一诗，表达了对贾应春的敬重。

在卷四书信集中，有《复郑淡泉》二通。郑淡泉即郑晓，字窒甫，号淡泉，海盐武原人。因逆大学士严嵩，被贬和州同知，最后为严嵩所害被罢落职。信应写于郑晓被贬落职以后，有对郑晓人品的赞扬和境遇之安慰，“然高洁其身，负天下士大夫之望，况留都去家仅越一江风土”“强颜一官，何能寸补？”两人既以师生相称，又堪称命运相同。

《复赵剑门》《复章阳华》《复罗西泉》《复史沱村》《复李沽渠》等书，均是记录讨伐倭寇事宜。嘉靖三十四年（1555 年），倭寇在江浙一带骚扰劫掠，海宁也深受其害。《复赵剑门书》有：“敝邑地滨海隅，素无商舶，往还绝不闻警，其民柔脆特甚，防御更疏。来疏亦云流贼三百攻打城垣，竟不审作何措处。”由于沿海长年无战事，导致“武备日弛，墩台废而不修，战舰弃而不习，城无可守之兵，水无可练之卒，岛夷之生心久矣”，并提出了海宁、海盐为省垣之门户、战略之要地，“敝邑海宁于海盐、平湖为唇齿，于省城为门户。海盐被寇则敝邑危而会城骚动，全浙无宁宇矣。故卫海盐者将以捍海宁而蔽全省也”。为此事，查秉彝连修三书致赵剑门，反复强调海宁、海盐的战略地位，为朝廷抗击倭寇竭尽全力。这些信札也为抗倭史留下了一份珍贵史料。

二十一

养生尤贵于寡欲

——明·俞桥《广嗣要语》

俞桥（1520—1572年），字子木，号溯洄道人，海宁人。据《海宁州志稿·人物志·方技》记载："俞桥，少业儒，兼精医，嘉靖间，以名医征入京，初授官太医院吏目，升院判，桥于医书无所不究，又博询故老，得河间、洁古、东垣未刻诸稿及古今诸家授受良方，晨夜抄录，斟酌损益，处方治病无不奇应，居京师，耻事权贵，贫家延请必尽心疗治，不责其报，故医名日盛。"著有《医学大原》，已佚，另有《广嗣要语》为后世所推崇。

根据裘沛然主编的《中国医籍大辞典》记载，《广嗣要语》最早刻印年代为明嘉靖二十四年（1545年），国内外所存馆藏有多种版本流传，其中有台湾图书馆馆藏明嘉靖年间原刊本《广嗣要语》一卷，附方一卷；中国科学院国家科学图书馆、日本所藏中文古籍数据库馆藏明万历胡文焕《格致丛书》刻本；南京中医药大学图书馆馆藏明钞本；上海中医药大学图书馆馆藏濂溪书院钞本；中国科学院上海生命科学信息中心图书馆馆藏钞本等。现有中国中医药出版社中国古医籍整理丛书《广嗣要语》点校本出版。

根据《广嗣要语》俞桥《本序》，有"近有数刻本，附方者，为锦衣万君鹿园所刊；附经者，为州守刘君仲衡所刻。惜其流布未洽，用捐微禄，倩工重梓，以为广传云尔"的记载可知，在俞桥重刊之前，已有几种版本流传。根据万鹿园于书末所题为"嘉靖丙申九月重阳日鹿园居士识"所考，本书早于嘉靖丙申年（1536年）已有刊本，较裘沛然《中国医籍大辞典》所载的嘉靖二十四年（1545年）要早十年。万鹿园，名万表（1498—1556年），字民望，号鹿园，宁波人，为宁波卫世袭指挥佥事，历任浙江把总都指挥佥事、督运，南京锦衣卫佥书等职，黄宗羲曾为其作年表《都督万鹿园先生表》。万鹿园和刘君衡的刊本，因两个版本内容不一，流传也不广，因此，俞桥决定拿出自己微薄薪资，重刊此书。

《广嗣要语》是一部专门讲述优生优育知识的医学专著，以俞桥自己平生经验，汇集各家学说，从养生强体、调理精血的角度，阐述生育方面的各种问题。全书仅一卷，分为三个部分。一为论，共 14 篇；二为附方，共 29 张方子，大多为俞桥自创方；三为广嗣附方，共附录 22 张方子，为历代经验秘方。前有《总论》一篇，开明宗义："尽万物而观之，山无不草木，地无不黍稷，人无不生育，要之，得其养耳。""信此以行，将见天下无不可父之男，无不可母之女。"只要重视养生，都能达到优生优育的目的。

各论中首篇《调理精血论》，是讲求嗣的基本法则。"求嗣之要，在乎男精女血充满而无病也。"男女双方的健康，是优生的基础。在男者，如精血亏虚，可导致阴亏或阳虚，或阴阳均不足，调理当补阳、滋阴或阴阳双补；在女者，如经血不调，或先期，为血热；或过期，为血虚，过期而色淡者，为有痰或为虚；经行成块者，为血凝，或为寒；经行而疼者，为气滞；经后而疼者，为气血俱虚；经水紫黑者，气血俱热也。各种不同表现，因结合临床，以不同的方法调理，使其恢复正常。"当察其时之寒暄，脉之迟数，证之冷热，平而调之，以复常候，不可一途而取。"强调了辨证论治的重要性。"求嗣之要，重在养生"这一理念，也始终贯穿于全书。

《直指真源论》是讲成胎前后以及生产以后，男女各方必须注意的有关事项，胎前，"斯时男女无暴怒，毋醉饱，毋食炙煿辛热，毋用他术赞益，阴阳和平，精血调畅，交而必孕，孕而必育，育而为子，坚壮强寿"。而在受孕以后，则"宜令镇静，血气安和，则胎孕长养。又须内远七情，外薄五味，大冷大热之物皆在所禁。苟无胎痛、胎动、漏血、泻痢及风寒外邪，不可轻易服药。亦不得交合阴阳，触动欲火"。生产以后的保养方法，"降生之后，摄养一如胎前。盖母食热则乳热，母食寒则乳寒，母食膏粱爨烈之物则乳毒。有是数者，子受其害矣"，强调了母乳喂养时，母亲饮食的重要性。重点阐述了精血充盈是孕育的关键，对于精血不足的调治，除药物治疗外，将孟子"养心莫善于寡欲"的儒家学说引入临床，提出了"养生尤贵于寡欲"的观点，要求男女肾志内藏，交合有节，心静内守，消除邪思妄念，能使精、气、神充盈，易于受孕且子女亦会长寿。

《男女服药论》则强调了治疗不孕不育时，男女用药的区别，“男子以阳用事，从乎火而主动，动则诸阳生。女子以阴用事，从乎水而主静，静则众阴集。故治男子，毋过温热以助其阳；治女子，无过寒凉以益其阴。古人黄柏、知母之药，每用于男子；而干姜、艾叶之剂，恒施于妇人”。这些用药原则，至今对临床治疗仍有积极的指导意义。此篇之后，俞桥毫无保留提供了两张男女专用的秘方，“在男子则用思仙丹，收固诸阳以为持久之计”，“在女子则用启荣丸，鼓作微阳，以为发育之基”。在附方篇中，可以找到这两张处方。思仙丹附方中全称为“秘传金锁思仙丹”，启荣丸全称“玉钥启荣丸”。

其中金锁思仙丹，按目前通行说法，来源于《古今医通》中的《女科切要》，此书为清初医家吴本立所著，成书于乾隆三十八年（1765 年）。其实此方首见于俞桥《广嗣要语》附方第一方，比吴本立早 200 多年。

以后各论，分别阐述了男子不育、女子不孕的各种原因、机理，根据不同临床表现，分别采取不同的治疗方法，尤其对于男性原因导致的不育，是开古代男科治疗之先河。也是古代较早提出这一观点的医家之一，强调男性治疗中的“调元”，分别阐述“阳虚”“阴虚”“阴阳两虚”的不同治疗方法。在女性，则分别论述了“调经”“安胎”以及如何避免难产的一些治疗和预防之法。

在药物应用上，俞桥认为男女服药有别。治疗男性不育，强调毋用过温过热之品，以免助其阳，而治疗女性不孕，则不能过用寒凉之品以损其阴。

中医古代专门阐述优生优育的著作不多，俞桥的《广嗣要语》无疑是其中的佼佼者。

二十二

立朝以正直忠厚为本

——明·陈与郊《隅园集》《蘋川集》

陈与郊（1544—1611 年），字广野，号禺阳、玉阳仙史，明万历二年（1574 年）进士，官至太常寺少卿。万历二十四年（1596 年）上疏乞归，回到盐官老家后，隐居隅园，以著作为主。陈与郊著作颇多，收录于《四库全书存目丛书》有《隅园集》《蘋川集》两种，收录于《四库全书总目提要》有《檀弓集注》二卷、《方言类聚》四卷、《文选章句》二十八卷、《广修辞指南》二十卷、《杜律注评》二卷。《明别集丛刊》有《黄门集》三卷，《詅痴符》有目无书。陈与郊现存的集部著作，是海宁渤海陈氏众多著述中留存至今最早的诗文集。

《隅园集》收录于《四库全书存目丛书》卷一百七十九，集部三十二，别集类存目六。《四库全书总目提要》云："其文摩仿汉、韩，似古色斑驳，而不出弇州四部之门径。""弇州四部"指王世贞文集《弇州山人四部稿》。《隅园集》由李维桢作序，李维桢时任浙江按察使，有《大泌山房集》行世，其中有为陈与郊撰写的《墓志铭》。

《隅园集》十八卷，其中卷一至卷四为序，除为友人诗文集作序，一些序言还留下乡贤掌故，如《重刻许黄门先生集序》为乡贤许相卿文集作序，此序未见于《云村集》前序，序文记载了许相卿隐居时的一则故事。许相卿谢病归乡后，屏绝交往，贵游好学，独与高僧韵士骑黄犊，戴笠吟啸山谷中，当时的县令仰慕许相卿，想为他立石为表，得知信息后的许相卿一早赶到县城，坚决谢辞，并立即返回，与县令不多说一句话。每至年终，京城使者按例送来俸禄劝其再出任，许相卿均婉言谢绝，到了晚年，以整理编辑自己的书稿，在私塾以授徒课子为乐。《东南一柱册序》和《甘霖应祷册序》，前者为歌颂国家修筑海塘、为黎民百姓驱除潮灾而作，后者是写县侯为灾民祈雨，抗击干旱，父老乡贤纷纷作诗感谢，汇集成册后所作序言。两篇序言中均描述了自然灾害对海宁的影响。《族谱序》则是对海宁渤海陈氏源于高琼之后，自临安迁徙海宁，从起始祖至陈与郊孙辈已经九世的详细考证。陈与郊列举海宁马氏、许氏因存教从严治家，而使家族绵延不绝为范例，应该是为海宁渤海陈氏所修的第一部家谱。《送建翁周邑侯入觐序》等篇，则留下了海宁县令的珍贵史料，如周廷参、林恭章、梅一俞等知县在海宁的政绩。

卷五至卷九为策，收录了从乡试、会试到廷试的策问试卷。卷六有陈与郊于万历二年（1574 年）殿试的卷子，这一年陈与郊 31 岁，考中进士。其中《人君守成业而致盛治》《立朝以正直忠厚为本》《安国全军之道》《人君以论相为职》等篇，有自己明确的政治主张；而《兵法》《训储》《待敌》《制胜》《练兵》《备倭》《兵食议》各篇，都是治国之策，其中《立朝以正直忠厚为本》阐述了自己身为人臣的做人原则。

卷十至十二为论、表、启、颂、书。其中卷十二上书《上武安王》和《上县城隍书》，即《四库全书总目提要》所说，“其子皋坐盐徒事，陷冤狱，上书武安王及县城隍神，亦载集中虽秦诅楚文，古有其事，编入文集，颇觉不伦”的两通书信。陈与郊遭家变后，在多次申诉无效的情况下，只能向武安王祈求庇佑，以这种方式诉说冤情。武安王是宋高宗为关羽敕封，成为县城隍庙供奉的地方民众保护神之一。万历三十三年（1605 年），因儿子以命案入狱，儿媳含冤自尽，这一惨遭家变的冤案经过，在上述两书中，都有详细诉说。当时的陈与郊，在长子入狱后，“穷楚极痛，心骨沸热，几欲断发申愬，立刎颈白冤”，在无可奈何的情况之下，“只身奔走，青衣草履，逢人即拜，倾其家赀之五六”，最后终获免除斩刑，但儿子五年后出狱，陈与郊已经去世。

卷十三至十六为碑、记、传、墓表、诔辞、志铭、祭文。碑记留下了海宁县令周廷参在海宁时的政绩，有修建长安镇粮仓的记载，以及为安国寺、慈惠寺修建所立的碑记，为地方历史留下了真实记录。其中《祭满将军文》是为家变中致死的满指挥所写的祭文，文中除了对死者哀悼，还细述了冤情的经过，与《上武安王》《上县城隍》结合看，可了解陈与郊家变的详细经过。

卷十七为募疏，大多是为家乡修桥铺路、建庙修寺发起募捐写的疏告。卷末有《自赞像》和《自誓文》两篇，是对自己一生总结性的文章，尤其是后者。晚年惨遭家变，年老力衰，耗尽家财，而人情淡漠，求救无门，无奈只能蛰居隅园以“浇竹灌花”“听莺调鹤”了此残年。陈与郊一生的几部重要戏曲作品，也是在这一时期所创作。

卷十八为词曲，共有六套，计有小令60首，分别是《新水令》《点绛唇》《懒画眉》《端正好》《排歌》《集贤宾》。大多作于儿子祖皋入狱以后，有明显晚年哀叹情感，作品中往往流露出孤独、痛苦和无助的哀伤。很多用韵都以“愁”展开，如“疏雨湿春愁”“芳草乱春愁”“何处避春愁”“凤管咽春愁”“香霭阁春愁”“飞燕略春愁”“一院锁春愁”“往事不胜愁”“迟暮不禁愁”等，基调沉郁，与晚年的心境颇为吻合。

《隅园集》中的诗文，记载了陈与郊的人生经历，以及不同时期的人生感悟。从青少年时期乡试、会试到廷试策问中的满腹经纶，满怀壮志，到老年的《自誓文》《自赞像》中流露的失意人生，一生坎坷经历尽在其中。

《蘋川集》是陈与郊里居家乡时与友人往来的尺牍结集。从《隅园集》和《蘋川集》所收录的文章和书信可知，陈与郊宦海20余年，交游甚广，与当时的很多有名文人、官员都有交往。《蘋川集》开篇收录的是写给王荆石坐师的三封信，王荆石即王锡爵，是陈与郊的老师，曾任礼部尚书，不仅在政治上对陈与郊影响很大，也是陈与郊戏曲创作的启蒙老师。文集中有不少陈与郊“代王师坐作”的文章，可见老师对学生的信任。由于与老师的关系，陈与郊与其子王衡也结交颇深。

沈璟也是陈与郊的好友，两人同出师门，又是同年进士，都是著名戏曲家。《沈母太宜人诔》是为沈璟亡母所作，从诔文看，陈与郊和沈璟相知很深，情同兄弟。陈与郊与另一位戏曲家屠隆也有很深交往，屠隆为陈与郊《黄门集》作序，《蘋川集》卷一《屠赤水词部》就是陈与郊求序的信札。此外，陈与郊与戏曲家张凤翼、梅鼎祚以及藏曲家于慎行等也都有交往。与陈继儒的交往也颇密切，其中致陈仲醇（陈继儒）一信，记录陈与郊新购隅园一事，告诉陈仲醇隅园的结构布局，并请题额，陈继儒慨然书额并作文。隅园即江南名园安澜园的前身。

二十三

诗苑中秦越人长桑君也

——明·周珽《唐诗选脉会通评林》

周珽（1565—1645年），字无瑕，号青羊。康熙年间许三礼编纂的《海宁县志》记载，清兵攻入硖石时，周珽以死节殉明。在周珽之前，其曾祖周敬有《唐诗选脉》一书，周珽在曾祖的基础上，又花费了20多年时间编撰而成规模宏大的唐诗选本《唐诗选脉会通评林》。全书60卷，选诗2000余首，且几乎每首诗都有详细的笺注和诗评，可谓卷帙浩繁，洋洋大观，共200多万字，成为明代唐诗选注中最全的选本。

《唐诗选脉会通评林》，全称《删补唐诗选脉笺释会通评林》，收录于《四库全书总目提要》卷一百九十三，集部四十六。今有齐鲁书社根据清华大学图书馆藏明崇祯八年（1635年）刻本影印出版的《删补唐诗选脉笺释会通评林》六十卷。

《四库全书总目提要》对此书作如下介绍："明周珽编。珽字无瑕，海宁人。初，其曾祖敬辑《唐诗选脉》一书，刊未竟而毁于倭变。珽辑缀残稿，续成是编。其持论以高棅《唐诗品汇》、李攀龙《古今诗删》为宗。每体之中，各分初、盛、中、晚。又笺释其字句典故，名之曰证，发明其词意脉络，名之曰训。而以诸家议论及珽所自品题者标于简端，是为评林。大抵贪多务博，冗杂特甚，疏舛亦多。"《唐诗品汇》是明代高棅编辑的唐代诗歌选集，将唐诗分为初、盛、中、晚四期，特重盛唐；李攀龙的《古今诗删》是明代中期的诗学著作，也是主张近体诗宗盛唐的诗学观点在当时受到重视。而周珽则继承了前辈的诗学观点并进一步有所发展，因此，其《唐诗选脉会通评林》成为明朝唐诗研究中的重要著作。

关于周珽曾祖周敬的资料，目前知之甚少。钱泰吉的《海昌备志》载：“周敬，字尚礼，号澹斋。景泰三年以贤良方正举。”但在残缺不全的《唐诗选脉》一书中，有一篇周敬的《旧序》，从序文可知，周敬反对六朝辞赋字工句雕的浮靡诗风，追求诗的神理、韵律，认为《诗经》以后，最能体现诗歌盛况的就是唐代。

关于《唐诗选脉会通评林》一书的编写体例，周珽在凡例中有明确说明。在此之前，有同时代高棅的《唐诗品汇》和钟惺的《唐诗归》，周珽首先批评了这两部书的编辑体例，认为上述两家均有不足之处，他特别引用了唐汝洵对《唐诗正声》的批判来表明自己的态度，并继承了高棅《唐诗品汇》和李攀龙《古今诗删》选本的长处。全书的编辑以曾祖周敬的残稿为底本，分别以初唐、盛唐、中唐、晚唐各诗家为次序进行删补而成，凝聚了周敬祖孙两人对唐诗的认识，更是周珽花费 20 余年辛勤研究的成果。书中有许多周珽对唐诗的独特认识和见解，以及唐诗对后代产生影响的记录。

书中对每一首所选唐诗的笺注，则以证、训、评的形式来注释。所谓“证”，是对诗句中用字、典故的出处进行解释和引证，使读者能读懂原诗的用意，这是整部书的最大部分；而“训”，则是“训注”，主要是对全诗的解释或说明，即《四库全书总目提要》中所谓“发明词义脉络”；“评林”部分则以引用唐以后文人的评论为多，也有少数是周珽本人的评语和论述，这一部分也是周珽诗学思想的体现，对理解原诗的本意有很大的参考价值，是周珽的首创，故《四库全书总目提要》说：“以诸家议论及珽所自品题者标于简端，是为评林。”

例如，对杜甫《望岳》一诗的评语：“齐鲁青未了”五字，用“雄盖一世”一句点明，认为“青未了”语好，“夫如何”跌宕，非凑句也。又引用了诗人郭濬的评语：“他人游泰山记，千言不了，被老杜数语说尽，只言片语，说得泰岳色气凛然，为万古开天名作。句字皆能泣鬼磷而裂鬼胆。”先是周珽自己作了评语，再引用郭濬的诗评进一步阐述（郭濬也是海宁人，明末诗人）。这样的体例编排有助于对唐诗的解读。

又如，对李白《采莲曲》一诗的点评，也是极其精妙：“通篇全以骨力胜，即‘灭烛’‘光满’四字，正尽月之神。用一‘怜’，便含下结意，可思不可言。”对李白《春日醉起言志》一诗，周珽则引用曾祖周敬的评语：“周敬曰：‘处世若梦，劳生无益，悟此理者谁耶？太白厌世而逃于酒，终日酣饮自适，可谓达生矣。'" 对酒仙李白作了深层次的解读。

《删补唐诗选脉笺释会通评林》初刻于明崇祯八年（1635 年），卷首有明末三位大儒的序文，分别是陈继儒、陈仁锡和倪元璐。陈继儒的序文写于崇祯八年（1635 年）四月十四日，对周珽有较详细介绍，称赞周珽“谈濂洛关闽之学、文章议论追配古今”。濂、洛、关、闽分别是宋代理学四个流派，濂指濂溪周敦颐，洛指洛阳程颐、程颢，关指关中张载，闽指曾讲学于福建考序的朱熹。周廷还善画及书法，“写墨葡萄变化纵横，兼带篆、隶、草书，法识者谓温日观后一也”。温日观即宋末元初著名书画家，以擅画葡萄著称。陈继儒对周珽的《唐诗选脉会通评林》一书，评价极高，认为周珽的选本犹如医者诊病，“直从《素问》《灵枢》中得来”“得青羊公删之而脉愈足，注之脉愈明，评之而脉愈正，诗苑中秦越人长桑君也”。秦越人、长桑君是春秋时期两位著名的医家。陈仁锡序言写于崇祯三年（1630 年），早于陈继儒，对周珽历数十年时间，增删曾祖的《唐诗选脉》钦佩不已，“青羊又以鹤发终先志，而使有唐诗脉永昭日月”，认为“此《会通》一编，亦可称九流之津梁，六艺之钤键矣”。而倪元璐的序文写于崇祯元年（1628 年），同样盛赞周珽孜孜不倦的精神，“愚公移山精在山”，而“周君敲取诗髓精在诗雅”。三位大儒的序文，除对周珽的精神表示赞赏外，还对《唐诗选脉会通评林》一书的价值作了肯定。

钱泰吉《海昌备志》记载了周珽死于殉明：“周珽，字无瑕，号青羊。隐居硖石。工诗，善画葡萄，变化纵横，兼带篆隶草书法。乙酉，硖方被兵，作自祭文祈死。卒年八十一。”《海昌备志》附有周珽后人周广业对《删补唐诗选脉笺释会通评林》的考订，认为此书是清康熙年间的重订本，周广业于清乾隆三十二年（1767 年）购得此版本，再从友人处借来原本，重新校订。书后有周广业跋语：“是书辑自广业九世祖澹斋府君，而加会通于青羊公之手。凡再付梓而始传于世。又值国变，印布绝少。今所有者皆康熙间谷采斋重订本也。”可知周广业得到的版本，内容又有增加，且前另有徐元明、潘之觉、钱光绣三人序跋，卷末尚有《诗韵释要》一卷，系青羊公所纂。周广业的跋语写于清乾隆三十四年（1769 年），距该书初刻已过去一百余年，是《删补唐诗选脉笺释会通评林》一书版本流传的补充史料。

二十四

持论平和　能消融门户之见

——明·张次仲《待轩诗记》《周易玩辞困学记》

张次仲（1589—1676年），字元岵，号待轩，初名允昌，字孺文，晚号浙汜遗农，是明朝末期著名学者，黄宗羲所撰《墓志铭》称其为："海昌有穷经之士二人，曰朱康流、张元岵。"《待轩诗记》和《周易玩辞困学记》是其两部主要著作，均收录《四库全书》，另有《春秋随笔》《左传分国纪事》《孔子年谱》《四书随笔》《史记钞》《一经堂集》等著作，今未见传。

《待轩诗记》是张次仲研究《诗经》的读书笔记，也是明清易代之际，研究《诗经》的一部重要著作。《四库全书总目提要》对其评价是："其于《集传》，不似毛奇龄之字字讥弹，以朱子为敌国，亦不似孙承泽之字字阿附，并以毛苌为罪人，故持论和平，能消融门户之见，虽师心揣度或不免臆断之私，而大致援引详明，词多又据，在近代经解之中，犹为典实。"这是当时主流学者的观点，认为其持论平和，不失为典实之作。

《待轩诗记》有张次仲自序，写于清康熙十五年（1676年）。序言中说道："垂老读诗，前后紬绎几二十年，日就淡泊，不类年少英俊，未知后人以为何如?"可见该书是明亡后，张次仲以遗民身份，晚年隐居时的著作。

《待轩诗记》八卷，其体例《四库全书总目提要》有明确说明："是书前载总论二篇，其余国风以一国为一篇，二雅、周颂以什为一篇，鲁颂、商颂亦各为一篇，大抵用苏辙之例，以小序首句为据而兼采诸家以会通之。"全书分《卷首》和《总论》，《卷首》包括《学诗小笺总论》和《小笺私记》。《小笺私记》是张次仲读《诗经》的心得体会，类似于读后感；《总论》是张次仲引用前人或同时代学人对于《诗经》的评论和观点，以引摘他人的段落句子为主，属于读书札记之类；《总论》是《待轩诗记》的正文部分，以《诗经》的传统风、雅、颂分类展开。在《国风》《小雅》《周颂》各篇开始之前，分别有关于每篇的一个概述，是张次仲综合前人或当时学者的观点表述。

正文部分以随文注释的形式，搜集各家，加以己见，以集解《诗经》。各篇先冠以《小序》的首句，小序即《毛诗序》，是《诗经》305 篇中每一篇的序言首句之下或补以继序，或补以各家诗说及论诗之语，或列以史书等，以疏解《小序》首句，之后才是诗的正文，诗句中凡音训和字训都附于该字之下。在诗的每一章节之后，先解释赋比兴的方法，再阐释一章之意，并分析重点，既有各家之说，也有自己的读诗体会。

《待轩诗记》首篇是阅读本书的重要部分。张次仲在自序中说："间尝读《诗》，为笺注私记，所得大意，载《总论》中。"因此这一部分是张次仲的读诗体会，也是他诗学观点的精华部分。在《总论》中，张次冲罗列的前代各家论诗之说有数十家，基本包括了历代研究诗经的代表性人物，如朱熹、苏辙、欧阳修、王柏、程大昌等。在《总论》最后，张次仲再列各家读诗之法于后，并提出自己对于读诗的理解。对诗应该是作者真情流露的论点，张次仲作了精彩阐释："六经为载道之文，俱按事陈理直切指示，而诗原本性情，宣达志气，托诸形容，寓言物外，别是一种文字，非若他经可执。犹元美所云：草木中之松竹，鸟兽中之龙鱼也。当其天然而发，如孩笑谷音，随遇而成，节及乎有感而动，如水冲石激，触目生心，此在作者难于明言，而读者难于遽晓也。是不必假象造语以释之，引绳切墨以究之，而当息心静气以观之，亦若启其天机而调其六情者，盖义类纷披而紬绎宜闲，物色错陈而析辞尚简，使其味津津欲吐，情烨烨若新，则达人妙悟不于此见耶?"把诗的本性在于真情的流露，表述得清清楚楚。在《小笺私记》中，也有类似的观点："《诗》所由作，不出情、事、用三者，喜怒哀乐，忻戚感触而发，情也；政事得失，论物臧否，风俗淳漓，事也；为朝廷宗庙、房中之乐而歌之，相见会同，郊祀燕飨，田猎报赛，用也。"这也是对"诗言志"的深刻理解和诠释。尽管历史上研究《诗经》的著作甚多，但张次仲的《待轩诗记》由于长期隐没而鲜为人知，其价值尚有待于诗学家研究发现。

《周易玩辞困学记》十五卷，收录于《四库全书》经部，其《四库全书总目提要》云："是书于乾卦遵用王弼本，以便解诂，而仍列郑康成本于简端。前集诸儒之论及已论数十条，为读《易》大意，其所论辩，如谓八卦因重之法，自十六、三十二，以至六十四卦，变某卦，自某卦而来，皆夫子所不言。"可见，也是一部张次仲读《易》之心得体会性的著作。

《周易玩辞困学记》是张次仲花费20多年时间，苦心研读的成就。自序中说："赋性颛愚，不敢侈谈象数，又雅不信谶纬之说，惟于语言文字间求其真谛，当有益身心者，辄便疏录，岁久成帙，历时二十余年，凡六七易稿而后成，持论最为笃实，自题曰《玩辞困学记》。"序言最后，张次仲颇有感慨说道："余之此书，未知五百年后尚在人间否？纵在人间，亦未知有一二知己抚卷低徊，展纸和墨为余书数语否也？掷笔慨然。"序为作者去世前当年卧病在床时所写，故落款是"伏枕德隅书屋"。"德隅书屋"应该是张次仲晚年的书斋。

另有朱彝尊的《经义考》卷第六十三，也附录有张次仲《周易玩辞困学记》，仅十二卷，附有钱谦益序文一篇，此序未见于四库本，可作参考。

二十五

君家之先　真有异传

——明·郭凝之《明孝友传》《先觉宗乘》

郭凝之（1591—1676 年），字正中，又字大来，号黎眉居士。海宁人，寄籍仁和，明天启四年（1624 年）举人。官至兖州兵备副使，擅天文历算之学。明亡后隐迹林泉，不知所踪，从其流传的佛学著作看，晚年应该遁入空门。黄宗羲于清康熙十六年（1677 年）作有《黎眉郭公传》，对其前半生述之甚详，郭凝之曾师从东林党领袖高攀龙，一时学者如魏大中、黄道周、何黄如、辛全等人"皆心契之"。入清后，朝廷曾寻访其人，但也不知其在何处。郭凝之一生著作颇多，有《圣学正宗》《景行录》《困学记》《教外别传》《黎眉先生集》等，大多不传，有《明孝友传》《五家语录》《先觉宗乘》传于今。据《明孝友传》卷末仁和黄汝亨所写《蝶栩子赞》一文中"君家之先，真有异传"可知，为郭景纯之后，海宁世家郭氏裔孙。

《明孝友传》八卷，收录于《四库全书存目丛书》史部，其《四库全书总目提要》云："此书采摭明代之事，以续所作《孝友传》，上自士大夫，下迄沙弥、乞丐，人各为传，共四百二十九人。"中国的儒家文化，历代都重视忠孝，忠孝理论强调对国家的忠，对父母的孝，是儒家道德伦理的主要思想内容之一，深刻影响了千百年来中国人的行为道德、思想规范。历代官方或民间都编有《孝友传》以颂扬孝子事迹，晋有《晋书孝友传》，唐有《新唐书孝友传》，宋有《宋史孝义传》等，郭凝之收录了明朝洪武至崇祯 270 余年的孝友，上至达官贵人，下至平头百姓，记述其孝事，为其立传。从现在的视角看，书中有些内容属于愚忠愚孝，并不可取，但这些都是中国古代忠孝文化的真实事件，是儒家文化重要的组成部分。

《明孝友传》共收入有明一代 429 人，被称为孝友者，其孝行不外乎为尽孝复仇杀人、割肉疗亲、家族和睦、辞官奉亲等多种行为方式，宣传尽孝道可以庇荫儿孙的思想。例如，钱塘姚百华，父母逃避元兵追击，坠崖而死，兄弟两人于山崖下找到尸体，背负尸体两昼夜，葬之祖墓，每至祭日，“则终月绝酒，食不茹荤。不接宾客”，以至于后人得到庇荫，其孙子官为礼部尚书；又如，常熟瞿嗣典，母亲患痈溃，正值夏天，臭秽不可近，儿子每日给母亲洗涤污秽，执扇驱蚊，昼夜不停，直至母亲寿终，儿子最后考取功名，成为礼部官员，如此等等都是典型案例。

诸多孝友中，割股疗亲的案例最多。割股疗亲是古代二十四孝之一，在古代极为盛行，历代《孝友传》都有大量记载，郭凝之的《明孝友传》也不例外。例如，掖县人张信、武宁人陈仲贤、长洲人刘铉、大宁人王文义、醴陵人施溥等都是割股疗亲的典型。还有浦江人郑钦，刺肤血和药以疗母疾，张寿祖为母亲吸溃脓以疗乳痈等记载。书中还记载了海宁人张次仲 16 岁时为母亲密氏割臂肉和药疗疾的故事。

庐墓是古人为父母、师长死后守孝的方式之一。守孝人在服丧期间，在墓旁搭盖小屋，守护坟墓，谓之庐墓，古人辞官守墓，是尽孝道常有举措。如赤水人张谏，已荣登进士，而适母丁忧，于是辞官为母庐墓三年，父亲去世，再守三年，放弃仕途以尽孝最终受到皇上表彰；平湖人沈琮、沈琫兄弟为父庐墓六年，最后兄弟两人双登进士；东平人张琛，在任衢州府同知时，辞官为养父庐墓三年，期满后任福建布政使。其他如安陆人饶凤翔、息县人闻伦、朝城人王礼、西平人张文佐等都有庐墓的感人故事。

郭凝之作为海宁人，为乡贤作传也是尽了很大职责，《明孝友传》记载了许多海宁人的孝行，为家乡保存了一份珍贵的史料。文中记载一海宁人，叫叶文荣，弟醉后打架杀人，因母钟爱其弟，日夜悲泣不食，叶荣文既痛弟无知犯法，又恐母亲伤心成疾，因此辞母诀别，说“儿长有后，愿代弟罪”，以另一种方式尽孝，代罪在古代是法律许可的。又如孙经、孙纬兄弟，因母亲病中思食虾羹，冬天市场上又不易买到，兄弟两人便下水捕捉，调羹以进，母遂病愈；同邑褚文奎，因养母病剧不能愈，便操刀割股为羹以进；查绘孝敬继母，抚训仲弟；潘茂贤事嫡母孝养笃至，凡可悦意者，不惜尽力致之，都是很动人的乡贤故事。

郭凝之的父亲郭文范也是一位大孝子，卷后有乡贤许令典、陈鼎新为其作传，其中记述了郭文范父亲患癃闭，其为父吸尿，以及父亲去世后，兄弟分家，自己择取脊薄之地等感人故事。

《明孝友传》记载的孝事，从现在的视角来看，大多是不可取，属于封建社会愚孝的典型，如割股疗亲、杀子疗亲、兄弟替罪等，必须有所扬弃，用历史发展的眼光来认识。

《先觉宗乘》是郭凝之汇编的佛学著作，以语录形式供学佛者参悟，是参禅问道的参考书，收录于《万历续道藏》。《万历续道藏》是《正统道藏》的续集，目前有国家图书馆出版的《道藏集成》，是《正统道藏》与《万历续道藏》的合编本。

二十六

能为将帅者　乃可为长史

——明·曹履泰《靖海纪略》

明朝历史上有两部同名《靖海纪略》，一部为海宁人曹履泰所著，是曹履泰任福建同安知县时，与上司间的通信汇编，记录了明朝崇祯初年抗击海盗，招抚郑芝龙的真实经历；另一部是海盐县令樊维城所著，记录了明朝嘉靖年间，海宁、海盐一带抗击倭寇的真实历史。本篇所述是曹履泰的《靖海纪略》。

曹履泰（？—1648 年），字大来，号方城，海宁硖石人，后寓居海盐。明天启五年（1625 年）进士。崇祯初，任福建同安知县，任期五年间，正遇福建沿海海盗猖獗，曹履泰临危受命，组织民团，训练水兵，抗击海盗，在招抚郑芝龙事件中，为朝廷建立了卓越功勋。《靖海纪略》正是记录这一时期，曹履泰与上司间的书信来往、安抚告示等公文汇编。

《靖海纪略》四卷，今有蒋光煦《别下斋丛书》刊本。卷前有倪元璐、彭期生分别作序。倪元璐序言云："当是之时，海寇飚作，压城，城不摧。方其处之，有如宿将。纶扇韎韦，迭御堂皇，转箸五年，剿抚俱效。"由于曹履泰治理有功，升任吏部，后因奏劾李希撰结怨遭遣，倪元璐序因此为曹履泰鸣不平："嗟乎！今且以遣去，圣人之治豪杰根本，汉高祖颠倒之，而后尽其用，此岂可以一端见乎？我固尝怀二策，未之敢献。其一曰：今天下之贼皆庸才，奈无杀贼之人。其二曰：今天下之才足杀贼，奈无任才之法。"倪元璐为曹履泰朋友，任兵部尚书，明亡后自缢殉明。倪元璐序表达了对曹履泰能力的极为赏识，对其所受到的遭遇也颇为不平。

彭期生在序言中，对曹履泰治理同安、抗击海盗也作了高度评价："天启、崇祯之交，邑海患岌岌，几以邑殉，则几以闽殉。自公治同，五年办取一片，真胆略、真经济，丸弄而蜩承之。剿抚随机，张弛尽变。奖率我闾井保甲，悉成精卒。鸠集彼渔舟贾舶，尽为战舰。用战、用守、用间谍、用招安、用解散、用诱购，贼械百出，一一筹之以整暇。”彭期生对曹履泰用兵抗盗的策略极尽赞美之词，在彭期生看来，曹履泰就是一位能够率领大军打仗的将帅之才，“能为将帅者，乃可为长吏”。在明末乱世之中，地方官吏正需要这样文武双全的人才。彭期生，海盐人，明亡后自缢殉明。

蒋光煦刻印《别下斋丛书》时，收录《靖海纪略》时有跋语一篇，对曹履泰的生平作了简介，描述和肯定了曹履泰对招抚郑芝龙的过程和功绩，以及曹履泰在明亡后，参与福建唐明王、郑芝龙组成的反清复明战争，经过一年多抗争，失败后跳崖殉明的最终结局。

成功招抚郑芝龙是曹履泰执政同安时最大的功绩。郑芝龙即郑成功之父。明朝天启年间，闽南发生严重旱灾，民不聊生，郑芝龙号召灾民数万人赴台拓垦，并发展海上商贸，拥有100余艘海船。由于明朝实行海禁，便将其视之为海盗，其实郑芝龙对百姓很慈仁，不但不杀百姓，甚至救济贫苦，在福建一带威望极高。后在任同安知县曹履泰的建议之下，经过泉州府蔡善继、福建巡抚熊文灿等地方官吏的共同努力，郑芝龙接受招安，成为明朝抗击海盗倭寇和荷兰入侵者的主要力量。《靖海纪略》中有《谕郑芝龙》一书，是曹履泰代表明朝官吏向郑芝龙最初发出的招安文书，是一份很珍贵的历史文件：“本县生平心事，以真实待人并无一点浮游，真可以对天而质人者也。矧有地方之托称民父母，其肯改素心而以虚诞从事，莅同以来，已更四岁，其为百姓所知，不待言也。履阅来揭，尔为俞总兵所激，本县亦已详悉。尔果实心效用芟除夷寇，地方享一日之安，岂不甚愿。但事有可为有不可为者，如尔所称，水操游击此朝廷选授之官，非抚按所得而主也。譬如府州县令，抚按得而荐劾，非请旨抚按不得而升降也。今尔求之不得，辄思自泉而兴而福，一路骚动，何所不为，然有害于无辜之百姓，无益于一己之功名，且愈决裂，事愈不可收拾，益非所以自为地矣。为尔之计，只宜解散立功，将来前程自不可量，正不必一蹴而就显荣也。予为地方父母，故以忠言劝勉，其清夜思之毋忽。”信中曹履泰对郑芝龙晓之以理，动之以情，既代表官方，又代表自己，最终成功招安。

《靖海纪略》中有多封曹履泰上书泉州知府、福建巡抚的信札，真实记录了明朝海禁时期，海盗猖獗，外国海船对中国沿海虎视眈眈，以及海盗、夷船与明朝官兵三者之间错综复杂的关系。初到同安，在《上周衷元按台》一书中，曹履泰描述了当时同安的现状："同安滨海独当其冲，自春及夏，海盗横行，地方之被毒者甚惨，职所目击而痛心者也。顷以招抚聚千百狼虎于中左片地，淫人杀人，无所不至，地方哀号震动，告案盈箱。"在《答朱明景抚台》一书中，记述了因旱灾导致揭竿而起、盗贼蜂拥的状况："两年之内，惟去春仅有半收，夏秋亢旱，一望皆赤，至今年三月间才雨，乡村草根树皮食尽，而揭竿为盗者，十室而五。"面对如此现状，曹履泰不负朝廷重望，一方面开仓赈灾，一方面积极征集商船，招募乡勇，训练民团，与海盗战斗，保卫乡民，使"渔民敢于出捕，乡民携入城者渐亦还家"。对付海盗则采取各个击破，分化瓦解，用攻击、招抚、离间等不同方法，取得节节胜利。其中一则《招回告示》显示了曹履泰高超的平乱技巧："今为剧贼，昔皆良民也，人非生而为盗，一念之差便尔失足，从正有路要在挽回。今与尔诸民约，凡有子侄弟兄在海为非者，著父兄叔伯即去劝论归家，改过便是良民，本县乐与自新，既望之事决不推究。"整篇告示写得情至意尽，因灾为盗的乡民，见到县令不再追究连坐的承诺，纷纷回家从良。而《答众乡绅》《定商人谷价告示》《守城议》《行赏有功》《劝谕捐赈》等篇，都显示了曹履泰作为基层官吏的执政能力。

可惜的是曹履泰升任吏部以后，并未得到朝廷重用。正如倪元璐序中所说，本以为"自是遂以召入禁中，计天下大事"，却遭陷害被贬，"使其秉枢坐筹，杀天下贼当尽"。这样一位人才被扼杀，倪元璐无奈发出了"今天下之贼皆庸才，奈无杀贼之人""今天下之才足杀贼，奈无任才之法"的慷慨激昂呼声，明朝灭亡也终究不可阻挡。

二十七

仙才鬼语　各臻其妙

——明·葛徵奇《南园前五先生诗》

《南园前五先生诗》五卷，是葛徵奇于崇祯十年（1637 年）以御史巡抚广东时所编。葛徵奇，字无奇，号介龛。生年不详，卒于明亡后第二年（1645 年），崇祯元年（1628 年）进士，授中书舍人，进光禄卿。崇祯末年官南都，明亡后还乡。

南园前五先生，是明初广东五位诗人的合称，分别为孙蕡、王佐、赵介、李德、黄哲。“五先生”在广州南园结社，唱和一时，诗作极富，诗风推崇盛唐，反对宋元，创导盛唐时期的积极昂扬精神。以孙蕡为盟主，又有“南园五先生”“南园五子”之称。后世以五人为代表形成了推崇盛唐，反对宋元，主张诗风昂扬通畅的岭南诗派。有《南园五先生集》传世。

到了明嘉靖年间，《南园五先生集》因岁久，刻本已很少见到，或已残缺不全，经当时的广东布政使陈暹重新收集整理，于嘉靖四十四年（1565 年）重刻。陈暹有序称：“海内文人学士彬彬辈出，自江以南尤沾圣教之先。吴下则有四杰，闽有十才子，广则有五先生，皆一时诗人之选也。”五先生诗的影响力当时与吴四杰、闽十子齐名。吴中四杰是指高启、杨基、张羽、徐贲；闽十子是指林鸿、郑定、王褒、唐泰、高棅、王恭、陈亮、王偁、周玄、黄玄，诗风均以推崇盛唐著称。

到了崇祯十一年（1638 年），距陈暹重刻本 73 年以后，重刻本《南园五先生集》已散失难寻。这一年，葛徵奇以御史身份巡抚广东，因慕南园五子诗名，“得古本而进之，读未竟，不禁击节三叹”，但“旧刻漫灭不可识，复手订而命诸梨枣”，并为整理手订后的《南园前五先生诗》作序，葛徵奇的序文作于崇祯十一年长至日，即夏至，又请南海人，翰林院编修陈子壮作序。陈子壮作序时盛赞葛徵奇为南园做了一件大好事，然后交付南海知县蒋棻重新刻印。在葛徵奇的努力之下，岭南五先生诗集得以保存流传。

《南园前五先生诗》共五卷，其中卷一为赵介诗，仅存六首；卷二为孙蕡诗，有 91 首；卷三为王佐诗，存诗 14 首；卷四为李德诗，存诗 43 首；卷五为黄哲诗，存诗 69 首。每卷首有诗人传记。

赵介的《临清集》，序为同郡陈琏所作。赵介（1342—1389 年），字伯贞，号临清，广东番禺人。元末与其他四位诗人结社于羊城南园，“诗社诸公赋咏盛于一时，长篇短章葩华光彩”。入明以后，南园其他四先生相继入仕，“惟先生韬隐于家，守约处晦内自足，而无营于外，益得肆力于诗，虽出入汉魏、盛唐诸大家阃奥，而尤究心三百篇之旨。以故所作出乎性情，止乎礼仪，有关世教。读之可以见其志，固非世之绚彩色调声响者所能及也”。此为陈琏序中所言，序写于明永乐十九年（1421 年）。陈琏是赵介儿子赵纯的朋友，两人同在朝廷为官，从赵纯处看到赵介《临清集》一帙，因为之序。赵介在五先生中诗存最少，集中仅收有六首，其五言、七言古诗有明显的仙道色彩。《瑶池》是一首七言绝句：“宴罢瑶池暮雨红，碧桃花落几番风。重来八骏无消息，拟逐青鸾入汉宫。”颇有轻尘脱俗的魏晋风骨。

孙蕡（1337—1393 年），字仲衍，号西庵，广东南海人。孙蕡为南园诗社的首创人，历代诗论家也把他列为“南园五先生”之首。卷首有《西庵先生传》一篇，称其为“究极天人性命之理，濂洛关闽之学，为岭表儒宗”，“于书无所不读”，“为诗文开卷伸纸立笔而就”。孙蕡的诗风继承和发展了张九龄的诗歌，创造了富有特色的岭南诗风，被誉为“岭南明诗之始”。有《过扬州》：“江上垂杨覆白苹，斜阳啼鸟断吟魂。朱楼翠箔今何在，一带寒城锁暮云。”极富唐诗韵味。

王佐（1337—？年），字彦举，号听雨，南园五先生中，王佐的名气仅次于孙蕡。王佐祖籍山西河东，随父迁居广东南海。卷首有《听雨先生传》，称其为：“佐才思雄浑，体裁甚工，蕡甚重之。时谓构辞敏捷，王不如孙，句意沉着，孙不如王。”其诗风“评者比之高适、岑参”。其中《戊戌客南雄》颇具特色：“寂寞江城晚，依依独立时。回风低雁鹜，返照散旌旗。家在无人问，愁来只自知。几回挥涕泪，忍诵北征诗。”

李德（生卒年不详），字仲修，号易庵，又号采真子，广东番禺人。卷首有《易庵先生传》，称其“博览群籍，尤邃于经学”“德为诗多效长吉、太白”，时人誉为“跨晋唐而跞宋元”。《忆南园》是一首回忆南园诗社生活的诗：“南园蝴蝶飞，绿草迷行迹。青镜扫长蛾，娟娟弄春碧。锦屏千里梦，寂寞愁芳色。小字写长笺，鳞鸿坐相隔。”另有《社后漫兴》也是对南园诗社的追忆：“社燕西飞节物过，年华世事两蹉跎。晴天白鸟来无数，落日浮云看渐多。黄菊何人归短棹，红蕖秋水淡洪波。寂寞多恨凭谁遣，摇落无心奈尔何。”

黄哲（生卒不详），字庸之，号雪蓬，广东番禺人。卷首有《雪蓬先生传》，称其通五经。作诗“造晋唐奥域，性好山水，结庐蒲涧，栖息其中”。一生遍游名山大川，晚年北上，“依蓬听雪，常自诧曰：天下奇音妙音出自自然者，莫是过也。归构一轩，名听雪蓬，学者称曰雪蓬先生”，此为“雪蓬”一号的来历。《小塘山居》意境幽远，清新脱俗：“石月斜窗夜气清，禅栖无梦客灯明，山中万籁俱岑寂，惟有松风答磬声。”

南园五先生作为岭南诗派的代表人物，受到明以后诗评家的重视。葛徵奇在《重订五先生诗集旧叙》中，对五先生的评价很高：“岭海逶迤浩淼，蔚为人文，风雅代开，狎主齐盟而首宗者称五先生，五先生之才之遇亦差相仿佛，而更造霸于吴四杰、闽十才子之间，亦犹山之宗罗浮、星岩、禺峡云。”又说：“南园所为社也，其身隐，其名彰，或为高旷，或为幽深，或为元淡，仙才鬼语，各臻其妙。”归功于葛徵奇的抚粤，重视对地方文化名人著作的收集，才使《南园前五先生诗》得以流传至今。

二十八

离乱极处生名世　风雅亡来得正宗

——明·吴本泰《吴吏部集》《西溪梵隐志》

吴本泰（1574—1653 年），字美子，号梅里，又号药师。崇祯七年（1634 年）进士。著有《吴吏部集》《西溪梵隐志》等。

《吴吏部集》十二卷，又名《海粟堂集》，有自序："余家本盐官，卜筑淡塘外，距大海才十武，汀帆沙鸟，咫尺望中，颜其堂曰'海粟'。无何，涛飓冲决，闾殚为鱼，而堂亦圮落矣。此戊辰七月既望也。余时北上，还滞任城，闻变，趣归故庐，鞠为灌莽，低徊太息久之，所蓄文籍荡无一存，即手著亦为阳侯攫去。爰访友生辈所录，存者什之三，收辑之，迨后宦途杂作不列游纪者，总汇成帙。"序的落款是"崇祯甲申秋日，吴本泰书于秣陵秦淮舟中"，甲申正是 1644 年明亡这一年，吴本泰回乡前夕。吴本泰在盐官的老宅，毁于崇祯元年（1628 年）的一次潮灾，诗集的前一部分是灾后残存，经过朋友、学生重新收集辑录；后一部分是宦游途中杂作，分别为《北游集》《西征集》《东瞻集》《南还集》《白岳游草》，吴本泰一生游历甚广，可谓"读万卷书，行万里路"。《浙江通志》说他"深于经术，凡官防兵制、国计、边防、屯田、河渠，一切利弊，无不毕究""诗文词赋，时人目为渊海"。

《北游集》是崇祯元年（1628 年）至崇祯二年（1629 年）所写诗的结集，是吴本泰赴京参加廷试落榜，来回京师途中所作。前有《北游自引》一篇。吴本泰对科考本无兴趣，原本以老父春秋已高推却，因有老父"吾尚健饭，而其行乎"一句话，迫不得已只能唯唯应诺，一路上又大病一场，来回奔波途中将所得诗作结集而成。有《济上闻吾乡七月廿三日海决异变，杳不得家报，愕眙怆恍，书此纪怀》一诗，记载了崇祯元年的潮灾对海宁的破坏。

《西征集》是应时任汾阳知府海宁同乡董志稷之邀，赴汾阳坐馆时所作。时间是崇祯四年（1631 年）。汾阳位于山西边陲，当时环境极差，吴本泰记载了当时的汾阳环境，“行行畏途，抵治所，扃门空斋，如处洞穴，乃屏弃帖括，惟抄梵音、习禅观以度晨夕”。在贫穷闭塞的汾阳，吴本泰度过了三年时间。崇祯六年（1633 年），吴本泰从山西出发赴北京，参加下一年春闱，并中进士，《西征集》是这一时期诗作的结集，于崇祯七年（1634 年）结集于京都。集前有自引一篇，称其“萧屑旅吟，聊尔笔记。若夫汾晋山川，故都名迹，如太行刺天，吕梁悬水，汉武秋风，隋阳避暑”之作。

《东瞻集》起于崇祯十一年（1638 年），因奉命册封鲁藩而有泰山之行，于崇祯十二年（1639 年）登临泰山，以诗经“泰山岩岩，鲁邦所瞻。故以东瞻名也”。结集于崇祯十四年（1641 年），是吴本泰谒孔庙、游孔林、过泰安、宿岱顶、望日出一路纪游诗的结集。

《南还集》是崇祯十六年（1643 年）吴本泰官升选曹，调任南京期间所作。选曹是吏部铨选官吏的职位，实则明升暗降，因此旁人为他不平，而他却认为：“余以选曹调南仪，人皆为余鞅鞅，余独心快。”吴本泰对做官兴趣并不大，游山玩水才是畅快之事，何况南京又是六朝旧都，“秣陵六朝名胜丰芑，旧都又多鸿轩豹隐之士，诚得游遨其间，于以荡豁胸怀，淋漓楮墨，岂不鬯然千古哉”。当时同时南调的还有一位海宁老乡，吴本泰以师相称的葛徵奇，两人结伴同行，诗集中与葛徵奇的唱和之作颇多。因是明亡前夕，两人都有忧患之伤感。一年后，明朝灭亡，吴本泰与葛徵奇同船回乡，葛徵奇不久去世，吴本泰则隐居西溪。《南还集自引》写于 1647 年，落款为“于西溪蒹葭深处”。之所以取名为“南还”，吴本泰说：“题曰南还，聊补东西北之缺，实非余志也。”典型的明亡隐士心境。清顺治三年（1646 年），南还后的吴本泰先到家乡扫墓祭祖，有《丙戌三月十日展墓述哀》：“国破家亡臣子泪，黍离麦秀岁时心。”《黍离》是诗经中的篇章，《麦秀歌》是先秦古诗，唱的都是亡国之哀。吴本泰借故抒怀，唱出了先朝仕臣的悲伤和无奈。

因海宁尚处在动乱之中，回家后的吴本泰，几经迁徙，他先回到盐官老家旧居，有《南奔初抵宁城旧居》：“已无社稷有逋臣，百折艰危九死身。”

写的是逃亡南还过程的艰难；不久又一迁再迁，有《一迁赵家桥陈氏园馆》《二迁牛坑》等诗，其中《内徙袁花庄》有小注“予暂寓牛坑，内人以警迫，踉跄徙袁花张氏庄，彼此不及相顾”，然后又《三迁桐乡》《四迁末埭》《五迁划船漾》。其间有《次韵皮袭美、陆鲁望郊居十咏》，是这一年吴本泰流亡生活的真实写照。下一年，吴本泰便隐居西溪。《南还集》最后有《秋雪庵八咏》，八咏者，分别是“仙岛荡”“慢芦港”“秋雪滩”“莲花幢”“杨柳城”“蒼葡篱”“护生堤”“弹指楼”，从诗中看秋雪庵应该是吴本泰在西溪的居所。

最后一集为《白岳游草》，系隐居时游黄山等地所作，从游者有门人程上闻、方尔骶等人，《自引》写于崇祯十年（1637 年），但诗作大多为还乡后的近游之作。《初入余杭》《临安道中》《新安城外》，其地大多在杭州附近。

《西溪梵隐志》是吴本泰隐居西溪后所著，时间是清顺治八年（1651 年），共四卷，分纪胜、纪刹、纪诗、纪文，为西溪佛教名胜文献之结集。吴本泰中取进士后，曾有西溪一游：“余徘徊西溪，宛在中央，遂有绝尘遐寄之想。”可见西溪是他早就向往的避绝尘世之地，此后便一直念念不忘。在《秋雪庵碑记》中他又提及：“嗣跋历京师十年许，犹时入梦中。”回到家乡的吴本泰，在流离悲伤中，先度过了到处迁徙的一年，最后选择西溪作为最终的归隐之处。在《西溪梵隐志》自序中写道：“余避兵奔窜，溯洄深入，宛然桃源也，遂卜筑焉。而同难诸君子亦麇至。”一批志同道合者相继来到这世外桃源式的理想隐居之地，“仿佛其大都，谓游自此始也”。

在首篇《纪胜》序言中，吴本泰对西溪作了这样的描述：“自宋辇经途，斥为皋壤，沟塍鳞次，耕渔栉比。兼饶梅竹茶笋，而香雪十八里，遂成佳话矣。然启北郭扉，不越一由旬地，而可庵可庐、可稻可蔬、可舟可梁、可濯可湘，岂俟越鲸波、跻鸟道，聚粮三月而后至哉。窅然尘埃之表，宛在樊圃之间，西溪所以为最胜也。”隐居西溪成为吴本泰一生最美好的时期，也为今人留下了宝贵的文化遗产。

二十九

光复旧都　在此一举

——明・查继佐《敬修堂钓业》《罪惟录》

《敬修堂钓业》是查继佐在明亡后任职南明鲁王兵部职方司郎中时，上疏的30余篇奏折集成，时间为顺治二年（1645年）九月至下一年五月，现仅存15篇，收录于《清代诗文集汇编》第16册以及浙江古籍出版社《明末清初史料选刊》。

查继佐（1601—1676年），初名继佑，初字三秀，更字友三，号伊璜，又号与斋、左尹，晚号东山钓史、钓玉。崇祯甲申（1644年）明朝灭亡，查继佐追随南明鲁王，任兵部职方司郎中，积极参与抗清斗争，失败后隐居杭州铁冶岭敬修堂讲学著书，人称“敬修先生”。查继佐一生著述颇丰，有《五经说》《四书说》《通鉴严》《罪惟录》《敬修堂诗集》《敬修堂钓业》等，因晚年经历文字狱案，所著大多已佚，仅存《罪惟录》《敬修堂诗集》以及《敬修堂钓业》。

《敬修堂钓业》仅存的15篇上书，为南明王抗清斗争保存了一份珍贵史料。1642年清军攻破兖州，藩王鲁安王自缢而亡，其弟朱以海继承鲁王，1644年，北京沦陷，明朝灭亡，朱以海南逃浙江，寓居台州。1445年鲁王在浙江绍兴、宁波、温州、台州等地抗清义军及官吏缙绅的扶持下，在绍兴出任监国，起兵浙东，查继佐即在此时追随鲁王，加入抗清武装斗争队伍。当时一大批反清复明义士聚集钱塘江两岸，演绎了一场波澜壮阔的抗清斗争。第一篇上书中有“钱塘江一带义旗高攀，屹立不可动”，与清军展开激战，“至于肝脑涂地，日试锋镝而不退避”的记载，可见当时士气很高，勇气十足。

第二篇上书，记述钱塘江北岸海宁一带反清群情高涨，查继佐建议渡江攻打海宁，“以攻其所不备，亦攻其所必救万全之策也，浙西士民且持空拳行助一搏”，尽管海宁一带当时还没有建立起武装力量，但却是清军的空虚之处。鲁王听取查继佐建议，命张名振、祁熊佳率领水师渡过钱塘江，准备一战，查继佐号召海宁各地义士筹集了九万余斤粮食支持义军。可是由于义军内部的矛盾，错失了十天时间，因此延误了最佳时机，查继佐颇为痛惜，为此上书鲁王，“天下事争缓急而难易，因之难易而存亡系之”。当时海宁清朝官员尚未到位，海宁义士因拒绝剃发准备群起反抗，情绪激愤，一招即应，十天后，清兵到达，张名振退兵，导致良机错失。查继佐列举了五个错失时机的因素向鲁王陈书，“所谓愈缓则愈难，愈难而危亡立至”，并提醒鲁王，“主上为大明之身，不止鲁国分封故事而已”，建议抓住时机派兵西进，因当时浙西五县人民由于抵制清政府剃发令，正处在抗争的最佳时机。

第三篇上书内容是查继佐要求鲁王任命自己为监军，并申请经费五百金，用于犒赏发往各地的数十名行探，作为鼓舞之资。此时的查继佐因破家抗清，已身无分文，在绍兴与鲁王见面时，仅“提一囊贮生平著述，他无一钱”，而如“以空言赏人，谁为乐用?”因此不得已上书鲁王申请经费，向鲁王直言：“国家从来误于缓急二字，著著妙算著著错过，臣欲力除此病，先从此局始。”语气极为坦诚，也说明了当时抗清斗争的经费捉襟见肘。

但结果是，查继佐要求的五百金没有拿到，故第四、第五篇除了上报备战情况，谈的依然是经费，“渡海亦必与道里费数金，主上不能使臣，犹臣之不能使健士也”。已经窘迫到了渡江的费用都发生了危急。第五篇继续向鲁王发牢骚：“臣即智勇百倍，古人安得以饥渴劝人?”可见当时鲁王也无能为力。

由于查继佐建议西征计划没有得到鲁王以及将领们的重视，屡次上书，屡次不果，在不得已的情况之下，查继佐甚至写下血书给钱塘江南岸守臣钱肃乐，愿以自己所率领的二千余人部队作为北岸响应，希望在老盐仓一带取得局部性的战绩，但最终没有得到策应而失败，第六至第八篇上书说的就是这一过程。令查继佐遗憾的是，他的主张并没有得到一盘散沙的鲁王小朝廷的重视，在上书中也流露了无可奈何的情绪：“臣家浙西，机情熟又素以恩结人，故无不乐为用，附近府县敌之虚实了如指掌，又臣少年谈兵，以至于今用兵虚实得其大分，尝能以信义感激寮属，使弱者皆用勇。”可见当时查继佐在浙西一带府县还是有一定影响力的。

当时，清朝政府刚刚建立，在海宁及周边地区尚未形成有效管理，民众中反清情绪依然高涨，尤其是剃发令后，更是群情鼎沸，誓死不当亡国奴者大有人在，加之海宁一带盐贩众多，响应者不在少数，以后几篇上书中查继佐再次向鲁王分析了现状：“臣乡濒海，素有不奉官票私行盐贩，此其人皆刚狠欲逞。太平之日尝逆官府捕巡。”并向鲁王陈情，这些人战斗力极强，已经聚集有五六百人之多，如果能与太湖一带水泽义士结集一起，可形成五千余人的作战队伍。

最终由于鲁王内部的分裂，经费不足，资粮无法保障，尽管查继佐“捐弃家赀以戚党族属”，终究挽回不了大势已去的南明王朝。清顺治三年（1646 年）六月初一，由于大旱，钱塘江水位下降，清军抓住这一千载难逢的机会，一举突破钱塘江防线，鲁王军队溃不成军，绍兴失守，鲁王逃之台州，坚持了一年多的钱塘江两岸抗清斗争也随之结束。

之后，查继佐不再追随鲁王，而是隐居杭州，以著书讲学为生，晚年以修明史为主，用了 29 年时间写成《罪惟录》一书。

《罪惟录》写成后，深藏墙壁之中，秘不视人，以免遭祸。直至二百多年后辛亥革命清朝灭亡，始见于世，后经张宗祥先生整理，编次前后，写成目录，定为一百零二卷，于 1936 年由商务印书馆影印出版，收录于《四部丛刊》三编。目前有浙江古籍出版社点校本出版。

《罪惟录》的珍贵之处，在于明末史事，一部分是查继佐亲身经历，尤其是关于鲁王小朝廷的历史，是清代官修明史中所未见的，因作者本身就是当事人，其真实性无可非议。

三十

洵暗室之宝炬　苦海之慈航

——明·陈司成《霉疮秘录》

陈司成（1593—卒于清康熙年间），字九韶，海宁盐官人。世代业医，传至陈司成已历八世。与古代士子一样，陈司成也是先习举子业，科举不成，转而学医，继承祖业。陈司成生活的时代在明朝末年，正逢“西风渐入”，沿海居民从事海外贸易日益繁盛，随之一些西方的流行病开始在沿海地区传播，并逐渐向内地发展。年轻的陈司成正好经历了梅毒病在我国流行的高峰时期，面对前所未见的疾病，当时的医生几乎束手无策，而陈司成也面临了同样的问题，尽管“方脉颇有密授，独见梅疮一证，往往处治无法”，但面对梅毒病的肆虐，激励了年轻的陈司成更加刻苦钻研，深入临床，仔细观察，大胆探索，及时总结经验。通过在江浙一带20多年的行医实践，终于成为我国历史上最早的梅毒病治疗专家，并将自己积累的临床经验和医学探索成果写成《霉疮秘录》一书，成为我国医学史上第一部论述梅毒病的专著，其首创用砷剂治疗梅毒，迄今仍为世界医学所公认。

《霉疮秘录》作为我国治疗梅毒病的最早记录，目前国内已无初刻本，《霉疮秘录》成书于明天启三年（1623年），刻印于明崇祯五年（1632年），刊印不久便传入日本，被日本汉医者所重视并捧为至宝，为同时期日本梅毒病的治疗和控制传播，起到了非常及时的作用。明末至清初，在日本就有不少刻印的版本流传。而目前国内流行的版本是清光绪十一年（1885年）刻本，由苏州浦鉴庭根据日本版本所翻刻，附有日本和气惟享评注，村上图基旁训，是国内现存最早的版本，现有学苑出版社中医古籍校注释译丛书根据这一版本校刊本出版。笔者藏有刻于日本享保乙巳十年（1725年）的江都书铺生白堂梓版，有日本贺府医官不破元澄以及东都医家望震百里的序文，都肯定了《霉疮秘录》对刚流行于日本的梅毒病诊治所作的贡献。因这两篇序言是从日本回流医籍中发现，从未见于国内文献，故特录以下：

余尝谓：医之对病用药，夫犹将之用兵乎。将之用兵，必审天时地利形势强弱而奇正变化以应之，故百战而百胜，此之谓良将医之对病亦必察气运脉证情状，而补泻温凉、七方十剂，但其所宜，故病机万变而权度在我，此之谓良工。余承乏医员若干年矣，内外科方书颇涉猎一过，独撼霉疮一证，明季昉于岭广之地，绵延中原，而我邦亦近世染此疮者居多，方书无明论，往往以土茯苓、轻粉之峻劫隐药取速效，成废疾者比比是。素闻陈九韶《霉疮秘录》，多方搜索数年，客岁祗役东都，偶得诸书肆，欣赏不啻拱璧。顾为其书，总说、或问、治验、方法、宜禁，详说痛快无剩义。惟夫霉之为疾，奇矣哉，游冶公子轻薄少年，蝶窥墙，凤求凰，荡情相感，淫毒相仍，一发经络，酷烈匪常。或见或伏，变化百出，甚者传染及旁人。当斯时，虽和扁亦将疲于奔命，何况灞上棘门儿戏之徒，安所施其伎哉。此书之编，夫犹李广之宽程不识之严，病既奇术亦奇哉。余时在江之藩邸书肆乞上枣，余尚其博济之志为书数言赠之。昔陈藏器著《本草拾遗》，载人肉治瘵，自后闾阎多割股者，只恐此书之出，世之病霉疮者赖之愈多士君子其念之。享保乙巳十年麦秋。贺府医官不破元澄书于意轩。

此序言是日本医家所写，享保是日本的年号，时间是1716—1735年，享保十年是1726年，距《霉疮秘录》在中国出版不到百年。这个时代正是日本享保改革时期，梅毒病从中国岭南沿海传入日本。从序文中可以看出，那时的日本还没有治疗梅毒的有效方药，因此，陈司成的《霉疮秘录》问世后，自然受到日本医家的重视。从下面这篇望震百里写于享保八年（1724年）的序文中可以看出，这位中国医学通的日本医家其医理水平远不如同时期的中国医家，虽说："余素喜好古方书，而不屑读晚季之书。"但对陈司成这本《霉疮秘录》则是刮目相看，颇为佩服。以"喜其补天之业"而"旁训国字，以命剞劂"，流露出明显的赞许。

夫望侯贵介，无甲兵之故，而有倾国丧身者，盖亦由关睢不诵，而阴化内薄，礼节外驰，遂至使后人颠倒衣裳，不亦伤乎。劳不至倦，逸不至流，起居有常，嗜欲有节，寒暑外避，精神内守。虽则有贼风虚邪，安从来哉。昔医和视晋侯之疾曰："是近女室，疾如蛊，非鬼非食。"即论曰："天有六气，阴阳风雨晦明也。分为四时，序为五节过则为灾，阳淫热疾，晦淫惑疾。夫女阳物而晦时，淫则生内热蛊惑之疾。今君不时不节，能无及此乎！"古犹若斯，后世亦然。余意如后世杨梅疮之疾，其在兹乎？其在兹乎！然尚及古方之阙文也，亦惟滥觞宋元之交。初起岭表，盍闻岭南者。卑湿之地，岚瘴薰蒸，饮啖辛热，男女淫猥，湿热之邪畜积既深，发为毒疮。遂互胥传染，自南而北，乃及海内。其证虽多端，要之属厥阴阳明之二经，而毒传诸经是已。大抵淫邪嗜欲之人，病之者多，则经所谓之温热者疮，盖亦非他，阳物晦时淫则为疾也。在王侯贵介则生内热蛊惑之疾，在庶人工商则为湿热恶疮之病，盖其病状虽殊异，其实者一也。子不曰乎：吾未见好德者，如好色者。如此书可谓详审矣。余也素好古方书，而不屑读晚季之书，而喜其补天之业，遂为旁训国字，以命剞劂云。享保甲辰秋九月，东都望震百里题。

可见《霉疮秘录》成书后不仅在中国，即使在东邻日本，也影响巨大。这两篇序文，未见于目前出版的各种版本《霉疮秘录》，因此原文录入，以资研究者参考。从上述两篇来自日本刻本《霉疮秘录》的序文中可以看出，三百多年前的日本，流行的是中国医学，所刻医学著作用的也是汉字，所写的文体与中文无异。

两种版本都有陈司成自序，序言还大致讲述了他的医事活动经历，可大概窥悉其生活、行医的时间及区域，从中可知其学医及研究梅毒病的过程。

根据陈司成序言可知，他研究此病纯属偶然，因朋友患病，涉及隐私，便私下找他治疗。当时，陈司成并未从医，凭借祖传医籍和家传医术，竟然治愈了朋友的梅毒病。事情的经过是这样的，年轻时的陈司成，与朋友一起去杭州参加科举考试，考完后俩人去了妓院，朋友胆大去嫖妓，陈司成胆小，不敢嫖，当时朋友还讥笑他迂腐。回家不久，朋友开始发病，因自知可能是得了不可言语的隐私疾病，羞于启齿，也不敢张扬，便私下告诉陈司成，想请他帮助治疗。陈司成回家后，翻遍了祖传医书及各家秘方，竟然治愈了朋友的梅毒病。这是陈司成第一次接触梅毒病，不久，因家境衰落，他干脆放弃科举，开始学医，从此以医为业。

陈司成学医非常刻苦，他在序文中写道：“于是披素难，究针经，老人、带下、婴儿三科，靡不博涉。”《霉疮秘录》自问世以来，对医学界产生了很大的影响，近代医学家谢利恒主编的《中国医学大辞典》，对其作了这样的评价：“霉疮为晚出之证，古无治法，散见于近世疡医书中者，多语焉不详，其著为专书者，善自此始，故日本之治汉医学者，亦奉为鸿宝也。”

清光绪十一年（1889 年），浦鉴庭从日本购回此书后，由一位号为“枫泾逸史”的上海医生，重刻后再次在国内流传。其序言中说：“见其按经设治，因证立方，秩然灿然，有条不紊，洵暗室之宝炬，苦海之慈航也。”为晚清开埠后梅毒病在中国的再次流行带来了治疗上的指南。由此可见，陈司成的《霉疮秘录》一书，不仅是我国第一部系统论述与治疗梅毒的专著，还为日本医学的发展做出了贡献。

三十一

正其是非　补其缺失

——明·谈迁《国榷》

谈迁（1594—1658年），初名以训，字仲木，号射父，明亡后改名迁，字孺木，号观若，自称“江左遗民”。一生未仕。明亡前，谈迁曾为大学士高宏图幕僚，为高宏图、张慎言所器重，欲荐为礼部司务及中书舍人，并邀其编修明史。不久明亡，高宏图、张慎言先后殉节，谈迁回到海宁，专修明史，历20余年心血，终于完成《国榷》这部皇皇巨著，而成大家。一生著作十余种，有《国榷》一百卷、《续国榷》二卷、《枣林集》十二卷、《海昌外志》八卷、《枣林杂俎》八卷、《枣林诗集》三卷、《枣林艺篑》一卷、《史论》六卷、《北游录》八卷、《西游录》二卷、《金陵对泣录》一卷、《谈氏笔乘》等。

《国榷》初稿成书于明天启六年（1626年），有喻应益序言及谈迁自序各一篇，喻应益，字叔虞，江西新建人。喻应益序言写于崇祯三年（1630年），对《国榷》评价甚高：“观其志则春秋，观其法则在纲目，取二百六十年之中十有六朝之所行事。开国中兴之烈，守成累洽之休，大政大权，胪纪眉列，赫焉侈矣。洵一代之鸿业也。”明亡后，谈迁再次对书稿增删修改，又增加了崇祯、弘光两朝，因此喻应益在后跋中说：“触事凄咽，续补崇祯、弘光两朝。”尤其是弘光朝，保存了清朝立国后南明王朝的史料，可填补正史的不足。

《国榷》卷首《义例》，应该是初稿被盗后第二稿时所作，最后一段写出了谈迁编写此书的初衷及初稿失窃后的失望，“天启辛酉，值内艰，读陈建《通纪》，陋之。私自笔录，渐采渐广，且六易稿，汇至百卷。丁亥八月，盗胠其箧，拊膺流涕曰：噫！吾力殚矣。居恒借人书缀辑，又二十余年。虽尽失之，未敢废也，遂走百里之外，遍考群籍，归本于实录。其实录，归安唐氏为善本，檇李沈氏、武塘钱氏稍略焉。冰毫汗茧，又若干岁，始竟前志。田夫守株，愚人刻剑，予病类之矣"，其恒心与坚毅非同寻常，天启辛酉即天启元年（1621 年），谈迁 28 岁，母亲去世，在家丁忧，通读了陈建的《皇明通纪》（《皇明通纪》后被清朝列为禁书），谈迁读后认为此书简陋，因此立志重编，通过 26 年努力，六易其稿，汇至百卷，已是清顺治四年（1647 年），却遭小偷盗窃，书稿尽失。遭到如此打击，谈迁并未消沉，于 54 岁那年又发愤重新编写。此时正值谈迁好友朱之锡任翰林院编修一职，聘谈迁为记室一同赴北京，为了补充《国榷》史料，谈迁欣然接受这一差使，于顺治十年（1653 年）六月北上。经过几年努力，再次完成了《国榷》第二稿。整部书的完稿总共耗费了 32 年时间。

《国榷》是一部编年体史书，按年、月、日记载了明朝一代的重要史实，从元文宗天历元年（1328 年）九月明太祖朱元璋诞生，到清顺治二年（1645 年）五月清兵入南京、弘光政权灭亡为止的 317 年间的历史。书中敢于直书《明实录》避而不谈的一些重要史实。对一些重要事件，常以个人和诸家的评论并列于后。其史实注意考订精审，材料有相当的可靠性或参考价值。万历以后 70 多年的历史，以及满族建州女真的发展和后金同明朝的关系等记载，为他书所少见，尤其是明末崇祯朝这 17 年间的实录一直无人撰写，而谈迁非常重视明末这一时期的史实。《国榷》对万历以后 70 多年的历史，所占篇幅最多，在全书六册中，万历以后的历史占了两册，而天启、崇祯 20 多年的历史占了一册。这是谈迁对明朝为何灭亡的反思，认为"辽事"坏在万历朝，所以书中溯本求源，对建州史料非常注意，细心搜求，以取得深刻的历史教训。崇祯时期没有实录，谈迁尽力根据邸报、方志、其他史家著述，以及一些官吏、遗民的口述等，补编了这 17 年的历史，使有明一代的历史更具有完整性，并进一步得到充实、订正，以留存于后世，具有重要的史料价值。

敢于直书是《国榷》的重要特色。谈迁在编纂《国榷》时，由于真实记录历史，为后世史学家所称道。例如，洪武二十六年（1393 年），朱元璋继洪武十三年（1380 年）胡惟庸案后又兴兰玉党案（史称"胡兰之狱"），被株连论死的凡三万人，把朱元璋晚年猜忌功臣的残暴性格，如实地反映出来。而作为明朝遗民私修明史，谈迁的《国榷》与清朝人所修的《明史》也有所不同。清人官修《明史》中对满洲先世建州女真情况避而不谈，讳莫如深。而《国榷》则毫无避讳，全部如实加以叙述。例如，永乐元年（1403 年）十一月，“女真野人头目阿哈出等来朝。设建州卫军民指挥使司”。永乐八年（1410 年）八月乙卯，“建州卫指挥使释家奴为都指挥佥事，赐姓名李显忠”。下注“释家奴，指挥阿哈出之子”。永乐元年（1403 年）十二月辛巳，“置兀者卫”，下注“女直野人”，等等。这样的记述，在清朝要冒杀头的危险。尽管最终完成《国榷》时明朝已亡，谈迁作为明朝遗民对崇祯依然无限怀念，仍称之为“先帝”。这在文字狱最严酷的清初，能躲过一劫也属侥幸。

关于清兵入关的史实，当时南方的一些史学家往往“南人不察其实，为流闻之所误”，而谈迁则通过北游经历，几游燕地，亲自考证核实，以“问北来之人”。例如，关于崇祯十五年（1642 年）十一月丁丑日清兵入关的记载，书中说：“时报建虏（指清兵）六万攻宁远，进界岭口，六万攻山海关，进青山口，又五万进蓟州。”而谈迁经过核实，认为上述记载人数“皆虚报也，实二万骑入墙子岭”，真实记载了明军兵败如山倒的事实。这种实事求是、严谨精审的作风，正是史学家不可或缺的基本素质。

《国榷》原稿称百卷，谈迁死后仅有抄本传世。1925 年，海宁张宗祥据蒋氏衎芬草堂钞本 82 册，历十个月抄竣，深憾缺卷过多。1954 年又得四明卢氏抱经楼藏抄本及崇祯一朝十卷本互相校补，加以标点，又经八个月始毕。经张宗祥点校后的《国榷》分为 104 卷，又在卷首增加别作四卷，共 108 卷，约 428 万余字，1958 年由中华书局分六册出版。张宗祥先生校订完成《国榷》后，在所写的《题记》中这样评价谈迁的历史功绩：“正其是非，补其缺失，成《国榷》一书。”

三十二

与名士往来　交游遍天下

——明·郭濬《虹暎堂诗集》

郭濬是明末清初较有影响力的一位文人。其《虹暎堂诗集》十四卷，收录于《四库未收书辑刊》第六辑27册，以及《明别集丛刊》第五辑72册，分别有北京出版社和黄山书社根据清顺治刻本影印出版。

郭濬因明亡后，隐居云游，史籍记载资料甚少，邑志仅记“子直孙，字彦深，号默庵”。又据《郭氏谱传》：“先生世居赵郭里，汾源之孙也。”《虹暎堂诗集》中有《述祖德诗》一首，可知郭濬为海宁望族郭氏之后。郭氏为医学世家，郭濬也知医，故笔者在编写《海宁历代医家学术要略》一书时，将其编入医家。诗集中也有许多与医家活动有关的诗篇。据康熙本《海宁县志》记载，郭濬于明崇祯三年（1630年）中举人，清顺治七年（1652年）中进士。在清初中取科举后，并没有入仕清朝，而是以云游为主，老而不知所终。根据诗集中《甲申初度》一诗有“百年强半又二载”推测，甲申为明崇祯十七年（1644年），正是明亡这一年，郭濬52岁，那么应该生于1593年。

《虹暎堂诗集》记录了郭濬的活动轨迹，从与其交往的人物看，郭濬学问渊博，颇为当时名流看重，正如《海宁县志》所载：“六经百家，以致星律、地理、医卜、农圃之术，与名山、大川同寿，亦以道存焉耳。”茅维是郭濬的好友，为《虹暎堂诗集》作序，序中称“所至吊奇怀古，异人豪士咸乐与游。名隆吴越间，而海内宗工伟人亦无不乐接之者”。可见郭濬交游非常广泛，从诗集也可以梳理出郭濬的大致交游范围。

黄道周与郭濬的关系，可以说是亦师亦友。从崇祯三年（1630年），黄道周典试浙江，郭濬以《易》举于乡，即受到黄道周的欣赏，之后两人唱和不断，黄道周曾在浙江余杭大涤山建书院授业，在此期间，郭濬多次入山拜访先生，留下了十余首唱和。卷四《游大涤洞歌》诗并序，记录了崇祯十五年（1642 年）第一次随师游大涤山的情景。卷四《大涤山呈石斋师二十韵》《雪后观涤峰出云》附石斋师和韵，卷七《大涤山房洞叶恒生、吴余常、邵旭如、卓火传、何义兆》《春日闻石斋师放还感赋》，卷九《书院呈石斋师》，卷十《再至大涤呈石斋师》附石斋师扫洞和韵二首，卷十三《与石斋师洞口对弈随命童子采药掘得何首乌十余头》，卷十四《甲申感事八章为石斋师劝驾》分别录有唱和诗各八首等。尤其是郭濬在得知黄道周殉明后，悲痛万分，卷四中有《怀黄石斋座师》，对先师的为人、道德与学问高度评价，“庶几程与杨，千载传芳模”，认为老师能与“程、杨”二人一样千古流传。

卓人月是明末著名戏曲家，余杭塘栖人。郭濬在戏曲方面也很有建树，曾有剧作《百宝箱传奇》，可惜已佚，集中有与卓人月纪游诗，叙述了两人的友谊。与旅行探险家徐霞客也有交往，卷五有《徐霞客游台雁归，赠以长句》一诗，记述了崇祯五年（1632 年）两人在杭州西湖的一次唱和。明亡后，郭濬与禅林佛院高僧交往密切，与审云和尚、雪庭和尚等僧人的唱和中，已流露出“风尘能不染”的出世境界。

郭濬与明末各种诗社的关系也很密切，早期与东林党骨干唱和频繁，与东林巨擘黄道周之间酬唱最多。与复社名士陈子龙的交游唱酬也占了许多篇幅，如卷四卷七《陈卧子司理平婺还诗以美之》，卷十《寄陈卧子司理》，卷十二《赠陈卧子司理二十韵》等，诗集中还保留了郭濬与家乡及江南一带的诗社如萍社、陶社、豫章社、甬上社、晋江社等盟友的往来。除此以外，与郭濬有唱和的友人还有钱谦益、陈继儒、倪元璐、刘宗周、熊廷弼、茅维、吴本泰、张卿子、陈彦升、宋徵舆、顾大愚、李维桢、陈仁锡、朱朝瑛、许令典、朱一是、吴仲木、张元岵、陈之遴、葛徵奇、范骧等。

郭濬的纪游诗，涉地颇广，足迹遍及大江南北，其山川咏物诗以苏、杭、皖、宁为主，诗集中留下了诸如敬亭山、黄山、九华山、庐山、采石矶、孝陵，以及诸多的寺院，如安隐寺、穷谷寺、湖心寺、大佛山房等。郭濬的诗，咏史回肠荡气，游历大气磅礴，感悟深情细腻，小吟清新灵动，诗歌题材丰富，涉猎社会生活的各个方面。

郭濬通医，是海宁郭氏世医之后，卷六有《卖药》一诗，足以辅证："风尘无定业，卖药古人曾。避地新栽杏，传家旧折肱。鸿冥沧海外，烽满白云层。试看疮痍日，春台讵易登。"从"避地新栽杏，传家旧折肱"句看，应该是明亡后避乱隐居时期，郭濬重操祖业，履行不为良相即为良医之践。

明亡后，郭濬尽管中取进士，但未再入仕，以云游和隐居的方式终其一生，卷十三有《栖溪村舍》一诗："门前溪水光，屋后稻田香。家家饷菱饭，钓鱼杨柳旁。"其心态较其他隐士要乐观得多，但对殉明的各位师友却由衷地钦佩，为他们留下多首哀诗。卷二有《七哀》四体诗七首，分别怀念殉明的七位志士，他们是王章、李邦华、倪元璐、范景文、汪伟、马世奇、吴麟徵，诗前有一小序："壬午内艰，殉国之烈，一时累百。今甲申三月之变，惨忽尤甚，而殉难者近二十余臣。以余所闻七公，予既夙承盼睐，且感其得正而死。哀叹之余，节以短歌，为赞为颂，不自知也。"这七位殉节者，都是与郭濬有交往而所垂青者。

《虹暎堂诗集》收入诗歌各体具备，十四卷共收有诗歌1700多首，分别是卷一为赋8首；卷二为古乐府65首，四言古诗20首；卷三为古诗90首，其中感寓20首，拟古19首，杂体诗20首，拟古和陶韵9首，拟杂诗12首，咏古10首；卷四为五言古诗56首；卷五为七言古诗42首；卷六为五言律诗123首；卷七为五言律诗106首；卷八为七言律诗86首；卷九为七言律诗86首；卷十为七言律诗101首；卷十一为七言律诗73首；卷十二为五言排律20首；卷十三为五言绝句125首，六言绝句15首；卷十四为七言绝句167首。

吴本泰是郭濬的好友，为《虹暎堂诗集》作序，对郭濬诗赞美有加："今读其《虹暎堂诗集》诗文若干篇，美哉！汎汎乎丽呻，则肆而壮，词繁而汯。"

三十三

一寸有天悬日月　九州无地哭山河

——明·许令瑜《容庵存稿》

许令瑜（1597—1650 年），字元忠，又字芝田，号容斋道人，明亡后号灵泉通翁。海宁袁花人。崇祯十六年（1643 年）进士，为明朝仙游末任知县，明亡后，随南明唐王在福建继续坚持抗清斗争，两年后，唐王抗清失败，许令瑜于 1647 年返回家乡，隐居于袁花龙山。著有《容庵存稿》《孤臣述》《孝经释义》《韵史》等，今大多不存。

《容庵存稿》今存遗文一卷、诗一卷、附录一卷，收录于中国国家图书馆出版的《清代诗文集珍本丛刊》，据清抄本影印。集前有许令瑜自序一篇，其自序云："容斋道人生平亡可述，其所居之西偏隙地，茅屋数椽，仅可容膝，故曰容庵道人。"序言写于"庚寅八月既望"，即清顺治七年（1650 年）八月十六日。明亡抗清失败后，许令瑜隐居山村，心境惨淡，序文流露出其晚年已无意人世："一二海内素心士称臭味，其未死者，今皆去之烟云缥缈中不可得见，道人之在天地间亦甚觉其无味，退而处于容庵之中不复出，属家人死便埋我其处，不以污先人邱垄也。"这也是大多数明亡遗民文人官吏的普遍心态。许令瑜一生写就的大量诗文，随着国变大多散去，留下的少量遗稿经过其子许大辛整理，经许令瑜认可后编成，按许令瑜自己的话说："不欲使人誉我而诬我也。"

《容庵存稿》集前有海宁县令许三礼写《许令瑜传》。许令瑜是许相卿曾孙，"惜世乱不能展其蕴，变革之际，弃官遁归，隐居翠薄山房，结一五噫亭于山之半，颜其户曰'乐无知'，柱书一联云：'一寸有天悬日月，九州无地哭山河。'寝卧食息于其中，不与人世通声。问时共一二素心之友，如张子元岵、陈子乾初，林泉灯火把臂论心，悲愤慨慷，未尝须臾忘死也”。明亡后，明朝隐士的心境，绝望凄楚由此可知。

《容庵存稿》收录文钞 21 篇，诗稿仅存古今诗 44 首，以宦游闽海或隐居故乡时的诗文为主，都是晚年所作。文集中大多为许令瑜任仙游县令时与友人、同僚、上司间的通信。许令瑜上任适逢明亡前一年，仙游位于福建东南沿海山区，在混乱的明末，匪寇出没，乱象丛生，他一上任就面临时势变局的处境，文集中《答王尊五兵侍》《答兴化守杨斗北》《上吴愕斋巡道杨守斗北》《答林封君》《答林南堂同年》等篇，谈论的多是镇压叛乱的内容。而《与唐梅臣兵侍》以后各篇，则是南明唐王在福州称帝，建立隆武小朝廷，许令瑜参与唐王开展抗清斗争时期的文稿，其中《与唐梅臣兵侍》讲的就是与清军武装抗争的策略。唐梅臣即唐显悦，明亡后追随唐王，先任兵部侍郎，后任兵部尚书。当许令瑜得知唐王在福建南安建立监国的消息，便立即写信给唐梅臣，提出自己的建议：“今日之事，收拾人心第一，选兵次之，兵选而精，馕少亦足支也，必欲设法多征，徒使朝廷失信于天下。民心一变，万不可挽，今已似见其端矣。”作为基层县令，他对当时的形势颇为了解，认为重建民心比征兵打仗更重要。而《揭柴莲生守道》五书则已明显流露出心有余而力不足，“此岂郡县一手足之力可办也，乡兵不为官用，保乡有余，保城不足”。民心已散，“时势至此，劝捐劝助，皆为焚身之事”。作为县令，带领一批乡兵游勇，想与清兵抗衡，显然力不从心，百姓也未必支持。后面的几封信，记录他虽与清军有过几次战争，但毕竟兵少势寡，大势已难挽回，后奉命解散余党。南明唐王朱聿键于清顺治二年（1645 年）六月二十八在福建南安建立政权，至清顺治三年（1646 年）八月，汀州失陷被掳，绝食而亡，仅存一年多时间便告失败。

《容庵存稿》诗钞部分，前一部分为许令瑜在福建为官时的诗作。从时间上看，许令瑜离开福建为清顺治四年（1647 年），其最后诗作有年份落款的《舟泊延年》作于丁亥年，即顺治四年：“野泊一舟横，低徊故国城。马嘶行殿草，鸟散下江兵。明月三更漏，孤云万里情。翠华魂梦里，何日报收兵。”充满了明月依旧、故国已去的悲伤情绪。这一年的重阳，有《九日》一诗，“细雨空山里，凄然老夕郎。有愁寄秋暮，无酒过重阳。凉叶惊先坠，篱花绽晚黄。高天千万里，一望是龙荒”。流露的还是悲秋伤国的凄凉心境。

1648 年，许令瑜已回到故乡海宁袁花，诗集中后半部分收录的诗都是隐居袁花时所作。《戊子元旦》是回家后第一个元旦，“不意此春日，尚能留到今”，能侥幸活着回家，已属不易，只是希望与家乡父老“共期永岁月，寇盗勿相侵”。从此，许令瑜不问世事。这一年的除夕，有一首《除夕》五律，“无数闲心事，难禁此夜情。江湖犹战伐，岁月自峥嵘。烛泪和杯落，霜寒入晓生。朝来关外鸟，报道又春正”。依然是伤心落泪，故国情怀。诗作大多是对明朝的眷恋，面对山河破碎，流露出深深的伤痛。《冬至》中“余生徒恋主，生意苦无多”；其二的“一自离京国，伤心几日长。飘零随令节，瞻恋忆先皇”。隐居山中的许令瑜，余生复国无望，只能生活在对先皇的眷恋之中。《秋兴六首》《立春》《寒食》《拟古杂诗》等都是作者真实心境的写照。

回乡后的许令瑜，身无长物，清贫至极。1648 年 3 月 23 日，有一小偷以为官吏回乡，一定腰缠万贯，曾入室偷盗，发现一无所有，仅有早已写好一诗以谢小偷，成为当时美谈。其诗有“莫笑主人生计薄，东林菘蕨正新芽”，被县令许三礼誉为“其逸致可想见”。

现出版的《容庵存稿》是根据光绪十三年（1887 年）八月海昌羊氏传卷楼刻本影印，仅二卷，而浙江图书馆藏有海宁管庭芬抄本三卷，附有《孤臣述》一卷，全文仅 4300 多字，记述了自明崇祯十六年（1643 年）至清顺治四年（1647 年）间作者亲身经历的事情，其中两年多是许令瑜任仙游县令时见闻和作为，记录了守城、平乱、追随唐王的一些战事。

三十四

诗与乐　异而同　同而异

——明·朱嘉徵《乐府广序》

朱嘉徵（1602—1684 年），字岷左，号止溪圃人，为朱熹十六世孙，海宁人。崇祯十五年（1642 年）举人，官至四川叙州府推官，治理兵乱中，颇有政声，不久明亡，无意功名，根据黄宗羲的记载，游历于名山大川间涉足极广，曾“过潼关，望嵩华，攀老子系牛之树，其出蜀也，滟滪马脊，巫峡猿声，无非奇地，但恨奚囊收拾不尽耳”。朱嘉徵一生著作颇多，有《经世书》《止溪文集》《止溪诗集》《道游堂诗集》《川南纪游诗》《两硖纪游诗》《玉台后咏》《家庭唱和集》《遂初集》《古诗系》《鹫山近言》《乐府广序》等，可惜大多已佚。《黄梨洲文集》中有一篇《朱岷左先生近体诗题辞》，写于康熙十五年（1676 年），是朱嘉徵出蜀归田时的诗集，黄宗羲对朱嘉徵诗的评价是：“先生之诗，冲雅而刻画，字句之外，以往流连。真能与山川和会者也。”朱嘉徵的生平及生卒，黄宗羲的《朱止溪先生墓志铭》有详细记载。

《乐府广序》三十卷，是朱嘉徵对乐府诗的选本，在清代乐府选本中被认为是一部颇有特色的著作，为清以后乐府研究者所重视。《四库全书总目提要》云：“此编取汉、魏乐府及诗，分为三集，以相和、吟叹、平调、清调、瑟调、楚调、大曲、杂曲之类为风，以鼓吹、横吹之类为雅，以雅舞、杂舞之类为变雅，以郊祀乐章为颂，而别附以歌诗、琴曲。又仿《诗序》之例，每篇各为小序以明其意。”这是《乐府广序》的体例，朱嘉徵在自序中也有阐释。好友沈珩也有序：“吾友止溪阅三岁而成乐府一编，自汉迄唐，搜讨备，取舍严，代各以风、雅、颂别之。凡其托物寓兴，皆取证于当日之史。读其诗而其人之贞淫通塞，无不俱见。”可见以诗论诗，以史论诗是其特色。朱嘉徵的《乐府广序》目前有《四库全书存目丛书》和《续修四库全书》影印本出版。

乐府是起始于秦汉时期的宫廷音乐，兴盛于汉魏六朝时期，汉武帝专门设立的音乐机构称为“乐府”，用来训练乐工，制定乐谱和采集歌词，其中采集了大量民歌，后来“乐府”便成为一种带有音乐性的诗体名称。汉乐府诗主要保存于宋郭茂倩的《乐府诗集》，朱嘉徵在此基础上，“余起汉、魏六朝以迄唐代”，以风、雅、颂归类，“而赋、比、兴之义，亦藉以不废焉”，既继承了《乐府诗集》的特色，又有别于郭茂倩本，是一大创举。

朱嘉徵在《乐府广序》自题辞中说：“今夫诗与乐异而同也，又同而异，通人不可无辨。古者采诗合乐，所以致其同也。王制春教乐夏教诗，夫温柔敦厚诗教也，广博易良乐教也。”指出了诗与乐的异同，以及同中有异，异中有同。而朱嘉徵的目的就是以《诗经》来论乐府诗，以经典引证乐府诗。

《乐府广序》共收入汉、魏两朝乐府诗350首。所谓“广序”主要由两类组成，一为“总序”，一为“小序”，两者均以“序曰”的形式标明。“总序”凡9篇，均置于卷首，分别为卷一、卷十三两篇《汉风总序》、卷八《魏风总序》、卷十五《汉雅鼓吹曲辞总序》、卷十七《汉雅横吹曲辞总序》、卷十八《汉雅舞曲总序》、卷二十二《汉颂总序》、卷二十五《汉歌诗总序》、卷二十九《汉琴曲总序》。总序的内容是对所序之篇历史时期乐府特点的阐释。而“小序”是仿《诗序》之例，于每首之前写于端前，以便于读者了解各篇乐府诗的旨意。

以诗论诗是《乐府广序》的特色，朱嘉徵不仅以风、雅、颂作为分类的标准，而且还在卷首《题辞》中，指出了汉、魏乐府与《诗经》、“六义”是紧密关联的，因此，“小序”的主要内容是对风、雅、颂的阐释。例如，乐府诗《陌上桑》，朱嘉徵序曰：“《陌上桑》歌‘日出东南隅’，妇人以礼自防也。汉游女之正，但令不可求而止，《陌上桑》之情亦正，唯言罗敷自有夫而止，皆正风也。风调自然名俊，子建独领此一派，士衡《日出东南隅行》颇合调，乐以诗声别之，亦犹《周南》之于郑卫。”朱嘉徵认为，《陌上桑》不仅属于“正风”，而且“风义悠然绝胜”。通过对乐府诗的释读，进而认识乐府中的风、雅、颂，在《乐府广序》中类似释读贯穿全书。《诗经》作为诗歌的另一种作用，就是音乐功能，而乐府诗在音乐方面与《诗经》同为一脉。朱嘉徵在《乐府广序》的编集宗旨上力图倡导与《诗经》体例的同一性，在点评每首作品时，都表明什么曲或什么歌。例如，评古辞《江南》时，曰："《江南》，相和曲，歌江南，美风俗也"；评《陇西行》时，曰："《陇西行》，歌天上和所有"；评《雁门太守行》时，曰："《雁门太守行》，歌洛阳令"；等等。

《乐府广序》中，朱嘉徵有许多关于"美刺"方面的论述。"美刺"本是《诗经》的一种功能，"美"即歌颂，"刺"即讽刺。朱嘉徵在"小序"中，对乐府诗"美"与"刺"的作用颇为重视，并重在"刺"。例如，《鸡鸣》序曰："《鸡鸣》，刺时也。国奢者教礼，首善系乎京师。"下面还有一段很长的文字，解释《鸡鸣》一诗在于"刺时也"，后面则以"或曰"的形式，将当时的一段历史事实做了陈述，并再次表明"讽时之作"，以加深读者对"刺时"的印象。

以史论诗也是《乐府广序》的重要内容。朱嘉徵对乐府诗的"集考"也相当重视，"集考"部分是对史实的考辨。朱嘉徵的"集考"分为两个方面：一是对难字注音、词语校正、史实考辨等；二是以"谨按"注明，重在质疑、辨误、订正等。而"集考"和"谨按"在文体中均在"序曰"之前，可见朱嘉徵对其重视，如对《楚之平》一诗的考辨，通过汉魏史实来释读，凭着对汉魏历史的精通，以史证诗，令人折服。在点评曹植《怨诗行》时，也用了几种经典来解读此诗，体现了以史论诗的观点。在点评时，引用《诗经》《礼记》《论语》《左传》等经典随处可见。黄宗羲对《乐府广序》的评价是："取汉、魏、六朝、三唐乐府诗集，审声辨体。乐府以风、雅、颂分之，诗以兴、比、赋通之。仿卜子夏诗序例，明其大旨，以示劝惩。"

三十五

上可以尊经卫道　下可以风世励俗

——明·陈确《陈乾初先生遗集》

陈确（1604—1677 年），字乾初，初名道永，为海宁渤海陈氏裔孙。陈确一生著述颇丰，因时处明末清初，乱世动荡，书稿藏于家中，并未刊刻，散佚颇多。120 多年后，至乾隆年间，才由海宁藏书家吴骞及陈确裔孙陈敬璋收集，编成《陈乾初先生遗集》四十九卷。也仅是钞本，并未刻印，直至 1959 年中华书局根据南京图书馆和上海图书馆钞本整理、点校，1979 年才正式出版，书名为《陈确集》。

《陈乾初先生遗集》包括《文集》十八卷、《别集》十九卷、《诗集》十二卷。《遗集》前有吴骞所作《序》，对陈确师从、学问、人品作了全面评述："尝观有明之季，士大夫往往以声气相尚，虽一二魁儒杰士，且不免稍存门户之见。惟蕺山刘子从容中道，讲求圣贤实践工夫，出其门者，均束脩自好，为直谅多闻之士。使刘子得行其志，佐以群弟子之贤，安在其不能宏济时艰。乃卒为佥壬所排挤，致身殉国社，抱长恨于虞渊，不重可叹哉！先生事刘子之日虽浅，观其与祝孝廉开美一再渡江，预闻证人之旨，便慨然以斯道为己任。逮刘子正命而后，开美饰巾待尽，先生独受遗书之托而不辞。然则先生之学，以为直接山阴一线之绪，夫复奚疑。"序言中对陈确师从刘宗周及一脉相承的学术体系评价极高，并认为"矧先生斯集，上可以尊经卫道，下可以风世励俗"。集前附有陈敬璋的《编次遗书叙》和《编次遗书例言》两篇，分别叙述了遗集收集的过程和编排体例，同时附有羊复礼《陈乾初先生文钞诗钞跋》。羊复礼的母亲是陈确的七代裔孙女，羊复礼于光绪年间收集到陈确的一些诗文，一并编入他的《海昌丛辑》。

《陈乾初先生遗集》首卷收录有许三礼《海宁县志理学传》关于陈确的一篇传记，黄宗羲的两篇《陈乾初先生墓志铭》，陈元龙的一篇《陈氏理学乾初先生传》，陈确儿子陈翼的《乾初府君行略》以及陈敬璋的《乾初先生世系表略》《乾初先生年表》，附有《乾初先生遗事》，收录《张杨园先生履祥言行见闻录》《黄梨洲先生宗羲思旧录》《朱竹宅先生彝尊经义考》《许季觉楹罔极录》《张元岵次仲竹窗解颐杂录》《全绍衣庶常祖望子刘子祠堂配享碑》《陈乾初先生著述目》等篇，外编为陈敬璋补收的友人致陈确信，分别有张杨园、祝月隐、陆辛斋、朱止溪、张待轩五人，这些都是研究陈确生平的珍贵资料。

《陈乾初先生遗集》原为十九卷，中华书局出版时，根据上图和南图的版本，原书总目标明“葬书四卷”，后来又涂改成二卷，而实际也是二卷，因此总卷数改为四十七卷。各卷内容如下：

《文集》十八卷，卷一至卷四为“书”，卷五为“论”，卷六、卷七为“议”，卷八、卷九为“记”，卷十为“序”，卷十一为“说”，卷十二为“传”，卷十三、十四为“祭文、墓志铭”，卷十五为“箴、铭、赞、颂、解、词、引、揭、呈词、疏、答问”，卷十六为“柬帖”，卷十七为“书后、社约”，卷十八为“杂著”。

《别集》十七卷，分别是卷一为《辰夏杂言》，卷二至卷五为《瞽言》，卷六、卷七为《葬书》，卷八为《俗误辨》，卷九为《丛桂堂家约》，卷十为《补新妇谱》，卷十一为《先世遗事纪略》，卷十二、十三为《讲议》，卷十四至十七为《大学辨》。

《诗集》十二卷，前有《乾初先生诗集小传》和《小引》各一篇。卷一为四言古诗 18 首，卷二为五言古诗 63 首，卷三为五言古诗 71 首，卷四为七言古诗 45 首，卷五为五言律诗 62 首，卷六为五言律诗 65 首，卷七为七言律诗 81 首，卷八为七言律诗 83 首，卷九为七言律诗 81 首，卷十为五言排律 4 首，卷十一为七言排律 3 首，卷十二为七言绝句 52 首。

陈确的主要学术成就在于继承了先师刘宗周的哲学思想。他与同乡祝渊同时渡江拜刘宗周为师，尽管时间不长，但对业师极为敬佩，师徒关系也极其深厚。业师殉明后，由陈确整理遗著，继承其学术思想，并积极引申发挥，尤其是对刘宗周的慎独学说能跳出孟子和王阳明“无负其本心”，并非局限于小心谨慎而已。陈确发挥的慎独是“知过之心”，认为人的私心才是过失的主因，私欲才是罪恶的根源。在《文集》卷十《诸子省过录序》一文中说道：“君子之慎独，去私而已矣，所谓未发之中者，无私而已矣。”陈确不仅这样说，也以律己的一生践行这一思想。

陈确对社会愚昧的陋习批判也非常激烈，对民间长期存在和流行的封建迷信，诸如丧葬、风水、算命等习俗，大声疾呼，痛加批判。其《葬书》一文专门论述了丧葬奢靡的弊端和害人之处，认为土地等自然环境对活人或许会有影响，但是去世以后，其所葬之地，则对死去的后人不会再有影响，所以陈确认为风水之说在丧葬理论上是荒谬的，其之所以流行，是葬师利用风水蛊惑人心，乃出于“一己之私欲”。在葬法上，陈确著有《深葬说》两篇，专门论述深葬的好处，上篇强调“葬者藏也”的古训，不主张厚葬；下篇则主要讨论深葬的方法和好处。陈确的葬法改革，既建立在儒家的仁教礼仪基础上，又对破除陋习提出了一整套系统改良的方法，是唯物主义思想的先驱。

陈确的《大学辨》也是一部非常重要的著作，继承了业师刘宗周对《大学》这部经典著作的质疑。是对数百年来视为儒学正统的程、朱理学的批判，因此，陈确的《大学辨》在当时也引起许多同门师兄弟的不满，受到黄宗羲、张履祥、刘伯绳等人的辩难。陈确认为《大学》自古以来并没有被列入圣经，而是从程、朱以后才开始捧为儒家正统。陈确的观点开了哲学争论之先河，但最后还是得到黄宗羲等人的认可。

陈确的诗歌特色，其曾孙陈莱孝在《乾初先生诗集小传》一文中作了这样评价：“诗集若干卷，天真旷逸，迥出恒溪，古诗得陶之神韵，近体法杜之谨严，而出入于太白、香山。要之，俯仰淋漓，一歌一哭，则自成为先生之诗也。”陈确生活于明末清初，适逢国变离乱之际，其诗集中有较多的哀叹之作，在卷四七言古诗中，有《硖石》一诗，是记录海宁举人周宗彝与其弟周启琦起兵保卫硖石英勇奋战的叙事诗，比较完整地展示了周氏兄弟的英雄形象和壮烈战斗的过程，还原了历史真实，具有史诗般的恢宏。而《盐州篇》则描绘了家乡易代之际的乱象，“大第高门尽烬煨”“大家小家同归无”，是改朝换代之际，社会百姓生活的真实境况。

三十六

虽极天下之险阻艰难　何足以困之

——明·朱朝瑛《读五经略记》

朱朝瑛（1605—1670 年），字美之，号康流，晚号垒庵，即为黄宗羲所称“海昌穷经之士，惟朱康流、张次仲”之朱康流。明崇祯十三年（1640年）进士，师从黄道周，曾为旌德知县，迁至仪司主事，明亡后归乡隐居，穷一生精力，研读五经，著成《读五经略记》。

《读五经略记》，分别为《读易略记》《读诗略记》《读礼记略记》《读尚书略记》和《读春秋略记》。黄宗羲在为朱朝瑛所撰的《朱康流先生墓志铭》中说：“先生博稽六艺，各有论著。”诚如所言，朱朝瑛《读五经略记》的五部著作全被四库收录，不仅在海宁文化史上绝无仅有，恐怕在全国学者中也不多见。

《读易略记》是朱朝瑛研读《易经》的笔记，《四库全书总目》入存目，现有北京图书馆馆藏清钞本影印，收录于《四库全书存目丛书》经部，由齐鲁书社正式出版。《四库全书总目提要》对《读易略记》的介绍谓：“其易学出自黄道周。言象数不主邵子之说，又别为先天、后天之图，取用一索、再索之序为先天，取对卦化气为后天，殊为创见。”关于这段介绍，黄宗羲在《朱康流先生墓志铭》中有深入解读：“诸儒之言易者，详于所变，而不详于所未变，变者象也，未尝变太极也。时惟适变，道必会通，不察其适变，则微彰刚柔有拘墟之患，不观其会通，则屈伸往来有临歧之泣。”晚年的朱朝瑛隐居在家，在自然和社会的变与不变中，探索规律，而与其知音者，“惟张子待轩”，张待轩即张次仲。黄宗羲在《张元岵先生墓志铭》中，对两人研究《易经》的侧重点有这样的分析：“海昌有穷经之士二人，曰朱康流、张元岵。短檐破屋，皆拌数十年之力，晓风夜雨，沈冥其中，两人每相攻难，故其成书，彼此援引，用张其说。”两人之差别在于“康流于易，研寻图象，尽拔赵帜，元岵宗主王、程，以玩辞为本，至于指归日用，不离当下。因孔子而求文、周，因文、周而求义易，则两家一也”。

朱朝瑛的《读易略记》，引用历代易学家的观点占了很大一部分，但朱朝瑛的读后感却是精华所在，往往妙语连珠。本文标题“虽极天下之险阻艰难，何足以困之”，就是朱朝瑛《读易略记》中释读《易经》“九三：升虚邑”一句的读后感，也是作者一生的真实写照。

《读诗略记》六卷，收录于《四库全书》经部三，《四库全书总目提要》云：“朝瑛论《诗》，以《小序》首句为主。其说谓亡《诗》六篇，仅存首句，则首句作于未亡之前，其下作于既亡之后，明矣。所见与程大昌同，而所辨较大昌尤明白，足决千古之疑，然其训释不甚与朱子立异。”程大昌与朱熹一样，是南宋《诗经》研究之集大成者。《四库全书总目提要》认为，朱朝瑛的《读诗略记》要优于程、朱。

与张次仲的《待轩诗记》相比较，黄宗羲在《张元岵先生墓志铭》中这样论述：“康流论诗，美刺如霜雪；元岵缠绵凄怆，有流离世故之感，至取序首一语，推原诗前之意，则两家一也。两人皆遭丧乱，而皆能以经术显，则人力信乎可与天争矣。”相同的经历，相同的研读方向，同样有敢于与天争的志向，成就了两位经学大家，也应了“虽极天下之险阻艰难，何足以困之”的雄心壮志。在援引各家观点时，张次仲的诗论同样也常在各家之中。

《读礼记略记》四十九卷，另有《读周礼略记》六卷、《读仪礼略记》十七卷，合称《读三礼略记》，均录《四库全书存目丛书》。《四库全书总目提要》谓《读周礼略记》“是书不全录经文，但每段标其起止”；《读仪礼略记》“是书于经文不全录，所采多敖继公、郝敬之说”；《读礼记略记》“是书以一篇为一卷，每段之下附以注，无注亦存经文。前有《三礼》总论，言异同之故，颇有可采”。可见其学问颇受当时学人的重视。乾隆三十九年（1774 年），平湖人沈初编有《浙江采集遗书总录》，对浙江所征集到的珍善古籍都写有提要，提要中对上述《读三礼略记》也有详细的解释。

《读春秋略记》十二卷，是朱朝瑛的另一部重要著作，《四库全书总目提要》谓：“朝瑛于诸经皆有略记，已各著于录，其所述瑕瑜互见，不能悉底精粹。惟此书与《读诗略记》较为详晰允当，其所采上自啖赵，下及季本、郝敬诸家之说，无不备列而旧说所未尽，复以己意折衷之大旨。”“啖赵”是指唐代经学家啖助与赵匡，季本与郝敬分别是明代著名经学家，可见四库馆臣对此书的评价是很高的。卷首有总论一篇，朱朝瑛提纲挈领、开明宗旨说：“春秋大义，一言以蔽之，曰尊王。”“尊王攘夷”是《春秋》的主题，春秋时周王室衰微，齐桓公、晋文公等相继以“尊王”为名，称霸一时，因此后世均以尊崇君上、崇尚王道为历代儒家的正统。对于如何读《春秋》，总论中也有提示：“读《春秋》者，须观圣人之特笔，而全书之旨可会而通也。”《春秋》一书的编排体例，朱朝瑛认为：“《春秋》经史相辅而行，史以陈其事，经以著其义，一笔一削，瞭然可见。”

三十七

上德不德　大道无功

——明·陈之遴《浮云集》

陈之遴（1605—1666年），字彦升，号素庵。崇祯十年（1637年）以一甲二名进士授翰林院编修，明末曾参与南明反清，入清后降清被授予弘文院大学士，是海宁渤海陈氏的第一位大学士。两朝为官显赫，又两度被贬，最后全家流放辽东，谪居盛京，死于尚阳堡。仅留下一部自选诗作《浮云集》。

《浮云集》所选诗歌，大多为谪居时所作，但也保留了早年在明朝为官时的作品，有四言古诗、五言古诗、七言古诗、五言律诗、七言律诗、五言绝句、七言绝句共775首。全部诗作的创作分期大致为考中进士之前、明末放废时期、南明时期、仕清时期以及两次流放时期，基本囊括了陈之遴一生的各个时期。作为贰臣的陈之遴，又遭谪居，在选取自己的作品时，当然是非常谨小慎微的，从诗作中也大致能看到陈之遴各时期的生活及内心活动轨迹。尽管陈之遴在选诗时已做了精心删选，但到了乾隆时期，此书仍被列入禁书，故传至今日实属不易，现在已成为研究陈之遴一生的主要依据。

《浮云集》现有两种版本存世，分别为十一卷本和十二卷本，前者为收录于《四库全书存目丛书》集部第197册的，此本据华东师范大学图书馆馆藏清康熙旋吉堂刻本影印；后者为收录于《四库禁毁书丛刊补编》第75册的，此本据北京图书馆清钞本影印。

“上德不德，大道无功”是陈之遴《浮云集》自序中的一句话，应该是晚年戍边时百感交集的心声。“上德不德”语出老子《道德经》“上德不德，是以有德”，意为最高层次的“德”，不强调表面的“有德”，而在于内心真正的“有德”；“大道”在中国古代哲学中表示最高境界；“无功”则取自

《庄子》“至人无己，神人无功，圣人无名”。一生仕途跌宕起伏的陈之遴，在晚年将自己选定的诗作取名为《浮云集》，自有其深刻的道理，对人生的感悟绝非于一般常人。自序作于康熙十五年（1666 年）仲春，陈之遴去世于同年九月。自序最后写道：“或曰古有三不朽，其一立言，子何率尔与？曰：上德不德，大道无功。而况于言乎？言而至于文，文而至于诗赋，抑末矣。而斤斤焉争位置、争美好，是亦不可以已乎。斯集也，命之曰《浮云》，予志也者。”陈之遴榜眼出身，贵为大学士，应该是满腹经纶，著作等身，但到生命的最后时刻，仅为自己选定了几百首诗作为传世。

自序中，陈之遴提出了自己的诗学观点：“人殊其才，人殊其学，人殊其性情，则亦各为其人之诗尔。”认为诗人必须要有各自的风格，而不是一味模仿。在卷四有一首七言古诗《赠潘子》，明确提出了自己的诗学见解：“我学此道今皓首，少壮精神误修饰。上溯汉魏下迄唐，模形肖貌颇自得。譬如临拓古人书，依式双钩复填墨。老来悔悟稍脱落，齿衰才尽日已昃。”说自己学诗也是从读诗、模仿到悔悟的过程。在明末清初诗坛上，陈之遴的诗文成就为钱谦益、吴伟业等一流诗人所掩，名声并不是很响，甚至还不如夫人徐灿的诗名。《四库全书总目提要》评为：“其诗才藻有余，而不出前、后七子之格。”

陈之遴出身海宁望族，年轻时在江南水乡长大，成名后寓居京城，过着奢华的贵族生活，晚年谪居东北，荒凉又寒冷的塞外气候，大起大落的人生反差，在诗中流露最多的是通过边地迥异的景色，表达自己的思乡之情。卷十一有一首七言绝句《苦寒》：“滚滚黄沙卷戍旗，暮天风劲雁飞迟。重裘浑似絺衣薄，不到边庭那得知。”滚滚黄沙中的戍旗，暮天劲风中的飞雁，哪怕穿上了裘皮重衣，感觉还是像单薄的内衣，没有到过边塞的人哪里知道辽东的苦寒。尽管全诗不见苦寒两字，但从诗意中却让人感觉到凛冽彻骨、冷到心里的凄痛。卷八中一首七言律诗《雪夜》：“三春不见一花开，社后空梁少燕来。薄酒强支今夜雪，异时轻别故山梅。每从野鹿寻樵径，漫对游鱼忆钓台。廿载客踪长踯躅。未游龙塞已多哀。”三月的塞外依然是大雪压盖，白茫茫一片不见一枝花开，而此时的江南正是百花争艳、社戏喧哗、燕子绕梁的最美春天。在荒寒的雪夜，靠喝酒御寒，回忆 20 余年来的宦海沉浮，感慨万千，不忍卒读，其悲哀的心情可想而知。卷三五言古诗中的一组《感怀》诗，其十二有“涕唾成坚冰，未脱口鼻间”，其寒冷到了涕唾成冰的程度。在这样恶劣的气候环境中，陈之遴度过了他的余生。

除了流露悲哀的心境，《浮云集》中的诗，也描绘了边塞苍茫壮丽的景色，体现了陈之遴乐观豁达的胸怀。卷八七言律诗有一首《寄子洲》："朔风驱雪雁群高，咫尺银洲望郁陶。千局虎争惟我敌，百觚鲸吸让君豪。更无嘉客愁悬榻，谁向衰龄问鼓刀。闻道卜居殊适意，恰逢春色到东皋。"另一首《元日霁雪》："雪光如月月如灯，极望清辉思不胜。照读未须藜杖火，赏心还映玉壶冰。客辞玉宇无多岁，春在瑶台第几层。忆从仙坛祠太乙，异香宵共霭云升。"抒发的都是在寒冷艰苦环境下塞外的壮丽风光，从中可以看到诗人的乐观心态。

《浮云集》卷十二是词集，收入陈之遴词 100 首，按小令、中调、长调分类编排。其中小令 51 首，中调 25 首，长调 24 首，以小令为多。词的风格与诗类似，以苍凉豪放见多。

从诗词唱和中可以大略知道陈之遴与友人的交往，其一生经历曲折，宦海沉浮，结交的名流非常多，但诗集中保留下来的必是经过陈之遴再三删选后所确定，主要有黄道周、张次仲、宋徵舆、宋实颖、张恂、陆庆曾、张嘉、薛旦、陈之迈、徐波、密云圆悟、张遂臣、徐灿、胡贞开、赵进美、吴从谦、吴兆骞、李希与、陈祖苞、郭濬、王铎、函可、孙传庭、张国惟、许誉卿等，有官宦大僚、文人学士、僧侣医家、亲族乡贤，其中与夫人徐灿的唱和词，尤为人称颂。两人在明亡前的唱和以缠绵悱恻、恩爱依恋为主，明亡以后以唱离乱之痛、伤身世之悲为主，贰臣时期，以抒发政治抱负以及内心忧患为多。卷十二有一首《念奴娇·赠友》可以说是陈之遴对自己一生的反思："行年四十，乃知三十九都错。富贵功名如此矣，何必酒阑花落。朱子传经，沈郎制锦，与我年相若。着鞭先我，抚躬多少惭怍。惟有紫峽吴郎，恰同年同运，身世同漂泊。击筑鸣琴从此罢，将向柳营莲幕。江左人才，山东形胜，杯酒聊商榷。时乎难再，须臾双鬓如鹤。"认为自己前 39 年都错了，错在哪里？身在辽东谪舍的陈之遴，一定百感交集。

三十八

于吴为陲　于越为首

——明·范骧《海宁县志略》

《海宁县志略》是入清以后，海宁地方政府的第一次修志。清顺治十三年（1656年），时任县令秦嘉系，聘请明朝遗老吴本泰、郭濬、陈之暹、范骧四人共同编纂，后范骧去世，仅成六卷，史称《秦志》，到了钱泰吉修《海昌备志》时仅存二卷，《秦志》已卷帙不全，名存实亡。直至同治八年（1869年），海宁钱保塘于京都书肆购得范骧先生《海宁县志略》一册，为乡贤管庭芬钞本。从钞本内容看，应该是当时范骧参与秦知县修志时的提纲，虽内容简略，但体系完备，可惜是未尽之稿，但也成为《秦志》的唯一存稿。

范骧（1608—1675年），字文白，号默庵。《海昌备志》称："性孝友，工书法，环堵萧然。日以经学自娱。顺治甲午，举贤良方正，不就。晚因史案被逮，已而释归，志气如常，卒年六十八，门人私谥'清献先生'。"范骧一生著述颇多，有《十三经详注》一百卷、《古韵通补》十卷、《日记》一卷、《爱日堂文集》二十卷、《得闲草》一卷、《海宁县志略》一册。除《海宁县志略》，余皆不存。

《海宁县志略》原抄本有周春跋文一篇，写于清嘉庆八年（1803年）正月。从序中可知，《海宁县志略》最早为陈默斋所得，是范骧手书原稿长卷。陈默斋即陈广宁，山阴人，时任海宁守备。周春在序文中讲述了《海宁县志略》的编纂过程，因为范骧的初稿，形成了秦知县的《海宁县志》六卷本，才有了后来许三礼在此基础上续成的十三卷康熙本《海宁县志略》，史称《许志》。在清朝修志以前，范骧以及当时的学者对明朝嘉靖年间赵维寰编著的《宁志备考》并不满意，认为“赵无声《备考》一书，中于蜚语，直道之不见容，非一日也。予以虚疏之名，谬参志局，止于整理旧文，绝不与进退人物，诚畏之也”。这是范骧参与修志的原则，由于参修的编者间一直有不同意见，因此到最后并没有形成统一完整的一部县志。到了康熙、乾隆时期又曾四修县志，先后有《秦志》《许志》《金志》《战志》四种，但在海宁历史上都没有留下大的影响。周春也曾参与其事，在跋文中也回忆了当时修志的一些情况，“追忆乾隆丁丑、丙申，两次滥竽志局。丁丑同事诸君，并博涉，谙文献，相互商榷，采辑颇丰。聚水仙阁下者两年，兼有文酒之乐。至丙申，则同事绝少通人，议论往往不合，恐负州守诿諈之意，力辞而退。书成，秽杂殆不可言。后州守深以为悔，所以不复作序”。周春对范骧的修志观点颇为赞同，认为《海宁县志略》尽管只是提要式的稿本，但主要框架基本完备。

后来，陈默斋得到这部稿本回归盐官城北范家后人，又被硖石蒋光煦收录别下斋藏书。道光二十五年（1845 年），管庭芬曾应钱泰吉之邀参与修编《海昌备志》，又重新抄录一部，而管庭芬所抄《海宁县志略》后流落京城，被钱保塘发现并购回。

钱保塘于京都购得此书后，曾带回家乡海宁，请管庭芬过目，管庭芬看到 20 余年前自己的抄本能够回归家乡，既感到诧异，又欣喜万分，因此又为抄本作跋文一篇，写道：“乡里手写之书，辗转流传数千里外，越二十余年而仍为里人所得，亦异事也。”钱保塘得此书后视为珍贵，后钱保塘入蜀任定远知县，携书稿赴任，并为之校正，于光绪八年（1882 年）刊印于定远官署。这是范骧遗著《海宁县志略》的流传经过。

《海宁县志略》共列为十三门，分别为分野、山川、坊衢、乡市、沟洫、田赋、户口、兵防、公署、学宫、潮说、海塘、寺观十三篇，另有补遗、附录两篇。短短一万余字，囊括海宁地理山川、社会管理、人文胜迹、教育道佛等各个方面，尽管简略，但史料翔实。范骧作为乡贤前辈，其扎实的文史功底受到后代文人的称颂。

海宁的地理位置，范骧定位于“于吴为陲，于越为首”，先越后吴，时越时吴，吴越交错。海宁古属扬州，“浙固扬州也，宁邑隶杭，而杭为浙首都”。由此而考证，牧乘《七发》中“将以八月之望，观涛于广陵之曲江”这一篇文章，范骧认为，广陵为扬州之别名，杭时属扬州，故亦名广陵曲江，而曲江就是浙江的钱塘江，因此认定《七发》是最早描写海宁潮的诗文。

盐官县城的结构布局，在《坊衢志略》一篇中，详细记述了宋以来的街坊分布。从南城门的镇海门至北城门的拱辰门，东边是字民坊、醋坊桥街、观音庵街、酒坊桥、城隍庙街、瓦石堰、养济院巷，西边是南寺巷、双庙巷、钱家巷、醋坊巷、安国寺巷、北道宫街、永安桥。从东城门的春熙门至西传城门的安戍门，南边是胜安桥街、崇儒街、双仁巷、双庙桥街、永平仓街、打铁巷、八营巷，北边是亨会坊、惠康桥街、回回巷、豆腐巷、射圃亭街。出镇海门向南，皆为海塘，是沙场和盐舍；出拱辰门而北，是厉坛巷、田鸡弄、光华桥街、油车弄、二十五里塘；出春熙门而东，是放生桥、六十里塘、校场弄、道人塘、张姬弄、袁花塘，再往东安便是海塘；出安戍门而西是卖鱼桥街、卖鱼弄、社坛桥街，再往西南，也是海塘。这是明朝以前盐官县城的详细分布图。

关于钱塘江的变迁，在《海塘志略》一篇中，也有详细记述。原盐官县城海塘外有沙场20余里，沙场内有陆地、草荡、桑柘、枣园167顷，俗名“枣林河”。钱塘江曾经过四次变迁，分别为宋嘉定年间（1208—1224年）、元延祐六年（1319年）、明永乐九年（1411年）、明成化十三年（1477年），史称“海失故道”，才渐渐形成了现在盐官城直接靠近钱塘江的地理位置。

《寺观篇》留下了安国寺的许多珍贵史料。海宁“佛寺八十五”，要数安国寺为“宁邑丛林之首”，被称为“海上第一名山”，留下过唐宣宗的御制诗、卢简求的碑记、苏东坡的诗。安国寺的藏院是延恩寺，苏东坡有《听寺僧抚琴诗》，范骧曾于此作《洞庭春色词》：“古寺长廊，抚琴动操，坡老曾听。叹高文百轴，珠圆玉洁，无人知此，说甚瑶琴。待买丝绣，高士黄金，一辇铸就诗人。方信道，百年坡老，再遇知音。池上别无供养，日消受玉版溪藤。有平原鹿脯，山阴裹鲊，樱桃日给，青李来禽。锦绣心情天富贵，奈骨相烟霞耐老贫。从今约，佛灯禅榻，消尽时名。”范骧留下的诗词已不多见，这是少数佳作之一。延恩寺也曾是先贤张待轩读《易》处。

可惜的是，范骧的《海宁县志略》仅写了一个提纲，留下了未尽的遗憾，否则定是一部非常完美的方志。按钱保塘的话说：先生之书“今皆未见，得见者，惟此书而已”。

三十九

叹三楚英雄　消沈无数

——明·朱一是《梅里词》《为可堂集》

朱一是（1610—1671年），字近修，晚号欠庵，崇祯十五年（1642年）举人，曾师从吴伟业。世居盐官濇溪，明亡后携家避隐梅里（今嘉兴秀洲），与梅里派词人交往密切，是其代表人之一。著作有《史论》《为可堂文集》《为可堂诗集》《梅里词》等。

《梅里词》是朱一是的词集，清初清远堂刻本，今有上海古籍出版社《续修四库全书》影印出版。《梅里词》共三卷，按小令、中调、长调编排，共收入171首词：卷一小令，有词94首；卷二中调，有词29首；卷三长调，有词48首。前有朱一是自序："王介人曰：吾老于诗，思索情竭，多作艳情绮词以发之，闻此十五年，久矣。因思屈子江潭幽放，托词于香草美人，或亦如介人之云。"王介人即王翃，是梅里词派的领军人物，朱一是的词风受王翃影响深刻，大多以闺阁情愁为主，都是仰慕屈原的"托词于香草美人"之意，只不过王翃以诗为主，朱一是以词为主。

明末隐居文人的诗词，大多不离闺阁情愁和述古抒怀，纵情于声色，借故以抒怀是离乱国变后的普遍心态。朱一是《梅里词》所载，同样以这两个题材为多。

朱一是的艳词类似于晚唐词人，如卷一《如梦令·谈将军望山席上歌儿》：巧啭新莺花外。步步金莲自在。粉靥照银缸，舞影香尘旋带。谁解，谁解，怯怯柔肢无奈。

词集中每首词下面都附有当时各家评朱一是词的内容。这首词后有陈景行评："以自在说金莲之部，善于形容。"此词描写细腻，色彩浓艳，绘声绘色，确与南唐后主金莲艳词一样惟妙惟肖。

再看另一首小令《三台令 · 春闺怨》：香垒红襟对对，芳枝粉翅双双。装束无人唤好，独步盈盈画廊。

陈景行的点评是："一段自爱自怜，光景可想。"春天闺中女子思春，独自装扮，无人欣赏，只能独步自赏，思春女子的神色形态跃然而出。朱一是的小令大多以此类闺阁情怀为主。

明亡以后，朱一是的词风由闺情转为咏史怀古为主，尤其是晚年重游金陵、扬州后所作的词，哀国都兴衰，叹时运不济，词调大气磅礴，气势雄伟，如《水调歌头 · 过康郎湖遥吊忠臣庙》《八声甘州 · 饶州过淮府旧基》《应天长 · 登北固山怀古》《看花回 · 题滕王阁》《水龙吟 · 金陵感旧》《二郎神 · 登燕子矶秋眺》等。朱一是早年师从吴伟业，其风格也明显受到吴伟业的影响，尤其是《二郎神 · 登燕子矶秋眺》："岷峨万里，见渺渺、水流东去。指远近关山，参差宫阙，起灭长空烟雾。南望沧溟天边影，辨不出、微茫尽处。叹三楚英雄，六朝王霸，消沈无数。从古。长江天堑，飞艎难渡。自玉树歌残，金莲舞罢，倏忽飞乌走兔。燕子堂前，凤凰台畔，冷落丹枫白露。但坐看、狎鸥随浪，渔父扁舟朝暮。"

燕子矶是金陵位于长江边的一处胜景，朱一是在明亡数年后重游金陵，登上燕子矶纵目远眺，感叹故国已去，心潮起伏，于是借古抒怀，写下了这首著名的咏史怀古之词。词后有好友陆嘉淑评曰："王介甫金陵一词，擅绝千载，得欠庵此阕，不专数半山矣。"王介甫即王安石，南宋著名文学家，有《金陵怀古》一词，通过对金陵景物的赞美和历史兴亡的感叹，寄托了作者对当时朝政的担忧和对国家政治大事的关心，成为千古名词。而朱一是的这首词，同样是对故国兴亡的感叹，尤其是作者亲历了明朝灭亡，作为前朝遗民，其深沉抑郁的心情，通过眼前的情景交融，较王安石更具有深切而悲壮的复杂心态，其词境界雄浑阔大，风格沉郁悲壮，尤其是上阕末句，"叹三楚英雄，六朝王霸；消沈无数"，把故国兴亡之深切痛楚推向极致。借此哀叹历史上的悲壮人物，随着渺渺江流东去，都被大浪淘尽，消沉得无影无踪。

此词写于南明覆灭以后，朱一是大有借古喻今、凭吊伤怀的感慨。1644年北京为清军所陷，标志了明朝的灭亡，但明朝宗室及文武大臣大多逃亡南方，拥福王朱由崧监国南京，称帝弘光。福王沉湎酒色，政治腐败，权臣们勾心斗角，在位仅八个月，“倏忽飞乌走兔”，便匆匆退出历史舞台。朱一是借六朝兴衰影射南明弘光小朝廷，以此总结历史教训，因此这首词，被好友陆嘉淑论定为可与王安石《金陵怀古》一词媲美，成为千古绝唱。

朱一是的另一部重要著作是《为可堂集》，分别为《为可堂初集》十卷，有史论90篇，是朱一是与友人屠圣武、谈迁相互间论史的文集，现有《四库未收书辑刊》影印本出版；《为可堂集》五十四卷，是朱一是的文集；《为可堂诗集》十六卷，浙江图书馆藏有清刻本。

《为可堂集》有一篇《欠庵传略》，是朱一是的自传。关于他自己的众多字号，作者借答友人王世显，在文中做了解释：“子昔号近修，何更也？曰：先君子初命季修，后予自署近修。山中讳姓无号，人但曰林居士，禅林曰养明子，濇溪曰濇溪下农，梅里曰梅溪旅人。晚而自署又曰欠庵。号以地迁，以时迁，盖不一称也。徐昶曰：欠庵何义欤？曰：未能为子道也。陆嘉淑曰：予初见欠庵时，颀而丰，韶风仪。今其面瘦黑，其鼻赤，其目单眇。以语王绍隆，绍隆曰：若欠庵者，余不知其所终焉。”所谓的未能为子道，其实就是只欠一死之意，明末遗民的大多心态。这篇自传，对于了解朱一是的生平颇具价值。

四十

塞翁居羌犹杜老

——明·蒋薰《留素堂诗删》

蒋薰（1610—1693年），字闻大，号丹崖。海宁硖石人，晚年寓居嘉兴。明崇祯九年（1636年）举人，师明末名士黄端伯。入清后初任浙江缙云教谕，后任甘肃伏羌知县。蒋薰工于诗，一生诗作逾万，留下《留素堂文集》一卷、《留素堂诗删》十四卷。

《留素堂诗删》是蒋薰从伏羌回到家乡后，从自己近万首诗作中选定编成。集前有胡介彦、郭传芳序，自序及跋各一篇。从自序中可知，诗集最初是蒋薰在康熙十年（1671年）去伏羌赴任路上选定，为明崇祯五年（1632年）至康熙二年（1663年），共31年间的诗作。

《留素堂诗删》总十四卷。第一卷《始纪集》，起讫为明崇祯五年（1632年）至崇祯十六年（1643年）。集前有老师黄端伯作《始纪引》，作于顺治二年（1645年）仲夏。是年秋，黄端伯因抗清拒不降清而遭砍头，死于殉明。老师引言中除了称赞学生的才华，也表明了必死的决心，还不忘谆谆告诫："诗能穷人，子之诗穷而益工，使无忘余言。"其言正是应了学生的一生，蒋薰后来为官清朝，出任伏羌知县，遭劾留在边陲近十年，一生贫穷潦倒，最后连回家的路费也靠朋友资助，只留下了近万首贴近生活的诗歌。《始纪集》有蒋薰自序一篇，开篇即言："余生不辰，历崇祯之季，世乱风变矣。"正值蒋薰踌躇满志、风华正茂的大好年华时刻，明朝却灭亡了。因此《始纪集》收录的是作于明朝时期的诗歌，是这一特殊时代文人心态的流露。大多是结社唱和，忧国忧民，感叹时势之作。

第二卷《廊吟集》，起讫于清顺治元年（1644年）至顺治十二年

(1655 年)。前有吴本泰作《廊吟引》，作于清顺治十一年（1654 年）。当时吴本泰正避隐于西溪，同为离乱之人，两人既是同乡又是内兄弟关系，又有同感时世之叹。“廊吟”出于楚宋玉“廓落兮羁旅而无友生”，是抒发悲愤怨情之意。吴本泰则说：“丹崖之廊吟，其亦有侘傺而志不平者乎?”应该是深知蒋薰内心之言，而蒋薰的诗“情激悱酷，得楚骚悲秋之致”。武康许延邵则将之与杜工部诗同比，认为“世称杜老为史诗，若丹崖《廊吟》岂独征情？亦以观变矣”，尤其是“甲申后数年，诗情悱恻触绪纷来，或羽声慨慷，亦哀弦凄断正自深入怀抱，非作者所自知也”。蒋薰的诗有杜甫的风格，在《留素堂集》后序中，蒋薰援引陈允锡对诗集的评价：“塞翁居羌犹杜老。”可见他自己也颇为得意。

第三至六卷为《天际草》，起讫于清顺治十二年（1655 年）至康熙二年（1663 年）。是蒋薰任缙云教谕九年间的诗作。之所以取名为《天际草》，蒋薰在集前自序中做了说明：“壬辰客燕，将治装出都门，得读刘侗《帝京景物略》，喟然叹曰：幽州名胜近在数十百里，不能策一蹇相从，于空言何取尔。又念五岳未游，八州负愧，生无夸父之捷，犹跛履也。安得偃曝一小楼，集天下山水图记贮其中，顾而乐之乎?”诗人去缙云任职，首先想到的是缙云的山水，“可游也，嘻！岂非命哉”。因此将去缙云前后这段时间所作的诗集取名为《天际草》，诗集中留下了许多浙南山水胜迹。喜游山玩水又喜作诗，是蒋薰的特殊爱好，后来在伏羌任知县时还为此丢官。

第七卷《西征集》，作于康熙二年（1663 年）秋冬，是蒋薰告别亲友，赴伏羌任职路上沿途所作诗集。前有作者小引：“西征非得已也，自顾半生迂疏，出而仰面折腰州县之职，堪任腐儒哉。”从是年秋出发，溯黄河而上，到达伏羌已是除夕，有《羌署除夜》二绝：“寒尽烧新烛，更深劝旧杯。不来江上鲤，却望垄头梅。”其二：“且喜春来酒，难辞醉后杯。灯花能结子，历历似青梅。”伏羌地处边陲荒漠，蒋薰从此开始了十年青梅般的苦涩生涯。

第八至十二卷为《塞翁编》，起讫于清康熙三年（1664 年）至康熙十年（1671 年），是蒋薰在伏羌期间的作品。集前有作者小引，述说了在伏羌的大致遭遇，以及取名为《塞翁编》的原因。蒋薰因喜吟唱而遭上司弹劾撤职，在小引中他说：“世传塞翁得失，不惊非必有过人者，即今迂懒之羌令是也。予令羌，众贺而戚，予去羌，众戚而喜。闻以赋诗薄劾也。众喜而戚，旋以解组续罪也，众惧而笑。愚者谓予懒不晓事，识者谓予迂不近情。吁嗟。羌人岂能知哉。”可悲的是，蒋薰解职后，并不允许回家，而被要求继续留在伏羌直至赔款还清，其原因在他写的《七月篇》小引中有说明。蒋薰因擅自减税而得罪腐败的上司，于第二年即遭革职，在《被劾蒙赦作》一诗的前引中，蒋薰有这样一段记载：“刘中丞劾疏云：本官处凋残之地，未闻苛政及民赋，性迂懒，惟事赋诗立碑，驰骛虚名，全无补救实际。所当照例处分，以为旷职之戒。”可知，蒋薰被革职，全在于热衷赋诗立碑，迂腐懒政，一位诗人的仕途就这样被葬送在了荒凉的边远。以后的多年，蒋薰不得不在伏羌教书赚钱补还官府税款。但蒋薰生性乐观豁达，写诗不辍，留下陇西风俗、山水胜迹的《塞翁编》五卷诗集。

第十三卷《汾游集》，起讫于清康熙十年（1671 年）至康熙十一年（1772 年），是蒋薰核准回家后一路上的作品集。蒋薰在留羌第十年后，原弹劾他的抚军去世，其他参与者也陆续调离，于是他的申诉得到重新审理，其他官员也纷纷为他抱不平。《汾游集》有蒋薰小引：“今我得去羌也，会旧守已亡，抚军藩郡之谣诼者相继去。于是公论敢伸，凡官于陇右土著于羌者，莫不为塞翁太息。言之罗藩使乃请于华抚军。特疏放还归田。”终于可以回家了，但此时的蒋薰身无分文，贫穷到了回家的路费也没有，他自己说：“虽归田有期，勿能徒步行四五千里也。临洮沈郡丞移守汾州，资其舆马，遂作汾游。”回家路上靠朋友临洮县丞资助，才有了顺路到汾州一游，留下了一卷《汾游集》。

第十四卷《西庄集》，作于清康熙十一年（1772 年）春。在汾州，蒋薰“寓汾数月返南村，沈复供我行李”，回家的旅费还是老朋友资助。回到老家后的诗作，蒋薰取名《西庄集》，但仅存编目，并未收入诗作。《留素堂诗删》以一首《还乡吟》结束。

蒋薰的诗，老师黄端伯对其评价是：“澎濞慨慷似湖海豪士，诗而寄情冲淡，翛然出尘亦复山林，本色岂所谓抱膝吟捉鼻咏耶。”吴本泰的评价是：“古风在李杜高岑间，五言近体似孟浩然，七言近体似刘长卿居多。”曹溶对他的评价是：“留素堂诗老气横秋，九州少陵空同以还仅见斯制。吾里百年来未闻作者，年兄首创大雅，力洗衰颓，为功甚钜。”可见时人对蒋薰诗的评价还是很高的。

四十一

人间三月恨　千古仗谁伸

——明·祝渊《祝月隐先生遗集》

《祝月隐先生遗集》为祝渊遗稿，原书名《祝子遗书》，是祝渊好友陈确在其死后整理编辑，陈确与祝渊同为刘宗周学生。祝渊（1611—1645年），字开美，崇祯六年（1633年）举人，明亡后守节自缢，是海宁历史上殉明第一人，其经历悲壮忠烈。著作有《吴太常殉节实录》《祝月隐先生遗集》《心意问答注》《日省编》等，大多收录于陈确所编《祝月隐先生遗集》。

陈确为《祝月隐先生遗集》作序："甲申三月之变，先生在籍可未死，开美亦忍死，归侍先生。乙酉五月之变，先生开美皆在籍未死，六月徵书及先生，先生死薙发之令至，吾宁开美亦死。"这是祝渊追随先生刘宗周至为明殉节的时间。祝渊一生追随刘宗周，陈确评价为："开美之学，尚实践以知过、改过为功，以兢兢无负其本心为要。"认为祝渊是追求先生"慎独"思想的践行者。

《祝月隐先生遗集》集前有陈确为祝渊所作《传》一篇，可知祝渊生平。祝渊中举后，于崇祯十五年（1642年）北上京都，适逢时任左都御史刘宗周因得罪朝廷落职，祝渊为此上疏，认为刘宗周为人清刚，"宜留之以肃吏治"，吏治指官吏的作风和政绩。祝渊因此而得罪皇上。崇祯帝认为，一个小小举人敢于议论朝廷大事，于是祝渊被下发吏部惩处，也因此与刘宗周相识，并为刘宗周赏识，"渊由是跃奋师门"成为学生。明亡前，两人同舟南下，祝渊一路记录老师的一言一动，著成《师说》一卷。回到海宁后，刑部奉旨追究其上书之职，押回京城入狱。不久，明亡城陷，祝渊得以出狱，适逢好友海盐人吴麟徵因保卫京城殉节，于是为吴麟徵收殓尸骨，扶柩南还。回到海宁不久，又闻师刘宗周绝食殉明，祝渊得知消息后说：“先师死，渊何敢生乎？”于是，先葬母，再作绝命诗后自尽，卒年三十五岁。祝渊为人豪侠仗义，为追随先生，不惜得罪皇上，为殉明英烈入殓归葬，不遗余力，最后，整理保存先师遗作后随师殉明。

《祝月隐先生遗集》卷一为祝渊与老师刘宗周的通信，共十四通，附有刘宗周答书 14 封。书中问道论学，讨论时政，临别赠言，问病询疾，留下了两位殉明节士友情点滴。祝渊出狱后因患血症，刘宗周通医，为之提供治疗方案，师生间关系亲密。陈确在卷后有一段跋语：“弘光元年（1644 年）夏，余友祝子开美，病且剧，又忿寇氛日迫，自分不免，于前六月十九招余过葆光居，出一匣见嘱，皆刘先生手书及所论著也。”明亡后，陈确不负同窗祝渊所托，为其遗书整理刊印，以告慰先生、同窗在天之灵。

卷二收入祝渊奏疏两篇及纪实一篇。第一篇《请留宪臣疏》，即是为刘宗周上书的奏疏，时间是崇祯十五年（1642 年）十二月初八。皇上的回复是：“祝渊未隶仕籍，何得妄谈朝政，任臆狂肆，著从重议处。”吏部奉旨回复：“祝渊任臆狂肆，必有主使之人，著锦衣卫拏送镇抚司究问具奏，该司官亦属藐徇，姑不究。”这一疏奏差一点给祝渊招来杀身之祸。从疏奏内容看，也极力赞扬刘宗周，认为“今天下墨吏满海内矣，司风纪之责者，求清刚之操，学术之端，孰有如宗周者乎？”语气极其尖锐，皇上看后当然不悦。祝渊出狱后，明朝灭亡，留在南京的明朝官吏拥立福王朱由崧为帝，立弘光朝。祝渊抱着复明希望，再次上疏，寄希望于弘光帝，第二篇《请诛奸辅疏》再次为刘宗周翻案，并建议追究明亡失责的官吏。其大胆耿直的个性令人敬佩。

第三篇《太常吴公殉节纪实》，真实记录了好友海盐人吴麟徵于崇祯十七年（1644 年），奉命守西直门，失守后退守一祠内，与祝渊饮酒诀别，口吟文天祥《过伶仃洋》自尽而死。祝渊目睹其殉明的壮烈惨象，然后为其收殓扶柩回乡。《太常吴公殉节纪实》记录了清兵攻陷帝都，京都沦陷后大乱，壮士慷慨赴死、悲壮激烈的最后抗争，是记述明亡前后北京保卫战的真实史料。

卷三为尺牍，收录祝渊致友人书 14 封，分别为徐石麟、杨维斗、林子埜、张应鳌、刘伯绳、陈乾初、张履祥、吴仲木等，均为明末著名学者或志士。其中《狱中家书》写于祝渊被拘押在镇抚司狱中，遭受审问，受刑吐血，仍不忘谆谆告诫家中兄弟、儿子勤奋读书，希望诸弟及儿辈努力再努力，信中已流露“我已作死灰必无复燃”之绝望，表露出已做好殉明的决心。

卷四为诗文，从为数不多的诗文中，记录下了祝渊临死前的大致情况。南明弘光元年（1645 年）三月，南明皇朝也大势已去，祝渊已准备赴死，作《乙酉三月丁亥焚巾衫敬赋》一诗，有“人间三月恨，千古仗谁伸”一句，然后焚毁巾衫，再作《口示诸弟》一绝：“死忠死节寻常事，吃饭穿衣人共繇。莫向编年问知否，心安理得更何求。”同年闰六月初五，作《绝笔》一诗：“夜既央兮灯火微，魂摇摇兮魄将理。去兄弟兮父母依，乐逍遥兮长不归。”又留下《绝笔》遗书：“中心安焉谓之仁，事得其宜谓之义。渊家累叶洪武以来，沐朝廷教养二百八十年，成化以来，受朝廷荣宠一百七十年，一旦天崩地坼，宗社为墟，雍雍文物，沦为异类，渊不能吞炭漆身报明恩于万一，顾淟涊恇怯向异类乞活，心所安乎？不安乎？事之宜乎？不宜乎？呜呼！学道有年，粗识义礼，吾何求焉。吾得正而毙焉，斯已矣。”并将书稿交与好友陈确，于弘光元年闰六月初六自缢而死。

作为大明仕宦，死忠殉节，是当时一个趋势，在《临难归属》一篇中，祝渊甚至对子孙提出了更苛刻的要求：“凡我子孙，冠婚丧祭，悉遵大明。所定庶人之礼行之，不得读应举书，渔陶耕稼，听其所业，违者即以逆论。”当然这仅是祝渊的一厢情愿，清朝稳定后，祝氏后人科举仕进不在少数。

最后一篇为《师说》，是祝渊与老师刘宗周同舟南归时，老师的言行记录，陈确跋语中有云：“确同开美侍先生之教，娓娓日数千言，确过即茫然，而开美记录甚悉，无一字遗者，此可以见我两人钝敏怠勤之分矣。开美手录师说共一百九十四通，今刻三十九通，欲学者一尝滋味，恐庖肴太多，客不遑下箸之意也。”可见现在看到的《师说》是经过陈确选定后所编。

四十二

执法岭南　身无长物

——明·陈殿桂《与袁堂文集》

陈殿桂（1615—1666 年），字岱青。明崇祯十六年（1643 年）进士，授兵部主事。明亡后仕清，任广东高凉县法曹，即执法官，属于军事编制，故陈殿桂自己说是“从军岭南”。后被贬官，谪居番禺。著有《与袁堂诗集》十卷、《与袁堂文集》四卷。根据钱泰吉《海昌备志·艺文志》记载，陈殿桂的诗集有《弘阁吟草》一卷、《行役草》一卷、《岭南沉浮草》一卷。诗集今未存，但各集自序见于《与袁堂文集》。

《与袁堂文集》四卷，有康熙四十六年（1707 年）刻本存世，今藏中国科学院图书馆。文集收录的大多为陈殿桂在广东时期的文稿，卷一大部分是为朋友书稿写的序，有《岭表人文序》《南行草序》《吴吏部诗集序》《秋怀诗叙》《张西园先生文集叙》等，其中《吴吏部诗集序》是为海宁吴本泰诗集所作。陈殿桂对吴本泰评价甚高，认为“明兴三百年迄兹，而药师先生卓然以《吴吏部集》鸣天下”，药师是吴本泰号。“先生才大遇晚，诸生时落落好奇”，其人其诗如“峄阳孤桐，风霜千祀，凤翩龙唇”。“峄阳孤桐”典故出自《尚书》，峄山出产的孤桐以制作琴瑟而闻名，曾经作为贡品进贡大禹。禹王治水后，心情大悦，以此琴奏乐，闻之犹如鹤唳凤鸣。峄山孤桐从此成了乐坛的“千古绝唱”。在陈殿桂眼中，吴本泰就是这样一位犹如“凤翩龙唇”式的奇人。对于吴本泰晚年隐居西溪，尤为赞赏：“今先生老其才，大其遇，踪迹无不到，萧散吏事之外，下笔不休。”认为是“贾岛后身，猝遇之不知为故侯也”，把吴本泰比喻为贾岛第二。

卷二是陈殿桂为他人所作寿序、墓志铭、碑记或自己诗集的自序等，其中为自己诗集所作的几篇序文，记录了陈殿桂在岭南生活的轨迹，有《行役草自序》《乐乐草自记》《端江唱酬自记》《岭南草自题》。年轻时的陈殿桂颇为自负，在《行役草自序》中说："陈子少小有大志，思得尽读古今秘书奇字，山大云多，吐文万牒，卓然成一代巨儒，奈为制举所困，囚气璅词，猥与俗伍，顾独心好雄丽藻耀之篇。学诗辄摹盛唐，铿锵金石声。年二十读韩柳唐宋八大家，洋洋洒洒，识天壤间更有此一种气象。"陈子龙是明末大儒，与陈之遴是好友，陈之遴又是陈殿桂的堂兄。一次，陈子龙见到陈殿桂并读其诗文，对陈之遴说："胡为家有此人，余久未知？"对陈殿桂的才识极为赏识。明亡后，陈殿桂将年轻时的诗文大多烧毁，《行役草》诗集也是烧后残存之作："一日，小童出烧匣中乱楮，拾呈零篇断字，存此数十章览之，凄然讵词，采之攸存。"自序写于陈殿桂罢官后旅居羊城的日子，心情郁闷，回想当年，百感交集。根据《端江唱酬自记》，从"仆庚寅首春度岭南从军"可知，陈殿桂从军入岭南的时间是清顺治七年（1650 年），至清顺治十五年（1658 年），陈殿桂落职以后，又旅居岭南三年，其间与原上司沈止岳之间的唱酬集，汇编而成《端江唱酬集》。

《岭南草》是陈殿桂在岭南时期的诗集，有自题一篇收录于文集中，其中《阿允女墓石》一文是追悼爱女去世的碑文。女儿陈允寿生于顺治十三年（1656 年）岭南任上，因陈殿桂于顺治十五年（1658 年）"罢高凉法曹"后，"兹荼苦羁愁，藉以舒豁"，而在心情最不好的时期，是爱女给他带来了快乐。1664 年，年仅九岁的爱女死于陈殿桂即将回家时的羊城旅舍。碑文声情并茂，"有声哀无声泪，痛女、忆女、梦见女踉跄度岭瘴之东郊"，爱女去世是其晚年最为伤心之事。陈殿桂是极重感情之人，在卷三中有一篇《祭乳母文》，是为死去的乳母而作。乳母一直住在陈家，与陈家感情极深，文中对乳母感恩备至，读之催人泪下。

卷三为祭文及题跋。《弘阁吟草》是陈殿桂年轻时期的诗集，今已不存，但文集中有《弘阁吟草自题》一文，记述了年轻时作诗的经历。文中有一段追忆往事，可了解少年时期的陈殿桂已极富才华。明崇祯元年（1628 年），14 岁的陈殿桂随父游金陵，所作诗文已显大气磅礴，"余啸陟其间，见钟山嵯峨，江山荡潏，访埋金之故墟，攀铁鏁之断壁。凤台淹莽，谪仙犹余狂吟，秦淮空流，商女已无遗唱。溯风怀古，慨然神兴"，与父亲相互唱答，少年壮志，恃才傲物。他曾热衷于诗文，但是大多"且作且毁”。根据陈殿桂自题中记载，16 岁那一年，曾经大病一场，后又应对科举，故留存下来的诗作并不多，他说“仅数章存厥初志抒余怀”，《弘阁吟草》大多是这一时期的留存诗作。卷中《跋勘荒诗》一文记载了发生于顺治十二年（1655 年）岭南的灾荒，陈殿桂奉命前往灾区勘察荒情，体恤民意，不忍征收，最后没有完成任务而得罪上司，他甚至说：“今时做官不必如此，呜呼！使余而不必如此也，如此风波浊流今日何处去讨干净？”是其为官清正廉明的真实记录。

卷四为铭文、像赞、集论。陈殿桂喜收藏名砚，所藏历代名砚数量可观，遇到极喜者，必镌刻铭文。文集中留下了许多砚铭，砚铭是镌刻在砚台背面或两侧的文字，有叙述砚台的历史、特点，或赞扬砚台的构图、材质和雕工等。陈殿桂的砚铭颇具特色，他有一方极为喜爱的端砚，专门刻上一段文字：“吾执法岭南不墨，身无长物，只此石传之孙子，当勿为豪夺。”陈殿桂官仅“高凉法曹”，故称执法岭南，也无显赫政绩，不值得书写，故称“不墨”，但因为官清廉，一生并无积财，身无长物，仅留下此砚台作为传家之宝，希望子子孙孙永远记得，读书耕田才是正道，不要巧取豪夺积不义之财。

四十三

两山相峙　中通河流

——明·潘廷章《硖川志》

硖石是一个古老的地名。关于硖石的来历，明末硖石人潘廷章编纂的《硖川志》，是海宁历史上关于硖石的第一部方志，成书于清初。

潘廷章，字美含，号梅岩。海宁硖石镇人，生卒不详，应为明末清初人。《硖川志》抄本载：著有《易象疏意》《易经指月》《渚山楼诗文集》《西来意》《硖川志》等。

《硖川志》一卷，现有《四库全书存目丛书》及《中国地方志集成》影印本出版，另有海宁珍稀史料文献丛书《硖川志集成》点校本，由方志出版社出版。《硖川志》列有分野、沿革、乡都、山川、寺观、古迹、坊表、丘墓、关梁、人物、物产、志余12篇。

根据潘廷章考证，硖石在春秋时期为檇李城所在，“檇李城，在今府治南四十五里夹谷中，即硖山也”。秦时为由拳县所属，唐开元十一年（723年），设硖石市，到了唐会昌年间，置硖石镇。在古代，市在镇之下。硖石者，两山相峙，中通河流。两山分别为西山、东山，本为两山相连，相传秦始皇东游过此，望其山有王气，发十万囚徒凿之，遂分为两山，今市河两岸，山根犹露。

关于硖石的山川，历代题咏者甚众。西山有白居易《登西山望硖石湖》、苏平《两峰秋色诗》、高启《过硖石》、贝琼《游紫微山》、屠勋《登紫微绝顶》、项元琪《宿硖石山》以及许相卿、董澐、闻人嘉言、周珽等人的《紫微春晓》等。东山有程本立的《题东山诗》，王守仁、张憬的《登东山诗》，郭郊的《同秦户登东山绝顶》，陈素的《登审山有感》。其中被誉为景泰十才子之一的苏平，有《两峰秋色诗》颇脍炙人口："依稀马耳与天齐，秋色荒凉入望迷。六寺楼台连上下，双峰紫翠倚东西。葛翁仙井寒泉洌，顾况书台夕照低。我欲纵观凌绝顶，白云深处有丹梯。"

硖石两山夹一水，中有市河，横穿而过，镇中居民依左右而居，四周水泊纵横，水网密布，有硖石湖居其中，四周有茶湖、彭墩湖、麻泾港、洛塘河、南湖、北湖、鹃洲、长水塘。硖石的水乡景色，也是历代诗人吟咏的题材，留下了不少名篇佳章，如顾况的《东湖望山歌》，刘长卿的《硖川遇雨》，高启、孙玺的《过硖石湖》，谈秀、陈善的《硖川晚泊》，许相卿、董澐、闻人嘉言、周珽的《南湖夜月》，瞿佑的《同府长史过硖川》，李应徵的《晓发硖川》，蒋遵道的《登紫微山望南湖》等。其中陈善的《硖川晚泊》极有特色："薄暮扁舟舣硖川，乱鸦飞尽水云天。湖光南北涵明月，山翠东西锁碧烟。几点市楼灯火起，一杆渔舍钓丝悬。翠微深处招提近，风送钟声到客船。"一幅静谧的月夜水乡古镇风景画跃然纸上。

自唐以来，海宁佛家兴盛，名刹寺庙林立，东、西山麓分布的寺庙有紫微山东麓的崇惠寺，面临市北河，又称北寺，紫微山南麓的惠力寺，西山上方有广福禅院，东山西麓有崇福寺，东山西麓有延圣妙智院，山半有东广福院，北麓有碧云寺，山顶有智标塔，其他尚有东岳庙、三笑庵、玉真道院、真圣堂等道观。历代文人留下的诗词有周峰彻的《游惠力寺诗》，郭郊的《宿惠力寺》，董澐、闻人嘉言、周珽的《西寺烟钟》《东岳霁雪》，陈鉴的《登妙智阁》，钱薇的《登半山寺》，沈友儒《题审山东岳庙》，沈藩的《喜东山岳庙》，徐元灿的《题东岳庙》，唐俞、宋瑛、钱光绣的《登智标塔》，朱朴、王世贞的《宿碧云寺》，许相卿的《碧云夕照》等。其中王世贞的《宿碧云寺》颇为脍炙人口："幽人夜无寐，初月衔山阁。不见月出光，惟见松影落。"

《硖川志》编纂于明末，为后人留下了许多硖石的名人古迹。有东晋光禄大夫何准的旧宅遗迹，相传晋穆帝穆章皇后即生于此处；有唐著名道士马湘位于志愿寺左的旧宅遗迹；有宋宗室赵彦晖赐第居处的赵家汇，赵家汇地名一直沿用至今；硖石西郊的杨园村，也是以宋南渡杨由义赐第而命名，唐英烈许睢阳故地世家亭即位于处；东山有顾况读书台，秦始皇磨剑石，刘伶醉眠石，葛洪丹井；西山有赵孟頫题额的天开图画楼，杨子平登临的遐观楼，马自然羽化处的白鹤亭，沈祐的淳朴园等，各胜迹处都留下历代文人诗词题跋，许多遗迹及地名至今仍在，如杨园村、赵家汇，金龙墩、斑竹园，一些古迹依然保存至今，如惠力寺、唐石经幢、智标塔等。明朝诗人苏正《题刘伶醉眠石》写的就是东山醉眠石："寒石萧萧近墓田，梅花香气满前川。玉山颓劚和云卧，白雪歌残带月眠。积霭晓凝围锦障，苔痕春暖变青毡。无须唤醒罗浮梦，隔断红尘别有天。"

在硖石周围有许多名人墓丘，东山有汉辟阳侯审诗其墓。东山又命审山，即源于此。东麓乌夜村有晋何皇后墓冢；杨园村有唐许国公许远墓冢；西山东麓有马自然墓；东山试剑岭下有宋赵忭墓、驸马韩蕙墓（韩蕙为南宋名将韩世忠子）、有嘉靖进士费澹山墓（严嵩碑记）。

硖石的四大关厢，明朝时期已经形成，其中，南关厢在大姚桥外；北关厢在崇惠桥，东西各一。

桥梁有紫微桥、环秀桥、涑秀桥、南寺桥、香院桥、平桥、周家桥、通济桥、新桥、横港桥、大姚桥、小姚桥、会通桥、管家桥、迪秀桥、通津桥、草野桥、高阳桥、太平桥、上渡桥、东桥、俞家桥、南山桥、东山桥、东寺桥、江家桥、丁家桥、杨灞桥、海马石桥等。

硖石的名人，至明朝有汉代的徐栩，六朝的顾欢，唐朝的许远、杨由义、杨九鼎、顾况，宋朝的赵忭，元代的荣肇，明代的朱象衡、沈袥、周斑等。

硖石的物产，最著名的要数西山的沉芦和东山的浮石，朱尔迈有《戏题浮石》诗："筋皮何绉瘦，雕琢任人施。子既石处矣，浮名空尔为。"

潘廷章的《硖川志》为后人留下了丰富而珍贵的硖石风貌以及历史人物资料。

四十四

春秋无通辞　从变而移

——明·陈士芳《春秋四传通辞》

《春秋四传通辞》十二卷，收录于《四库全书总目提要》，其说明有“明陈士芳撰。士芳字清佩，海宁人。”关于陈士芳其人，《海宁州志稿》仅载其名籍，没有详细资料，生卒年月也不详，《春秋四传通辞》一书前，陈士芳所写的《发凡》所落时间为“丁丑孟秋”，应该写于明崇祯十年（1637年）。在明末社会内忧外患的动荡时期，《胡氏春秋传》自然受到忧国忧民社会精英的追捧，《春秋四传通辞》因此也产生了广泛的社会影响。陈士芳在《发凡》中开明宗旨说：“诸家著《传》，论议异同，时代沿革纷舛益甚。故董子曰‘春秋无通辞，从变而移。’余总四传而辑之，背经必芟，尊经必录。”所谓“春秋无通辞，从变而移”，即“随变而移”，出于西汉时期董仲舒在《春秋繁露》一文中对“通权达变”提出的观点，意为读《春秋》时，没有固定不变的通辞，是随着事情的变化而变化，只要掌握了精神实质，就不必拘泥于语言文字，而是客观理解所发生的事件。尽管陈士芳自己说是采辑《春秋》各传的观点，但事实上，《四库全书总目提要》也已明确指出，“实则合胡氏者留，不合胡氏者去，未尝以经正传也”，陈士芳的取舍观点是很明确的。纵观《春秋四传通辞》全书，每一条经文之后，《胡氏春秋传》大多是放在第一条，全书采用《胡氏春秋传》占了绝大部分篇幅，其目的在于传《胡氏春秋传》。

中国历史上从西周起，朝廷就有专门太史记载国家大事。《春秋》是鲁国史官记录当时本国诸侯、大夫、国君等失礼非礼之事，史官同时也收集其他诸国公侯大夫类似之事，以及记录各国之间的外交、公文往来，保存了中国早期国家、社会的大量原始史料。其记载一般从每年的春季开始到冬季结束，故曰《春秋》，“春秋”也从此成为后世记述历史的代名词。现存的《春秋》从鲁隐公元年（前 722 年）到鲁哀公十四年（前 481 年），历 12 代君主，计 242 年，基本完整保存了鲁国的历史。《春秋》又称《春秋经》，是中国古代儒家经典“四书五经”之一，也是我国第一部编年体史书，根据目前通论的说法，现在的《春秋》是经过孔子删存修改而成，《春秋》全文仅 16000 多字，因记事语言极为简练，又含义深刻，后人将这一类的文章称为“春秋笔法”“微言大义”，成为典范。因其暗含褒砭的文风，被称为“春秋笔法”，又因文字过于简练，后人不易理解，很难读懂。孔子以后历代大儒注《春秋》者众多，宋以前以《左传》《公羊传》《穀梁传》为代表作，称为“春秋三传”，并入儒家经典十三经。已被历代文人奉为儒家经典，其文学价值早已超过历史价值。

《左传》全称《春秋左氏传》，相传是鲁国的左丘明为《春秋》做注解的一部史书，在十三经中文字最多，又是中国第一部叙事详细的编年体史书，同时也是中国杰出的历史散文巨著。《左传》记叙自鲁隐公元年（前 722 年）至鲁哀公十七年（前 478 年），其间各国政治、经济、军事、外交和文化方面的重要事件和重要人物，是研究先秦历史的主要文献。《左传》以《春秋》为参考，结合其他史料编辑而成。左丘明与孔子是同时代人，曾与孔子一起周游列国，因此其编年体的纪事方式，又因史料翔实、文笔生动而受到历代儒家的重视，被誉为“文宗史圣”“经臣史祖”，成为中国史学家的开山鼻祖。后世也有怀疑《左传》不是左丘明所作，而《四库全书总目提要》以严谨的史料为依据，肯定其为左丘明所著。《左传》虽然采用记事的方式，以《春秋》为纲，然而其记事范围之广，叙述内容之详尽，则大大超出了《春秋》。

《公羊传》又称《春秋公羊传》或《公羊春秋》，也是儒家经典之一，记载的时间与《春秋》起讫相同，其作者是战国时期齐国人公羊高，是孔子学生子夏的弟子，后来成为传播《春秋》的三大家之一。《公羊传》起初只是口头流传，至西汉传至玄孙公羊寿，才刻于竹帛流传下来。《公羊传》是专门解释《春秋》的一部经典，与《左传》的记载史实为主不同，其体裁为经传合并，用问答的方式解经，成为后人议论政治的工具，也是研究先秦至西汉儒家思想的重要资料。《公羊传》在中国传统文化中占有重要地位，与西汉初期建立大一统的政治思想有关，是当时学者对孔子《春秋》的继承与发展，尤其是在论证历史进化、变易和变革方面，受到后代思想家的重视。

《穀梁传》也称《春秋穀梁传》或《穀梁春秋》，是战国时期穀梁赤所撰，与《左传》《公羊传》同为解说《春秋》的三传之一。《穀梁传》以语录体和对话体为主来注解《春秋》，强调的是君王的权威，君臣各有职责，各有行为准则，主张必须严格对待贵贱尊卑之间差别，同时也希望君王要注意自己的行为规范，排斥政治更迭和社会的变动。体现的是稳定统治集团内部矛盾，维护统治阶级的长远利益，因此受到历代统治者的重视。

北宋以前，一直只有春秋三传的说法，直到北宋胡安国开创“湖湘学派”以后，其所著的《胡氏春秋传》成为后世科举士子的必读之书，因其主要内容是提倡“尊王攘夷”，所以在南宋受到极力追捧。两宋以后，其影响极大，不仅成为钦定士子必读书，也作为科场中《春秋》经意试帖的标准，并将此书与春秋三传并提，称为“春秋四传”，在儒学中享有很高地位。

到了明末，海宁陈士芳与湖南王介之分别编撰了《春秋四传通辞》与《春秋四传质》，一为追捧，一为质疑，两部书均收录于《四库全书》。对《春秋四传通辞》的介绍，《四库全书总目提要》说：“是书采辑左氏、公羊、穀梁、胡氏四传，削其繁冗，其左氏传之不附经文者，咸删汰无遗，以间附己意于其下。因董仲舒有‘春秋无通辞，随变而移’之语，遂题曰‘通辞’，以明义例之有定然。名曰‘四传’，实则依附胡氏无所异同，名曰考校经文，去取三传，实则合胡氏者留，不合胡氏者去，未尝以经正传也。”由此可知，陈士芳是春秋四传的极力推导者。

四十五

争一字之奇　竞一韵之巧

——清·查培继《词学全书》

查培继（1615—1692 年），字王望，号勉斋。初名继超，字随庵。清顺治九年（1652 年）进士，曾任广东东莞知县，兵、户、刑三部给事中，江西按察副使。编撰《词学全书》十四卷。

《词学全书》是查培继所编的有关词学方面的工具书，初刻于康熙十八年（1679 年），收录于《四库全书存目丛书补编》第十四卷。乾隆时期和民国时期分别有刻本和石印本，目前有书目文献出版社（现为国家图书馆出版社）点校本出版。

作为一部词学工具书，查培继选取当时流传比较广泛的四部词学著作，总结涵盖了填词所需的词调、词法、词谱、词韵等方面内容，是一部相对完备而简略、丰富又实用的词学工具书。

词学始于隋，兴于唐而盛于宋，微于金元，最早的词是配以乐曲用于歌唱。唐宋以后，谱失调存，仅为词牌，后人以词牌倚声写词，称为填词。查培继生活于明末清初，是一个词学兴盛的年代，尤其在易代之际，寄情于山水诗词者层出不穷。正如查培继在《词学全书》序言中所说："填词之家，染毫抒翰，争一字之奇，竞一韵之巧，几于江皋拾翠，洛浦探珠矣。"查培继编辑此书的目的是针对当时词人"昧厥源流，或乖声韵"的创作风气，希望通过这部书来"鼓吹骚坛"，为词人提供工具书。

查培继参考的第一部书是《填词名解》，是同时期钱塘人毛先舒的著作。毛先舒入清以后不求仕进，精于韵学诗词，是西泠十子之一。《填词名解》一书，专门解说历代流行的词调词名，并考证各词名的创作者和起因，从乐曲的来源和初始作者的创作本意，以了解各词名的不同风格以及所蕴含的意义。在《填词名解》凡例中，作者说："词名从创作者，时代久远，考悉良难，是编广搜群籍，参伍钩稽，颇积时月，始获端绪。"可见是花费了很大精力的。例如，《贺新郎》词调的来源考证，作者认为其源于苏轼的一首词，原名《贺新凉》："轼守钱塘，有官妓秀兰天性黠慧善应对，湖中宴会，群妓毕至，秀兰至独晚。轼问云：'发结沐浴，便困睡，闻召理妆，故迟至耳。'府倅嗔恚不已，秀兰取榴花一枝，籍手请倅，倅愈怒。子瞻为作《贺新凉》以解之，词云：'乳燕飞华屋，悄无人。槐阴转午，晚凉新浴。'故名《贺新凉》，后误为'郎'，又名《乳燕飞》，《金缕曲》《金缕歌》，又作《金缕衣》《风敲竹》。"对一首词名的背景作了非常有趣的解释和详细的考证。又如《声声慢》这一词名，一般多认为是出于北宋的晁补之的词，而此书却认为其出自蒋捷的《赋秋声》，全词俱用"声"字收韵，故名之。而词以慢名者，"慢曲也，拖音袅娜，不欲辄尽"。全书词名以小令、中调、长调分类，作者将词的分类定义如下："凡填词，五十八字以内为小令，自五十九字始至九十字止为中调，九十一字以外者俱长调也。"这也是古人的定例。

查培继选取的第二部词学著作是《古今词论》，为王又华所撰。王又华，字静斋，号逸庵，钱塘人。书中辑录了杨缵、张炎等 26 人词论，虽名为《古今词论》，但所采人物大多以明末清初同时代人为多，而且大多是清初浙西词派的名家论词之说。经统计，所采词论作者，南宋仅杨缵、张炎两人，其他为明朝 8 人，清初 16 人，其中有王世贞、杨慎、张世文、俞彦、刘体仁、贺裳、彭孙遹、邹祗谟、王士禛、毛先舒等，而引毛先舒之词论尤多。所论内容大多是有关填词作法和体制。此书《四库全书总目提要》列为"附存目"，无刻本存世，仅见于查培继的《词学全书》。书中论词的内容，常为引用，成为词学研究者和填词爱好者常用的参考书。如关于填词如何选题，引用张玉田观点："填词先审题，因题择调名，次命意，次选韵，次措词。其起结须先有成局，然后下笔。"又如小令尽管字数很少，却最是难填："词之难于令曲，如诗之难于绝句。"尤其是末句，要有"有余不尽之意"。毛先舒论词意也很精辟："词家意欲层深，语欲浑成。作词者大抵意层深者语便刻画，语浑成者意便肤浅，两难兼也。"既要语言浑然天成，又要含义深刻，这才是词作者要追求的目标。刘体仁对填词用字用句的点评也很到位，如宋祁“红杏枝头春意闹”一句，“一‘闹’字卓绝千古，字极俗，用之得当，则极雅，未可与俗人道也”。

查培继选取的第三部词学著作是《填词图谱》，赖以邠著，查培继增辑。赖以邠也是钱塘人，他的《填词图谱》是一部非常实用的填词工具书，将词的格律及词牌以圈、点图形格式列谱，“以每调先列图，次列谱，按图谐音，按谱命意”。对于词中衬字、一调二体、双调词都作了具体的说明，平仄音图圈标明，有小令 242 首、中调 138 首、长调 189 首。后经查培继增辑，续集增收了小令 33 首、中调 14 首、长调 67 首，基本包括了比较完整的词调和词牌名。

查培继选取的第四部词学著作《词韵》是仲恒编写的一部填词用韵的工具书。仲恒，字道久，号雪亭，也是钱塘人。词韵原本出于诗韵，作词应歌，听者悦耳而已。仲恒认为：“古无词韵，既曰诗余，自应以诗韵为准。”故至唐宋，没有专门的词韵工具书，到了明末清初，词韵方面的专著才开始出现，主要有清初沈谦的《词韵略》，被毛先舒认为是填词用韵之指南。仲恒的《词韵》又是依据沈谦的《词韵略》，并参考吴绮的《词韵简》与赵钥的《赵氏词韵》编次而成。

查培继将上述四种词学著作汇集成为一编，取名《词学全书》。在清初众多词学著作中，查培继选取的作者都是钱塘人，这也跟词学的流派有很大关系。尽管《四库全书总目提要》说此书并无新意，但毕竟为词学爱好者提供了一部方便实用的综合性工具书，对于普及词学知识还是很有意义的。

四十六

静庵后百年一人

——清·李因《竹笑轩吟草》

李因（1616—1685 年），字今是，又字今生，号是庵，又号龛山逸史、海昌女史，崇祯元年进士，海宁才子葛徵奇妻。崇祯初随夫葛徵奇到京师赴任，明亡后，一起回到海宁老家，不久，葛徵奇去世，李因孤身一人，以诗画排遣余生，以绘画和诗歌为世人所重。《竹笑轩吟草》为李因生前自编诗集，分为初集、续集和三集。初集刻于崇祯十六年（1643 年）；续集刻于清初，无年份，应该是葛徵奇去世后的诗作，大多为思念之作；三集刻于清康熙二十二年（1683 年）。因前后相距 40 年，又处于易代之际，原刻本传世极罕，特别是三集，为近代藏书家黄裳所藏孤本。目前有辽宁教育出版社合集点校本出版。

《竹笑轩吟草》三集共存诗 500 多首，分别是李因一生三个不同生活时期的真实反映。李因多才多艺，受到葛徵奇的欣赏，收为侧室一起入京，两人兴趣相投，琴瑟和鸣。初集便是李因早期交友和夫妻唱和的作品选录。作为一代才女，李因与江南名妓交往密切，诗集中有与柳如是、朱中楣、李澹生、王玉烟、章韵先等人的唱和。明末才女与名士的结合是一种风尚，李因的这些早期诗作，大多春暖莺啼、桃红柳绿，一派欣欣向荣的莺歌燕舞景象，李因以其少女般的清纯，清新流丽的诗句，抒发自己幸福美好的时光。作品中的美好春光，正是李因甜蜜恋情的写照。

例如，《暮春》：“明月随风映竹窗，斜篝无晕冷银缸。数声林外啼孤鸟，不及梁间燕子双”；《初夏》：“小径蔷薇怯晚妆，一庭新绿映池塘。闲来花谱消长日，自涤端溪泼墨香”；《秋日》：“秋水澄澄映远洲，荻芦萧瑟傍沙鸥。随风落叶迎山雨，露冷寒汀翠欲浮”；《雪夜》：“日暮林皋噪晚鸦，北风飞絮扑窗纱。拥炉独坐寒宵永，竹里茶铛煮雪花。”春、夏、秋、冬四季，闲情逸致，是李因在京师的生活写照。有时夫妻短暂的离别，送别诗则缠绵悱恻，如《送家禄勋至常山赋别》二首：“月明江上雁声愁，两岸青山夜半秋。顷刻天涯成别远，如何教妾独回舟”；“轻舠已说到江头，泪泣滩声日夜流。此别经年肠欲断，如何教妾独回舟。”

《竹笑轩吟草》初集有三篇序，分别为葛徵奇和他的两位学生卢传、吴本泰所作。葛徵奇序对李因极尽赞誉：“是庵，家西子湖，资性警敏，耽读书，耻事铅粉，间作韵语以自适。”李因本是钱塘人，与葛徵奇相识也是因为诗缘，“余偶得其梅诗，有‘一枝留待晚春开’之句，遂异而纳之”。跟随葛徵奇后的李因，“遂偕与溯太湖，渡金焦，涉黄河，泛济水，达幽燕，从游者十五载。樯影驴背，辄作惊人语。奚囊几满，爰纵谭古诗、乐府、六朝、三唐及宋元之变，骎骎解会。故其为诗，清扬婉娩，如晨露初桐，又如微云疏雨，自成逸品”。两人在逃难回家乡途中，因遇兵变，夫妻及随从一时失散，李因拼死保护诗稿，等再次相见，葛徵奇见到李因“手抱一编曰‘簪珥罄矣，犹幸青毡亡恙’”。回到家乡，葛徵奇“余悯其志，亟为芟其繁芜，选刻如干首，以代名山之藏。异日传之女史，为静庵后百年一人可乎？”在葛徵奇看来，乡贤女辈中，李因是继朱静庵后又一可称女史的人。

吴本泰的序，解释了“竹笑轩”的来历：“一日介龛吾师出是庵夫人吟草相视，而以竹笑名轩，取坡仙赞文湖州语也，此其澹思遐致，岂古今笄黛能及哉！”文湖州即北宋文人文与可，号“笑笑居士”，以善画竹著称，苏东坡对其极为赞赏。对师母的才情，吴本泰同样极为赞赏：“夫人冰心玉映，绮才云蔚。案举以齐眉，书读其等身。”吴本泰的序写于崇祯十六年（1643年）八月，当时正随老师一家逃难，一起在南下归途舟上。写完序在接下来的行程中，吴本泰亲历了一件惊心动魄的事，作为补记写在了序后：“余既叙《竹笑》已，次宿州。吾师遘哗卒之难。凶锋猋突，飞镝如雨，白日昼曀，舟中错愕不相顾。夫人亟走出，迹师所在，越一二艘，踉跄而入余舟。呼曰‘主人何在？主人何在？’时被贼椎击，丛矢创胸，且贯其掌。血流朱殷，不自觉痛。迨余遣侦师还，白无恙，夫人意始帖然，而后乃知羽镞之及体也。”这一奋不顾身欲护其主的壮举，被吴本泰誉为“可以愧须麋丈夫而弃城殒节者”。

只是好景不长，正如李因诗中所说："世间好物不坚牢，彩云易散琉璃脆。"明朝灭亡，李因随葛徵奇南还回到家乡，一年以后，葛徵奇带着对大明的眷恋含恨去世。

《竹笑轩吟草》续集是李因回到家乡时的诗集。刚回故乡，过上"层楼云际旧茅庐，十亩黄花一亩居"的田园隐居生活，葛徵奇因国破家难，抑郁多病，《自遭家难同家禄勋寄迹苕上》："国破遭家难，流离出远州。穷来偏善病，懒癖独耽愁。故雁还存问，乡亲不为留。小舟何处泊，芦岸傍沙鸥。"明亡后，避难隐居的官吏，因不仕新朝，大多有类似相同的经历。葛徵奇去世后，失去了精神寄托的李因，悲愁肠断，有《悼亡诗哭介龛》48首，写尽了无穷的思绪，哀怨悱恻，卒不忍读。此时的李因"不向人间寻旧约，石梁桥畔许重游"，沉浸在回忆和思念之中。

《竹笑轩吟草》三集为李因丈夫去世后的40年所作，结集于康熙二十二年（1683年），前有朱嘉徵、黄斐作序，朱嘉徵序中称"夫人茕茕几四十年如一日。故其诗益沉郁忼壮，一往情深，有烈丈夫之所难为者"。孤独一身的李因，吟诗作画参禅，"夫人志愈坚，节愈苦矣"，所以其晚年的诗，除了追思夫君，咏梅花诗独多，还有不少题画诗。李因善画，笔下凄风苦雨，再也没有年轻时的清丽诗风，《忆昔》《农家苦雨》《雪夜抒怀》《夜坐忆旧居》《七十初度》等，写的都是离乱之痛，思国思君，痴情依然。集后有葛徵奇世交后学杨德建跋一篇，记述了晚年的李因。杨德建因娶葛家女儿，而得知太夫人之为人，"每岁时进谒，见太夫人甘淡泊，勤纺织。且端亮淑慎，恬色怡颜，无今昔炎凉怨愤之态，真闺壶之仪刑也"。

今辽宁教育出版社点校本《竹笑轩吟草》后，附录海宁藏书家陈乃乾题识一篇，藏书家黄裳录黄宗羲《李因传》及题记一篇。黄宗羲的《李因传》有这样的记载："当是时，虞山有柳如是，云间有王修微，皆以唱随，风雅闻于天下，是庵为之鼎足。"黄宗羲认为李因与柳如是、王修微一样，是鼎足当时的三位才女诗人之一。

四十七

金实凝秋色　酸辛只自知

——清·徐灿《拙政园诗集》《拙政园诗馀》

徐灿（1618—1698 年），字湘蘋，又字明霞、明深，号深明，江苏吴县人，嫁为海宁大学士陈之遴继室，嫁入豪门，随陈之遴谪居塞外 12 年，一生随夫大起大落，既享尽荣华富贵，又历尽风寒沧桑。在《海宁渤海陈氏宗谱》中，为徐灿专门写有一条目，可作为徐灿生平的资料参阅。吴骞在刻印《拜经楼丛书》时，将徐灿的《拙政园诗集》和《拙政园诗馀》合入《海昌丽则》，并作《新刻拙政园诗集题词》一篇，对徐灿诗的评价为："辞格清醇，丰神靓淑，非所谓饶有林下风者邪。至其身际艰虞，流离琐尾，绝不作怨悱语。"

《拙政园诗集》二卷和《拙政园诗馀》三卷，目前国内有据清吴骞《拜经楼丛书》刻本，由国家清史编纂委员会以影印本收录于《清代诗文集汇编》，黑龙江大学出版社有《拙政园诗馀》点校本出版。《拙政园诗集》和《拙政园诗馀》共收录徐灿诗 246 首，词 99 首。

徐灿的诗，写景咏物、拟古抒怀、唱和题画，题材形式丰富多样，由于一生坎坷，诗中经历也富有特殊的气韵。徐灿出身吴县豪门，从小的教养和经历使她早期的诗清新明快，充满生活气息，如《西湖》一诗："芳湖带西郭，环回叠峦嶂。山川自相悦，晨夕匪一状。瑶华缀脩堤，璧月印深漾。宛转行雕轮，摇曳度兰舫。随波穷胜游，隔烟发清唱。罗绮分水嬉，何常滓虚旷。静碧澄秋心，芳堤媚春望。看梅步屧淹，折荷笑相饷。眷此千顷波，浩焉惬微尚。"诗中的西湖，远处是层峦叠嶂，眼下则碧波荡漾，一群少女嬉戏其间，尽情游乐，晨夕之间，景色尽收眼底。从诗中可以看出，少女时代的徐灿，生活富足，天真快乐，无忧无虑。诗情景交融，是徐灿年轻时的生活写照。

徐灿的咏史怀古诗，则一改女子娇柔性情，大有明末隐士遗风，明显受到夫君陈之遴的影响，如《广陵怀古》：“六朝烟草总茫茫，占得风流独不亡。夜咏笙歌沉月观，春深花鸟吊雷塘。清淮一水长通洛，垂柳千条尚姓杨。莫向迷楼悲泯灭，李花零乱落霓裳。”六朝繁华的扬州古城，尽管柳岸依旧，笙歌已无，鸟语花香如故，但江山易代，早已不是隋杨李唐了，历史沧桑的变幻，徐灿借此抒发了世事无常，辉煌不长的感叹。

而晚年随夫谪居塞外的生活经历，使徐灿的诗充满荒凉和悲怆，如《岁暮思归和素庵韵》：“一片西山没乱烟，六花寒逼玉楼前。伤心以日长为岁，久客逢春不当年。花绕江城劳梦去，尘深燕市贱诗传。时艰且敛调羹手，舟楫纷纷自济川。”岁暮冬天，大雪纷飞，塞外的艰苦生活，何时才是尽头，思乡忧伤之情，不忍卒读。徐灿的思念诗情感细腻，真挚至深，如《遥夜》：“遥夜愁心寄秋月，空蒙烟霭瑶光缺。闭户含情双泪垂，侧身调弦听更绝。”秋夜、月光、琴声、愁绪、思念、垂泪，一首挥手急就的小诗，写尽了夫妻间的恩爱，离别时的愁苦，思念之痛，情感之深，催人泪下。

徐灿的诗，风格随人生经历的境遇变化而改变，从早期的清新艳丽、自然率真到后期悲怆愁绪，是一生坎坷经历的真实流露。

《拙政园诗馀》三卷，是徐灿的词集，由陈之遴亲自审定编次，故集前有陈之遴亲序，序言写于清顺治七年（1650 年），正是陈之遴官运亨达、春风得意的时期，故序言写得雍容华丽，才子佳人，诗词琴瑟，令人羡慕。陈之遴回忆夫妻两人寓居京城时的恩爱：“丁丑通籍后，侨居都城西隅，书室数楹，颇轩敞，前有古槐，垂阴如车盖，后庭广数十步，中作小亭，亭前合欢树一株，青翠扶苏，叶叶相对，夜则交敛，侵晨乃舒，夏月吐花如朱丝。余与湘蘋觞咏其下，再历寒暑，闲登亭右小丘，望西山云物，朝夕殊态。时史席多暇，出有朋友之乐，入有闺房之娱，湘蘋所为诗及长短句，多清新可诵。寻以世难去国，绝意仕进。湘蘋吟咏益广，好长短句愈于诗，所爱玩者，南唐则后主，宋则永叔、子瞻、少游、易安，明则元美，若大晟乐正辈，以为靡靡无足取，其论多与余合。”陈之遴的序，是一篇很好的导读文章，陈述了徐灿作词的背景，对徐灿词的风格作了这样评价：“湘蘋长短句，得温柔敦厚之意，佳者追宋诸家，次亦楚楚无近人语，中多凄婉之调，盖所遇然也。湘蘋爱余诗愈于长短句，余爱湘蘋长短句愈于诗，岂非各工其所好耶？”在陈之遴看来，徐灿的词好于诗。徐灿词风的形成，与两人所遭“流离坎壈”的境遇有关。

陈之遴亲自为夫人编次的《拙政园诗馀》，当时并未付梓，直到清乾隆三十三年（1768 年），即一百多年后，才由海宁藏书家吴骞为之付印。吴骞写有《刻拙政园诗馀序》一篇，序中写道：“《拙政园诗馀》三卷，经素庵手定者，当时实未付梓，故传本绝少，久藏巾笥，虑致堙没。”据吴骞所述，徐灿的诗词，在康熙庚寅（1710 年）以后已不可得，因此在刻印时，加入《附录》，收集了康熙以后各家词话中有关徐灿词的评语，有助于解读徐灿的词作。

徐灿词中最不忍读的是乡思，远离家乡，无论是富贵还是贫困，思归和乡愁占了很大一部分比例。例如，明亡后第二年，徐灿随陈之遴离家来到京城，尽管过上荣华富贵的生活，但对家乡的一草一木依然深情思念，也包含了对故国的眷恋。在这一阶段的词中，经常会有山河易主，国破家亡的感慨，如《苏幕遮・秋老》：“雨深深，秋自老。旧苑新花，莫问愁多少。玉爪侵弦寒料峭，才奏南音，阵阵惊风搅。袖红单，屏翠小。剪剪清霜，不许芙蓉好。故国烟芜昏复晓。尚有青山，强向江城绕。”深秋寒雨满是愁，抚琴奏南音，思念的依然是故国的青山，家乡的旧苑。在徐灿的词里，没有相国夫人的歌功颂德，却充满着深重的愁绪。

吴骞附录中有陈维崧《妇人集》中对徐灿词的评价：“徐湘蘋才锋遒丽，生平著小词极佳，盖南宋以来闺房之秀，一人而已。其词娣视淑真，姒蓄清照，至道‘是愁心春带来，春又来何处’，及‘衰杨霜遍灞陵桥，何物是前朝’等语，缠绵辛苦，兼撮屯田、淮海诸胜。”对徐灿评价极高，认为是南宋以来闺阁第一词人。

《拙政园诗集》中，有一首五言绝句《香橼》：“金实凝秋色，酸辛只自知。最怜香暗发，露冷晚黄时。”诗是咏物，却是诗人一生的写照。

四十八

百年仰俯空睐笑　当世谁怜我辈人

——清·陆嘉淑《辛斋遗稿》

“百年仰俯空睐笑，当世谁怜我辈人”是明末清初诗人陆嘉淑的诗句，见《辛斋遗稿》卷十《张元岵先生次仲招饮同陈乾初确》：“耆旧雕残京洛尘，典型犹在且相亲。看君叹老辈穷态，直是忧时悯俗身。白发笺经聊遣岁，青尊娱夕漫留宾。百年仰俯空睐笑，当世谁怜我辈人。”是与海宁友人张次仲和陈确饮酒时的感慨，三位同为明朝遗民，相聚共饮时百感交集，共同感时之心酸。

陆嘉淑（1620—1689年），字孝可，又字冰修，号辛斋，又号射山，海宁路仲里人。父亲陆钰为明末著名藏书家，明亡后殉明而死。陆家有藏书楼“蜜香楼”，毁于火灾。陆嘉淑一生布衣，著述颇丰，据钱泰吉《海昌备志·艺文志》载：著有《三颂经》五卷、《藩镇录》一卷、《陆氏本支宗谱》二卷、《集解录》一卷、《景行录》四卷、《书训》五卷、《亡友录》一卷、《后亡友录》一卷、《史论》一卷、《续史论》一卷、《同社诗钞》二卷、《须云阁诗评》二卷、《诗雅》六卷、《辛斋诗话》十二卷、《问豫堂文钞》十二卷、《须云阁词》二卷、《辛斋遗稿》二十卷，大多已佚，今仅存《辛斋遗稿》。

《辛斋遗稿》二十卷，目前见到的版本是清道光十三年（1833年）蒋光煦编次的别下斋刻本。前有钱塘陈文述写序，序作于道光十三年，对海宁蒋光煦能重新收集、整理陆嘉淑的遗诗大为赞赏，并对陆嘉淑的诗作了大致评价：“冰修胜朝遗老，生平效梅圣俞日课一诗，所作几及万首，观其自叙及查君伊璜序，知其遭遇沧桑，黍油麦秀之作为多。而今之所存则皆和平安雅之音。”因为清初严格的文字狱，诗稿已经过乾隆年间王简可的删定，故大多亡国之痛的诗歌已经删除。

陆嘉淑诗集中与其有唱酬赠答的友人，大多是同时期的名流，陈文述序言中说：“今观其酬唱赠答，如陆桴亭辈，则大儒也；吴日千辈，则忠臣也；宋牧仲辈，则名宦也；张祖望、陆丽京、张卿子辈，则高隐也；吴梅村、龚芝麓、周栎园、王阮亭辈，则又海内重望也。此其人皆陆君之故旧，非特不可以达官目之，并不可以名士目之者也。则其诗品之高可知也。”陆桴亭即陆世仪，明末清初著名理学家、文学家，被誉为江南大儒；吴日千即吴骐，明末遗民，著名诗人，明亡后绝意仕进，终身高隐；宋牧仲即宋荦，明末清初著名诗人、画家、政治家，康熙时期官至吏部尚书；其余的非名士即高隐，均为明末清初一流人物。而诗集中，与陆嘉淑有唱酬的，远不止这些人，从作品看，大都是明末清初各领域的名流，有明朝耆宿的忘年交，如王时敏、张次仲、朱康流辈，有同龄辈的王士桢、朱彝尊、邵长衡等，也有崭露头角的后生俊才，如后来成为其女婿的查慎行，说明陆嘉淑不仅有广泛的交游，其诗词的成就还得到当时文坛诗友的认可。

陆嘉淑的诗，陈文述这样评价：“至其为诗，兼三唐之体而得其精华，沿七子之波而去其渣滓，章法之妙不见句法，句法之妙不见字法，采采流水，蓬蓬远春，风格在黄门祭酒之间。唐人中尤与玉谿丁卯相近，通体锻炼精纯，琢磨莹净，如欧冶之铸剑，如卞和之琢玉，其于诗也，可谓深矣。”其渊源可上溯汉唐，“玉溪”“丁卯”分别指唐代诗人李商隐、许浑，其诗风与之相近。

《辛斋遗稿》原是陆嘉淑自选诗中的一部分，最早的诗集名称是《带星堂诗集》初集和二集。陆嘉淑非常勤奋，学北宋诗人梅圣俞每日一诗，因此，一生积累上万首诗。《带星堂诗》二集有查继佐作序及陆嘉淑自己的四篇序跋，其中《题带星堂诗》《自序带星堂诗》和《再题带星堂诗》三篇，作于清顺治四年（1647 年）。在《再题带星堂诗》一文中，陆嘉淑开篇即说：“余为忧多疾，又更丧乱，累欷叹息不咏亦吟，哀思所寄，篇章用多也，寄哀以艳，寄思以渺。”这是他所作诗歌的时代背景，因此《带星堂诗集》中的作品应该是写于明朝时期或时局离乱时期，诗的内容也“多为哀怨离愁之篇”，这大概也是《带星堂诗集》未被收入《四库全书》的原因。而《辛斋遗稿》的最初编次者是乾隆年间的王简可，清初的文字狱也不允许将这些伤国之音留存于世，故《带星堂诗集》中的早期作品已大多不存。另一篇《燕台剩稿随录序》，作于清康熙二十年（1681 年），是陆嘉淑旅居京都时的和答之作。《燕台剩稿》也仅收录了“百一可识”者，且以绝句为多，至于为何以绝句为多的原因，陆嘉淑自己解释是因为朋友钱后江的评价：“钱后江语余：子诗绝句第一，古次之，律则我辈所可及。”

清道光十三年（1833 年），海宁藏书家蒋光煦选定刻印《辛斋遗稿》，为诗集所作《例言》，介绍了《辛斋遗稿》的由来，主要是根据王简可、周松霭、许竹屿、吴樵微等乡贤前辈，以及海盐张燕昌等人的家藏本，共收集 3000 多首诗汇集而成，蒋光煦作有《后序》一篇。《辛斋遗稿》的编次体例总二十卷，分别为卷一乐府 189 首，卷二五言古诗 109 首，卷三五言古诗 105 首，卷四五言古诗 37 首、七言古诗 44 首，卷五七言古诗五十首，卷六七言古诗 36 首，卷七五言律诗 131 首，卷八五言律诗 204 首，卷九五言律诗 76 首、七言律诗 107 首，卷十七言律诗 156 首，卷十一七言律诗 158 首，卷十二七言律诗 152 首，卷十三七言律诗 174 首，卷十四七言律诗 179 首，卷十五五言排律 15 首、七言排律 2 首、五言绝句 81 首，卷十六七言绝句 200 首，卷十七七言绝句 251 首，卷十八七言绝句 231 首，卷十九七言绝句 216 首，卷二十是诗馀。

陆嘉淑的诗宗唐而诗风雄浑，如《寓意》中一首咏钱江潮的五言古风：“步出东郭门，遥望龛山亹。洪涛卷地轴，其势若奔腾。啣银骤万骑，瞬息已不存。一丝入浙江，岭岫相吐吞。弄潮者谁氏，浮没何翩翻。狎习与性情，理亦难具论。大哉鸿钧力，似为蛟龙喷。谁能没万仞，试探天地根。”把变幻莫测、气势如虹的钱江潮描绘得淋漓尽致，是历代咏潮诗中的佼佼者。《寓意》共有古风 52 首，大多是大气磅礴、寓意深刻的哲理诗。

四十九

人臣事君　勿欺为本

——清·杨雍建《杨黄门奏疏》《抚黔奏疏》

杨雍建（1631—1704 年），字自西，号以斋。清顺治十二年（1655 年）进士，历任广东高要知县、兵科给事中、贵州巡抚，以敢谏著称。著有《政学编》《景疏楼集》《杨黄门疏奏》《抚黔奏疏》等。

《杨黄门奏疏》是杨雍建任兵部给事中时所上奏疏，故以黄门为名，“黄门”指宫内禁门，共有奏疏 51 篇。集前有康熙元年（1662 年）胡兆龙序。杨雍建为官期间正值清朝开国初期，胡兆龙序言中说：“世祖皇帝以天挺之资，弘三五之治，忾想直言，崇谏官广听采。”于是“言路莫不鼓动”，皇上希望听真言，朝臣就敢于直谏，在这样的风气之下，给了杨雍建敢于直谏的勇气。胡兆龙在序言中讲了一个发生于顺治十四年（1657 年）的故事，当时清朝建国仅十余年，顺治帝风华正茂，经常开展田猎习武活动，劳民又伤财。这一年，正好杨雍建从高要知县被召入内廷授“兵垣给谏”，即兵部给事中职务，入宫那一天，正逢顺治帝“驾数巡幸南苑讲武蒐田”，杨雍建即跪请皇上，建议谨慎出入，不要勤于狩猎练武，要给百姓休养生息的时机。顺治一听，便赫然震怒，说：“国家以武定祸乱，现在太平了，我不敢忘战事，你岂能为了稼穑和猎物这样的小事来阻止？”当时在场的文武百官都为杨雍建捏了一把汗，而杨雍建则面无惧色说：“臣惟知忠爱陛下，心无他。”皇上一听，“益怒色变”，在跪着的杨雍建面前数次来回踱步，指责不已。廷臣吓得不敢发声，都为新来的给谏担心，但杨雍建依然跪着神色不惊，顺治帝却已兴致全无，对杨雍建说道：“而讵不闻善则归君，过则归己乎？”这才使杨雍建顿然醒悟谢罪。此后顺治帝并未追究杨雍建责任，而且还对杨雍建的奏章“未尝不亟称善”。对杨雍建的为人，胡兆龙的评价是“给谏为人性高，简介而不期谐俗”“盖天下之服给谏，以其敢言而立身本末”。杨雍建从此开始了敢于直谏的一生，其“天下第一谏官”的称号便由此而生。

在《杨黄门奏疏》自序中，杨雍建直言自己的为官原则：“人臣事君，勿欺为本”，这个原则也是清世祖顺治皇帝对臣子的要求。从一份奏疏中也可以看出杨雍建为臣的人品，“为公为私，孰义孰利，而人品邪正见焉，胡可掩也。言生于心也，必可以对其心，斯可以对我，后必可以对我，后斯可以对寮采，并可以对天下”。“寮采”是官的代称。《杨黄门奏疏》从顺治十六年（1659 年）正月十一日第一则开始，到康熙十八年（1661 年）正月最后一则止，其中内容上则忧虑国事，下则体恤百姓，为清朝立国初期，建言献策，其心可鉴。

例如，写于顺治十六年（1659 年）三月十六日的《铨法混淆疏》，矛头直指吏部选拔官员“多端不止，复议有失谨据”的弊端。“铨法”是指选拔、任用官吏的条例，是吏部的职责，当时杨雍建在兵部任职，看到选人用人的不公，敢于向皇上直谏，批评吏部失职，“吏部为六卿之首，职司用人，凡吏治民生重大事务，常尽心筹画，详切具复，方为不负委任”，并对当时一位在国子监任学正、叫王天成的官员在升迁问题上不合常规之事直言，杨雍建认为朝廷爵禄，不可以有私心为争，导致“铨法不足以服本部之司务，而又何以进退天下之人才乎！”其用语坦率而尖锐，向皇上建议清正廉明的用人制度。

顺治十七年（1660 年）正月二十五日，杨雍建上奏了一则《严谨社盟疏》。当时杨雍建任礼科给事中，奏疏的原题是“题为严谨社盟陋习以破朋党之根事”。顺治皇帝采纳了这一建议，批示“着严行禁止”。这一禁令将清初活跃于全国各地的社团彻底禁止。民间结社活跃于明末，清初因大批前朝遗民、文人隐士，结盟社团之风更是盛行。杨雍建在疏中说：“臣闻朋党之害，每始于草野而渐中于朝宇，盖在野既多类聚之私，而服官必有党援之弊。如明季仕途分门立户，意见横生，其社时孔炽，士子若狂，如复社之类。凡一盟会，动辄数千人，标榜为高无不通名当事，而缙绅大夫各欲下交多人广树声援。朝野之间人皆自为于是，排挤报复之端起而国事遂不可问矣。”明朝灭亡的教训尚在眼前，因此他希望皇上“鉴前之弊”，及时采取措施以予取缔。他提出的具体建议非常严格：“约束士子不得妄立社名，其投刺往来亦不许仍用社盟字样，违者治罪。倘学臣奉行不力，听科道纠参一并处治，则陋习除而朋党之根立破。”顺治皇帝欣然接受这一举措，立即批复：“士习不端结社订盟，把持衙门开说公事，相煽成风，深为可恶，着严行禁止，以后再有这等的，各该学臣即行革黜。”于是，开始了清朝最严厉的党禁，可以说杨雍建为大清开国建设营造清正之风，功不可没。

《杨黄门奏疏》中的其他奏疏，从目录上看，也大多是这样的内容，如《岁革衿蠹奏》《封疆责在奏》《改给奉有奏》《请广直言奏》《请理冤狱奏》等，都涉及清朝建国初期一系列重大治理事件。

《抚黔奏疏》八卷，是杨雍建出任贵州巡抚并兼理湖北、川东等处地方提督军务时期的奏疏。由于在京任职期间表现出色，深得顺治、康熙两朝的信任，康熙十八年（1679 年），49 岁的杨雍建被委以封疆大臣，这一差使责任重大也极其辛苦，成为杨雍建仕途的滑铁卢。从康熙十八年（1679 年）至康熙二十三年（1684 年）六年期间，杨雍建上奏朝廷的奏疏达 451 道。这一时期正是平息吴三桂叛乱后期，川贵地区百废待兴，民不聊生，从奏疏内容看，大多是向朝廷要粮要兵，惩治贪污腐败，处理叛军余党等，保存了黔政、黔史地方上大量历史资料，是研究清初西南地区历史文化的重要第一手文献。例如，康熙十九年（1680 年）七月二十二日上奏的题为“进剿之期已近，拨饷万难再迟事”，进兵日期已近，而粮草一再拖延，“办军需又难为无米之空”，而新收复的府县又产米不多，当地居民因战乱四处逃散，已无米可征，急请皇上“敕部速拨就近饷银数十万两解交黔地”。又如，康熙二十年（1681 年）四月二十二日，上奏题为“留兵未蒙拨饷仰祈迅赐，以济燃眉事”，也是向皇上要钱要粮的事。类似的奏疏占了很大比例。

在川贵履职期间，杨雍建依然耿直如初，敢于直谏，但这些都是朝廷颇为棘手的问题，康熙也曾极力安抚，并赐予“清慎勤”匾额予以表彰，但在杨雍建的高压治理下，毕竟得罪人太多，因此也屡次遭到弹劾，杨雍建曾多次提出告老还乡，均未获批准。此后，杨雍建的官品等级从正二品一直降到五品。康熙二十五年（1686 年），56 岁的杨雍建以母亲病重为由再次吁请，终获恩准，结束了在黔的官宦生涯，回家养老至终。

五十

微言妙义　难可粤稽

——清·汪定国《诸子褒异》

汪定国，字苍舒，明末清初人，生卒不详。海宁方志亦鲜见记载，钱泰吉《海昌备志》谓其“康熙初岁贡”。著有《古文褒异》十四卷、《诸子褒异》十六卷。

《诸子褒异》十六卷，见于《四库全书存目丛书》，《四库全书总目提要》云：“是书采录诸子，俱取其文字之奥僻者，于佛氏为尤多，而邵子、张子、蔡季通诸儒亦一概摘录，纯驳互见，颇为糅杂，且所标书名，大半今世所未见，率以意为之，尤明季锢习也。”此书内容极为庞杂，从提要可知，许多书名在清朝编辑《四库全书》时已经不见。从四库馆臣的评价看，此书似乎并未获得欣赏。

汪定国选取的诸子之书，远超诸子百家的范围。所谓“诸子百家”，是指先秦时期各学术派别的总称，总数可达数百家，但流传较广、影响较大、较为著名者也仅数十家，最有影响的是法家、道家、儒家、阴阳家、名家、杂家、农家、小说家、纵横家、兵家、医家。而汪定国的《诸子褒异》所收录的范围远不止这些，正如《四库全书总目提要》所说，“纯驳互见，颇为糅杂”，其中还有大量佛家的著作，甚至西方传教士利玛窦的文章也被收录其中。从所收录的文章看，时间跨度从春秋战国一直到明朝末年，达两千余年。所谓“褒异”，意为特殊的褒扬嘉奖，是汪定国阅读诸子之书时，将自己颇为欣赏的文章或段落摘录并予以点评再汇集成编。

《诸子褒异》集前有四篇序，分别是湖北孝感程正巽、浙江天台张元声、金华叶永圻所作及自序，前三位作序者是南明时期汪定国的知交，其中张元声的序中记述了汪定国编写此书的经历，可对其生平作一补充："汪子苍舒，以尤异之姿，沈心古学几二十季，所读书不止三间屋，下笔滚滚如扬江之波。向得《古文褒异》读之殊为新异。楚中程子风随其家大司空芸阁先生莅南都，与予定交，一日共读此编，辄相谓曰：'异人异才，未易构也。'"汪定国一生所读之书极为广博，此书之编，得到大司空程芸阁的赞赏。程芸阁即程注，湖北孝感人，明万历三十八年（1610 年）进士，官至工部尚书，读此书后亦为之惊讶，故张元声序中有"世有异书，必得异人读之乃可耳"之说。

汪定国《诸子褒异》自序，大气磅礴，开篇即说："展天作纸，泻海倾墨，微言妙义，难可粤稽。""粤稽"意为考查、考证。汪定国所选录的诸子各家学说，尽管庞杂，以释、道为主，但取舍以荀子为原则。在结尾处，汪定国这样说："岁遐，栖十二子，各有所蔽，荀卿非之，予亦非之矣。"根据汪定国的自序，此书刻于崇祯癸未年（1643 年），而张元声序中说汪定国已沉潜古学 20 多年，可知汪定国出生时间大约是在明朝万历年间（1600 年左右）。

《友论》是意大利传教士利玛窦的著作。明万历八年（1580 年）利玛窦来到中国，是天主教在中国的最早开拓者。利玛窦精通中国文学，他将儒家"忠孝仁义"思想与西方文艺复兴时期的人文思想相结合，在中国编写了第一部中文著作，写于明万历二十三年（1695 年）。文中的许多交友之原则，今天读来也不无道理，如"吾友非他，即我之半；乃第二我也，故当视友如己焉""交友之先宜察，交友之后宜兴""友之馈友而望报，非馈也，与市易者等耳""尔为吾之真友，则爱我以情，不爱以物也"等，都是人生交友警句。汪定国应该是此文的较早读者之一，颇为欣赏利玛窦的观点，但对其在中国传教的行为颇为谨慎，他全文著录后，作了如此点评："天主教，夷学也，今时方来中国，其技艺颇可观，但鸠聚徒类，毁弃蒸尝，殊为伤坏中国之治。士夫往往溺其于技，令彼得借为教援，蛊惑后生。"这段文字流露出对其技艺的欣赏，以及对其传教方式的排斥，一种矛盾的心态交织在一起。

罗隐的《两同书》是汪定国颇为欣赏的著作。罗隐是唐代文学家，其所著《两同书》属于道家思想，共十篇，前五篇为《贵贱》《强弱》《损益》《敬慢》《厚薄》，以宣扬老子之言为主；而后五卷为《理乱》《得失》

《真伪》《同异》《爱憎》，以宣扬孔子之言为主。罗隐试图以老子修身与孔子治世相结合，认为两者本为同源，故取名为《两同书》。汪定国这样认为："名《两同书》，其意谓老子养生，孔子训世，二则同出而异名。因著书各五篇，目之曰两同也。"

汪定国对道家王道渊的《道玄子》也颇为欣赏。王道渊，名玠，号混然子，是元末明初著名道士，其《道玄篇》是他的代表作，主要论述"道论"和"人论"间的关系，其主要思想是论道而兼及儒、释，认为悟道的最终目的是修身治世。汪定国不仅将《道玄篇》55 章全部摘录，而且每篇都作了精彩点评，如第十八篇《神气篇》："善养神者，回光昼夕，善摄气者，寘情一息。神居气中，气居神室，神气含真，而登太清。"点评曰："妙可作座右铭。"

《太平御览》和《册府元龟》是北宋两部百科全书式的类书，汪定国综合两书作了如此点评："《御览》与《册府元龟》皆宋人一时所编之书也，《册府》系国家政事，广而不能尽，《御览》为杂引之文，繁而不必举。"两句话把两书的特点精确囊括。

《诸子褒异》一书，内容庞杂，包罗万象，但保存了大量先秦及汉魏诸子的文献，目前成为研究先秦汉魏百家诸子的主要丛书之一。书中也保存了释、道方面的许多文献目录和文字片段。但终因杂乱而无章，与其人一样，湮没在浩海的历史长河之中，并未引起后人足够的重视。

五十一

存其言　必有大用于世

——清·沈珩《耿岩文选》

沈珩（1615—1695 年），字昭子，号耿岩（一作耿庵）。康熙三年（1664 年）会试第一，殿试传胪中取进士。康熙十八年（1679 年）开博学鸿词科，选天下士子，沈珩以优异成绩被录取，同批取中有陈维崧、朱彝尊、毛奇龄、施闰章、尤侗等，海宁同时录取者为沈珩、张英、徐林鸿、吴农祥四人。因文采出众，授翰林院编修，参与编纂《明史》。沈珩一生著作极富，有《周易精义》《读易惕言》《诗经疏义集要》《大学经文发疑》《学庸或问纂》《书礼篇义》《孝经通解》《十三经文钞》《性理纂》《集德精语》《明史要略》《明礼考》《时艺小问篇》《文献通考纂》《讲学会语》《自订年谱》《稼村偶见》《稼村绪论》《稼村杂说》《摭录》《屑金随钞》《杂俎选荟》《玉林说苑》《梅窗余绪》《见闻随录》《消夏诗谈》《诗人遗事》《四先生学约纂》《晓寒六子集》《慧居两生草》《栖迟草》《宏词草》《投闲草》《尺牍存稿》《甲辰策稿》《耿岩文选》等数十种，大多不存。

《耿岩文选》为沈珩杂文集。不分卷，《四库全书总目提要》评语为："是集，皆所作杂文，不标卷帙，但以体分。每篇自为起讫，不相联属。疑校刊未竟之本，偶然印行，非其全也，其文平易近人，大抵规仿庐陵，而尚未能入室。""庐陵"即北宋大文豪欧阳修。《耿岩文选》共收录各类文体 140 篇，按目录分为序、碑记、考义说辨、书、笺跋、书识题词、颂、赋、列传、表状祭文十类。

《耿岩文选》由李霨作序，李霨为清初大学士，是沈珩的老师，也是康熙三年会试的主考官，为康熙选拔了许多优秀人才。他在序言中有一段对沈珩的评价："甲辰会试，朝廷用策论表判程士，闱中得沈子卷，大奇之，急置第一。及榜发，长安冠盖交口称昭子古文名手，予私心甚慰。至与其人接，则浩然不以世遇，经怀意若别有所寓者。比年来，数抱近著来质，大致坚深闳特，纵心极往，眼光透出题背，而笔力遒矫足以发之。毋论说理说事，要于有关系之言而止，所谓不妄作而具不可磨灭之义者，当如是耶。乃知人之情尚各有所专，沈子之不肯屑意竞进者，意固专乎。彼也，其志也，悫故得之精蓄也，厚故发之。肆存其言，必有大用于世，以传于后。"在李霨眼里，沈珩是一个不可多得的人才，认为他的言论留存下来，必有用于后世。15 年以后，康熙十八年（1679 年），清朝第一次开设博学鸿词科，沈珩又以优异成绩被录取。

李霨对沈珩恩重如山，在《耿岩文选》中有多篇沈珩为老师写的文章，如《高阳先生心远堂诗集序》，除对先生人品敬重外，对"先生之诗，教之所以为重"作了高度评价。康熙二十三年（1684 年），李霨去世，沈珩写了一篇《祭高阳夫子文》，回忆了受业于恩师门下，得到恩师奖励提挈的几个关键过程，其中康熙十七年（1678 年），李霨向朝廷举荐天下文士，首列八人中就包括沈珩，嗣后授官"史职"；康熙二十年（1681 年），经先生推荐，获进谒康熙受到表彰；康熙二十一年（1682 年），沈珩在京曾大病危笃，恩师慰问不断，后获准回乡，赐药送物。从祭文中可以看出沈珩对恩师用情至深。

《耿岩文选》有较多的地方文史记载，为海宁留下了许多宝贵史料，如《巡道雪岩熊公监筑捍海塘碑记》一文，记载康熙三年（1664 年）秋八月，海宁捍海塘因潮灾而溃，导致湖嘉常苏告急，经浙江巡抚报请获准修缮，至十一月竣工，此次修复，先后几位巡抚、总督功不可没。文中记载施工之难，官员与民同赴艰辛，精心计算，大堤在短时间内得以修复，海宁民众欢欣鼓舞，为巡抚、总督立碑，以"勿可忘其数郡之命系乎塘者"。《与许西山邑侯言社仓书》记载了许三礼任海宁县令时，在海宁建"社仓"以济民的过程。许三礼于康熙十二年（1673 年）来海宁任县令，当时海宁灾荒不断，海盗猖獗，社会动荡，民众贫困，许三礼下令建"社仓"以济民，所谓"社仓"，就是为了应对荒年而在各地设置的粮仓，粮食来源于劝捐或捐赠，许三礼事先向乡贤耆宿征询意见和建议，沈珩的这篇文章就是回答许三礼的问题。沈珩从长远计，提出自己详细方案和建议，从乡贤耆宿的人选、劝捐或捐赠的数量、入仓以后的管理，以及赈饥的多少都一一作了说明，作为京官也算是为家乡尽力了。

《小春雅集记》是一篇游记，“小春”即小阳春，指农历十月。康熙十七年（1678 年）十月，全国各地参加博学鸿词科选拔到京士子共 180 人，在几位带头人的倡议下共聚众春园吟诗作文，沈珩被推荐为书记员记录这次盛事，为此写下这篇集记。可惜这次盛会所有的诗文，未见流传于今，否则 180 位全国各地优秀人才所作的同一题材诗文，是何等壮观。

集中各类碑、传，为研究地方人物事迹留下了宝贵史料，如《海宁令林公子野传》。林子野即林坙，是明朝海宁最后一位县令，明亡后离开海宁，不知其所终，只是传说他回到福建追随南明王继续反清复明斗争。沈珩的这篇传纪，把林坙回到福建后的最后经历完整记载了下来，林坙后来追随唐王移驻江西，得知鲁王监国由海上入闽，再回到福建追随鲁王，与父亲告别时说：“儿当死久矣，守海宁失城池当死，扈从驻镡州不能随当死，今不死贻父母羞，乃苴履负戈率先战死，年四十二。”林坙最后死节殉明。《孝廉祝公开美传》记载了朝廷吏臣前来海宁逮捕祝渊，将其解押回京，家乡民众数百人哗变保护，祝渊大义凛然，劝解散众，从容赴京的经过。到京后，在吏部监牢受刑，迫其交代上书营救刘宗周的幕后指使者，祝渊慷慨曰：“男儿死耳，安有身上受指他人者。”其忠义可见一斑。《赠许时庵宫坊江南学政序》记载许汝霖督学江南学政时的事迹，其他还有为同时期海宁文人诗文集作序的，有《查声山行稿序》《朱止溪乐府古近体诗选序》《少司马杨以斋六十初度序》等。

晚年，沈珩告老回乡，曾多次应乡贤之邀，在各地书院讲学。康熙二十七年（1688 年）十月，应朱人远等人邀请，在龙山书院讲学，为书院学生讲授《大学》《周易》等经书；同年十二月，应陈正则之邀，在齐安书院讲学，为书院 70 余人讲授朱子《白鹿洞学规》，康熙二十八年（1689 年），应海盐俞汉乘之邀，在武原书院讲授《孟子》，后又到海宁学宫书院讲授《大学》，这期间讲稿汇编成《会语》一册，收录于卷末。讲授以问答形式展开，为海宁、海盐等地培养了不少经学人才。

五十二

故国依然在　青山不忍看

——清·陆弘定《爰始楼诗删》

陆弘定（1629—1696年），字紫度，又字蓬叟，号纶山、东滨。与兄陆嘉淑齐名，兄号冰修，一时有“冰纶二陆之称”。陆弘定生活的年代适逢明末清初，经历了山河破碎的亡国之痛，与其兄不同的是，陆嘉淑清初曾活跃于京城，与许多清初名流有交往，诗坛亦颇有声名，而陆弘定则与明末大多数文人一样，选择了隐居的生活方式，蛰居家乡与隐居文人吟咏唱和。与兄另一方面不同的是，陆嘉淑留下了大量诗稿，尽管经历了火灾，但最后还留下《辛斋遗稿》二十余卷，而陆弘定则随作随毁，仅留下数百首诗，现有《宁远堂诗稿》《爰始楼诗删》两种存世，《宁远堂诗稿》今有国家图书馆编《清代诗文集珍本丛刊》影印本，《爰始楼诗删》目前仅存清顺治刻本。

《爰始楼诗删》一册不分卷，收录陆弘定古今体诗300余首，集前有朱一是、陆圻及自序各一篇。三篇序均没有落款年号，因为序者都是明朝遗隐，留恋故国，所以对大清国号尚未认可，这是大多明末隐士所著诗文集时的通常现象，也是他们的著作没有被保留下来的主要原因，许多很有价值的著作被乾隆时期编纂《四库全书》时禁毁。从序文内容看，应该都作于清顺治末或康熙初。

朱一是是陆氏兄弟父执辈的朋友，父亲陆钰被朱一是称为“笃行君子”，明亡后绝食殉明，因被“奉为楷模”而为后人“歌思至今”。朱一是对陆氏弟兄两人的评价极高：“今二子冰修、紫度，才品卓卓，笔巨如椽，远近读其文爱重其人，谓为机云复出。尤工为诗，直窥汉魏、六朝、三唐之壶奥。”机云复出比喻为今之陆氏两兄弟犹如晋代陆机、陆云同样杰出。

陆圻是陆氏兄弟的好友，钱塘人，明亡后避隐海宁，与海宁文人交往密切，又因与陆氏同宗，也与之兄弟相称，“余所交冰修及其弟紫度，高文典册，其才既是竞爽，而幽忧侘傺之时，又能相比而歌”。陆圻在序言中对陆氏兄弟的诗歌风格作了评判：“冰修曼声长引，紫度连臂踏地，指兼雅怨，音中铿锵。二子之诗，方且感天神而裨风教，其于四始六义，曷尝不同条而共贯耶。乃冰修之诗，悉为融风所烧，而紫度之诗，不得不梓之以行世，亦犹素封之家其兄谩藏多金，一旦为胠箧者所有，而其弟即出之以市田宅人，乃卒不能夺之。此紫度之智而即以兄为鉴者也。”序中记载了陆冰修蜜香楼所藏书画火灾一事，发生于顺治十二年（1655 年），这场火灾陆家损失极大，陆冰修的万卷藏书及家藏历代书法名画，包括自己的手稿全都化为灰烬，而其弟所居的爰始楼却幸免于难，因此，才使陆弘定有了编辑诗集的打算。由此可见，此诗集及陆圻作序的时间，应该是在顺治十二年以后。

陆圻对陆弘定诗的评价为：“紫度少无宦情，尝有栖逸之操，予作诗赠之曰：‘逢君兄弟棹歌回，小陆清河内史才。’盖未尝不以经世期之。今读其诗，学赡而气雄，兴高而采烈，此岂山中之人而又岂堪以长吟而抱膝也。”尽管陆弘定一生未入仕途，但其学识才略与陆云一样，足具内使之才，陆机、陆云兄弟因陆云是弟，曾任清河内使，故称小陆清河内使才。陆圻本是聪慧过人，早负诗名。但对陆嘉淑、陆弘定兄弟极为敬佩，“余以驽疴之姿，仄足其间，殊愧于冰修之前光而后辉，则夫火冰修之诗而存紫度之作者，其尤解予之惭也夫”。对陆氏兄弟流露了明显的敬慕。

陆弘定的自序写出了自己的诗学观点，认为：“诗之道衰矣，沧桑变易，而后业诗者日盛，时盛而盛，时衰而衰，诗之盛衰，又不可强矣，三百篇降而汉、魏、齐、梁、陈、隋其靡耳。近体工于唐，然拟之田塍歌谣，闾阎酬唱，其去古也远矣。”在他看来，古诗在唐以前就渐趋衰落，而“宋元无诗人，宋失之率，元失之尖”。可见对诗的追求，眼界极高。对自己诗集选取的诗作，也经过一删再删，后经朱一是、陆丽京两位好友的再三恳求，才留下了这本诗集，时间跨度从明亡后第二年，即乙酉年（1645 年）开始的后十余年，“余执管十余季，始集乙酉，越丙、丁三载之作，悉灾之梨”。

诗中内容则“意远有之，然不伤雅，色谈有之，然不伤真”。

因时势所致，面对故国沉沦，山河破碎，陆弘定的诗时而悲怆沉郁，时而低徊浅唱，亡国之痛贯穿始终，如《拟古乐府》中的《短歌行》《长歌行》《燕歌行》《野田黄雀行》，有“壮心不灭，所以戕生”的壮烈；有“人生百季期，修短沉无常。荣华易衰谢，抚景独彷徨”的感慨；有“丹枫衰柳沉河梁，浮云万里空茫茫”的萧索；有“茫茫宇宙，胡独何求？天高地厚，侧身优游”的无奈；有“出门怀故国，搔首独踟蹰”的伤感；也有“丈夫不逢时，气尽谁能雄”的自叹；更有“龙潜必终跃，蛰伏将求伸”的希冀。一首五言古诗《陆机赠弟》更是借西晋陆机赠弟一首，抒发了自己两兄弟与一千多年前的陆氏兄弟不同境遇却有相同的情怀：“淡淡长江流，渺渺孤鸿征。分条折连枝，散蒂瓢春萍。居人怀远道，游旅难为情。落泊非所悲，忆子独伤神。”从诗的背景看，应该是其兄陆冰修游京时的告别。而作于顺治十年（1653 年）冬的《七歌》，则写了自己家里兄弟姐妹 13 人的不同境遇，前有小序，留下了亡国前后普通百姓家中的故事。

明亡十年以后，陆弘定依然不能摆脱亡国之痛，在一首《故国见青山》的五言律诗中，“十季怜局蹐，万里独蹒跚。故国依然在，青山不忍看。远峰连燧景，新体变衣冠。却曲人间世，长歌行路难”。当时浙江、福建一带南明王依然组织一些反清复明的抵抗，因此在一些明末隐士眼里，故国依然存在，但毕竟江山已改，故有“青山不忍看”的悲伤之句。七律《壬辰春日漫兴》作于清顺治九年（1652 年），诗人眼中见到的依然是“海内兵戈十载余，流离城郭半丘墟”的兵燹状况，那些对明朝充满眷恋和幻想的志士们，仍在作最后的抗争。

无奈之下，陆弘定选择了隐居，筑“爰始楼”藏书读书，吟诗酬客，了此一生，癸巳年（1653 年）八月，有《屏迹爰始楼即事八首》抒发当时的心境，其一有“生涯久作琴书伴，莫更伤时咏七哀”（七哀是魏晋诗人曹植的哀怨诗，借此抒发政治上遭受打击的怨愤心情），陆弘定则借此抒发亡国后的愤愤不平；其六有“萧条不遣秋来恨，绿鬓朱颜总断肠”一句，流露的悲愤和伤感，读之令人凄楚。至于诗人的藏书楼为何取名为“爰始”并以此为诗集名，在其三中有“百季旧筑还爰始，三径新成忆昨非”一句，作了诠释。“爰始”见于《诗经·緜》：“爰始爰谋，爰契我龟，曰止曰时，筑室于兹。”意为经过大家商量后筑室之事。从诗句看，“爰始楼”应该筑于“蜜香楼”火灾后，在旧址上重建，故有百季旧筑还爰始之句。“三径新成”则是指诗人用作隐居的“爰始楼”，“三径”指归隐者的家园。

清顺治十四年（1657年），陆弘定30岁，作《丁酉初度》：“朱颜真易改，回音不胜哀。只有青山色，季季入望来。”依然对故国充满眷恋。

五十三

一蓑秋雨泛海色　双艇清溪弄月华

——清·吴农祥《流铅集》

“一蓑秋雨泛海色，双艇清溪弄月华”是吴农祥对好友顾竺公的评价，见于《流铅集·顾竺公印谱跋》一文，移用于吴农祥自己一生，亦颇切合题意。

吴农祥（1632—1708年），字庆伯，号星叟，吴太冲子。海宁路仲人，晚年迁居钱塘，遂寄籍钱塘。康熙十八年（1679年），召试博学鸿词，罢归，一介布衣，悠游江湖，以著述自娱。一生著述极丰，可惜都未刊刻，均为手稿。同里管庭芬谓其平生著述不下千余卷，仅《两浙輶轩录》所载有《心苏集》五十卷、《秋铃集》十卷、《未亡集》八卷、《京江集》四卷、《绮霞集》二十四卷、《澄观堂诗钞》三十卷、《宜斋诗》四十卷、《南归集》十卷、《雪鸿集》八卷、《流铅集》四十卷、《诗馀》二十四卷、《文集》八十卷、《啸台就正稿》二十六卷、《钱邑志林》四十卷、《舆夫隶史》八十卷、《蕉园杂记》三十二卷、《梧园杂记》二十卷、《补录文献通考》八十卷、《文献通考正续纂》四十四卷、《绿窗读史录》五十卷、《唐诗辨疑》六十卷、《词苑》六十卷、《啸台集》二百四十卷等。

吴农祥著作颇多，散失亦多，其名与其著作一样，清后期渐趋衰落，不太为人所知。其实，在清初，吴农祥的文名与毛奇龄、朱彝尊、陈维崧、彭孙遹、尤侗等齐名，尤其是其词赋、骈体文，享誉尤高。《流铅集》便是吴农祥骈体文的代表集。

《流铅集》原有四十卷，现存十六卷，收录于《清代诗文集汇编》第127册。卷前有梅花簃主人题识：“吴农祥先生著作甚富，惜未刊行。《杭州府志》所载书目，多至五百余卷，又已散佚，钱塘丁氏所收亦甚寥寥，丁氏《善本书室藏书志》已详言之。此书得自厂肆，犹自完好，吉光片羽可不宝诸。癸酉夏闰初月梅花簃主人识。”梅花簃主人是民国时期著名藏书家汪叔良，著有《汪氏梅花簃藏书目录》，这是汪叔良于民国二十二年（1933年）得自书肆的《吴农祥先生流铅集稿本》，也仅是上册十六卷。

《流铅集》十六卷全是骈体文，录有赋、表、书、启、疏、记、序、跋、碑、诔、哀辞、墓志铭、祭文诸体骈文计123篇，可谓集骈体文之大观。骈文的内容涉及了吴农祥生活的各个方面，有交友、答谢、唱酬以及日常生活的琐事，其中也不乏海宁乡贤史料的篇幅，如《黄石斋手迹跋》是写朱康流收藏先师黄石斋信札的手卷，《二忠哀词》是写周宗彝抗清殉节的故事，《二良哀词》分别书写了清军入住，海宁沦陷，吴农祥寓居海宁、海盐时发生的朱、曹两位青年志士殉明的故事。

《流铅集》所有作品，篇目下面都著有写作年份，为读者了解写作的时代背景提供了帮助，只是所有作品并未以编年体顺序排列。从时间上看，最早的一篇是写于明崇祯十六年（1643年）的《重修吴山伍公庙碑》，此时吴农祥仅12岁，已显示了相当的才华。而《二忠哀词》和《二良哀词》写于清顺治三年（1646年），当时吴农祥也仅是15岁的少年，其文风悲壮凄戚，读之回肠荡气，同样显示了其天赋及卓越的才华。

卷一的《春思赋》《崎丽赋》《荔枝赋》以诗为赋，明显受到初唐文风的影响，如《春思赋》：“昔王子安作《春思赋》有云：禀宇宙独用之心，受天地不平之气，盖身遭侘傺，运感贱贫，寓巴蜀之山河，羡秦关之风日。差效其体，薄寄此怀。语虽鄙而意深，旨即幽而趣远。如因韶光而别荣悴，庶其过之；若抚节序而慕功名，敻乎异矣。”全文追随王勃的同名辞赋风格和境遇。吴农祥此赋作于康熙十八年（1679年），时年48岁，正值壮年，感身世时运，慕初唐文风，抒发忧郁不平，憧憬美好未来，通篇气势如虹，大气磅礴。

除了抒情作品外，在《流铅集》中，许多骈体辞赋都是叙事性的，如《沈初泉八十征诗起》《黄石斋世仪堂手迹跋》《顾竺公印谱跋》等，能用辞赋的形式，诗词的语言，简洁地描绘事件的经过，在历代辞赋作家中很少见到。例如，《黄石斋世仪堂手迹跋》，把学生朱康流整理老师遗迹之事，赞其功绩：“右黄石斋先生世仪堂手迹一卷，吾友朱康流辑其往来笔札及题赠所存贮者。岁月潜移，山川已改，东市之衣冠悉尽，南朝之钟簴无存。康流少常及门，长称入室，感姓名于饼肆，斯世都非，痛交契于酒垆，其人安在？况复飘回露塞，鬼同曹社之谋，地老天荒，人绝秦庭之哭。散六师于鹊尾，一片降旗，沉双阙于牛头，数声哀角。海内之雄心顿死，江南之王气全消。于是裔纪琅琊，名居小沛，蛮烟蜃雨，三宫舆龙海之思，蛟室龙滞，诸师阻渡淮之策。”通篇以叙事方式记述了黄石斋追随南明王抗清的一段史实，以及朱康流保护先师文稿的事迹，叙中带议，议中有叙，鸿才博论，才华尽显。类似这样的上乘之作，文集中还有许多，如《余杭重修诸葛武侯庙碑》是史论式的辞赋，全篇一气呵成，跌宕畅达，读之朗朗上口，酣畅淋漓。

卷十五的《二忠哀词》，写的是海宁硖石周宗彝抗清战斗、壮烈殉节的悲壮故事，清顺治三年（1646 年），明朝灭亡后第三年。吴农祥 15 岁，亲历了清兵攻入海宁硖石，周宗彝率乡兵英勇迎战，最后全家殉节以及进士俞元良、余元礼投笔从戎死于清军，故称“二忠”。哀辞以长赋形式写得悲愤壮烈：“岁在丙戌，海宁再破，孝廉周君宗彝三重，进士俞君元良仲骧死之，孝廉之弟文学启琦，进士之兄文学元礼，亦狥于难。呜呼哀哉，识传青盖，江表沦亡，详掩黄旗，海滨尽亡。”少年吴农祥与他的父辈一样亲历了亡国之痛，从此便不再入仕清朝，一生布衣，浪迹江湖，以著述终身。这样的文字，能躲过清初严厉的文字狱而留存至今，实属不易。

五十四

始知颜色不如花　行乐年年须及早

——清·葛宜《玉窗遗稿》

《玉窗遗稿》一卷，清葛宜著，乾隆三十七年（1772 年）吴骞《拜经楼丛书》刻本，现收录《清代闺秀集丛刊续编》，有华东师范大学出版社点校本《海昌丽则》收录其中。

葛宜（1636—1671 年），字南有，海宁康熙时期诗人朱尔迈妻。朱尔迈为《玉窗遗稿》写有一篇《行略》，是记述妻子生平的最好史料。两人相识于明崇祯十六年（1643 年）农历八月十八日，海宁传统观潮日，这一年，朱尔迈 11 岁，葛宜 8 岁，两家人一起“滨海观潮”，同住于盐官龙王祠，双方母亲各自喜欢对方的“佳儿佳女”，于是为两孩子“遂缔姻好”。第二年，正逢“甲申之变”，明朝灭亡，朱尔迈一家回到海宁桃源避隐，葛宜一家也来此侨居，在桃源村共同生活了一年。下一年局势稍稳，葛宜一家回到盐官，而后，朱尔迈随父亲朱嘉徵游越两年。清顺治五年（1648 年），朱尔迈回到海宁，坐馆于葛家，于下一年两人结婚，婚后恩爱。朱尔迈对妻子的评价为：“幼而警敏，长而省静，遇事明晓，处之不烦，能达官寡营，俭于处已，不为私藏焉。一切米盐碎务，更未数数然也。如女红针纴之事，即为之极其工，都无屑意。”葛宜自幼读书，知书达礼，尤其喜欢《彤管遗编》，这是一部明代辑录历代女性诗文的专集，又特别崇拜和羡慕朱家才女朱静庵。葛宜嫁到朱家，朱尔迈说：“忆自庚寅来归我室，其事姑也，一如事其母；其为妇也，一如其为女。”深得公婆喜爱。每至夜间，葛宜相夫读书，诗词唱和，其乐融融。21 岁那年，葛宜被毒蛇咬伤，经多年治疗，死而复生但落下病根，经常发病。后朱尔迈随父宦游四川，两人离多聚少，只能以诗词唱和寄托相思。葛宜于康熙十年（1671 年）正月去世，享年仅 36 岁。

葛宜自幼在家受到良好教养，心态极好，尽管身体多病，婚后夫妻长期别离，但为人豁达乐观。朱尔迈在《行略》中讲了妻子临死前的一则故事，当葛宜自知“病且不救，犹谈笑相慰劳，谓死生有命，焉能相强。其达观也如此。一夕梦中忽朗吟而起，余亦惊寤，得‘萧萧木叶送残秋’之句，以为不祥”。于是，朱尔迈赶紧接来岳父家人，并命儿女辈绕坐左右，葛宜“载笑载言，阴阳平常”“一语不及于乱”，在平静中去世。

葛宜乐观开朗的性格，从她的诗集中也可以看出，一首《去年》的七言绝句写出了她对人生的彻悟：“去年花似今年好。今年人似去年老。始知颜色不如花，行乐年年须及早。”岁月易过人渐老，好好享受当下的生活才是重要的，这对于丈夫长年在外，身体又很差的女子来说，是多么不容易。

葛宜婚后，丈夫常随父宦游，而自己则在家留守教子，每次朱尔迈出行她都有送别诗相赠，如《送日观游越》《送日观蜀游》《日观燕赵之行赠别》《送日观赴止溪》《送日观之川南》《送日观之金陵》《送日观之京》等（日观是朱尔迈的号）。每次作别，除了叮嘱，还充满依恋。例如，《送日观之京》：“暮春疋马向长安，处处垂杨客路看。一望云山千万里，相思何日赋刀环。”在思恋中又满怀希望，切盼早日回归，“刀环”隐喻还归。对他乡丈夫的思念，也是她诗中常有的主题，如《怀日观留蜀》《得日观九江家报》《怀日观蜀中》《忆远》《怀远》等，寄托了深情的思念和期盼。例如，《忆远》：“北窗雨过晚凉宜，绮阁秋深独坐时。已被金风吹袖薄，不堪璧月度霜迟。双鱼江阔书难寄，疋马途寒人后期。忆得清诗题满箧，白云沧海共相思。”深秋雨后，凉风衣薄，远在蜀中的丈夫匹马寒途，关山万里，书信难达，只能在不同的白云沧海之下，以诗寄托相思之苦。在另一首《怀日观蜀中》中，写的也是秋天的思念：“秋林闲坐日萧条，万里桥边书信遥。鸿雁一声惊落木，霜华八月试寒袍。蓬莱水浅迷归棹，滟滪堆沉拥去潮。料得诗成应念我，东吴西蜀共挥毫。”最后两句，写出了相思之中又充满自信，没有一般闺思诗的哀怨和悲恻，与葛宜乐观豁达的个性非常吻合。《九日怀远》写重阳登高，全诗没有用愁思怀念等词，但独自一人登高怀远，读之楚然：“秋雨秋风强上台，一樽浊酒漫徘徊。遥知此日龙山客，醉里黄花笑独开。”

葛宜是葛徵奇的从孙女，葛定辰的第三女。葛宜去世时，李因尚在世，

《玉窗遗稿》有李因题辞，李因称她为“名亚左芬，才同道蕴”，左芬、谢道韫分别是西晋、东晋两才女，与之相提并论，可见其才气。李因对这位侄孙女评价颇高：“八龄成诵，蚤通黄绢之辞；十五能文，雅擅兰台之扎。春椒献颂，秋菊留铭，固足扇林下之清风，踵庭前之丽则者矣。”李因与葛宜之间的感情很深，葛宜对太夫人李因极为敬重，尽管是祖孙，但常有唱和，如《春游曲和李是菴太夫人》：“飞花帘外暮春时，日暖朱楼映萃眉。南陌纷纷踏花去，紫骝嘶处绿杨垂。”春日暖阳，垂杨紫马，祖孙两位才女一起踏花寻春，一派春日融融的祥和景象。到了冬天，葛宜有《咏雪寄李是菴太夫人》：“朔风昨夜度江城，六尺飞花点鬓轻。自是子猷应尽兴，独惭道蕴旧知名。关河腊月连梅放，野戍寒深带月明。寄语吾家庭树下，请尊莫惜酒频倾。”雪夜寒天，想学王子猷雪夜访戴的浪漫，可惜野戍寒深，弱女子无奈不能亲临拜访，只能以诗寄托，请尊太夫人多多饮酒御寒。对长辈关切又满含情谊，可见两人之间情谊至深。

《玉窗遗稿》最后附有《诗馀》，录葛宜小词13首，词虽不多，大多是思念远方夫君之作，女性细腻而温柔的笔调，读之清新自然。例如，《转应曲·和日观并寄》：“归燕，归燕，飞到画梁深院。肯寄相思玉人，杨柳依依望春。春望，春望，杜宇声声江上。”春天来了，燕子回归了，远方的亲人寄来新词，家乡的新妇站在杨柳依依的江边，盼望着夫君的回来。

葛宜去世后，《玉窗遗稿》经朱尔迈收集刻成，流传并不广，到了乾隆后期，已经很少有人知道。乾隆三十五年（1770年），海宁藏书家吴骞通过朱尔迈的族孙，从桃源故里朱氏后人处访得残本，重新校勘付印，得以流传。吴骞认为，葛宜的诗“虽天真刻露不及淑真，而缠绵委致，得诗人敦厚温柔之旨，似或过之，良由所遭各不同耳”。诗集后有吴骞跋一篇。

五十五

扁舟江北与江南　断雁啼猿总不堪

——清·查容《浙江诗钞》《浣纱词》

查容在清诗坛或词坛都占有一席之地，当时诗词名声与查慎行、查昇齐名，可惜一生磊落江湖，不入仕途，作品大多散失，目前仅留下《浙江诗钞》抄本一册及罗振玉所藏《浣纱词》一册。

查容（1636—1685 年），字韬荒，号渐江，又号浒翁。布衣一生。钱泰吉《艺文志》载查容："天才超绝，尤肆力于史学""朱氏爱竹居藏本藏有写本一册，不分卷，后附葛世瑛跋，曰：渐江先生诗不下数千首，殆后散失殆尽。当初白老人悬车之日，刻意搜罗，所得仅十之一，乃不三十年，存者又佚其半。顷从书贾得钞本一册，卷帙视得树楼存本较富，而字里行间舛讹特甚，几不能句读，因假初白定本重加校订，录而藏之，虽吉光片羽，亦足见先生之一斑已。"这里记载的一册诗稿应该就是目前所见到的钞本，现收录于《清代诗文集珍本丛刊》第 129 册。从吴骞的《拜经楼藏书题跋记》记载，应该还有《浙江文钞》二册，吴骞云："浒翁负卓荦之才学，为竹垞诸公所推服。此稿余从其后人借钞。"可惜今未见其存。

关于查容的生平事迹，现存资料很少，在其表弟朱奇龄的《拙斋集》中，存有多篇两人交往的文稿，或同时期诗人唱和中留有的一些诗文。其生平可参阅朱奇龄的《亡友查韬荒传》一文："生而颖悟过人，少倜傥有大志，喜读书工于诗文，然落拓不羁，家虽贫不以家人生产为意。韬荒于予为母族中表，年又相若，故予得交于韬荒。岁丁酉，予与韬荒集同志者六七人，订交湖上，时值秋风朗月，湖水汪洋，相与赋诗饮酒，抵掌高谈，论辩经史及古今人物高下，连日夜不倦。韬荒每醉辄仰天而呼，欷歔泣下，谓予曰：伤哉，贫也，无以为养。予曰：岂有有才如子而长贫贱者乎？已而省城有赵公者，以爱才称奇，其丈遂以女妻之。赵公之官楚中，韬荒就婚于楚。居无何，韬荒脱簪珥散金结客，因为数郡大会，一时名士毕至，各出其奇作为诗古文辞，视韬荒一字褒贬以为进退荣辱。韬荒于是声名籍甚，而楚中当事闻之咸叹慕，谓赵公得佳婿，争欲致之门下，惟恐不得相见，至今楚人以为美谈。越数岁，治其装，挈妻子归乡里，挟其贵游所投赠及赵公所遗奁妆衣饰之赀，约数千金，人啧啧嗟异，而韬荒视之蔑如也。慷慨任侠，挥洒立尽，虽典衣鬻产而豪爽如故。久之，家益贫，俯仰不能给，于是出游四方为入幕之，宾闻韬荒名者，竞以币聘，车辙所留大抵皆督抚要津。韬荒则与之，凡与利与民休息地方阴受其福意，有不合辄拂衣去，虽千金不屑就。平居事亲孝而执亲丧哀毁，出于至性，百计称贷以尽丧礼。其交友也自同心，素交而外又能包荒容众，不立崖岸，人多乐亲之，莫不以为韬荒厚我，故韬荒交最广，然此中井然，贤不肖未尝无别。惟肉食者多所龃龉邂逅，觞酒间醉则往往反眼骂坐，人率以此称其狂。岁在甲子春，复以贫不能家食，出游楚中，经年不返，竟卒于楚，时乙丑四月也。呜呼！以韬荒之才高学博，纵不得显荣于世，亦当著书立说以垂不朽，乃有志未逮，年甫五十遽尔弃捐，惜哉！倘所谓天夺其年，非耶？”朱奇龄的这篇传纪，把查容写得生龙活虎，率真、豪爽、落拓、多才且时运不济，可惜的是其博学高才、满腹经纶并未传之于世而不朽，仅诗集也只留下一册残本。

《浙江诗钞》不分卷，有七言律诗 45 首，五言律诗 21 首，七言绝句 19 首，五言排律 7 首，七言排律 1 首，七言古风 5 首，五言古风 2 首，诗馀部分留下词作 9 首，共计诗词 109 首。

《浙江诗钞》中与查慎行、查嗣瑮兄弟唱和最多，有《元辰次夏重德尹》《上巳清明和夏重》《立夏日绿阴和德尹》《德尹邀看蔷薇花同鹤江作》《岁暮寄声山兼怀夏重次又微原韵》《荆州喜雨期夏重不至》《夏重宴集同人赋诗言别各和四首》《将之武陵别夏重》《寄德尹夏重兼示东亭又微声山》等，查慎行，字夏重、查嗣瑮，字德尹。还有与查家长一辈的查继佐（号伊璜）、查崧继以及下一辈的查声山等人唱和，留下了与查氏三代人之间的情谊。七言排律《送伯伊璜游粤中》，记述了明亡后查继佐投笔从戎，南下广东的一段经历：“南海苍茫独远征，骊歌怅饮不胜情。江邨隐隐孤帆去，野店萧萧匹马鸣。五岭从教游兴逸，百蛮却令客心惊。越王台迥秋风急，陆贾祠空夜月明。瘴疠连朝侵风驿，桄榔万树暗羊城。登临此日应忘倦，离别经年自觉轻。路阻东山归未得，尊开南道醉难成。关河几处闻鼙鼓，恐到途穷哭步兵。”诗人似乎看到明朝的灭亡已经是大势所趋，反清复明只是徒劳而已，结尾两句明显带有伤感和失望。

尽管查容一生浪迹天涯，但倦鸟思归，在诗中总有乡情流露，《羊城除夕》就是一首游子思归的诗：“黯然星河欲二更，烛花开落太无情。邻家笑语喧初歇，野戍歌呼咽未平。独夜愁深拚伏枕，南风梦稳趁归程。高堂守岁停杯久，绕膝凄然念远征。”充满忧伤而凄然的乡愁情思，读之黯然伤神。

《浣花词》是罗振玉所藏查容稿本，后有罗振玉跋一篇，认为“此册人间无别本矣，乃付影印以传之”。跋中还记录了两则查容鲜为人知的轶事。因集前盖有查容字号及闲章三枚，故罗振玉认定为查容手书稿本。书稿共收录查容词作 56 首，收录于《罗雪堂先生全集》第七编。有调寄高阳台三首，分别写黄鹤楼、岳阳楼、滕王阁，词风苍茫凄忧，如《高阳台 · 岳阳楼》：“云梦具空，潇湘不远，湖光如镜初平。徙倚危楼，烟波四面还生。龙吟浦口楚天晚。十二峰螺髻飘零。正愁予，苹末风来，锦瑟无声。 微云笼月冥冥，渐涛惊绝岸，水骇严城。槛外归舟，连樯灯乱疏星。从今知有江山助，五字诗更乞湘灵。夜迢迢，横笛休吹，万顷离情。”词风沉郁苍凉，把登岳阳楼望尽湘楚景色以及内心的沉郁，写得淋漓尽致。

五十六

文章无今古　要在得其真

——清·朱奇龄《拙斋集》

朱奇龄（1637—1705年），字与三，又字子令，号拙斋，朱朝瑛从子。寄籍钱塘。有《春秋测微》及《拙斋集》，收录于《四库附存目全书》。

《拙斋集》五卷是朱奇龄文集，《四库附存目》提要云："所作皆简洁明畅，无钩章棘句之态，而边幅不免于稍狭。"正所谓"边幅稍狭"，才使文集中保留了大量的地方文史资料。"拙斋"是朱奇龄的斋室号，为何称"拙斋"，卷五有一篇《拙斋主人说》，作了详细解说："余所居南轩，有竹数杆，花草杂莳。予尝读易其中，客有过予者曰：此斋何以不名？予曰：予每欲名之，思其义而未得也。今请名之以'拙斋'，因自号曰'拙斋主人'。客曰：甚哉，子之迂之也。天下之人皆争翘于功，吾见夫世之享荣名，取厚利者，莫不以巧为先，而子独贵拙，何也？曰：子不闻夫圃畦丈人之言乎，机心存于中，则纯白不备，纯白不备，则神生不定，神生不定者，道之所不载也。夫所谓者，巧而已矣，机变之巧，丧其本心，不能拙也。故孔子曰木讷，曰质直，皆言拙也。孟子曰：所恶于智者，为其凿也。拙则不凿，而行所无事，知不为邪媚，不为险诈，不为违心之言，不为钩深之计，虽于事之成败得丧，或受其亏，而吾所自得者多矣。且夫人之巧，未必能与造物争衡也。造物有定数，人不得而知之；造物有定命，人不得而强之。尝观多智之人，量利害，度可否，自以为百不一失，然而得者半，失者亦半。"文章取庄子、孔子、孟子的观点，阐释宁拙毋巧、藏拙于巧的人生观。

《拙斋集》前有查嗣珣、祝翼恒作序，两人都是朱奇龄的表弟，均认为朱奇龄能继承伯父朱康流先生的文才。祝翼恒说："吾兄能抱独守残，振音于空谷之中，岿然不废啸歌，所谓道大知希，曲高和寡，然川媚山辉不能掩其光芒。昔君家紫阳先生为世大儒，百代宗仰，如五星之在天，茫寒色正。兄以裔孙踵其清尘，言坊行表，凤规羽仪，肃穆辉暎，望而知其为大贤之后，文章尔雅亦仿佛相似。”查嗣珣则说：“君家紫阳羽翼，圣教倡明，绝学寥亡数百年后，拙斋先生东海一别祖矣。”紫阳先生即宋大儒朱熹，可知海宁朱氏为朱熹裔孙。

文集各卷分别由祝翼恒、查慎行、王世琦、查嗣瑮、汪儒、查嗣珣、张焕选定编成。卷一为序、书，卷二为记、传，卷三为论，卷四为策，卷五为杂文、行略、墓志、祭文。除了卷三、卷四论、策部分外，大多文稿是与地方乡贤和官吏往来文书和为亲友作传写记。

康熙十二年（1673 年），许三礼来海宁任县令，朱奇龄作为地方乡绅，三次上书许三礼，提出治理海宁的具体看法和措施。第一次上书内容针对当时因“三藩称逆”，两浙一带社会动荡，盗贼普遍而引起的治安混乱现状，建议建立民团，训练乡兵，并提供具体的组织实施方案，使初来乍到的许三礼得以很快平息社会乱象，树立了威信；第二次上书是社会渐趋稳定后，对流窜和逃亡来海宁的外籍人员，提供管理具体措施，建立本土居民保举制度，如发现本村有逃亡隐匿之徒而不举者，以同罪处理，既欢迎外地迁居来海宁，又便于对迁居人员的管理；第三次上书是许三礼在“去奸民、行保甲”措施实施取得成效以后，朱奇龄再次建议尽快实施“兴起教化、陶树斯民”的措施，这也使许三礼成为海宁历代县令中重视教育的官吏之一。从许三礼在海宁的政绩看，朱奇龄的几项措施建议，都在他施政过程中得以具体落实并富有成效。

康熙十九年（1680 年），许三礼结束在海宁七年的县令生涯，奉诏赴京述职，在离开海宁之时，朱奇龄再次作《送邑侯许公钦召北上序》一文，对许三礼的政绩作了很高评价：“公莅政七年，利无不兴，弊无不革，于是去奸民、除胥蠹、奖士类、养耆民、修举社仓、申明乡约，举丧祭之礼以教孝，明婚姻之礼以教慈，行士相见礼以教敬，修乡饮酒礼以教让，不特此也。讲学明道而士兴于学，劝农恤困而民歌于野，濬浍道川而商旅欢于涂。而且严傒伍、兴义学，一邑之民沐公之泽而被其化者，莫不户见，有祝而口有碑矣，廉能卓异之绩闻于远迩。”

卷二《盐官海患记》，记述历史上钱塘江潮灾对海宁的影响，考证了从唐开元时已有 120 里的海塘大堤，宋元以来海塘兴废的遗迹，以及明朝三百年来历次潮灾后的修筑情况，告诫当时掌权者修筑海塘的重要性，不可敷衍了事，要时时警觉，因为海宁段大堤不仅对海宁、海盐有防护，而且会影响到杭嘉湖整个地区的安全。

文集中留下了不少当时海宁文人的生平资料，如卷二《淡泊斋记》写好友查容的书斋；《西村新舍记》写其族叔朱人远迁至龙山的新居，《族叔太学生人远传》写其生平，两篇合读可了解朱人远完整一生；《舅氏学圃先生传》写其舅父查崧继生平及其隐居之学圃的状况，查崧继是查慎行的父亲，有关其生平史料地方文献中记载不多，这篇文章可补充其不足；《亡友查韬荒传》则是到目前为止，对查容生平最为完整的介绍资料；《亡友陈敬之传》是介绍陈确之子陈翼的生平资料；卷五中《先伯父垒庵先生行略》记述了朱康流的生平。

卷三论与策，是朱奇龄治国平天下的宏才大略。朱奇龄虽为贡生，一生无科举仕宦荣耀，身为布衣，却胸怀天下，这是古代儒家的终生追求，也是修身齐家治国平天下的理想体现。从其文章可略知一二，如《直臣论》《朋党论》《宦官论》《藩镇论》等以历史为鉴，借古而鉴今；《治道策》《任官策》《安民策》《理财策》等则是具体的治理方法，大有身处江湖之远，心系庙堂之高的古仁人之心。

朱奇龄另一部著作《春秋测微》也录于《四库全书存目丛书》，《拙斋集》中有一篇《春秋蠡测自序》应是《春秋测微》的原序，四库本未见收录，可作为导读。

五十七

清矣慎矣又勤矣　人或偏欤公独全

——清·许汝霖《德星堂诗文集》

许汝霖（1640—1720 年），字时庵，号且然。康熙二十一年（1682 年）进士。官至礼部尚书。著有《易经说》《四书大成》《许氏族谱》《德星堂诗文集》等。

《德星堂诗文集》分《德星堂文集》十卷、《德星堂诗集》五卷，《四库全书存目丛书》提要谓："汝霖才思富瞻，集中诸体皆备，"《德星堂文集》目录有十四卷，目前所见为十卷，十一卷以后为其子所辑，仅存目录，未见其文，录《四库全书》时也是仅存目录。文集内容分别为卷一馆课、策问、跋、序一、序二；卷二为序三、序四、记、书、杂著；卷三为传；卷四为志铭；卷五为祭文上；卷六为祭文中、下；卷七为疏、表、赋；卷八为启；卷九为课士条约；卷十为河工集。卷十一以下著名为"嗣出"，仅列目录。卷十一议、策、拟表、论；卷十二殿试策、应制；卷十三遗文；卷十四年谱，可惜无文。许汝霖未及第时，尚设官授徒，弟子众多，故卷一首列设馆授课的讲稿，有《主一论》《立纲陈纪论》《道德仁义论》《兵制》《吏治》《安民》《论郊社分合》《论刑罚宽严》等八篇，都为儒家治国平天下之论，古代士子修身立身之本。康熙四十二年（1703 年），许汝霖奉命督学江南，各地士子会试时，许汝霖所出试卷是五道策论试题，亦收录其中，保存了古代科举试卷的第一手资料，其中第一问是"问三代以上治道之隆，惟有礼耳"；第二问为"问考绩之法肇自虞廷"；第三问为"问从来粮储输挽其法有三，曰陆，曰河，曰海"；第四问为"问自有载籍以来，文章之功抑钜矣"；第五问为"问吏道杂而莠，民起是盗之兴，自有司失职始也"。

每问之下，都有简单阐释，然后由考生自由发挥。答题要求以治国之策为主。康熙二十六年（1687 年），许汝霖曾督学四川乡试，试卷也是五道策问题，其中有“问古今不朽有三。立德、立功、立言者”“问井田之制，寓兵于农”等，题目较会试要简单得多。

卷一有《花园里朱氏宗谱序》，对海宁朱氏出自朱熹作了严格考证，认为“吾邑花园里朱氏，独以考亭世系斑斑足据”；“颜氏家乘考”则通过颜氏家乘对海宁许氏源流做了考证，认为海宁许氏，均出于“睢阳忠义公”，并再次对朱氏宗谱做了考证；而“洛塘宗谱序”以及卷二的“盐官宗谱存疑考”则专门考证海宁许氏，为地方望族流传渊源留下了珍贵的文献。

卷二有《致晚研他山两馆丈倡举三老会》书札一封，晚研、他山分别是杨中讷和查慎行，信札内容讲述了许汝霖告老还乡后，发起成立诗会的缘由。从这一封信札可知，最初的诗会是由许汝霖倡议下成立，由三人组成，信中有详细的聚会时间和内容，是研究这一诗会的原始资料。《家订六则》是许汝霖还乡途中为许氏家族制定的族规，有《家宴》《衣服》《嫁娶》《凶丧》《安葬》《祭祀》六篇，一切以“宁俭毋奢”为原则，为许氏家族婚丧宴集活动制定了严格的规范。

卷三有《同学朱人远传》，记载海宁乡贤朱人远及父亲朱嘉徵许多不为人知的故事，许汝霖和朱人远是同学，朱人远长许汝霖 8 岁，称朱人远为畏友，可知许汝霖对朱人远的敬重。《陈惕非传》以及卷四《陈黄门陟斋墓志铭》两篇，补充了海宁渤海陈氏名人传纪资料的空白。

卷七各疏是许汝霖任吏部尚书期间上疏的各类建议，有《请御制圣训颁发学宫以励士习疏》，希望康熙能为天下学士颁发训诫，供各地学宫勒石垂世，以砥行学士品行；《请禁教官捐纳以重师儒疏》，是针对地方教谕人选可以捐纳的弊端，提出教官任用必须有严格规定的建议，以正重教尊儒的风尚；《请禁生员为礼生以敦士习疏》，是为了严肃各地学校风气，禁止各地学子作为“礼生”随便出入衙门，结纳官府。所谓“礼生”，就是古代官府祭祀时在旁主持唱起、跪、叩首之类的司仪。认为生员过早涉足官府并非好事，不利于培养生员淳朴厚道的优良个性。这些上疏，可以看出许汝霖执政吏部期间的理念和作为。

康熙四十九年（1710 年），71 岁的许汝霖向康熙提出辞呈，希望告老还乡，《请赐归田里以安愚悃疏》，是一篇自传体简介，从入词林充侍皇太子讲幄、典试经历、讲读学士、工部侍郎、礼部侍郎，督理子牙和、户部侍郎到升任礼部尚书兼理吏部，“服官二十九年，从不敢请假一日”，这是非常不容易的事，其勤政和辛劳可想而知。

《德星堂诗集》五卷，是许汝霖自编诗集，分《祥献集》《应制集》《冰衔集》《使旋集》《河干集》《还朝集》《归田集》《酬应集》八册，前六册大多为官场应酬之作，但也不乏思乡愁绪的感情流露。《冰衔集》有《吴西李招饮看菊次韵》其二，表达了对家乡的思念：“每以家山大小尖，桃源风景自熙恬。”《题罗少宗伯御赐清慎勤额》，其中有“清矣慎矣又勤矣焉，人或偏欤公独全”之句，此套用于许汝霖一生，也并非为过。康熙四十二年（1703 年），64 岁的许汝霖奉命督修子牙河，《河干集》是这一时期留下的诗作。这年二月初七，康熙皇帝亲临雄县巡视河工，许汝霖的诗记下了这段历史，其中《二十日辞驾》，有一段小引：“蒙问几时任满，回奏十月。上将手指细数云：只有五个月了，愈当勤慎，不可功亏一篑。”这是康熙对老臣的期许和鼓励。皇上亲临巡视，许汝霖肩上的重担可想而知，在《十五夜扈驾口占》一诗中，流露出明显的思归情绪：“纤纤月色映波清，倦枕支离到五更。忽傍乡关娱骨肉，还随京国狎簪缨。醒来孤艇迎风咽，想去愁肠逐浪惊。何日硖东归棹稳，绿杨堤畔听鸡鸣。”这是许汝霖诗集中少有的悲情流露。康熙四十九年（1710 年），许汝霖告老还乡恩准，欣喜万分，写下《予告志喜》七律六首，道出了官场的艰辛和将要放归的喜悦，其中有“半世文场都戏儡，卅年宦海几危滩”一句，反映了高官吏部尚书的真实心境。从《还朝集》中告别京都同僚的诗中可以看出，有“梦想家山溯硖东”的回乡急迫心情。

康熙五十年（1711 年），许汝霖正式还乡，一路唱和留下《归田集》。回家后第四年，许汝霖召集几位先行回家的京城同僚组织诗会，经过他的倡议发起，于康熙五十四年（1715 年）春，在硖石许汝霖“也叫园”第一次雅集，实际参加有四人，分别是许汝霖、陈勋、查慎行、杨中讷，许汝霖写了《四老初会》序并二律，记载了这次盛事，以后的几次雅集也都在集中留下诗篇。回到家乡的十年，许汝霖唱和酬友，读书课子，度过了一生中最轻松的晚年。

五十八

德无常德　不修则坏

——清·陈诜《四书述》

陈诜（1642—1722年），字叔大，号实斋。康熙十一年（1672年）举人，由中书舍人历官至礼部尚书。谥号清恪公。著作有《四书题旨》五卷、《三江彭蠡辨议》一卷、《通鉴纂要》四卷、《律述》一卷、《义学训规》四卷、《研北斋尺牍》《周易玩辞述》三卷、《资治通鉴述》一卷、《诗经述》一卷、《地理述要》一卷、《四书述》十九卷。

《四书述》十九卷，《四库全书总目提要》谓："是书多不主朱子《章句集注》。如以《大学》'听讼'章为解'格物'，而以朱子《补传》为不知圣贤经传化工之妙。其学盖源出于姚江，而于姚江之中又主调停之说者。""姚江"即黄宗羲，陈诜师从黄宗羲，故有"其学盖源出于姚江"之说。黄宗羲曾为陈诜《四书述》作《陈叔大四书述序》，序言回忆海昌讲学期间，给学生讲经的场景："余讲学海昌，每拈《四书》或《五经》作讲义，令司讲宣读毕，辩难蜂起。大抵场屋之论，与世抹杀。余曰'各人自用得着的，方是学问。'寻行数墨，以附会一先生之言，则圣经贤传皆是糊心之具。朱子所谓譬之烛笼，添得一条骨子，则障了一路光明是也。"黄宗羲鼓励学生独立思考，而非人云亦云，不迷信圣贤，学问要为自己所用，重在培养学生的创造性思维。对于陈诜的为人学问，黄宗羲作了这样的评价："陈子叔大于其间特有领袖，端默静好，圣贤微言要语，审括内考。闻以《四书》述之，了无滞法，余观其波澜正阔，必收归滥觞，要自明其所独得。不然，自古至今，积千万人之见，新义何限，叔大亦无容于崑冈烈焰助此爝火耳。"黄宗羲学问惊人，亦颇自负，在序言中还讲了一个故事："余生平颇喜读书，一见讲章，便尔头痛。武林顾隣调曾以所著《五经讲章》饷余，余谢不受，徐虞求先生在座，诘之。曰：‘性所不耐，置之高阁，恐虚隣调盛意也。’虞求为之一笑。”黄宗羲认为这样的书太多了，大多没有新意，不看也罢，与其拿回家束之高阁，不如当面谢绝。而对于学生陈诜的《四书述》，他却这样认为：“今读叔大之述，不异一堂问答，日征月迈，此书即为积水矣。虽然，近来议论迫狭，圣伏神徂，日益无考，人人私其瓮天。将子之学愈进，则彼之绳益急。吾子其亦能自信已乎？”这是对学生的肯定和鼓励，可见陈诜的《四书述》在黄宗羲眼中的分量。

所谓《四书》，即《大学》《中庸》《论语》《孟子》的合称。南宋朱熹把《礼记》中的《大学》《中庸》两篇文章单独提取，与记录孔子言行的《论语》和记录孟子言行的《孟子》放在一起，合编而成为《四书》。从此以后，《四书》成为官定的教科书和各代朝廷科举考试的必读书，它蕴含了儒家思想的核心内容，是中国儒家文化的集中体现。自《四书》成编以来，程颐、朱熹等人对它都有疏注，尽管历代疏注流派纷呈，但程朱理学已成为儒学的顶峰。《四书述》是陈诜在阅读研究《四书》时的心得体会，它的体裁不同于疏解和集注，仅在于阐述，其体例是一段经文，一段阐述，阐述部分很精辟，除阐释经意，还有较多的个人见解，每一段经文的阐述，少则数十字，多则千余字。因此黄宗羲颇为看重陈诜的这部著作，认为“不异一堂问答”。

《大学》是四书之首，是一篇论述儒家修身齐家治国平天下思想的论文，原本是《礼记》中的一篇，经北宋二程竭力推崇，又经过朱熹《大学章句》阐述，将其列为四书之首。《大学》开篇就明确提出三纲领和八条目，三纲领即“明明德、亲民、止于至善”，八条目为“格物、致知、诚意、正心、修身、齐家、治国、平天下”。如对“修身在正其心”一段，陈诜作了长篇阐述，认为必先“诚意”和“正心”，只有心先正，才可言其修身；对于“齐其家在修其身”一段，则强调圣贤正心修身才可言治国平天下，而修身又重在齐家，治不好家的人必定修不好身；对于“治国必先齐其家”一段，重在治家过程中树立治国的表率，最终还是以修身为本；对于“平天下在治其国”一段，强调的是品行的修养，品德高尚的人才能以身作则，所谓“絜矩之道”才足以平天下之道。重点说明儒家修身的重要性。

《中庸》是古人专门论述人生修养境界的一部道德哲学专著，也是原《礼记》中的一篇，相传为战国时期子思所作。其主要内容为肯定“中庸之道”是道德行为的最高标准，把“诚”看作世界的本体，认为“至诚”则可达到人生的最高境界，并提出“博学之、审问之、慎思之、明辨之、笃行之”的学习和认识方法。宋以后列入《四书》，并成为历代官定的教科书和科考必读书，程朱以来历代注解颇多，陈诜的《四书述》也是其中之一。陈诜在述《中庸》首段开篇即说：“《中庸》一书，子思皆以明道，自首章以至索隐章，言以戒惧慎独为行道明道之功。”全文长篇大论阐述了戒惧和慎独，并引入阳明心学来阐述自己的观点，明显受到黄宗羲学说的影响。

《论语》是记录孔子政治主张、伦理思想、道德观念以及教育原则的一部语录体著作，是儒家的经典之一。《论语》的核心思想是“仁”，是孔子建立理想社会的道德、政治、伦理的范畴。现存《论语》共20篇，陈诜以“上论”十篇和“下论”十篇，逐篇论述，循循善诱，是学习《论语》很好的释读资料。例如，《上论·为政》篇：“温故而知新，可以为师矣。”陈诜的阐述很精彩：“学者浅尝而涉略之意，则知新易温故难，未学之事骤而得之，可资见闻之助，及已知而喜新厌故之意生，则弃置忽忘而终归无有者多矣。”全句意思为求知不能喜新厌故，有时温故比知新更重要。

儒家的最终目标是培养人的道德思想，培养人共同生活及行为的准则和规范，孔子的担忧是“德之不修，学之不讲，闻义不能徙，不善不能改”，因此陈诜阐述时强调“德无常德，不修则坏；学无尽理，不讲则遗”，重点强调了道德修养的重要性。

《孟子》是记录孟子言论的汇编，孟子是孔子思想的继承者，被尊称为“亚圣”。孟子治国观念主张德治，提倡性善论，强调仁治。陈诜在《孟子述》阐述“仁则荣，不仁则辱”一段后说：“国家治乱安危，在主德之明昏，不在国势之强弱。有小国政修而不可以侵侮，有大国政乱而终至于灭亡。故大国之窥小国，在视其人政之臧否，而小国之御大国，在厉其志气之精明。”是一篇很精辟的讨论国与国之间关系的论述。

陈诜在《四书述》自序中说：“朱子虑佛教之足以惑人，故确切分疏，以为下学所遵守，陆子略其枝叶而独抉其宗旨，盖于朱子有一本散殊之分而非有所悖谬。”可见，陈诜的《四书述》是对朱熹理学和陆九渊心学的综合，取长补短结合自己的读书体会而写成，故四库馆臣给此书的结论是“其所学可以睹矣”，肯定了这部著作的学术价值。

五十九

负一代之才华　盛传京洛

——清·陈奕禧《春蔼堂集》

陈奕禧（1648—1709 年），字六谦，号子文、香泉。陈奕禧以书法盛名，被钱泰吉誉为“翰墨妙当代”。陈奕禧以付贡起家，官至户部侍郎，曾任山西安邑、深泽知县，后又迁贵州石阡、江西安南知府，一生官宦生涯 30 余年，为官不高，且都在边远山区的穷乡僻壤，但留下的著述颇丰，有《金石遗文录》《封叟题跋》《皋兰载笔》《小名补录》《益州于役记》《北解杂述》《北行日记》《晋阳行记》《云中纪行》《陈子日记》《奇花异木记》《文海》《含香新牍》《笑门集》《春蔼堂集》《虞州集》《虞州续集》《绿阴亭集》等十数种。其中《春蔼堂集》十八卷、《虞州集》十六卷、《虞州续集》二卷、《绿阴堂集》二卷，有上海古籍出版社收录于《清代诗文集汇编》并出版。

陈奕禧今以书法盛名，其实在清初，其诗文同样颇负时名。《春蔼堂集》为陈奕禧自编诗文集，成书于康熙三十六年（1697 年），刻印于清康熙四十六年（1707 年），卷前有康熙时期著名文学家、诗人田雯作序，序称“陈君六谦，清暑望郎，骚坛名士，摽六朝之褰屐，独秀江东，负一代之才华，盛传京洛”，可见当时陈奕禧的名望。只不过后来其盛名为书法所掩，诗文渐渐不为人所知而已。

《春蔼堂集》十八卷，卷一至卷二为《香泉小稿》；卷三至卷六为《含香集》；卷七至卷十八为《乐回集》。《香泉小稿》是陈奕禧在山西时期的行旅诗，从《出郊》《立春日宿祁州》《滹沱晚渡》《藁城道中》《张登村外》《壬申腊月保定归途值雪》《晋州登龙冈》《往安平作》《衡水咏成》《冀州咏怀》《邯郸题黄粱祠壁》到《唐山晓行》，一路走来，足迹遍及山西、河北。诗中记述了陈奕禧任县令时考察灾情、关注民生的诗篇。康熙三十二年（1693 年），滹沱河水灾，良田成湖泊，饥民成群，有《历大小吕邑至王宁村》记其事："小民疾困几能苏，又遇今年夏涝多。千顷波涛翻作泪，万家黍稷酿成河。"此外还留下了《深州勘荒自孙李庄登舟东南历田家角》《由田家角至小李庄》《滹滏水益恒山郡邑被灾甚众，余奉檄委勘深州泛舟上下二十余里，至吐露口得长句》等多首亲临灾区，查看灾情的诗歌。

《含香集》是作于在京城户部任职，以及在京郊督修大通桥河工时期，即康熙三十五年（1696 年）至康熙四十一年（1702 年）期间诗作的结集，记录了在京城的交友唱和之乐。与其交往的文人有宋山言、张博山、查昇、查慎行、梅庚、王士桢、魏一鳌等以及海宁陈家在京的弟兄。最值得陈奕禧自傲的是，督修大通河的政绩，得到康熙的表彰和皇太子的接见，留下诗篇有《雪霁后赴大通桥书怀》《通州舟次》《通州道上》《晚至通州》《往通州途中漫成》，其中，于康熙三十八年（1699 年），陪同皇太子巡视大通河，作有《记恩诗》12 首，诗前有序，每首诗有详细注解，记录了这次巡视的全部过程。

《乐回集》是陈奕禧出任贵州石阡知府时期的作品。作者于康熙四十四年（1705 年）至四十六年（1707 年）出任石阡，前有《自序》一篇，解释了取名《乐回集》的原因："天下之苦莫贵州，若贵州之苦莫石阡，然则石阡者，乃天下至苦也，郡何乐也？石阡有江名乐回，知其苦故思其乐。余出守石阡将欲往而期于回，故命余到官之诗为《乐回集》也。"接到任命书，陈奕禧有《咏怀》诗一组，其一为："石阡荒远穷无取，郡阁先闻有碧梧。打点图书相伴坐，三年只当著潜夫。"出发之前已有了足够的思想准备。陈奕禧离开京城的时间为康熙四十三年（1704 年），有《九月廿一出都》一诗记其事，而《卢舜徒太守送余至天津留别三首》，则记述了离京时的心情。抵达天津的时间为《十月五日天津晓吟》，然后《抵杨柳青》《沧州夜泊》到达《济宁州》《出平原县即望见泰山》《舟经黄河》，于除夕到达真州，有《真州除夕次友人韵》，下一年至武昌，有《三月四日泊武昌》一诗，游《白螺矶》《黄鹤楼》《登赤壁山武侯拜风台》，再到《岳阳楼》《泊岳州城下》，再过洞庭，有《行洞庭湖时天气晴朗》《洞庭湖晚行》，再一路舟行至闰四月十七日到达石阡境内，留下了《石阡上日适久旱而雨》诗：

"云湿双旌出树头，盘廻岩壑渡奔流。亭思喜雨东坡记，山胜环滁永叔游。领郡未尝非刺史，图南今乃入夷州。老夫尚觉风流甚，血色绯袍映石榴。"从京城到石阡，行程九个月，一路行一路诗。在石阡的两年时间里，还留下了大量贵州、云南行旅诗篇。

《春蔼堂集》卷十三至卷十八是文集，有碑记、题跋、行述、书论以及读书临帖笔记。陈奕禧作为康熙朝一流书法家，读帖临帖异常勤奋，从文集可知，他临过的前人法帖不计其数，有记录的有《临王献之十三行》《书太清楼帖》《临梁陶隐居书》《临唐人双钩兰亭序》《临米芾临右军辞世帖》《临张芝》《临欧》《临小令书》《临郗愔》《临宣示帖》《临钟元常千文》《临曹全碑》《临孔霾碑》《临崔浩书》《临怀仁圣教序》《临杨少师韭花帖》《临颜鲁公争坐帖》《临索征南》《临蔡忠惠》《临李仲旋碑》《临张猛龙碑》《临飞白书》《临文皇书》《临白石神君碑》《临王尚书》《临褚书》《临索靖》《临柳书》等。如此勤奋地向前人学习，而且每临一帖，必写下临帖感想，在《临书》感悟中他写道："书家不从中得三昧，终莫能精进也。"在《临争坐帖》感悟中，他写道："颜尚书发源圣教序，自出机轴，随意稿书，纵横变态，极尽其妙。右军以退笔写兰亭，为千秋绝调。此本亦退笔起草，作百代之宗，气象苍茫，万人辟易，仆虽亦以退笔揣摩形似，未见真迹终莫能肖其神也。"

卷十四有陈奕禧为夫人去世后写的一篇《行状》，情深意切，字里行间流露的情感极深。文章除了对夫人的怀念，也是陈奕禧自己一生的回忆。陈奕禧在书法上有所作为，与夫人的赏识与支持密不可分，他写道："禧以书名为当世所称许，卷轴笺素堆积几案，禧每于花前烛下，乘兴弄笔，宜人先命侍婢涤砚研墨以待，亲为伸纸展帖，观予临摹，乃复品骘妍媸深相珍重。盖翰墨闲情，闺房雅事，三十余年如一日也。"夫人去世于陈奕禧赴贵州石阡之前，一生随陈奕禧宦游，从安邑到深泽一直陪伴在侧，相夫教子，理财治家，是陈奕禧的得力贤内助，因此，夫人的去世，陈奕禧极为悲痛，写下了这篇近万字的《行状》。多年之后，陈奕禧有一首《除夕是亡室死忌》诗："老年气力渐衰颓，况值残冬百事催。一室缁书杜闻见，恐多哀悼上心来。"对亡妻依然深情眷恋。

六十

春秋古史乃家法　诗笔离骚亦时用

——清·陈訏《时用集》

陈訏（1650—1732年），字言扬，号宋斋。为黄宗羲门人，得传勾股法。由岁贡任温州教谕。著作颇多，有《勾股述》二卷、《勾股引蒙》五卷、《太湖水利考》二卷、《宁盐海塘议》一卷、《考字》一卷、《画鉴》一卷、《堪舆杂记》一卷、《刘氏八局序评注》一卷、《贾氏祖地记注》一卷、《琐言》一卷、《韩家塔地或疑》一卷、《唐省试诗选》十卷、《读杜随笔》四卷、《宋十五家诗》十六卷、《宋人小集钞》六十二卷、《有九思斋杂钞》十七种、《祭田始末》一卷、《书剩吟稿》一卷、《抱膝小草》一卷、《时用集杂钞》四卷、《时用集》二卷等。其中《勾股述》《勾股引蒙》《时用集》收录《四库全书存目丛书》。

《时用集》是陈訏的诗集，集名出自苏东坡诗句，根据陈訏自序中所说："先君子课余兄弟制举业之外，时及诗古文。颜所居家塾曰：'静学斋'，署联用东坡语：'春秋古史乃家法，诗笔离骚亦时用。'"因此取诗集名为《时用集》。诗集为陈訏自选，为其40岁以后所作诗歌，以编年体形式录存。《四库全书总目提要》如此介绍陈訏其人其书："訏为黄宗羲门人，又与查慎行同里友善，故文恪诗俱有所受，然所作终亚于二人，是集为訏所自编，凡四十岁以前所作悉删去之，断自己巳迄戊子为正编，又自己丑迄壬子为续编，则其晚所增刻也。"起讫时间是正编从康熙二十八年（1689年）至康熙四十七年（1708年），续编从康熙四十八年（1709）至雍正十年（1732年）。

正如《四库全书总目提要》所说，陈訏与查慎行及陈氏兄弟间关系密切，唱和颇多，诗风也大致相同，与查慎行及查氏兄弟唱和尤多，陈氏兄弟有陈伦、陈诜、陈元龙、陈奋永等，与乡中友人唱和也颇丰，有杨中讷、曹希文、马寒中等，大多是鸳湖诗会社友。结社雅集是清初文人时尚的活动，如《六月十六日同人雅集》，有“鹭画评诗闲共课，品茶泥酒淡堪娱”之句，道出了闲适而又雅致的诗友间交往。

康熙三十六年（1693 年），陈訏秋闱未中，以贡生身份赴浙江宁海任教谕，《将赴宁海任》一诗中，有“秋闱被放即为师，仕学谁优终不知”之句，既是自嘲也是无奈。另有《支俸自嘲》：“一挥作广文，俸薄如蒙馆。但可饘粥供，直须荤酒断。”“蒙馆”指启蒙的学塾，收入微薄。教谕的微薄收入，只能过节衣缩食的生活。诗中流露，陈訏的本意并不愿意过长期在外清贫生活。康熙三十五年（1696 年），陈訏回乡休假结束后返任，有《到家信宿即行途中感赋》一诗，内有“何日放还吾愿足，躬耕不悔老南阳”，稍后的《感怀》，有“囚山三年家山远，寸心欲附归飞翼”，甚至有“我将拂衣逝归田”，都流露出希望早日结束任期，回家过躬耕自乐闲适生活的急迫心情。尽管如此，陈訏在宁海期间还是留下了大量的浙南纪游诗作，有《桐岩岭》《游天台抵岭下窝》《赤城》《国清寺》《石梁瀑布》《访仙居书院》等。

陈訏在宁海共待了 14 年，直至康熙四十五年（1706 年），才因病告老回家。此时，他年轻时的好友和本家弟兄也相继告老回家，如许汝霖、查慎行、查嗣瑮、陈伦、陈勋、陈元龙等，老友间经常有游园雅集唱和。康熙四十七年（1708 年）除夕，与陈伦、陈元龙一起度岁贺新年，有《丙斋兄寄示岁暮闲园杂咏次韵和答》22 首，《和兄除夕柬乾斋弟次韵》等记其事。这一年，正好陈元龙的新屋“双清草堂”落成，陈元龙邀请各位兄弟留宿新居，陈訏《次乾斋弟原韵闲园即事二首》记述了这次盛会。一生宦海，旅居四方的陈家兄弟年老后又回到故乡，一起共度晚年的快乐，这是他们最为惬意的时光，诗中有“瞻兄顾弟真堪乐，一扫羁愁万斛宽”之句，再也不用相互担心宦旅的艰辛和凶险，总算可以回到饮酒吟诗、无忧无愁的生活状态了。

康熙四十九年（1710 年），陈訏有一次福建远游，应该是去访友，留下了《云村诸友见招款留数日》《钓台书院》《游屏风岩》等诗篇。康熙五十四年（1715 年），已经回到老家的许汝霖与查慎行、杨中讷、陈勋四人组成娱老会也称“四老会”，第二年，66 岁的陈訏应邀参加娱老会雅集，“四老会”发展到“五老”。这次诗会地点在硖石许汝霖家的“也叫园”，有《硖川许宗伯也叫园》诗二律，其一为：“紫微陈迹已千年，近市嚣尘更黯然。造物不湔流俗涴，先生今使此山传。清时可乐园林胜，小筑随缘架构便。花竹即看真秀野，儿童走卒合轩阗。”描写了许汝霖“也叫园”闹中取静的小园情趣。这次雅集，陈訏有《硖川五老雅集》一诗纪其事。以后的几年，陈訏与老友几乎唱和不断，时而西湖，时而海盐，时而鸳湖。随着老友零星逝去，康熙五十九年（1720 年），70 岁的陈訏在《柬沈羽侯同学》一诗中，回忆同在黄宗羲门下，一起订交 15 人中，大多已故，仅留下七人，不禁感慨万千：“一门同学谁无恙，历落晨星五十年。陆氏弟兄仍好在，阮家大小幸依然。阅人成世真弹指，难老如仙共拍肩。夜雨可听明又晦，小斋尘榻为君悬。”50 年前的同学情谊，历久弥新，思之颇为动容。

晚年的陈訏与查慎行唱和尤频，康熙五十九年（1720 年）端午，查慎行《敬业堂诗集》编成，陈訏是第一个拜读，花了十天时间，便读完全集，并写下《题敬业堂诗集》长诗一首，流露出对这位老同学的钦佩之情。诗中有“余昔少识君，世交因两父。师门队鱼鱼，裙屐致楚楚。君才大国齐，我陋甘邾莒”。齐是春秋大国，邾莒是春秋两个小国。诗中回忆查、陈两家既是世交又同入黄宗羲门下，查慎行贵为翰林，而自己仅得一教谕谋职，体现了陈訏的谦卑，也道出了真实的心境。

最后的几年，陈訏与查氏兄弟结“序齿会”，依然唱和不断，雍正五年（1727 年），经历了文字狱案后侥幸逃过灾难、回到家乡不久的查慎行去世，陈訏作《哭查他山同学》五绝，追念友情，感慨身世，既有“忆昔师门侣，晨星竟落然”之感叹，又有“君交满天下，末路我踽然”之欣慰。查慎行长陈訏十天，去世前十日，陈訏还专门去看望老友，不料竟成诀别。当时的查家因雍正文字狱正遭蒙难，查嗣瑮已戍蓝田，陈訏以《寄蓝田查浦》寄托思念。

《时用集》最后一首诗写于雍正十年（1732 年），是陈訏与堂弟陈元龙间的唱和，《爱日堂病起诗十六首，仍次八十咏怀韵，今贱恙小愈，借次二首》。这一年，陈元龙 81 岁，陈訏 83 岁，两人都患病初愈。陈訏的诗，对生活依然充满乐观：“支离无逃庆吾生，红白榴花映马樱。花隔经年颜好在，人频增岁老分明。药囊活命生涯寄，死籍逃名问道惊。堪笑痴顽弦样直，也登大耋乐升平。”是年冬，陈訏于盐官老宅去世。

六十一

一帆去国谈何易　万卷无家累亦多

——清·查慎行《敬业堂诗集》

《敬业堂诗集》是清初诗人查慎行的诗集。根据许汝霖为《敬业堂诗集序》所说，查慎行“平生所作，不下万首”，后经查慎行自己删定为五千余首，按时地编次成四十八卷，《四库全书》本附有《余波词》二卷，为五十卷，每卷均有集名，《四库全书总目提要》说：“自古喜立集名，以杨万里为最多。慎行此集，随笔立名，殆数倍之。”所以说，以每卷有集名组成的诗集，自古以来，查慎行为最。

查慎行（1650—1727 年），初名嗣琏，字夏重，号查田；后改名慎行，字悔余，号他山；晚年又改号初白，以查慎行、查初白行世。查慎行年少聪颖，名声早著于乡里，早年受教于黄宗羲，后获陆嘉淑赏识，入京城后得朱彝尊提携。康熙三十二（1693 年）中举，康熙四十二年（1703 年）赐进士出身，康熙五十二年（1713 年）乞休归里。雍正四年（1726 年），受弟查嗣庭文字狱案牵连被逮入京，次年放归，一年后去世。一生遍历云贵、华中、华北、东南各地，足迹所到之处，无不留下诗作，创作极富，成为继朱彝尊以后清初诗坛领袖。

《敬业堂诗集》以编年体排列，最早的诗歌集《慎旃集》刊于康熙二十三年（1684 年），起讫时间为康熙十八年（1679 年）至康熙二十一年（1682 年）。是 30 岁那年查慎行同乡杨雍建出使贵阳，查慎行作为幕僚招募随行入黔，在西南所见所闻留下的诗句，“时西南余寇未殄，警急烽烟，传闻不一，而余忽为万里之行”，故名之为“慎旃”。语出《诗经》，意为小心谨慎。最后一集《住劫集》起于雍正五年（1727 年），是诗人 78 岁去世这一年，是劫后余生的最后之作，集前有小引："余今患难颓龄，犹余口业，正不知住世凡几日，更得几首诗也。""住世"为佛语，意为身居现实世界。《住劫集》仅留下五首诗，是年秋，查慎行在贫病交加、百感交集中去世。整部诗集时间跨度50余年，涉及生活经历、内心世界、风土人情、社会活动、士人交往、水旱潮灾、朝廷官场等内容，清晰反映了查慎行一生的经历和遭际。

从编年体的诗集中，可清晰看到查慎行主要活动轨迹。卷四《西江集》中有《将有南昌之行示儿建》，写于康熙二十二年（1683年），34岁那一年，即将离家赴江西入查培继幕府，行前写给儿子，其中有"我年二十九，足不出乡闾"之句，说明查慎行30岁之前，一直在家乡。30岁以后，先入杨雍建幕府。在京太学生时期，因受《长生殿》事件牵连被革去太学生回籍，期间有十年的学生生涯，回乡后又赴江西入查培继幕府，后任翰林院编修，最终因弟查嗣庭文字狱案入狱。这些诗歌中，既反映了查慎行一生的经历，也为清初社会朝廷、政治、军事以及社会风俗留下了具体史料。一些发生在康熙、雍正时期的重大历史事件，在诗集中都留下了痕迹，尤其是侍奉康熙的几次出巡，记录了康熙及近臣的日常生活以及沿途所见风土民情。

康熙五十一年（1712年）冬，63岁的查慎行告老回乡未成，在京城寓斋写下《残冬展假病榻消寒，聊当呻吟语无伦次，录存十六首》，对自己官宦生涯进行总结和反思。经历过受宠和失宠，年已老的查慎行心情沉重，已流露无意仕途，渴望回乡的急迫心情。最后一首中有"一帆去国谈何易，万卷无家累亦多"，便是回不了家的哀怨。

查慎行对家乡非常热爱，无论在外宦旅，还是回到老家，家乡的山水，始终是他诗中离不开的题材。老家的农耕桑妇，水旱潮灾或是老友唱和、山水游乐，都留下了丰富的篇章。康熙五十三年（1714年），告老回乡的查慎行作为娱老会成员之一，"大抵季必一会，会必有诗"，成为归田后的一大乐事。一首《三月二日偶游硖石精舍》，将硖石两山一水的风光写到了极致："三月风光连上巳，人如蛱蝶斗裙衫。两山钟磬东西寺，十里烟波远近帆。拄杖我来寻履迹，题诗僧乞署头衔。箧中亦有新排集，傥许经房贮一函。"

《四库全书总目提要》称查慎行诗"得宋人之长而不染其弊，数十年来，固当为慎行屈一指也"。《敬业堂诗集》有王士祯《原序》，称黄宗羲将查慎行的诗与陆游相当，而王士桢则认为“以近体论，剑南奇创之才，夏重或逊其雄；夏重绵至之思，剑南亦未之过，当于古人争胜毫厘”，剑南就是陆游，因《剑南诗稿》而称。黄宗羲是查慎行的老师，曾来海昌讲学，对学生的为人为学均赞赏不已，年轻时的查慎行“犹孤凤独鹤，翱翔于百鸟鸡群中，可谓横绝一时者矣”。黄宗羲也为其诗集作序，文中提及在海昌时，师生间时有唱和，评价查慎行：“寻其佳处，真有步武分司、追踪剑南之堂奥者。”清初诗人宗宋诗者是时尚，查慎行也不例外，《四库全书总目提要》说他“观其积一生之力，补注苏诗，得其力之处可见矣”。

查慎行一生著作极富，根据钱泰吉《海昌备志·艺文志》记载，有《周易玩辞集解》十卷、《江西通志》一百七十卷、《庐山志》八卷、《庐山纪游》一卷、《鹅湖书院志》三卷、《人海记》四卷、《陪猎笔记》三卷、《乙酉日记》一卷、《黔中风土记》六十卷、《初白外书》六十卷、《得树楼杂钞》二十卷、《明诗类选》十册、《补注东坡编年诗》五十卷、《敬业堂集》五十卷、《敬业堂续集》六卷、《敬业堂文集》四卷、《初白庵诗评》三卷、《初白庵尺牍》一卷以及《易象考信》《经史正讹》等。目前有浙江古籍出版社《查慎行集》和中华书局出版社的《查慎行全集》，是收录查慎行著作最全的版本。

六十二

风流作相人终忘　千古谁争两卷书

——清·查嗣瑮《查浦诗钞》

康熙五十五年（1716年），六十四岁的查嗣瑮获恩准归乡，作《感恩述事四首》，以为结束了三十余载的仕途冷暖，终于可以归田养老，过上“平生所愿惟高枕，且约名山作卧游”的田园生活了，岂知更为凶险的晚年在等待着他。

查嗣瑮（1652—1733年），查慎行弟，字德尹，号查浦，康熙三十九年（1700年）进士，授翰林院编修，后升侍讲。雍正四年（1726年），也即是告老回乡第十年后，受其弟查嗣庭文字狱案牵连，免死长期流放，谪戍关西，最终客死异乡。著作有《音韵通考》《南北史识小录》《查浦辑闻》《唐人绝句》《查浦诗钞》等。

《查浦诗钞》十二卷，今收录于上海古籍出版社《清代诗文集汇编》，有影印本出版，其中内容大多为亲友唱和、山水行旅、咏物寄怀、民俗风情、哀叹民生之作。从诗体来看，以古体居多，近体为次，七言律诗成就最高。其诗名与兄查慎行齐名，诗风也接近，时称“二查”。集前有钱澄之、查慎行序。钱澄之是查父查逸远的朋友，明末著名文学家，兄弟俩时有与之唱和，才识颇为钱澄之所重，被称为“查氏两才子”，钱澄之称查嗣瑮诗“慷慨悲歌，即寻常酬赠，音调铿锵，往往有孤愤不平之气”。查慎行的序作于雍正元年（1722年），序言回忆两兄弟幼年学诗的经历，两人均为黄宗羲的学生，又得到海宁前辈陆冰修、范默庵以及查伊璜、查二南两位伯父的指导，学诗期间“形影相随，未尝一日离也”。壮年时，两人又同在朝廷为官，交游也大致相同，有许多共同的朋友。晚年，又先后告老还乡，唱和之兴不减儿时，两人感情极为深厚。

诗集卷一有五言古风《忆昨寄杨耑木》，回忆读书时同学间相互唱和的美好时光："忆昨乙丙间，跌荡翰墨场。两查及三陈，旗鼓间一杨。十日九寄诗，半月三连床。"诗中回忆了康熙乙卯、丙辰年间，黄宗羲在海宁讲学，查嗣瑮小注中提到同学有"两查"即查慎行、查嗣瑮，"三陈"即陈实斋、陈子棨、陈子文，一杨即杨中讷，还有杨的两位弟弟，其他还有朱日观、王桐村。在这首长诗中留下了同学间的诗酒酬唱，以及少年时期的豪情壮志："几番城东隅，索醉古塔旁。归来经里社，烂漫闻酒香，排闼便呼饮，饮辄连十觞。觞尽拂衣去，四座愕相望。不敢问姓名，但讶此客狂。明朝访为谁，万口争夸张。"年轻学子饮酒斗诗，狂放率真的生活，令人羡慕。

在京城期间的诗，大多是友人间的唱和酬答，从交友圈看，与兄查慎行有许多共同朋友，如诗人汪寓昭、汤右曾，学者陈大章、陆元辅，画家吴元朗、禹之鼎等，与著名画家王石谷关系尤为密切。王石谷告老还乡这一年，查嗣瑮有《送王石谷南归》诗，叙说了两人的交往，当时王石谷为查嗣瑮作《查浦书屋图》相赠，查嗣瑮题诗为："几重山色几重树，鸡犬柴门水竹村。此景寒荒那堪画，凭君点染即仙源。"卷三的《读南北史》一组七言绝句，大气磅礴，回肠荡气，堪称咏史诗中的杰作，卷五有《燕京杂咏》147首，咏北京史事，大多是明末清初宫廷史实，用典隐晦，堪称史诗，为时人传颂。

查嗣瑮的应景诗极富生活气息。卷四有描写家乡洛塘河水乡风光的二首绝句《早至洛塘》："小船贪趁夜凉开，港汊东西误几回。看起晓星如月大，吴歌水面一声来。""天东已作灯光白，萤与残星互两三。摇梦橹声三十里，木鱼初动绣经菴。"凌晨的水乡港汊纵横、月朗星空、橹声吴歌，描绘了一幅如醉如梦般的江南水乡晨景。

康熙五十五年（1716 年），查嗣瑮乞归恩准，时家兄查慎行已先三年回家。于是兄弟两人在新筑的查浦书屋，与家乡新旧友人，正月探梅、中秋赏月、重阳登高、大雪招饮，观海棠、赏牡丹、吟玉兰，诗词唱和不辍，度过了最惬意的十年光景。有《村居》五言律诗记载了当时的快乐时光："十亩园连屋，周围树作云""客约惟真率，蔬盘易咄嗟""不是归田叟，谁能乐太平""杖藜长不出，三径未全荒。"当然，在归隐行乐的晚年，查嗣瑮也关心家乡农民的辛苦，诗中留下了在自然灾害面前农民的无奈以及悲惨的境遇，有《处暑》《秋灾行》《田主叹》《嗟来》《私盐》等，记述底层劳动人民的生活。《秋灾行》记录盐官旱灾而导致稼穑颗粒无收，诗人真诚希望："天河洗兵复手得，但祝一雨俄盆倾。良苗勃兴农所乐，我意一枕先秋清。"

可惜好景不长，雍正四年（1726 年），查家三弟查嗣庭，时任江西学政，因所出试题中有"维民所止"一句，被劾告"维止"二字系雍正去头，遭逮狱，其家险遭灭门，两位兄长均遭牵连。查嗣瑮在《儿病》一诗"皇恩合天意，之死能之生"注解中，有"时以免死长流"一句。这一年，查嗣瑮被免以死罪，全家流放到关西，终身不得回家。在《丁未除夕》和《戊申元旦》中流露出的心情，悲戚凄惨，有"一盏寒灯满天雨，谁知除夕此光阴"的哀叹。尤其是《戊申元旦》："卧看窗影射朝阳，元日书云必纪祥。敢以哀慵安襆被，也曾颠倒著衣裳。柳回西面占风色，梅想南枝发早香。七十七回春又到，好留老眼看年光。"不忍卒读。戊申是雍正六年（1728 年），已经 77 岁的查嗣瑮，知道今生无望再回家乡，只能以残余之年，回望记忆中家乡的梅花和柳色。《残雪》一诗，写得更为凄楚。

从查嗣瑮谪戍关西留下的诗歌看，他当时的流放之地是蓝田，有《蓝田旧令齐璞亭招饮玉兰花下》和《留蓝田三年，辋川以老倦不能游，偶见石刻别业图拓本，率成一律》两诗为证。诗人在蓝田留下的最后两首诗是《病中杂感》和《感旧》，均为感怀之作。《病中杂感》由 12 首七绝组成，其中"风流作相人终忘，千古谁争两卷诗"一句，可作为诗人一生的概括。

六十三

兼三尊而并四科　史难其人

——清·陈元龙《爱日堂诗集》

陈元龙（1652—1736 年），字广陵，号乾斋，康熙二十四年（1685 年）进士，官至文渊阁大学士，是海宁渤海陈氏第二位大学士。一生著作颇多，曾奉敕编纂《历代赋汇》，共一百八十四卷。主要著作有《格致镜原》一百卷、《爱日堂诗集》二十七卷。《四库全书总目提要》说："爱日堂者，圣祖仁皇帝御书，故以名集。""爱日堂"是康熙所赐并御书。

陈元龙身为大学士，学富五车，其门人兼幕僚黄之隽在《爱日堂诗序》中称其为："兼三尊而并四科，史难其人。""三尊"在古代专指应尊敬的三种人，即君、父、师；"四科"是指德行、言语、政事、文学，出自《论语·先进》，可见陈元龙为人及受尊敬的程度。黄之隽的序作于乾隆元年（1736 年）正月，也即陈元龙去世这一年，序中对老师的诗作了全方位的评价："是故应制之诗，丽而法；纪颂之诗，闳而挚；游览行旅之诗，章而远；闲适遣怀之诗，典而切。清庙明堂黄钟大吕之音，既如此其洋洋也；山川风月清淡幽赏之怀，又如此其渺渺也。其时昌，其遇隆，故其诗有美而无刺，有正而无变，其于出处之道也，正君父昆朋之伦也。尽故其诗，温柔敦厚，醇乎风雅而剂以唐人之体裁。"黄之隽既是陈元龙的学生和幕僚，又是陈元龙儿子的坐馆老师，本身也是清初著名诗人，一生博学多才，著述繁富，集学者、官员、诗人于一身，对陈元龙的评价极为中肯。

《爱日堂诗集》二十七卷，以编年体形式由陈元龙亲自编定，分别为《敝帚集》四卷、《登瀛集》一卷、《却扫集》一卷、《环召集》五卷、《南陔集》三卷、《重徵集》一卷、《宜人集》二卷、《肆觐集》一卷、《还朝集》二卷、《兰峪前集》一卷、《重临集》一卷、《兰峪后集》二卷、《黄扉集》三卷、《林泉集》一卷。各集前均写有小序，完整展现了陈元龙波澜壮阔的一生。

《敝帚集》卷一写于康熙十一年至十七年（1672—1678 年），由陈元龙姐夫叶映榴审定并作序，对《敝帚集》形成过程作了说明："乾斋解悟神警，能柔克沉思，年十三善文，十五事场屋，专心为制举艺者十年，而举于乡。其后驱驰南北与所善诸名硕登临赠答，发为歌诗，篇什甚富。犹自谓未善不以示人，迟之今秋，乃悉发所秘，手自去取，仅存若干首，将以问世，而属余一言。"序言写于康熙二十三年（1684 年），其时陈元龙将北上，将自己 30 岁以前的诗编成第一部诗集《敝帚集》。叶映榴对陈元龙的诗这样评价："今读乾斋之诗，俯仰正变，升降之际，抽灵发蒙，烟霏云动。"年轻时期的陈元龙忙于举子业的同时，诗作也开始显露才华，但因忙于科举，"未暇旁及诗赋词章"，故诗作较少，以长赋或北上纪事诗为主。卷二写于康熙十七年至十九年（1678—1680 年），以在京期间的交游唱和为主。卷三写于康熙二十年至二十一年（1681—1682 年），为南归游泰山、嘉兴、杭州各地纪游唱酬之作。卷四写于康熙二十二年至二十三年（1683—1684 年），以北上返京后的纪游为主。

《登瀛集》写于康熙二十四年至二十八年（1685—1689 年）。陈元龙于康熙二十四年（1685 年）以一甲二名荣登榜眼，"初入翰林，多馆中肄业之作，因以《登瀛》名之"。发榜这天，陈元龙在小序中这样记载："三月二十三日，皇上陞太和殿传胪，元龙蒙恩赐第一甲第二名及第，谢恩礼毕，即随金榜由午门中道而出，顺天府备上马，宴于东长安门外，大京兆亲为簪花披红，具黄盖仪从，游街至顺天府中，赐恩荣宴，京兆亲送归寓。"诗集主要为随圣驾南巡期间的纪事诗。

《却扫集》写于康熙二十八年至二十九年（1689—1690 年）。陈元龙随康熙南巡至吴门，接到母亲去世消息，回家奔丧，同年九月又因高士奇案遭劾，诗集为在家两年间的诗作，"余方在籍读礼，既奉休致，杜门却扫，不出户庭，祥琴之后，偶有唱和感怀之什，名曰《却扫集》"。

《环召集》卷一、卷二写于康熙三十年至三十三年（1691—1694 年），为守丧遭劾一年后，陈元龙又蒙特旨原官起用，再次回到朝廷任詹事，还京路上及返京后的纪事之作；卷三写于康熙三十四年至三十六年（1695—

1697 年)，其中有康熙三十五年（1696 年)，陈元龙随康熙亲征噶尔丹战役，一路征战纪事诗，颇为珍贵。卷四写于康熙三十七年至三十八年（1698—1699 年)，为康熙远征噶尔丹和第三次南巡的纪事诗；卷五写于康熙三十九年至四十三年三月（1700—1704 年)，是陈元龙随康熙第四次南巡扈从以及热河避暑的纪事诗。

《南陔集》卷一写于康熙四十三年（1704 年）四月至康熙四十四年（1705 年）四月，是陈元龙因父病陈请归养获准后，在家乡的活动以及赴杭迎驾康熙第五次南巡的纪事诗；卷二写于康熙四十五年（1706 年）五月至康熙四十六年（1707 年）十二月，是陈元龙在家乡居隅园，奉命编修《历代赋汇》时期的唱和及纪事诗；卷三写于康熙四十七年至四十九年（1708—1710 年)，大多是陈氏诸兄弟之间的唱和诗。

《重徵集》写于康熙五十年（1711 年）五月至康熙五十一年（1712 年）九月，是陈元龙结束六年归养，重召回京任翰林院掌院学士，在京期间与官吏间的唱和及纪事诗。

《宜人集》卷一写于康熙五十二年至五十五年（1713—1716 年)，是陈元龙出任广西巡抚，一路从京城到桂林的纪游诗；卷二写于康熙五十六年至五十八年（1717—1719 年)，是陈元龙任广西巡抚期间的纪事诗。

《肆觐集》写于康熙五十九年（1720 年)，是陈元龙回京述职，又随康熙热河避暑的纪事诗。

《还朝集》卷一写于康熙六十年至雍正元年（1721—1723 年)，是陈元龙结束广西巡抚七年任期，重回朝廷任工部尚书期间的纪事诗；卷二写于康熙六十一年（1722 年)，是陈元龙奉命巡视潞河工程期间的纪事诗。

《兰峪集》写于康熙六十一年至雍正二年（1722—1724 年)，是康熙去世后，陈元龙随灵柩在兰峪守陵期间的纪事诗。

《重临集》写于雍正二年至四年（1724—1726 年)，在兰峪守陵期间，陈元龙又奉命回到广西“经理仓储，行役所经，吟咏成帙。粤西为余向时出抚之地，因名《重临集》”，为一路行程及留桂时期的纪事诗。

《兰峪后集》卷一写于雍正四年至五年（1726—1727 年)，是从广西返京后，再次回到兰峪守陵时期的纪事诗；卷二写于雍正六年（1728 年)，为兰峪最后一年的杂感诗，诗风伤感沉郁。

《黄扉集》卷一写于雍正七年至九年（1729—1731 年)，是陈元龙重回朝廷任翰林院中堂时期的纪事诗，有小序："政府重地，何暇吟咏，而感恩纪事有情所不能已者，偶成短章用志岁月，名曰《黄扉集》。""黄扉"指宫门或禁门；卷二写于雍正九年至十年（1731—1732 年），此时陈元龙年已八十，官封一品，贵为大学士，以述怀诗为主；卷三写于雍正十年（1732 年）四月至十一年（1733 年）十月，是陈元龙在京城最后期间以及告老还乡时的感怀诗。

《林泉集》写于雍正十一年至乾隆元年（1733—1736 年），是陈元龙告老还乡后的诗作，有小序："余蒙圣恩，予告于癸丑冬，入里门。既谢朝政，并绝世缘，杜门却帚，守默养生，安能从事笔墨而击壤讴歌，情不能已。蒙御书'林泉硕堂'额之赐，因名曰《林泉集》。"

近代历史学家邓之诚的《清诗纪事初编》，对陈元龙诗集中序和注的专门评价："其诗未成家，铺张恩荣，可谓顽钝。然序与注多见当时之事，亦可资捃摭也。""捃摭"即搜集、采集之意。陈元龙诗集中的序和注，是非常宝贵的历史资料，留下了康熙、雍正时期的历史纪实。

六十四

以春秋绝学名动九重

——清·卢轩《日堂文钞》

卢轩（生卒年不详），初名辂，字素功，一字六以，号日堂，康熙四十八年（1709年）进士，官授翰林院编修、国子监司业。钱泰吉《海昌备志·艺文志》谓其“卒年五十六”。根据管庭芬在卢轩《日堂文钞》卷后的跋语推算，应生于康熙初期，卒于康熙晚期，大约在1662—1722年间，为康熙时期著名经学家，也是雍正皇帝为皇太子时的老师。曾参与《佩文韵府》编纂。著有《春秋古经》四卷、《春秋三传纂凡表》四卷、《读春秋偶得》三卷、《胡氏春秋传疑》二卷、《玩占广师》三卷、《韩笔酌蠡》三十卷、《日堂诗钞》二卷以及《三传择善》《诗依永》《赋役通考》《王注苏诗摘谬》等，可惜大多已佚。

《日堂文钞》是乡贤管庭芬偶然得之于杭州书铺，经其整理装潢成帙得以留存至今，现有国家图书馆出版社《清代诗文集珍本丛刊》影印出版。管庭芬为《日堂文钞》写了一篇长序：“卢六以司业，以春秋绝学名动九重。其潜研之功，实与乡先辈朱康流、张元岵共相鼎峙。然康流元岵说经诸书邑中颇有藏本，而司业穷经著述并无有知其目者，是岂稿存石渠天禄间，世人未得而读耶？初，司业未遇时，以诗鸣京师，辇下诸公俱为倾倒，今所存者亦甚寥寥，至于《日堂文钞》若干卷，周大令松霭尚以未见为憾，知其佚而不传者久矣。今年秋闱，试省垣，偶至青云街故书铺中得此残叶一册，仅十有三篇，版心尚未刊定，卷帙次序盖付梓未竣而中辍者，故吾乡罕有流传。不觉狂喜，归寓读之，其中所载春秋五书各自序皆足考。”管庭芬认为，卢轩作为查慎行同时期人，又先后入翰林，而“同时查初白内翰以烟波钓徒深结主知而名重海内，司业以穷经积学屡备顾问，身没而名即湮”，为此深感遗憾，故将此书“装潢成帙而什袭之”，这就是《日堂文钞》一书的来历。

《日堂文钞》仅存卢轩遗作十三篇，分别为《郊祀日月辨》《答杨庶吉士论筮法书》《上座主学士曹公书》《上座主侍讲张公论撰三传纂凡表及择善书》《春秋古经序》《胡氏春秋传疑序》《春秋三传纂凡表序》《玩占广师序》《玩占广师后序》《四殿下寿序》《康瓠集序》《读春秋偶得题辞》《查学士妻陈宜人殡表》。尽管卢轩的经学著作未留存于世，但几篇序言都在文集之内。

《春秋古经序》《春秋三传纂凡表序》《胡氏春秋传疑序》，是分别为《春秋古经》《春秋三传纂凡表》《胡氏春秋传疑》三书所作，在《读春秋偶得题辞》中，卢轩说：“轩好读《春秋三传》《国语》，有所得辄笔之。”积数十年之研读，写成洋洋大部经学著作，钱泰吉评此为“穷经之学，乃可言也欤”。

《上座主学士曹公书》写于康熙三十五年（1696 年），是寄籍大兴秋试，卢轩被劾削籍回乡后，写给时任中书舍人（朝廷记事官）同乡前辈曹三德的信。信中诉说遭遇，并汇报了立志经学已完成的著作，表达了将在原籍重新再考的决心。从书中可知，在此之前，卢轩仅仰曹三德之名，两人并不相知识，因此，在卢轩被主考官参劾违规后，有人曾埋怨卢轩事先没有通过曹三德的人脉关系进行疏通，卢轩在信中解释其中原因。功夫不负有志人，经过努力，卢轩于康熙四十八年（1709 年）凭借自己的实力考中进士。

《上座主侍讲张公论撰三传纂凡表及择善书》，是上书当时的大学士张英，信写于康熙四十三年（1704 年），汇报自己研读《春秋三传》，准备撰写《春秋三传纂凡表》的一些想法。信中记载了自己于康熙南巡途中，得到康熙赏识，选为皇四子（雍正）侍读，讲习经学的经过，六年后，卢轩根据自己讲经习经的心得体会开始撰写《春秋三传纂凡表》，花了十年时间著成，是研究卢轩生平和学术的可贵资料。

《四殿下寿序》写于康熙四十三年（1704 年）十月丙申日，这一天是皇四子胤禛 20 岁生日。师徒以祝寿敬酒对话的形式，讨论了齐家治国之策，其祝寿之文也别具一格。

《康瓠集序》是为查昇女婿沈元沧的诗集《康瓠集》所作，记录了沈元沧赴京投奔查昇，结交卢轩，出示其诗集，并嘱其写序的过程。卢轩对沈诗的评价是："读沈子之诗，鲜而苍鍊，而能疏清，而腴肆而不放。"

《查学士妻陈宜人殡表》记载了康熙四十四年（1705 年），康熙第五次南巡时，卢轩在杭州接驾，被迎入行宫，遇到同乡查昇扈从康熙南巡，两人相见，查昇托付卢轩为自己去世的夫人写一篇行略的经过。文中记述了查昇对卢轩的欣赏与信任："康熙四十四年四月，上南巡至杭州，轩迎车驾被命入行殿直，卢获与同里侍读学士查昇聚，学士乘闲语轩，曰：余妻陈宜人，恭孝俭勤祥顺，于四十二年七月丙寅卒京邸。今年二月庚午殡镇西十八里桥，未有表也。子交吾且二十年，知吾家事者，敢乞一言。轩辞谢。既至都学士扈从塞外，则又命其子岁贡生、镶红旗教习昌洵来，奉行述币再拜，请曰：吾父嗜子文句，必得为慊，愿勿辞。"这篇文章也记录了查昇之妻，出于海宁渤海陈氏的陈宜人贤淑一生，以及康熙对查昇夫人的关心，亲命御医诊视并赐西洋药治疗，治丧时再赐金砖，并曰"如此妇人不可多得"。查昇的这些家事，弥足珍贵。

在《日堂文钞》集后，附有管庭芬抄录《海宁州志・儒林传》中关于卢轩的介绍："卢轩初名辂，字素功。学有经术，通春秋三传，以诗游京师，倾动公卿间。康熙丙子以大兴监举乡荐，御史张泰交劾其侨居，遂削籍。越三年，上南巡献圣德诗十章，召试行在称旨，命教习内官学，旋入南熏殿，侍世宗读书新园，从容讲读，日见亲重。圣祖每幸，必召见轩，顾问经史，应对不穷，目其衣冠进止，谓世宗曰：此端士也，善遇之。丁父尤归，逾年被召复举人与纂《佩文韵府》，奔母丧，旨下抚臣促编纂。己丑成进士，改庶吉士，授检讨教习进士，充武英殿总裁，迁国子监司业，仍入内直，恪慎勤敏。""圣祖嘉其究心绝学，遂承修《春秋传说汇纂》，轩又欲为《三传择善》，未及就而卒，年五十六。世宗哀悼出涕，赙奠至渥。圣祖览遗奏，深惋惜焉。"这段跋语，是关于卢轩生平较为详细的资料，有三层意思颇有价值，一是卢轩曾召入宫任世宗老师；二是康熙认可卢轩的究心绝学；三是卢轩去世时间在于康熙后期，雍正尚未执政。假如卢轩能得享高寿，那么雍正执政以后，作为帝师，卢轩的前景又是另一番景象了。

六十五

子之诗　绝去雕饰发抒性灵

——清·沈翼机《澹初诗稿》

沈翼机（1663—1740 年），字澹初，号西园，又号须研。海宁历史上记载其生卒不详，根据《澹初诗稿》中“己酉元旦”一诗有“花甲方周又六年”一句考证，“己酉”为雍正七年（1729 年），时沈翼机 66 岁，当出生于康熙二年（1663 年）；诗集中最晚的记录是写在《游衍集》前的小引，落款为“戊午天中节自记”，应是清乾隆三年（1738 年），“天中节”即端午节。由此可知，沈翼机生年为 1663 年，而从张鹏翀为《澹初诗稿》所写序言推算，卒年应该是 1740 年前后。沈翼机为康熙四十五年（1706 年）进士，官至侍讲学士，著有《澹初诗稿》八卷，录《四库全书存目丛书》。

《澹初诗稿》八卷，分十集，每集前有学生张鹏翀、孙人龙、桑调元、胡彦升作序。

张鹏翀的序言写于乾隆六年（1741 年），时沈翼机刚去世不久，其孙子专程入京请张鹏翀为其祖父遗稿作序。张鹏翀，崇明人，雍正五年（1727 年）进士，官至詹事府詹事。为著名画家、诗人。根据序文可知，张鹏翀于雍正五年在京师受业于沈翼机，专门向沈翼机学习诗学。两人相识于雍正元年（1723 年），当时，沈翼机由“世宗宪皇帝批折入京，仍以原官直史馆，所居与翀衡宇相望，晨夕过从，时得亲侍笔墨”，在沈翼机将要告老归里时，将平生诗稿交给张鹏翀。张鹏翀对老师的诗评价极高：“夫子之诗，绝去雕饰，发抒性灵，意到笔随，无意求工而自然高妙，殆得于陶韦者尤深。”认为其诗风接近陶渊明和韦应物。

孙人龙也是沈翼机的学生，康熙三十三年（1694 年）授业于沈翼机，序言写于乾隆二十二年（1757 年）。孙人龙，字端人，号约亭，湖州人，雍正八年（1730 年）进士，授翰林院编修，曾督学云南，也曾随老师一起出使滇、黔。在乞假归里之时，沈翼机的孙子沈心斋将整理收集完成的祖父诗稿拿到京城，嘱其写序，“人龙以老门人乞假归里，喜于束装匆匆时，得尽读先生之诗，洵所谓温柔敦厚，有合于葩经三百余篇。而回忆山颓梁坏，凡同堂诸君子则大半已辞尘世，即仅有存着亦落落散若晨星，未能取先生之诗而读焉，又不胜感慨系之”。自己也已年老，再读先生的遗稿，孙人龙感慨万分，欣然应笔作序，序言写得深情之至。

桑调元受业于沈翼机最晚，是康熙四十四年（1705 年）的门人，当时桑调元在京城国子监读书，沈翼机任国子监司业。桑调元，钱塘人，与先生同里相称，雍正十一年（1733 年）进士，官至工部主事，归田后历主九江濂溪、嘉兴鸳湖、泺源书院。序言写于乾隆三十年（1765 年），正好是与先生相识一个甲子以后。桑调元回忆在国子监学习时，先生对同里学生要求更严，“人皆知公之门无私谒，公之座无杂宾，非亲故不敢投一刺，顾独于调元则引而进之，进而教之，剖析理学，商榷古今，日坐春风中，窥公略无倦意，惟以乐府诗章未尝齿及。然同馆诸先辈有拈韵索和，公无不答而挥洒云烟，若不经意者，以近作一二示及门，辄嘱曰：风云月露之词，不足为贤辈法也。故公之诗不可概见”。在桑调元的记忆中，先生善诗，但不常见先生写诗，亦很少谈诗。看到诗稿时，才知道先生写诗的功力，“读公之诗，且以知公之不言诗，正公之深于诗者”。

胡彦升序写于乾隆十年（1745 年）。胡彦升，字国贤，德清人，雍正八年（1730 年）进士，官至刑部主事。胡彦升对沈翼机诗的评价是：“其诗以吟咏情性为主，不肯掐擢胃肾以求工，而以淡泊发其纤秾，因和平溢为奇怪，使人读之有一唱三叹之音。斯可以想见其为人矣。然先生初不欲以诗名世也，所为诗甚多，皆藏箧中。”胡序中也提到了沈翼机生前不以诗名，所写之诗，大多藏之箧中，不轻易示人，故生前诗名并不重于世。

《澹初诗稿》共八卷十集，为沈翼机孙子沈心斋所编。卷一《谋野集》和卷二《新安集》，是沈翼机未入仕途时所作，以纪游诗为主，其中有《黄山纪游百咏》一百首绝句；卷三《瀛洲集》《丹葵集》是入翰林后所作；卷四《蜀使草》是康熙五十三年（1714 年）典试四川时所作；卷五《黔使草》是康熙五十六年（1717 年）至康熙五十九年（1720 年）为贵州学政时所作；卷六《江右使草》是雍正元年（1723 年）至雍正四年（1726 年）为江右学政时所作；卷七《两山集》是乞假归田回到海宁后所作；卷八《觐光集》是乾隆元年（1736 年）复补原官后所作，《游衍集》是再次致仕后在京城所作。

沈翼机的《黄山纪游百咏》，目前已鲜为人知，是其与三二好友学生，历时一个半月游黄山的纪游诗，前有小序，后有跋语，沈翼机从《槐川早发》一路写来，写尽黄山“其峰石之幻，泉洞之幽，羽毛卉木之怪，无景不奇，无奇不多，既奇且多”的秀奇景色。黄山的奇异使沈翼机发出由衷赞叹：“神矣！化矣！目酣心醉！”如《天都峰》一诗：“面看红日白云底，星汉招摇手可提。三十六峰称第一，谁能奋笔骋标题。”又如《光明顶看月》：“光明顶上月光明，万籁无声露气侵。蟾窟相违才咫尺，素娥笑语落清音。”天都峰和光明顶分别是黄山名峰，前者于白天攀峰写观日，壮观豪迈，大气磅礴；后者于夜晚登顶写赏月，婉约静谧，意境奇妙。读完全诗，仿佛身临其境，回味无穷。

《两山集》起于雍正六年（1728 年），是沈翼机 65 岁那一年，告老回乡以后在家乡的诗作，分上下二卷，留下了与家乡故友间的唱和，以及在家乡游乐述怀的诗篇，是沈翼机心情极为舒怡的一段时光。如《述怀》二律：“少年豪兴渐消磨，返朴还真乐事多。开卷有人皆水镜。闭关无地不山阿。闲情旷达衰忘老，静气和平病易瘥。光景日新随领取，一旬当作两旬过。”其二：“舍后幽林带水回，桥通山麓白云偎。虚窗一榻延明月，陋室双扉锁绿苔。邻院有花频看去，瓮头无酒便沽来。心安即是身安处，近市门如蒋径开。”“蒋径”即“三径”，指归隐者的家园。从《两山集》诗中可以知道，沈翼机当时的住处是在海宁硖石的近郊，有《偶筑小楼喜见东山》一诗可作印证。

从《觐光集》可知，沈翼机在家归养八年后，于乾隆元年（1736 年），以 73 岁高龄再入翰林，这次进京为官仅三年，于乾隆三年（1738 年）正式归田，不久于家乡去世。沈翼机于清初康熙、雍正、乾隆三朝官于翰林，在海宁历史上也是绝为罕见。

六十六

诗至晚唐则光芒四射

——清·查克宏《晚唐诗钞》

查克宏（1666—1723 年），字龙耕，号可亭。海宁人，寄籍钱塘。康熙五十九年（1720 年）顺天副贡，无入仕经历。著有《可亭诗》《晚唐诗钞》。关于查克宏其人，海宁史志记载不多，对其生平了解甚少。

《晚唐诗钞》二十六卷，收录于《四库全书存目丛书》，其提要说："国朝查克宏编，克宏，海宁人。是集所录凡一百一十二家。盖本明胡震亨《唐音戊签》刊削成帙。人各缀以小传，兼附考核。"其实，《晚唐诗钞》并非查克宏一人所编，而是与凌绍乾两人共同编次。

根据《晚唐诗钞》自序："余自戊辰春杪，襆被入都，即从槜李朱竹垞太史游，晨夕往还者，则新城司寇阮亭王夫子、武塘水村魏先生与吾家从父夏重、德尹三四公。""戊辰"是康熙二十七年（1688 年），查克宏离开海宁第一次入都，时年 22 岁，随朱彝尊游学，与王士桢、魏水村（魏坤，号水村，嘉善武塘人）前辈以及伯父查慎行兄弟朝夕相待，二人都是清初著名诗人，相互谈诗长达十余年，可见其诗学渊源之深。康熙三十八年（1699 年），查克宏科举失利回乡，时居西泠四年，康熙四十一年（1702 年），与同样喜爱晚唐诗的凌绍乾相邻而居，因两人共同的兴趣爱好，遂决定在胡震亨《唐音戊签》的基础上编次《晚唐诗钞》，通过一年多时间的努力，于康熙四十二年（1703 年）完成。从查克宏序言中可知，其诗学的取向偏好受到上述前辈的影响，与前辈"商略《骚》《雅》，每以秉性灵敏，操义深远立格，次之摛辞，又次之出入《风》《雅》而止"。查克宏师从的其中两位朱彝尊和王士桢，在清初诗坛上分别称之为"南朱北王"，是清初诗坛的两面旗帜，其选诗的品位之高，对查克宏的影响之深可想而知，故他在序中称：“余私淑诸君子之言，兢兢不敢惰，今已十余年矣，犹未登大雅之堂，洵乎难哉。”

康熙统治时期，对传统文化非常重视，组织了许多大型图书的编修，曾编纂了大型唐诗总集《全唐诗》，康熙亲自指导督察，并参与其间，又从中精选编成《御选唐诗》，这也形成了清初对唐诗各种选本编纂的风气。唐诗的发展，在查克宏看来，“有唐三百年，自初唐之浑雄，变而为中唐之清逸，至晚唐则光芒四射”，可见对晚唐诗尤为推崇。因在此观点上，与凌绍乾一拍即合，故两人合作编成此书。

《晚唐诗钞》卷前还有杨兆璘、凌绍乾序言。杨兆璘是查克宏、凌绍乾的学生，也是此书的校订者。凌绍乾序言写于康熙四十二年（1703 年）长至日，“长至日”即夏至，时间略早于查克宏的序。三人的序言中都提到《唐音戊签》这本书。凌绍乾也是钱塘人，以副榜终老，其两位兄长均是进士出身，家学渊源极好。

《唐音戊签》为明朝胡震亨编纂，胡震亨，海盐人，明朝著名文学家、藏书家。其所撰《唐音戊签》，奠定了他在明朝诗学研究中的巨擘地位，《唐音戊签》凡千余卷，以十干为纪，因卷帙浩繁，当时并未刻印。到了康熙二十四年（1685 年），才由其孙胡成之删定成《戊签》刊行。《唐音戊签》共二百一十卷，所录皆晚唐之诗。在清初之前，信奉唐诗者，以盛唐为宗，以“诗必盛唐”为口号，到了清初，曾受到钱谦益、王士桢、朱彝尊等有识之士的反对，到了康熙时期，晚唐诗开始越来越受到重视，《晚唐诗钞》也是当时学人诗风、诗学观念的体现，代表了一个时代的产物。

《晚唐诗钞》的凡例，是对此书编纂体例的说明，选诗以风雅为标准，从《唐音戊签》中采集 170 余家，除六言外，其他各体具备，六言不选的原因为“此系词家游戏笔墨，非大雅所尚，概不选录”，还删除了“南唐后主李氏、蜀后主王氏以及吴越王钱氏”的诗作，认为这些诗作“不免多哀怨繁乱之音，概为删逸，非遗漏也”。在查克宏眼里，这些帝王之诗大都抒发心中哀怨、繁乱之作，与当时清初提倡的“清真雅正”之风不相符合，故予以删除。其他没有入选的是闺秀、方外之诗，也与作者所选的风雅标准有关。根据这些原则，《晚唐诗钞》共收录晚唐诗人 112 位，其中杜牧、李商隐、温庭筠三诗人为冠，各选诗上百篇，列为卷首，共占七卷。入选诗人按时代先后顺序，先以人立目，再以诗体录诗，先是五言古诗、七言古诗，接着是近体诗，依次序按照五言律诗、五言排律、七言律诗、七言排律、五言绝句、七言绝句的顺序排列。从形式看，可以概括为诗人小传、诗歌正文、诗中注语三个部分。

《晚唐诗钞》中的人物小传和诗中注语为其特色。小传的篇幅不长但很精练，对诗人的字号、家庭渊源、仕历、生平事迹、封谥等都做了简要介绍，并录入诗人著作情况，最后说明自己所选诗歌体裁及具体诗歌数量。通过小传介绍，便于读者在欣赏诗歌之前，对诗人有一个较为全面的认识。有些小传后面还加有按语，如李商隐："商隐集中情词居半，或有疑其妖艳者。观其自述有云：'夙闻妙喻常在道场，至于南国妖姬，丛台妙妓，虽有涉于篇什，实不接于风流。'"在李商隐的诗歌中，有相当数量的情诗，这些诗具有鲜明而独特的艺术风格，有被后世批评为妖艳者，查克宏在选取时，带有明显的倾向，对诗人的这些情诗抱有欣赏和支持的态度。

查克宏所选晚唐诗的另一个特色是诗中的注语，其中涉及了广泛而丰富的内容，主要有校注、本事、评论、考按等。例如，诗题下的注语是关于诗歌的不同名称，有助于了解诗歌名称的流传变化过程，篇末注语，主要是对本首作品的整体介绍；而正文注语，除了校注，重点在于加注的品评，体现查克宏对诗人诗句独特的审美取向。

从查克宏的自序和凡例可以看出，他所选取晚唐诗的标准，是让诗回归风雅，而这正是清初朱彝尊、王士桢等诗坛领袖所极力倡导的诗风，是清初诗坛的主流，作为学生的查克宏当然不遗余力地推崇。正因为有这些人的倡导，才使后来者对晚唐诗的艺术风采和历史地位有了相应的认识高度。

六十七

引申触类　实于数学有裨

——清·陈世仁《少广补遗》

陈世仁（1676—1722 年），字元之，号焕吾，陈诜第三子。康熙五十四年（1715 年）进士，官至翰林院检讨。著有《方程申论》六卷，《仪礼注释》《焕吾集》《漕河行纪》《少广补遗》各一卷。

《少广补遗》是一部数学类著作，录《四库全书》天文算法类二，算书之属，《四库全书总目提要》云："是书以一面尖堆及方底，三角、六角底、尖堆各半堆等题，分为十二法，后有抽奇、抽偶诸目，盖堆垛之法也。按堆垛乃少广中之一术，与尖锥体相似而实不同，盖堆体、台体外平而中实，堆垛为众体所积，面有峻峭，中多空隙，故二法相较，烦简顿殊。古少广中仅具以边数、层数求积数法，亦未有解。其故者，至于积求边数、层数之法，则未备焉。又其为用甚少，故算家率略而不详。世仁有见于此，专取堆垛诸形，反复相求，各立一法。虽图说未具，不能使学者窥其立法之意，而于少广之遗法引申触类，实于数学有裨，不可以其一隅而少之也。"

陈世仁的叔父陈訏也喜好研究数学，是黄宗羲的学生，陈訏的《勾股引蒙》和《勾股述》两本著作都收录于《四库全书》。陈世仁自幼受到家庭环境的熏陶，还得到叔父的启蒙，继承了陈家在数学方面的天赋，不仅文章精彩，同时也通晓数学，只不过如黄宗羲所说，陈訏研究的是"勾股之学，其精为容圆、测圆、割圆"，而陈世仁则独创了堆垛术的计算方式，在叔父的基础上又有所发展。

《少广补遗》是一本研究堆垛求积术的书，陈世仁列入"少广"，作为补遗。所谓"少广"，原是中国古代算法之一，是由已知长方形面积或长方体体积求其一边长的方法。最早出现在《九章算术》第四章中。而“堆垛术”又称“堆垛求积术”，最早由宋代著名科学家沈括发明。宋代制酒业发达，为了存储方便，酒缸需要层层堆积起来，称为“堆垛”，为了方便计算出堆垛中的酒缸总数，便发明了“堆垛术”，其中包括“隙积术”和“会圆术”，是沈括在数学领域的两大重要研究成果。“隙积术”用来计算堆垛物体的体积，其中包含了高阶等差级数的计算公式；“会圆术”是计算圆弧与弧长间数量关系的数学公式。

陈世仁对堆垛术的研究是在独立研究的基础上自成体系，自创术语，其计算方法为前人所未有，其公式已较沈括以来的计算方法有了新的发展。一百年以后，同是海宁籍的中国近代著名数学家的李善兰在研究堆垛术时受到陈世仁的影响，又在此基础上创立了“尖锥术”，叩响了微积分学的大门，使中国数学达到新的高峰，可惜后来的数学家对《少广补遗》这一专著的研究并不多，致使日趋冷落。

《少广补遗》全书不分卷，共七篇。第一篇是《准本章平立方圆开三角及诸尖一十二法》；第二篇是《抽奇抽偶立尖》；第三篇是《准本章带纵诸方开三角及诸尖之半积为三角、带一钝角形。诸尖先得径数以法算得底数》；第四篇是《开三角及诸尖之半积，先得径数以法算得底数》；第五篇是《开抽偶立失之半积，合失内奇偶诸层取层内数偶者去之，先得径数以法算得底数》；第六篇是《开抽奇立尖之半积合尖内奇偶诸层，取层内数奇者去之，先得径数以法算得底数》；第七篇是《准本章多乘方以立尖形律余尖得四法》。最后是《少广补开尖法设如》，即各类算法的例题。

《少广补遗》的内容主要是研究垛积法，书中列出已有及创新的 37 个垛积公式及若干个变形公式，分为平尖、立尖、倍尖、方尖、再乘尖、抽奇平尖、抽偶平尖、抽偶数立尖、抽奇数立尖、抽奇偶数方尖、抽偶再乘尖、抽奇再乘尖等十二类，这些数学理论，在中国级数研究方面占有重要地位。

从《少广补遗》第一篇看，陈世仁建立了十二类尖锥体系，主要研究几大类重要的数列。陈世仁的数学体系建立在大量堆垛的实验基础上，通过自己的研究上升到理论高度，从而创造了尖锥术这一数学计算方法。在没有数学符号系统的古代，能够得出严格的数学结论，其颇具创新的表述方式，受到当代数学家的称赞，认为陈世仁提出的“抽偶数立尖”和“抽奇数立尖”颇具新意。垛积术从表面上看好像是求体积，其实研究对象是正整数的数列，多用离散的和分、差分法，使用模型实验法，其结果得到正整数，所以，从当代数学看，它应该归列为数列或级数研究。在清朝初期，是无穷级数连接有限、离散、常量数学向无限、连续、变量数学过渡的一个时期，后来差分、和分则进一步演变成微分、积分，因此，当代数学家认为包括陈世仁在内的中国古代数学家对级数的研究，在数学发展史上起到了重要的历史作用。李善兰所创立的属于微积分范畴的“尖锥术”，就是应用了陈世仁首创的名词，可见在当时，《少广补遗》一书所受到的重视程度。

六十八

天生粹质非雕琢　几向诗书蕴蓄来

——清·查祥《云在诗钞》

查祥（1677—1757 年），字星南，号谷斋，又号云在。康熙五十七年（1718 年）进士，官至翰林院编修，雍正三年（1725 年）罢官。乾隆元年（1738 年）举博学鸿词，旋充律例馆纂修，负责编修大清律例，五年后告老还乡。著作有《两浙盐法志》《两淮盐法志》《两浙海塘志》二十卷、《海宁县志补》二卷、《云在诗钞》九卷。

《云在诗钞》九卷，收录于《四库全书存目丛书》，卷前有自序："余年十四，随父兄伯叔后学为诗。然不多作，亦不自爱。惜零星裒集，约得诗不及千首。丙午、丁未间，罢官居家，一病几殆，家人辈焚毁残废卷帙，误入灰烬中，五十岁以前所作遂无一存者。良朋晤对，偶诵及旧诗，茫然不知为何人所撰。境改时迁，恍如隔世，又不独吟讽一道已也。病起无聊，从人唱和或即景留连，越三十年，笥箧存留又与前帙相等。为去其烦冗率易及应酬诸诗得如千首，付儿子收庋，防散失，毋累剞劂也。"由此可见，查祥 50 岁之前的诗作因家人误烧而化为灰烬，此集之诗是 50 岁以后，重新积累 30 年之作，在 80 岁那年自己选定后交给儿子准备刊印。

《云在诗钞》分卷而不分集，从内容看大多是查祥第二次进京举博学鸿词科以后的纪游、交友、叙事之作，仅反映了查祥晚年 30 年的情况。因此对于查祥年轻时的生平，40 岁后中取进士入仕，并于雍正三年罢官回乡，在家养病这一段历史知之甚少。

诗集中有多首与沈翼机的唱和，称沈翼机为"澹初前辈"，有《仲冬澹初前辈寓斋看菊花》《沈澹初前辈招饮》《澹初前辈惠和叠前韵奉答》《步张雪烦送澹初前辈南还》等，都作于查祥第二次赴京以后，两人在京城相遇，从诗中看，查祥对沈翼机极为敬重。乾隆三年（1738 年），75 岁的沈翼机正式告老还乡，61 岁的查祥为其送行，并作《送澹初前辈南还》四律："前辈风流未易攀，廿年声望著清班。举朝资序推尊久，全邑兴衰去住关。借口不妨容作达，逢时可许竟投闲。俗情憧扰皆休论，且向囊中问买山。"其二："两省文章藉品衡，使轺才过教旋成。当时装薄蒙人咲，今日身轻坐宦清。囊锦去携新著集，滩鸥归续未寒盟。乡中子弟多才俊，还借藜光照后生。"其三："浮云参破只寻常，强健收身乐未央。帆挂客程通漕疾，饭抄乡稻入喉香。回思握手风飘絮，此去怀人月照床。用舍两途俱未判，咲余何处说行藏。"其四："我亦曾经对紫薇，十年前早脱朝衣。再寻岛路新阴熟，是处江山有梦衣。重拂巢痕旧侣稀，余习未除夸舌在。赏音忽断又心违，乡程默记数邮签。"四首送别诗，既是对前辈老友的依依惜别，也是对自己最终归宿的期盼，可谓情真意切，感慨万千。尤其"乡中子弟多才俊，还借藜光照后生"一句，在为家乡人才济济感到骄傲的同时，又寄托了回到家乡后能更好培养青年人才的期许。

乾隆三年（1738 年），高宗钦试词臣赋诗，以"良玉比君子"为题，查祥抽得"来"韵，作七言排律一首，首句为："天生粹质非雕琢，几向诗书蕴蓄来。"用美玉比喻君子之才德，隐喻了自己有满腹诗书如良玉般的品德，查祥的才华因此得到乾隆的赏识。

乾隆五年（1740 年），查祥结束了编修《大清律例》的任务，将告别五年来寒暑同馆的同仁，作有《言别》诗十二章，分别赠送 12 位师友。诗前有小序一篇："丙辰召试博学鸿词留京，提调律例馆，竟五寒暑，书竣告归。五年中，上自师门，次及戚友宗族，在京师者，重承款接，晨夕往还，人各一章，计十二章。"这段序文也说明查祥第二次通过博学鸿词入仕，参与了《大清律例》编纂的史实。清军入关后，开始着手法典的制定，经顺治、康熙和雍正三朝的努力，法典逐渐趋于成熟。乾隆即位后，继续组织编修官对前朝律文及成例进行重新编定，于乾隆五年完成，并定名为《钦定大清律例》。《钦定大清律例》颁布以后，成为清代最为系统、最具代表性的成文法典。之后一直到清末法制改革之前，清代律例的律文不再有所变化，而对于清代法律制度的调整则主要通过增改例文的形式来进行。

一起工作了五年，查祥与师友间建立了很深的友谊。12 位师友的第一位徐元梦，是康熙时期的日讲起居注官，雍正时升任大学士，乾隆即位后入直南书房，负责总编《大清律例》，是清朝的元老，诗中有“师年已九旬，弟子愈花甲”之句，可知徐元梦当时年已 90 岁。

第二首告别诗《大司空陈莲宇》。陈莲宇即海宁大学士陈世倌，时任工部尚书，故称“大司空”，从诗中“与君六十年，中表称兄弟”之句看，查祥与陈世倌是中表兄弟关系，两人从小就相熟，查祥年稍长于陈，故临别赠言亦带有兄长式的嘱咐：“慎毋稍近名，而在求有济。至于临大事，弦鸣矢即离。过虑每失机，三思古深忌。余为蹭蹬人，攸往多不利。何足当采摭，乃烦叩再四。花甲昨已周，精力恐渐退。避贤古有训，知止意亦是。何当赋遂初，尺书祈早寄。里门闻传呼，余老先倒屣。”诗中谆谆告诫，情真意切，官场凶险，凡事谨慎，希望能尽早告老还乡，到时一定倒屣相迎。真是只有老乡至亲才能有这样的肺腑之言。

12 首告别诗都是为五年律例馆共事的师友所写，除记述友情，还流露了急于告老还乡的心情。回家后的十余年，查祥在扬州、杭州等地游玩，诗集中大都是纪游及与地方名流间的唱和。

乾隆十六年（1751 年），清高宗第一次南巡到达杭州，查祥作为老臣到杭州参与迎驾，作诗 12 首并小序一篇。这次南巡，据历史记载乾隆没有来到海宁，而事实上，乾隆曾到达海宁境内，并巡视了海塘，只是这次乾隆没有在海宁驻跸而已，查祥的《恭拟驾幸海宁阅视海塘谢恩诗四首》，填补了历史空白，兹录于下：“君王行健与天同，旋转乾坤一气中。典重巡方劳远涉，恩先堤海阅成功。一偏何幸邀宸驭，百政须知系圣衷。闻道乘舆临幸处，人民增福岁恒丰。”其二：“江流东注海流西，力既交雄势亦齐。车碾雷声轰万毂，马驰匹练走千蹄。早遵约束归中道，尽展沙涂让两堤。一片汪洋今永奠，欲寻往迹古难稽。”其三：“春日迟迟春气暄，龙旗翠葆看翻翻。凡经驻跸褰帏处，尽荷高天厚地恩。万丈金堤绵两岸，一条雪浪走中亹。还期永久加筹画，镂刻何由答至尊。”其四：“麦陇桑畴接海边，眼中尺土尽良田。绿堤煖动三春脉，刮卤晴烧万灶烟。民俗定知加富庶，邑名从此盛流传。小臣幸托耆民列，来贺熏风亿万年。”也许乾隆只是顺便阅视了一下海塘，故在海宁地方史志里没有留下记载，但查祥的诗，却真实地记录了这次乾隆来过海宁的史实。

诗集最后一首，是查祥 80 岁生日，嘉兴钱陈群寄贺寿诗一首，查祥有《八十初度少司寇钱香树寄诗贺，依韵奉答》一诗，有“少年潦倒老何堪，命蹇为之亦自甘”一句之自叹，算是对自己一生的总结。

六十九

并宿双飞　大有河洲之挚

——清·陈邦彦《乌衣香牒》《春驹小谱》

陈邦彦（1678—1752 年），字世南，一作思南，号匏庐道人，又号春晖老人。少孤，由叔父陈元龙抚养成长。康熙四十二年（1703 年）进士，授翰林院编修，官至礼部侍郎。书法深得董其昌笔意，晚年之作几可乱真，《康熙字典》御制序，《御制圆明园十景诗》均出自其手笔。康熙四十六年（1707 年）奉敕编《历朝题画诗类》一百二十卷，其他著作有《宋史补遗》《谥法考》《春晖堂书目》《读书志》《全唐文》《墨庐小稿》《春晖堂集》《海神庙上梁词》《乌衣香牒》《春驹小谱》等。

《乌衣香牒》和《春驹小谱》，收录于《四库全书存目丛书》，其提要说："《乌衣香牒》皆採摭燕事，凡分八门，前有乾隆戊午邦彦自序。《春驹小谱》皆採摭蝶事，事分五门，盖欲仿宋人《蟹录》之例以为谈。"《蟹录》即北宋傅肱所撰的《蟹谱》，是一本汇集介绍古代螃蟹的专著。陈邦彦则效仿其法，收集了古籍中专门记载燕子和蝴蝶的内容而编写了这两本书。

从前面的小序看，两书均写于乾隆三年（1738 年），陈邦彦 60 岁那一年，前则写于孟春，即正月，后则写于四月。从《春驹小谱》序中可知，当时陈邦彦丧妻不久，正处于悲伤之中，故写燕子和蝴蝶，寓意双宿双飞，有明显悼亡之殇。

《乌衣香牒》序言中有"彦也，廿载直庐，十年乡井"，可知当时的陈邦彦退官还乡已经十年，闲适的隐居生活，看到了"社边风景，曾度暖而谙凉"，其心境犹如"坐陶潜之陋室，庾信之纸窗"。陶潜和庾信是南宋朝时期的著名隐逸文学家，都是陈邦彦仰慕的文人，显然此时的陈邦彦，心境颇为落寞。因此，在序言开头就有“陆鸿渐之清雅，闲著《茶经》；范石湖之萧疏，漫徵《梅谱》”这样的寄托。陆鸿渐即唐朝的陆羽，隐居苕溪时作《茶经》；范石湖即南宋名臣范成大，晚年隐居石湖，著成《梅谱》。陈邦彦效仿前辈，为自己作了这样的解释：“盖斗丽花鸟，虽壮夫所羞称，而笺释虫鱼，亦大雅所不废。”意即不要小看了花鸟的斗丽争妍，要知道《诗经》中的《大雅》，作者大都是西周的贵族，都是学识渊博、高尚雅正之士，《诗经》里面就有许多笺释鱼虫花草的篇章。

“乌衣”即燕子，古时指燕子为“元乌之鸟”。之所以选择写燕子，陈邦彦在序言中这样说：“戊日心情觉倦，飞而向蛰，坐陶潜之陋室，临庾信之纸窗，叙彼乌衣，制成香牒。夫绍兰红线，能通两地书邮；田琢蜡丸，竟验十年诗笺。好事者讬诸子虚之口，观理者指为乌有之谈，不过拭词客之青衫，佐骚人之红豆。然而欲资嘲谑，难废丛残，况乎智可知时，信能践素。春来秋去，如寻息壤之盟；并宿双飞，大有河洲之挚。珠帘绣阁，年年因眷旧重来；陋巷茅檐，岁岁不嫌贫抛去。”文内用了一系列典故，意在说明夫妻间的思念和恩爱。“绍兰红线”是指唐时才女郭绍兰以诗用红线系燕足，招夫回家的典故；“田琢蜡丸”是指金元时文人田琢，投笔从戎，因见到燕子而思乡，写一小诗在纸片，制成蜡丸，系在燕子脚上，十年以后，田琢回到家里，居然看到当年的燕子，脚上系的蜡丸依然还在，燕子重情的故事就这样流传了下来；“息壤之盟”是指秦武王攻打魏国的故事，说的是人与人之间的相互信任；“河洲之挚”是指诗经中“关关雎鸠，在河之洲”的挚爱。通过这些典故的渲染，陈邦彦对燕子的守信、重情、执着赋予了人格特征。

《乌衣香牒》全书四卷八门，第一卷写纪原、故实、徵验、神异、寄托、别录，第二卷是艺文，第三、四卷为散藻。就纪原篇而言，陈邦彦从典籍《春秋运斗枢》《邶风》《商颂》《礼记》《尔雅》《左传》《古今注》《中华古今注》《尔雅翼》《酉阳杂俎》《广雅》《庶物异名疏》《物类相感志》《本草纲目》《梦溪笔谈》《大戴礼记·夏小正》《文昌杂录》《遁斋闲览》《珍珠船》《清波杂志》《化书》《九章算术》《田家杂占》《述异记》《博物志》《艺苑雌黄》《辍耕录》等数十种古籍中，收集历代对于燕子异名、物性和特征的记载，而全书各篇累计引用的古籍多达百余种。其博学程度，令人叹之。卷二艺文篇，仅诗词赋一类，留下了历代题咏燕子的诗词作品近

200 首。卷三、四散藻，内容更为丰富，从历代帝王将相到文人雅士的各类文赋中，汇集歌咏燕子的文赋，并从历朝诗文集中，收罗数百人关于燕子的诗文汇集而成，把燕子的生物、人文、传说以及历代题咏，搜罗尽致，可谓洋洋大观。

《春驹小谱》成书稍晚于《乌衣香牒》，从陈邦彦前序看，应该写于乾隆三年（1738 年）四月。是为悼念去世不久的夫人而作，序言通篇充满哀思伤感，读之催人泪下："彦也，秦箫初罢，频伤奉倩之神；庄缶久弹，渐改安仁之鬓。偕鹿门以高隐，谁更挽车，伴杜老以行棋，孰为画纸？然而画眉窗下，曾履樛木于生前；因之传粉房中，长接桃根于身后。乃青天易老，不留曼倩之细君；而碧月难圆，屡悼谢家之少妇。赁春算雄，自此关心腊粉零纨；那堪入目，于是感蒙叟之寓言，成春驹之小谱，聊以送日，庶可移情。夫其形细身轻，神闲意适，绝非半闲之蟋蟀，并殊壮武之鹌鹑。蚁争阵以空酣，嗤其善斗，蜂排衙而趁闹，讶彼长喧尔。殆痴人何妨说梦，我亦静者拟与谈玄，脉脉春情，聊尔托化生以寄兴，匆匆驹隙，不胜惊时，序之推移云尔。"抒发了对亡妻的一往情深，凄凉哀婉，不忍卒读。因序中用了大量典故，故晦涩难懂。"秦箫初罢"是《列仙传》中秦箫与弄玉双双仙逝的故事；"奉倩之神"出自晋代荀粲妻死不哭伤神的典故；"庄缶久弹"是指庄周之妻死，鼓盆而歌的故事；"安仁之鬓"指潘安因忧愁而两鬓斑白的故事；"鹿门高隐"指孟浩然隐居；"杜老行棋"是隐喻妻死后，无人再为自己牵车及准备画纸；"樛木"出于《诗经》，是对婚礼的祝福；"桃根"出于《乐府》，是指桃叶与桃根的连理；"不留曼倩之细君"，曼倩是东方朔，是指东方朔割肉遗妻，受到汉武帝褒奖的故事；"屡悼谢家之少妇"指南朝诗人谢朓。通篇所用典故，都是夫妻琴瑟、双宿双飞、悼亡伤感、情深至切的主题，这也道出了陈邦彦为什么要写燕子、蝴蝶的原因。

《春驹小谱》仅一卷，分上下两部分，上部分为名类、故实、神异、艺文，下部分为散藻，分为五门，体例与《乌衣香牒》基本一样，但《四库全书》馆臣评认为："盖欲仿宋人《蟹录》之例，以为谈助，然搜罗虽广，而考核多疏，一时寄兴之作，固不暇于精审也。"

七十

两山有灵　藉以不泯
——清·蒋宏任《硖石山水志》

蒋宏任（1701—1742年），字担斯。无科举功名记录，以监生终。著有《硖石山水志》一卷。录《四库存目丛书》，其提要谓："海宁县有硖石镇，两山并峙，东曰审山，西曰紫微山，为土人游眺之所。宏任因为之志，末有雍正戊申自跋，称旧有《志略》，为前辈沈伯翰所集，其家伏羌令丹崖所订，则仍旧稿增修也，叙述颇为雅洁。"

在蒋宏任之前，有明末清初乡贤沈藩编撰，蒋薰考订的《硖石山水志略》，并收录于蒋薰的《留素堂外集》。至雍正六年（1728年），此书传世几绝。蒋薰是蒋宏任的族祖，故蒋宏任重新为之增删，并付梓以传世。集前有余姚陈梓为之序，写于雍正八年（1730年）："由吴门及海昌，中间数百里，原野平敞而巍然隆起，乃有硖川两山，独高于横、殳。骚人墨客遂借以游憩，而山之胜又足发其咏歌。盖自唐白太傅、章评事以来，迄于贝、鲍，及今查、范诸公登临览观之作，不一而足。"陈梓还对此志的来历作了说明："《志》创于沈君伯翰，蒋公丹崖订定之。今其族孙担斯更为删润。岭云海月，点染笔墨间，而数千年之风雅节烈，尚与山川辉映。"

卷后有蒋宏任自跋，写于雍正六年（1728年）："宇宙间不乏佳山水，然或地奥处僻，高人逸士游屐之所未经，耳目之所未及，则其地不传。""吾硖当苏杭孔道，为名人笻屐之所必至。自晋迄今，古迹斑斑可考，或散间文集，或载诸邑乘，不一而足。要未有汇而为志者，有之自《硖石山水志略》始。《志略》一书，系前辈沈伯翰所集，家伏羌令丹崖所订定者也。向镌于《留素堂外集》，迄今枣梨残缺，世人罕觏。今春，杜门家居，搜简陈箧，偶得是编，窃喜两山有灵，藉以不泯。即欲付之梓人，奈陵谷虽未变迁，而寺观不无改易。因据原稿，聊为增删，是亦乐操土风之意。且令后之作者，得以考其兴废之由耳。”从跋文可知，蒋宏任的《硖石山水志》是在原沈藩、蒋薰《硖石山水志略》的基础上增删而成。

《海宁珍稀史料文献丛书》编有《硖川志集成》，收录了沈藩、蒋薰的《硖石山水志略》点校本，说明其是根据别下斋刻本和海宁图书馆藏张嗣留乾隆年间抄本参校整理。其实，根据书中内容可知，这一版本应该就是蒋宏任的增删本。因书中内容增加了清初至雍正年间寺观胜迹的变更情况，如东山“西下山麓有许公祠，康熙己亥年建”。许公祠是为祭祀乡贤许汝霖，于康熙五十八年（1719 年）所建，因当时许汝霖尚在世，因此作者作了这样的解释：“古者，乡先生殁而祭于社，兹乃创于生时，殆所谓殊时异世，不相袭礼欤！”而此时，沈藩、蒋薰早已去世，不可能为《硖石山水志略》一书所载，而蒋宏任的《硖石山水志》无论是四库本还是乾隆抄本，都还存世。民国十四年（1935 年），王云五主编的《丛书集成初编》，是根据《别下斋丛书》影印出版了蒋宏任的《硖石山水志》，也就是四库本。所以确切地说，中国方志出版社《硖川志集成》中的《硖石山水志略》，就是蒋宏任的增删本。乾隆三十五年（1770 年），海宁张嗣留抄本在跋语中也有明确说明：“是以蒋族文孙，东湖才子，复加考订，更为增删。”可见乾隆钞本也是根据蒋宏任的《硖石山水志》抄录。存以商榷。

《硖石山水志》先志东山，再志西山。东山最早名审山，因汉辟阳侯审食其葬此山而名，后又有宋临海、南阳二郡太守沈景墓，故又名沈山，又因硖石市河两侧双山对峙，俗称东西二山。志以导游形式徐徐展开，从审山南岗景转桥一路而上，山麓幽可避世，昔人称之为小桃源，南岗以巨石、竹林、古树为胜。由桃源拾级而上，一路往北而西，有玉真道院、明御史吴遵墓、许公祠、灵龟池、大悲阁，西北山麓称为北亚山，为明孝廉闻嘉言别业，临流负山，与大悲阁相映。由大悲阁东上，即东岳庙，大殿后是峻岭，岭上是蓬莱阁，再往东有宋真宗裔孙赵清献墓，南侧为钱王磨剑石，东侧有三笑庵。自石阶北行便是碧云寺，建于唐代宗大历三年（768 年），碧云夕照，为当地胜，寺左为钵盂顶，有天眼泉、刘长卿读书台。登顶有智标塔，宋僧智标所建。自塔而下，北折西上，为走马塘，塘上有孙公洞，洞口已在半山，有东广福禅院，建于宋神宗熙宁元年（1068 年），院东有天开图画楼，出院寻梯而下，南有葛洪丹井，丹井旁，修竹万杆，尽点湘斑，即现在的斑竹园。

西山即紫微山，因唐长庆三年（823 年）时任杭州刺史白居易，于是年秋八月登此山而闻名。山南有大刹，大中祥符二年（1009 年），宋真宗钦赐“惠力寺”，为一时名刹。寺背山面水，门前一桥，即紫微桥，建于元大德七年（1303 年），门外法幢二坐。大殿后禅堂稍东是唐人马湘旧宅。西有周氏宗祠，祭祀明末抗清死节志士周宗彝。由石阶直达山顶，有五显灵官殿，建于唐僖宗光启年间，后改为崇正书院。殿前有石刻“紫微山”三个大字，系宋樊世卿所书，并刻有唐章孝标诗，俱遒劲可传。沿石阶而下，沿途有漱玉亭、百步石，至山脚有花园浜，有故张尚书养拙园。隔溪东岸为崇惠寺，俗名北寺，寺后一湖名塔影湖，观东山塔影，此处最佳。从惠力寺西掖门入，有高阁东向，名舍利阁，稍北西折，为丹井楼，相传为葛洪炼丹处。井西分别是放庵、西爽庵、白水庵。紫微山南麓还有胜果寺，建于唐穆宗长庆年间，俗称南寺。院东侧即淳朴园，为明隐士沈祐别业，筑有涵虚阁、藕花湾、白欧沙、柳塘渡、鹤矼、通樵径、芙蓉溪诸胜。

审山南下为东南湖，紫微山南下为西南湖，两湖汇总处称为南湖，即白居易所登望硖石湖。西南湖尽处为关帝庙，庙后往北数十步，乃香院桥，原晋尚书张延光故第，桥西旧有预备仓，即仓基，沿仓基湖稍西，即紫微桥、惠力寺。此为绕西山一周的大致景况。

东西两山，经蒋宏任导游式的描述，将硖石市河两侧的山水风光尽收眼底，《硖石山水志》为后人保留了清雍正以前硖石古镇的风貌特征，非常珍贵。

七十一

读其书　当有以见其概

——清·祝洤《淑艾录》《下学编》

祝洤（1702—1759年），字贻孙，号人斋。乾隆元年（1736年）举人。曾执教于京都淳亲王府和曲阜孔府，因师范严肃，日有尺度，被学者称人斋先生。著有《礼记读本》《礼记诸说异同》《说礼粹言》《朱子全书辑要》《井辨录》《删定阴符》《人斋先生集》《考索集》《下学编》《淑艾录》等，其中《下学编》和《淑艾录》收录《四库全书总目提要》。

《淑艾录》十四卷，《四库全书总目提要》谓："是书本张履祥《备忘录》而增删之，凡三百九十五条，仿朱子《近思录》例，分十四门。持论颇为纯正，而其后序则门户之见，尚坚持而不化，必欲灭尽陆、王一派而后已，如有不共戴天之仇，是未免于已甚矣。"张履祥，字考夫，号杨园、念芝，是清初浙西传承朱子学说之巨擘，以朱子《近思录》作为范本，在学术上推动"尊朱熹之理学，而辟王阳明之心学"，因而被称为清代"辟王第一人"，其所著《备忘录》即是读朱子《近思录》的学习笔记。一百年以后，祝洤与张履祥一样，也十分推崇朱子学说，便私淑张履祥，以拯救儒学正统为己任，不仅为其编辑遗书，还将其《备忘录》的主要内容，仿照朱子《近思录》体例，编撰成《淑艾录》，期望后学者能通过此书读张履祥的著作，进而读朱子的书。

"淑艾"意为拾取，指受教于人或教诲他人，在学问上有所得益。语出《孟子·尽心上》："君子之所以教者五，有如时雨化之者，有成德者，有达财者，有答问者，有私淑艾者。"《孟子正义》中有"私淑艾者，即私拾取也""未得为孔子之徒，而拾取于相传之人，故为私"。祝洤晚生张履祥一百年，只能以私淑之称，《淑艾录》之名由此而来。

《淑艾录》十四卷，分别为道体、为学大要、致知、存养、克己、家道、出处义利、治体、治法、政事、教学、警戒、辨异端、观圣贤。卷首有祝洤自序，序文大赞张履祥之学，对其评价极高，认为其人是“朱子以后五百年来闻知之一人”，有“正后儒偏诐之趋，而续古圣微茫之绪，百年以来，其道渐著，流风余韵被及四方”，是继往开来式的人物。而祝洤自读张履祥之书后，更是“闻而思奋”，而且“读之愈久而味愈深长”。尤其是读到张履祥晚年之遗著《备忘录》，更是下决心要为传承张履祥之学不遗余力，“其《备忘录》四卷，为先生晚年箚记充实之积，发为辉光。其切于日用，补于挽近，不啻粟帛之疗饥寒，钟镛之警聋瞶焉”。于是，祝洤花费多年努力，将杨园先生著述的精华，编为《淑艾录》一书，希望后人能“读其书当有以见其概”。序言写于乾隆九年（1744 年），距张履祥去世 70 年之后。乾隆二十二年（1757 年），在《淑艾录》编撰完成 13 年后，祝洤又为此书写了一篇跋语，主要阐述朱熹理学与陆九渊心学的利弊，是其尊朱贬陆思想的体现，也是其受到四库馆臣批评的原因。

《淑艾录》卷后有叶赫养善跋和沈楙惪题识各一篇。叶赫养善是祝洤在京城的好友，两人在尊程朱辟陆王上有共同的观点，故其对祝洤的著作评价甚高：“甲子秋，人斋复纂杨园之蕴为《淑艾录》，余反复读之，益有见夫杨园之学，精微广大，体实用宏。所谓祖述孔孟，宪章程朱者，诚不虚也。是书也，吾愿与天下共读之。”而沈楙惪作为后学，跋语写于道光二十一年（1841 年），认为“杨园先生精于理学，深得紫阳之奥”，而“后学之士未见杨园全书，得此读之，可以近窥其蕴而于学术不致混淆，其有补于世道人心”。跋语肯定此书的价值就在于后学将程朱理学与陆王心学不相混淆。沈楙惪的题识是《淑艾录》编入《昭代丛书》时所写。《昭代丛书》是一部由张潮、沈楙惪等编于道光年间的大型丛书，收录清初文人的杂著 150 多卷，《淑艾录》便是其中之一。

在选编完成张履祥的《备忘录》后，祝洤又将朱子的《文集》《语录》也参照《近思录》之体例，完成了《下学编》十四卷。

《下学编》完成于乾隆十六年（1751 年），有祝洤自序一篇，写了编撰此书的目的主要是批评蔡模的《近思续录》，认为其偏离朱子之学甚远，所以要重新选编。祝洤深刻领会当年朱子与吕祖谦选编《近思录》的精神，从他们的生平讲习与操存践履中吸取精华，为《下学编》选编定下的原则是："爰汇其全书，掇取精到切近之言，为初学者树之鹄。凡六百九十二条。杨园张先生曰：'三代而下，群言混淆，折衷于朱子而可矣。'是编之辑，犹此志也。尊《近思》之例，而以《下学》名，师其意不敢同其辞也。淦识浅力薄，兹所抄撮其能无差谬，惟是因其本然，求其当然，内不敢执己，外不敢徇人，以期无失乎当日立言之旨，则自误误人，庶几其或寡也。志学之士诚使笃信力行，而不致徙倚于歧途，徘徊于方轨。庶乎朱子之学可得其门而入，即《大学》明德新民，《中庸》之择善固执，由是而之焉，无异程矣。岂能废准绳、舍规矩，而别有所谓径捷要妙之术，可以量平直而测方圆者哉。"祝淦的目的很明确，不敢与朱子并肩，而以"下学"名之，是希望后学能够"笃信力行"，由此入门。因此在选编过程中，对朱子学说的选取非常严谨，其体例也有自己的独到之处，有些地方还特别对朱子的原文作了一定的删改。

乾隆二十一年（1756 年），祝淦再次为《下学编》作序："是编始于戊辰，定于辛未，年来时复寻绎，恐学者不得其中曲折，重为增补。"可见祝淦之严谨。"戊辰"是乾隆十三年（1748 年）；"辛未"是乾隆十六年（1751 年），历时三年，期间经过反复增删，此为《下学编》与其他《近思录》续本的不同之处，体现了其个人观点。同时在条目下附上原文，为方便学者"考校"。因此，也受到四库馆臣的批评："然先儒之书，意有所契，简择取之可也，意所不合，附论是非，破除门户，无所曲阿亦可也。学未必能出其上，而遽改古书，其意虽善，其事则不可训矣。"

祝淦完成此书编撰后一直放在身边不断完善，直至乾隆二十一年（1756 年）到粤拜访叶赫养善，叶赫养善为《下学编》作序，认为此书可为"后学津梁"，在叶赫养善的再三建议之下才同意刻印。叶赫养善在序中对"下学"之意，作了诠释："古今来，善教莫如孔子，善学莫如颜子，下学上达，学之矩也。""而欲上达必先下学，后圣有作无能，易之人惟畏天，学之难，故常欲其达之速，亦惟苦博而好约，故每至执简以自高。此编于朱子所论，博约全功，罔不具举，以为是不过《下学》云尔，也将果不足为上达云乎哉！""下学而上达"本出《论语·宪问》："子曰：不怨天，不尤人，下学而上达。"本意为学习人情事理，进而认识自然的法则。经过叶赫养善的诠释，对"上学下达"作了更好的理解。

祝洤在最后的序言中再一次强调："读朱子书得力处，只在沉潜反复，后人读朱子书亦必沉潜反复，乃可有得所愿。读是书者，精思熟审，于日用间每事反躬，以践其实更偏。阅全书参合经子以尽其变而会其通，将朱子之自为学与其所以教人，必皆有以识其始终调理之当然而不可易。如此则读书为有益，而圣贤正学庶不至惑于异说焉而。"可谓祝洤对朱子正统之理学的守护，不遗余力。

七十二

医贯变通　药在合宜

——清·吴仪洛《成方切用》

吴仪洛（1704—1766 年）字遵程，海盐诸生。乾隆初年，举家移居海宁硖石镇。设利济堂，以行医为业。故其著作落款为澉水吴仪洛或硖川利济堂。

吴仪洛先儒后医，家富藏书，以诸生终。少年时期酷爱程朱理学，仰慕刘宗周高足张履祥先生，幼年时启蒙于张履祥先生私塾，受张先生“格物穷理”“躬行实践”思想影响至深，以后科举不顺，便无心于功名，最终彻底放弃仕途，兴趣渐渐转向家藏医书，穷心于岐黄之术，萌生“不为良相即为良医”的念头，决定走“济世医人”之路。于是，阅遍家藏书籍后的吴仪洛，又就读于宁波范氏“天一阁”，研读各类经籍达五年之久。嗣后，又游历湖北、广东、河北、河南等地，行医游学 40 余年，终成大家，为清初一代名医。吴仪洛一生著述颇富，儒学有《周易注》《春秋传义》，医学有《本草从新》三卷、《成方切用》十三卷、《伤寒分经》十卷，其他有《一源必彻》《四诊须详》《杂证条律》《女科宜今》等。共著有医学丛书十种，今仅存《本草从新》《成方切用》《伤寒分经》三种，余均已散佚，其中《成方切用》《伤寒分经》收录《四库附存目丛书》，此三种目前有中国中医药出版社等多种点校本出版。

《成方切用》十三卷，是吴仪洛的一部方剂学著作，成书于乾隆二十六年（1761 年），为《吴氏医学述》第四种，《四库全书存目丛书》提要谓：“此书为其《医学述》之第四种，取今古成方一千三百余首，本经按证加以论断。卷首载《内经》一十二方。第一卷至第十二卷每卷各有上下，分治气、理血、补养、涩固、表散、涌吐、攻下、消导、和解、表里、祛风、祛寒、消暑、燥湿、润燥、泻火、除痰、杀虫、经带、胎产、婴儿、痈疡、眼目、急救，凡二十四门。卷末载《勿药元诠》七十四条，大旨谓古方不宜今用。故所录皆切于时用之方，凡例于汪桓《医方集解》颇有微词，然桓书浅略，亦可无庸掊击也。”吴仪洛在另一部著作《本草从新》中，通过对本草学的研究，认为前代流传较广的方剂学著作，如明代吴昆的《医方考》与清代汪昂的《医方集解》，虽各有优胜，但亦各有不足。因此，吴仪洛以上述两书为蓝本，据“方有宜古不宜今者”与“医贯变通，药在合宜”的观点指导，取吴昆、汪昂所辑而增改之，得古今良方 1100 余首，取名为《成方切用》。其用意是“所录皆取切于时用之方，而尤期用方者之切于病情也”。与前两书比较，《成方切用》条理明晰，释证详细，学术价值较高，对于方剂理论发展与临床辨证施治更具指导意义。

吴仪洛在《成方切用》自序中，对编撰此书的目的作了详细介绍：“《内经》，医之奥旨也；诸方，医之粗迹也。近代时医，相率以方授受，而求经论者无之。舍奥旨而务粗迹，安望其术之神良乎。虽然方亦何可废也，方以立法，法以制宜。譬之工，匠心独创，断未有规矩而为之者。特神而明之，存乎其人焉耳。古昔方书，得人乃传。扁鹊仓公，皆称禁方，秘不轻授。所以汉时以前，成方绝少，而仲景为方书之祖也。仲景以后，方书充栋，无如制方者日益多，而注方者不少概见。宋成无已始将仲景一百十三方，论而注之，使观者知其端绪，渐得解会，但循文训释，仲景之良法精义，不能尽彻。迄明兴，始有吴鹤皋之《医方考》，因病分门，词旨明爽，海内盛行，但搜采不无阙略。近日汪讱庵仿成氏、吴氏之意而扩充之，采辑古方，名曰《集解》，先详受病之由，次解用药之意，硕论名言，采搜甚富，然不能无承讹袭愆之说，且于新方，总未采录，均未可以语全书也。洛不揣愚陋，取吴氏、汪氏所辑而增改之，得古今良方凡一千一百余首，禀诸经以观其合，订之证以发其微，编为十三卷，题其端曰‘成方切用’。以所录皆取切于时用之方，而尤期用方者之切于病情也。何则？迩来风气浸薄，人之禀受，远不及古，故方有宜古不宜今者。设起仲景于今日，将必有审机察变，损益无已者，而谓录方可不切于时用乎？且病有标本先后，治有缓急逆从，医贵通变，药在合宜。苟执一定之方，以应无穷之证，未免实实虚虚，损不足而益有余，反致杀人者多矣。用方之切于病，岂易易哉！然则如之何而后可？曰：研穷乎《灵枢》《素问》，而经义无不通也。详求夫望闻问切，而证因莫能循也；深悉于气味阴阳，而药性剖其微也。夫然后经之以法，纬之以方，从斯集而合离变化焉，自迎刃而中其肯綮矣。”

《成方切用》全书广撷《伤寒论》《金匮要略》《千金方》《三因方》《小儿药证直诀》等书，博采张仲景以来各医家的成方论述，以《内经》制方理论为指导，运用阴阳、五行、精气血津液理论阐述治则治法及方剂配伍变通，重视药物性味归经、功效主治、有毒无毒、炮制方法等与处方用药关系。全书所选之方切合实用，所论所言尽彻良方精义，并博采《医方考》《医方集解》两书之长，收方精良，结构完整，要言不繁，字笺句释，同时于所列各门参附其独到学术见解，阐发新意，充分体现出尊古不泥、明体辨用的学术风格，以及博极医源、旁涉百家的医学见解。吴仪洛对所采集的方剂，都作了详细的诠释，并于每方后详列治疗各种兼杂症的加减运用，以“理、法、方、药”四字通贯全书。

《成方切用》完成时间稍晚于《本草从新》，其中的许多名言警句，如“医贵通变，药在合宜”；“苟执一定之方，以应无穷之证，未免实实虚虚，损不足而益有余，反致杀人者多矣”；“用方之切于病，岂易易哉！”等，至今已成为医生的座右铭。《成方切用》自问世后，备受学者称颂，影响颇大。被后人誉为读完此书，不会再有“医病三年，无可用之方”的感叹。因《成方切用》所载方剂，词旨明爽，注释精详，被后世医家认为是探索方剂学理论的重要成果。

七十三

渊源家学　吟兴称豪

——清·许道基《冬隰吟》《粤吟》《靡至吟》

“渊源家学，吟兴称豪”是许道基《冬隰吟》小引中的一句话。许道基（1707—1767 年），字勋宗，号竹人，又号霍斋。雍正八年（1730 年）进士，授户部主事，转刑部，官至户部郎中。曾参与编修《大清会典》。父亲许勉燉，祖父许惟植，曾祖许汝霖，家学渊源极深。著作有《理参经参》《尚史》《明志轩诗文集》《归舟百绝》《春隰吟》《冬隰吟》《粤吟》《靡至吟》等，目前仅存后三种，由上海古籍出版社根据国家图书馆藏本影印出版，其余各种均未见存。

《冬隰吟》是许道基使粤时的诗集，又名《使粤集》，集前有李锡秦序。李锡秦，宝山人，乾隆十七年（1752 年）任广西巡抚。序言中讲了两人相识的故事，乾隆十八年（1753 年），李锡秦奉命回京朝觐，途径临洺关（在今河北邯郸），于旅宿壁上看到两首五言律诗《访毕屺怀别驾》，当读到“城悬星拱址，桥束水流东”及“世讲三生晤，神交十载驰”时，便回环朗诵，以为是杜子美、苏子瞻再世。这是李锡秦第一次从诗中知道许道基，还因没有读到全稿而感到惋惜。几天以后，他又在安肃旅次看到许道基又一首题壁五言诗《安肃道上遇雪》，当读到“液润失尘红，影濛夺天碧。龙山离合间，仿佛露其额”时，击节拍案称奇，以为真的在荒村野店间遇到了子美、子瞻之流了。直至下一年，李锡秦回到广西，许道基也刚好赴任广西督学，到后拜访巡抚，并以诗稿相赠，李锡秦才知道以前所看到的题壁是许道基赴河北督学路上的吟咏之作，后结成诗集《春隰吟》。许道基在《冬隰吟》自序中有“《春隰吟》一编，敢言到处留题，聊纪程历而已”的记载。

此次广西两人相见，最终以诗结缘，从此成为莫逆之交。

《冬隰吟》是继《春隰吟》后，也是许道基到广西任职时一路行旅吟咏之作。李锡秦评价为："凡目之所见，司之所闻，昼有所思，梦有所感，无非情性之流露。故衡岳之云不足为幻，洞庭之波不足为险，朔方之雪不足为寒，岭南之瘴不足为毒。此冬隰之所由作也。"大致概括了《冬隰集》所吟咏的地理范围。集前有小引，许道基对写作过程做了简要介绍。许道基结束河北宦旅后，于下一年接任广西督学，"越一年视学广右，力疾凌寒，出济南、渡荥泽，陈迹可数，过此逾黾塞，浮夏口，入洞庭，摩衡岳，潇湘襟带，跨越东西，崎岖抵粤"。一路行程60余天，于冬天到达，故以《冬隰》为集名。从河北保定出发，过赵州、发沙河、到邯郸、渡漳河、经河南安阳、新乡，再到郑州、许州，翻过确山，经信阳进入湖北境内，过孝感、抵汉口，过洞庭到达长沙，再经湘潭，翻衡山到衡阳，出永州进入广西境内的全州，以一首《兴安见山》结束全集："日历名岩胜，今朝又一奇。青莹无苏迹，圆锐似人为。路转前如后，峰齐合复离。愚公真有术，倩向草堂移。"一路行旅，一路诗纪，吟兴称豪，果然名副其实。

《粤吟》是许道基在广西三年间的诗作结集，集前有作者小引。在许道基看来"粤西皆诗景"，广西的风土人情成为他采风入诗的题材，"乃余来自酉冬，迄于子秋，巅末三载左右，再巡所历境，所接人物，所闻见事多矣。廛得长短诗二百七十余首，以日计之，四而一焉，抑吟成即录"。诗集从乾隆十八年（1753年）冬进入广西始，止于乾隆二十一年（1756年），平均四天一首。以唱酬、游历为主。

很巧的是，60年前许道基曾祖许汝霖从广西督学离任，许道基在《家大人偕杨子竹岩至桂林使署赋三首》中，记录了父亲许勉燉与内弟杨焕纶到达广西游历经过，诗中"砚田仍世笔为耕，六十年来代秉衡"之句后有小注："先宗伯督学江左，以癸酉任满，后六十年道基又至粤西。"记载了曾祖许汝霖于60年前也曾督学广西的史实。对于许勉燉来说，一个甲子之后，儿子许道基与祖父在同一地区任同样官职，是一件值得庆贺之事，因此以七十高龄之躯，勃发了远游的雅兴。但这次粤西之游，最后以父亲客死异乡告终，这是许道基万万没有想到的，也才有了后来历数千里扶柩归乡的纪事诗集《靡至吟》。在粤三年，许道基经历了丧父失弟亡妻之痛，以及水土不服胃肠病苦累累，在诗集中均有所记及。因此，在《甲戌初度二首》中，有“梦里韶华真去我，病除辛苦总叨天”的感慨。

《靡至吟》是许道基丧父后，千里扶柩还乡，从广西回到海宁一路行吟诗的结集。所谓“靡至”，出自《诗经·小雅·蓼莪》“出则衔恤，入则靡至”，是对亡亲的悼亡诗。乾隆二十一年（1756 年）冬，许勉燉去世于广西其子寓舍，同年十一月四日，许道基扶柩离开桂林回家，经过四个月的历程，于来年二月回到海宁归葬，一路哭丧，一路纪行，留下诗作 140 余篇。集前有叔父许焞作序，写了侄子不辞艰辛，历数十州扶柩归乡的孝心：“霍斋小阮性至孝，奉王命衡文粤西，迎晚榆兄于署，调餐馨膳，三省忌劬，有南陔之养，白华之洁，无北山陟岵鹊羽之悲，抑何荣且幸欤。无何，兄卒，霍斋苫凷之余，思迈嵇康，哀逾孙绰，长慕悲吟，感均顽艳。凡十一郡，数十州，邑门弟子俱为之废蓼莪呜乎！他日有王仲淹作重续三百篇诗，择而采之可以为孝思则矣。”序中用典颇多，“衡文”即为主持科考；“晚榆”为许勉燉号；《南陔》《白华》均为《诗经》篇目，后世专用于奉养和孝敬双亲；“感均顽艳”即成语“哀感顽艳”，原指歌声和音乐哀婉凄恻，使愚钝的人和聪慧的人同样受到感动，这里用来形容诗作的哀怨感人。另有许道基自序一篇，也大致写了遭丧之痛，“万里扶榇四月，恐危滩骇洪涛”，历尽千辛万苦回到家乡，一路悲伤之情感人至切。

七十四

戛戛独造　不袭前贤

——清·范世勋《桃花泉弈谱》

清朝乾隆年间，两位海宁人成为棋坛国手，即范世勋和施襄夏。范世勋（1709—1769 年），字西屏。海宁郭店人，为乾隆时期著名弈手。按范世勋《桃花泉弈谱》自序中所说："弈虽小数，实用心之事，勋自髫年爱习前贤之谱，罔不究心。"范世勋自幼受父亲影响，棋艺启蒙于父亲，后拜山阴俞长侯为师，不久即与先生齐名，16 岁便闻名天下。在他看来，弈棋虽属于小艺，但要学精，则必须用心研究，因此，他专注于研究历代棋谱，终成一代大家，与施襄夏同时驰名于乾隆棋坛。著有《桃花泉弈谱》二卷，是我国历史上最有影响、价值最大的古棋谱。

目前常见的《桃花泉弈谱》刻本为清光绪二十四年（1898 年），收录于无锡邓元鏸编纂的《弈潜斋集谱》，现有中国书店等出版社以此版本影印出版。《桃花泉弈谱》上、下二卷，内容丰富，卷上载十二谱，分别是九五镇，共四十四变；三六侵分，共二十八变；大飞进角，共十二变；尖角三六侵，共二十四变；三五侵板，共四十变；拆二飞攻，共三十六变；封角，共七变；不宜封角，共十六变；尖封、共十六变；尖顶关封，共十一变；尖顶飞封，共九变；九四压，共四变。卷下共八谱，分别是五六飞攻，共四十四变；双飞燕，共五十六变；投拆三，共十六变；三五侵分，共十五变；二五侵分，共二十一变；尖顶夹侵，共八变；顶关夹侵，共六变；扭十字，共五十五变。全谱详细而精辟地记载了范世勋对于围棋的独到见解，此书刊刻以后，便轰动棋坛，风行一时，历史上重刻版本很多，影响了无数弈棋高手。

谱前有范世勋自序，写于乾隆三十年（1765 年）夏六月，颇为自负的范世勋认为："有明作者，皆浑而不尽，言先后，言虚实，言向背而已。国初弈乐园诸公冥心孤诣，直造单微，于先后之中生先后，虚实之中生虚实，向背之中生向背，各就英分所极，自成一家。堂堂正正，奇奇怪怪，突过前人，可谓盛矣。至三十年来，国手则又不然，较大小于毫厘，决存亡于窅冥。交易变易，时时存一片灵机；隔二隔三，处处用通盘打算。数至此尽，心至此息。使必执前人之谱以律今人之棋，政如安石官礼、房琯火牛，其不坐困于古也几何哉！因不揣固陋，即其心得录为一书。皆戛戛独造，不袭前贤。为格二十，局二百一十有奇，变八百有奇，聊以自娱。非敢问世。"从明朝至清初的棋艺水平讲到当下国手的特色，以及当今棋手不局限于古谱，所谓"戛戛独造，不袭前贤"，别出心裁而有所创新。这是范世勋的可贵之处，他认为围棋之所以能不断发展，根本原因就在于"其不坐困于千古也"，围棋的发展应该是无穷无尽的，可见其胸襟之开阔。

光绪版的《桃花泉弈谱》由校刻者邓元鏸作序。邓元鏸，字纯丰，号弈潜斋主，无锡人，为清末著名围棋手，曾编纂《弈潜斋集谱》，《桃花泉弈谱》即收录其中。邓元鏸序写于光绪二十三年（1897 年）三月三日，当时邓元鏸正将海宁清初两位弈棋国手施襄夏的《弈理指归》《弈理指归续编》以及范世勋的《桃花泉弈谱》合编于《弈潜斋集谱》，对两人都做了介绍："先生长于施襄夏一岁，乾隆己卯，施襄夏寓扬州，著《弈理指归》，盐使卢见曾雅雨为序而刊行。先生则又阅六年，至乙酉始成此谱于扬州高盐使恒署中。范、施两公均家海宁而谱皆在扬州，刻谱又皆盐使遇，亦奇矣。意施谱或亦著于盐政署中，而范谱高刻，故欲颉颃前作。然其方雅好事均足千古也。"序言介绍了范世勋与施襄夏一样，从海宁出去后，在扬州成名，又同是在盐运使的支持下，完成棋谱刊刻。序中提到的高恒，字立斋，为满洲镶黄旗人，时任两淮盐运使，而施襄夏是在盐运使卢见曾的支持下刻印棋谱。在邓元鏸看来，范世勋与施襄夏同为海宁人，同出名于扬州，又同在两淮盐运使的官署下棋作谱，也算是奇闻了。至于范世勋的《桃花泉弈谱》谱名出处，邓元鏸在序言中也做了解释："桃花泉者，盐署井名也，名谱以地，人尠知之。赖有麟庆见亭《鸿雪因缘图记》记之也。"这里提到的《鸿雪因缘图记》，即满族人完颜麟庆，号见亭，一生宦迹遍天下，以游历处，随手而记，并延请扬州画家汪英福、陈鉴、汪圻按题记绘成游历图。范世勋的《桃花泉弈谱》作于高恒盐署，盐署有井名"桃花泉"，故名。这是一则鲜为人知的故事。

《桃花泉弈谱》刊印后，范世勋一举成名，成为扬州官宦和各大盐商的座上客，其影响力很快超过了《弈理指归》，因为《弈理指归》虽成书比《桃花泉弈谱》早六年，但初刻本只有文字，没有棋谱，谱是后来由钱长泽配上的。关于范世勋的生平，史料记载不多，但同时期的袁枚和毕沅分别为其作了《范西屏墓志铭》和《秋堂对弈歌为范处士西坪作》，是了解其生平事迹的极好佐证资料。

袁枚的《范西屏墓志铭》见于《小仓山房文集》卷五，从中可知，范世勋的父亲因为好弈而破家，范世勋三岁看到父亲与人对弈，就能指手画脚，"十六岁以第一手名天下。当雍正、乾隆间，天下平升，士大夫公余，争具采币致勍敌角西屏，以为笑娱"。由于范世勋棋艺高超，也常被士大夫邀请为博弈高手，当时能与其旗鼓相当的，"海内惟施定庵一人，差相亚也"。可见，施定庵也只能屈居亚军。对于范世勋与施定庵两人对弈时的状态，袁枚也进行了惟妙惟肖的描述："然施敛眉沉思，或日昳未下一子，而西屏嬉游歌呼，应毕则咍台鼾去。尝见其相对时，西屏全局匠矣，隅坐者群测之，靡以救也。俄而争一劫，则七十二道体势皆灵。呜呼，西屏之于弈，可谓圣矣！"因袁枚曾亲临观弈，其记述应该真实可信。

毕沅的《秋堂对弈歌为范处士西坪作》见于《灵岩山人诗集》，全诗由11首七言绝句组成。毕沅是乾隆二十五（1760年）状元，一生酷爱围棋，与范世勋交往甚深，从全诗内容看，从棋艺、棋风、临阵、布局几方面，对范世勋下棋过程，写得惟妙惟肖，其中有"君今海内推棋圣"，是对范世勋最高的评价。

七十五

一枰角智关成败　黑白争雄见是非

——清·施襄夏《弈理指归》《弈理指归续编》

施襄夏（1710—1770年），别名绍闇、定庵，号定庵，工诗善琴，尤长于奕理，与范世勋同为海宁人，在乾隆棋坛上有一时瑜亮之称。著有《弈理指归》《弈理指归续编》。

《奕理指归》二卷，写于施襄夏寓居扬州卢见曾盐政史署。为便于学生学习围棋，已成为国手的施襄夏深感当时围棋教习中“学者资禀不一，教者立法殊科”，认为急需一种融基本手法和基本定理于一体的教材，以指明“尽变之义，极变之致”，使学习者既易学习又得原委，于是将自己的棋艺经验以歌诀形式写成此书。《弈理指归》成书于乾隆二十八年（1763年），较范世勋的《桃花泉弈谱》早六年，初刻本仅以歌诀形式有字无图，歌诀注释中运用五行生克理论解释围棋着法，寓意玄奥。全书按内容分小侵、大侵、关飞封角、逼关制边、镇合关封、双飞燕等八个部分。施襄夏的《弈理指归》与范世勋的《桃花泉棋谱》为古代棋谱中的典范之作。

《弈理指归》卷前有施襄夏自序以及卢见曾、朱光发、蒋宗海、汪长德分别作序。自序作于乾隆二十八年（1763年）人日，“人日”是农历正月初七。序言对自己的生平做了介绍：“余自幼入塾，性拙喜静。先君子工诗文，善书法，兼画兰竹。晚岁家居应酬之暇常焚香抚琴，对客围棋。余课余侍侧，闻声心慕，请问其旨。先君子曰：‘琴尚淡雅而鄙繁支，棋贵虚灵而病粘滞。汝羸弱多疾，琴尤宜也。’遂退而学琴，后复嗜弈。”记述了自己学棋的过程。施父是一位多才多艺的乡绅，琴棋书画靡不精深，施襄夏自幼性格沉静，私塾放学以后，经常在父亲身旁，耳濡目染，亦喜弈棋。父亲似乎并不希望儿子学棋，根据其性格特点更希望儿子学琴。于是，施襄夏先学琴，但最终还是因嗜好而改学棋艺。施襄夏学棋的决心还受到同乡范世勋的影响，从而进入专业学棋领域："同里范西屏，长余一岁，从越郡俞长侯夫子游，年十二而与师齐名。因慕而亦从学焉。"可知，施襄夏的第一位棋艺老师也是绍兴俞长侯，学习稍晚于范世勋，但进步很快，仅学了一年，就可以"与范争先"了。后来得到前辈徐星友所著《兼山堂弈谱》，"潜玩多年，始窥其奥"。后施襄夏幕游湖州，又遇到前辈国手梁魏今、程兰如，再从梁魏今游学，经梁魏今点拨，"余因悟化机流行，无所迹象，百工造极，咸出自然"，成就了一代大师的基础。在自序中，他不无自傲地说："毋论战守取舍，成竹在胸，举念触机，会心自远。"因此要将自己的棋艺经验记录下来，"为后学津梁，补前人之所未及"。

43岁那年，施襄夏游扬州，寓居两淮盐运使卢见曾盐署，与黄及吕、程兰如、范世勋等名手分庭抗礼。在扬州期间，施襄夏写成《奕理指归》，卢见曾为之刊行。并在扬州设馆授徒，设局以征天下名手。乾隆三十三年(1768年)，58岁的施襄夏又作《弈理指归续编》。

从施襄夏前序看《弈理指归续编》，是为学生李良而写："余非弈人也，以弈之理足以针昏砭惰，由艺而几于道，故平生嗜好在焉。曩作《指归》一编，付之梨枣，海内必有知者。李生宁士从余游有年，犹病其深而不能入也。余乃囊括全局大意，包孕前人之枕秘，诂以十数语指点之，其要在错综变化，统领虚神，始而艰涩，继渐熟滑，终乃焕然冰释，一隅三反，用是造乎？国工可乎？李生曰：唯唯。余既设几局，为图以志。俾有蹊径可循，且缀断句九首，以广其意。夫博弈游戏，艺事之末，尔敢云道乎哉。"两年后，施襄夏去世，李良后来也成一代国手，乾隆四十三年（1768年），李良将先生《弈理指归续编》刊刻并作序，说明作此编的用意，先生"作《指归续编》授余曰：但熟此即少算，亦可得三昧矣。今先生下世忽忽数年，余亦头颅半白，以半生嗜好得先生心法，置之高阁何以慰先生，乃点检成帙，付之剞劂"。《弈理指归续编》以歌诀形式，经李良点校问世。《弈理指归续编》前有施襄夏自题诗九绝，诗意深奥，但告诫学生："十三篇内皆真诀，大意包罗最可师"；"一枰角智关成败，黑白争雄见是非"；"熟读《指归》诸总诀，源流万派得先机"；"九宫变化《指归》篇，义理渊源已尽镌"。对学生的谆谆告诫，毫无保留，真心可鉴。

乾隆三十五年（1770 年），施襄夏去世后，松江钱长泽根据《弈理指归》一书，整理删订，添加了图谱，改编成《弈理指归图》三卷，成为目前通行本。可惜的是，图谱完成时，施襄夏已经离世，未曾见到。张世达在跋语中有详细说明："钱丈慨然任之，凡遇一变即绘一图，录歌以上，系图于下，两易寒暑，而十门之图俱竣，付梓以公同好。盖《指归图》即《指归》注也，独惜图成而施先生已逝，其家藏之《续谱》未能问世，每惓惓于斯图而不及见其成也，是可感也夫。"张世达，松江人，施襄夏年轻时曾坐馆于张家，并教其下棋。期间张曾亲见施襄夏与俞长侯、钱长泽间的对弈，并毫无保留将《弈理指归》一书赠予钱长泽。钱长泽见到此书极为惊讶，他的学生张梦嗒在《弈理指归图》序言中这样描述："忽睹定庵《奕理指归》，喟然叹曰：'弈之奥旨尽于是矣，惜其正局之外，但有歌诀，尚未演图，且间以平上去入之古谱，五行八阵之元谈，使初学者无从肄习。'因于养生之暇，一一按诀绘出，而《指归》一书遂得了如指掌。"这便是《弈理指归图》一书的由来。

七十六

但使操修勤砥砺　无须劝勉费周谆

——清·沈维基《紫薇山人诗钞》

沈维基（1715—卒年未详），字抑恭，号心斋。科举以副贡终身，但因善书法入选武英殿，为乾隆缮写《钱录》《西清古鉴》两书，历时六年，后任湖南永兴、郴州知县，再升迁长沙知府、东平（今泰安）州牧。著作有《圣谕像解》《东平州志》《劝善八编》《阴骘文图说》《觉世宝训图说》《紫薇山人诗钞》等。

《紫薇山人诗钞》八卷，乾隆四十三年（1778年）刻本，卷前有叶观国、郑虎文序，分别写于乾隆四十年（1775年）、乾隆四十三年（1778年）。叶观国，福建福清人，乾隆十六年（1751年）进士，翰林院编修，其序言中对沈维基有简单介绍："郡伯心斋沈公，浙西老宿，工诗文、善书法，夙负盛名。于都下既而一行作吏，自楚南而山左而闽中，自县令而州牧而郡守，所至政通人和，廉能之声上达枫陛。""枫陛"即朝廷之意。"公雅好吟咏，治事之暇，自公于役之隙，往往拈韵题襟，其诗一本性情之正合乎广大疏达，恭俭静廉之教。"叶观国对诗集中有关政事的诗篇尤为欣赏，如《勘长沙围田》《八腊庙告成》《沙河站藉咨一州利弊》等篇，认为"皆蔼如仁义之言，与高、白诸公正复古今同辙"。"高""白"分别指唐代诗人高适和白居易，都是为官一任造福一方的官吏诗人。在叶观国看来，沈维基既是一位有作为的地方官吏，也是一位能以诗纪事的诗人，"余读公诗有云，生平矢志吏治，古闾阎疾苦肌肤亲有味哉。言之深切，著明若是乎"。叶观国序特别强调沈维基作为地方循吏所留下的诗作，其意义非同一般。

郑虎文是浙江秀水人，乾隆七年（1742 年）进士，翰林院编修，告官后曾执教杭州紫阳、崇文书院。郑虎文序对沈维基生平也有介绍：“沈君初令湖南永兴县，治行称最，未几移长沙知东平州，最后升今官，所在皆有声，以服丧归。”而对其诗的评价是：“余读其诗，而知其学之不以仕废也。夫歌诵先王吟诵风雅，若无与于治者，顾夫子有言，曰君子学道则爱小人，学道则易使也，用之于武城而民皆弦歌矣，用之于单父而民不忍欺矣，学亦何负于治哉。”作为地方官吏，能在为政之余而不忘吟咏，沈维基也会与白居易、欧阳修、苏东坡一样，诗名与治声长久流传。

《紫微山人诗钞》八卷，卷一为《问奇吟草》，卷二为《燕台吟草》，卷三为《楚南吟草》，卷四、卷五为《山左吟草》上、下，卷六为《燕台续草》，卷七、卷八为《闽南吟草》上、下。各卷前均有小序，可大致了解沈维基写诗的背景。

卷一《问奇吟草》，录诗 53 首，是作者青少年时期在家读书期间的作品，问奇之名出自沈维基书斋号。从小引可知，沈维基家境颇好，家在硖石镇临南湖背靠东、西两山间，堂号为“见山堂”，东窗可见山光塔影，西窗则是岚翠钟声，楼下书斋即“问奇斋”，沈氏兄弟自幼读书期间，“余兄弟读书斋中，阶下叠石为山，栽花作荫，后有园一区，春华秋实各自纷披，绿竹清池互相掩映”。在如此幽静的环境中，读书之余，吟诗唱和，遂成一集。所收诗作大多是春花秋月，醉吟题画之类。

卷二《燕台吟草》是沈维基旅京城时期的作品，收录诗作 43 首。沈维基与父亲沈廷荐同于雍正十年（1732 年）科举成名，父亲中举人，17 岁的沈维基已中副贡，但在后来历次考试中都未成功。诗集大多为“交游知遇之感”，集中有《感沐恩荣恭纪》纪事长诗，记录了乾隆十六年（1751 年），乾隆召集在武英殿行走诸臣并亲自考试书法，最后录取沈维基、厉宗万、卢明楷、陈大化四人负责缮写御书。沈维基是唯一一位以副贡破格录取者，其余三人均为进士出身。沈维基也成为因书法而入仕途的海宁第一人。

卷三《楚南吟草》是沈维基任湖南永兴知县时的诗集汇编。乾隆二十二年（1757 年）沈维基结束了翰林院编修的任职，以副贡授湖南永兴县令，两年后调任郴州县令，五年后再调任长沙知府，政务繁忙，行程匆匆，留下诗作 59 首。其中《有奉湖南巡抚陈宏谋督办长沙围田一案纪事诗并序》一诗，详细记载了这一当时被人称道的事情经过。因洞庭湖北湖居民乘水旱季节，筑堤造田，导致水涨时不能纳水而成水灾，此事惊动朝廷，巡抚敦促长沙知府沈维基督办，经过沈维基深入实地考察，详细绘图说明情况，认为长沙围田与水灾无关，因此而幸免毁田五十余处，保住了万余亩良田，终使长沙围田得以无恙，并作长诗纪事。

卷四、卷五《山左吟草》分上、下两集，卷四为上集，是沈维基从长沙调任山东东平州牧，在东平任上九年的诗作。其中乾隆三十年（1765年），适逢乾隆第四次南巡到达东平，沈维基有《东平迎銮十景诗并序》纪事，详细记载了东平沿河两岸60里迎驾的盛况，其中沿途十景，装扮极尽豪华，留下了乾隆南巡时奢侈之风的实况记录。下集起于乾隆三十四年（1769年），以同僚间唱酬诗为主。其中有乾隆三十六年（1771年）东巡，沈维基随同各大臣至德州恭迎圣驾，并获赏赐筵宴，有《恭纪》诗纪其事。当年三月二十五日，沈维基接到调令任甘肃平凉知府，因东平州城城墙工程尚未完工，又申请暂留东平原任，结果在东平又留任了三年，最后以家母年高告辞，甘肃之任始终未能成行。

卷六《燕台续草》是沈维基重返京都，等候铨选时的诗作结集。乾隆二十八年（1773年）仲春，作者完成了东平府城墙的修筑工程，原本应该去甘肃平凉赴任，因母亲年老，沈维基申请就近留任，于是赴京听候铨选。暂居京郊，与旧雨新知“掌古谈心”“推襟送抱”，不亦乐乎。诗集记录了在京访古酬唱，赏花题画的一段悠闲时光。不久，吏部新任下达，沈维基铨补福建延平知府。留京仅半年，是年夏天，年近六十的沈维基已有告老还乡的意图，从最后《立秋日病中不寐》《扶病出都》两首诗中可以看出，有“关心底事推难去，来往浑如江上潮”和“囊余惟药物，明月送归愁”之句，明显有消沉之意。

卷七、卷八分别是《闽南吟草》上、下二集，小引有“小春六日接篆视延平府事”，“小春”即农历十月，“接篆”即接印上任。延平是位于福建中南部的贫困山区，从作者描绘当时的府治状况可知：“官廨踞山之巅，层阶百级盘曲若旋螺而上，第内署曾毁于火。经前守赔建，仅蔽雨风。”条件艰苦异常。乾隆四十一年（1776年），沈维基因母丧居忧，告老还乡。此集是在延平三年的吟咏之作。

回家后沈维基有《抵家后过见山堂》一诗：“拂帘秋燕尚飞飞，门巷依然旧板扉。十六年前双鬓改，三千里外一帆归。山光不减东西萃，楼影仍含朝夕晖。独怪凭栏徙倚处，花何憔悴草何肥。”宦海一生，沈维基回到海宁硖石，在老宅见山堂终老。

七十七

西湖天下景　斯编亦西湖杰构也

——清·许承祖《雪庄西湖渔唱》

《雪庄西湖渔唱》又名《雪庄渔唱》或《西湖渔唱》，钱泰吉《海昌备志·艺文志》名为《雪庄渔唱》，今有上海古籍出版社根据藏书家谢国桢藏本影印名为《西湖渔唱》出版。“雪庄”为海宁许承祖在杭州的别业，因此许承祖题咏西湖胜迹的诗集以雪庄命名。

许承祖（1717—1762年），许汝霖孙，许惟模子，字绳武，号复斋。乾隆十五年（1750年）副贡。谢国桢所藏刻本后有跋，对许承祖作了这样介绍：“余偶阅钞本佚名撰《武林名人小传》云：许承祖，字绳武，号复斋。海宁人，寓湖上，副榜贡生，有集行世。复斋，宗伯汝霖孙，太常少卿惟模子，买别业于里湖，名曰雪庄，挈眷寓焉。常邀武林诸同人赋诗饮酒，风流蕴藉，不愧世家之子。惜早殁。是书以杂事诗体记湖上掌故，刊刻甚精，弥足可珍。”

《雪庄西湖渔唱》集前分别有沈德潜、彭启丰、裘曰修、厉鹗、查歧昌作序以及自序一篇。沈德潜序写于乾隆十九年（1754年），时年82岁高龄，是许承祖祖父、父亲辈的朋友，作为乾隆名臣，著名诗人，对许承祖诗集作了很高评价：“绳武仰日月之末光，补搜讨之缺略，网罗遗逸，题咏乃周。合前后成诗共得三百六十篇，自是西湖名声胥入奚囊中矣。”

彭启丰是雍正五年（1727年）状元，乾隆名臣，著名学者，序言写于乾隆十八年（1753年），当时他正在浙江督学试事，“许子复斋，家本盐官，构园于西湖之葛岭，号雪庄。藻思所发，佳什颇多。因余试事既竣，特请为序。固知其幽情胜致，贤于流俗远矣。……读雪庄诗，可当卧游矣”。

厉鹗也是一位元老，是当时浙西词派的领军人物，序言写于乾隆十七年（1752 年），对许承祖其人其书赞赏有加：“海昌许君复斋，抱才隽上，一洗裙屐之习性，复耽闲静，筑雪庄于西湖之巾子峰下，暇日游憩所至，抉剔幽隐，作为绝句三百六十篇，诗各有题，题各有注。西湖天下景，斯编亦西湖杰构也。”对许承祖的才华也极为肯定：“复斋生圣明之世，目睹夫金碧之光，仙佛之庐，翔涌璀璨于烟云变灭间。而复斋又自有敞楼幽轩，俯临清漪，与鱼鸟为宾主，襟灵莹发，才思玲珑，又与地相副，故其为诗也，雕绘不存天然，俊妙以视静传，所作见闻殆一新焉。”

查歧昌，字药师，号岩门山樵，是查慎行孙，查克念子，也是工诗之辈，与许承祖为世交，又是同学，对其了解甚深，序言写于乾隆二十年（1755 年）：“居士高阳世胄，幼禀异姿，胚胎擩染，厌近贵游冶，习其侨居西湖也。室宇轩邃，乌几麘床，焚香读书，卧游人外，兴会所至，遂纵宕流讨寻幽异，或当星稀月朗，一苇延绿，时与渔父㦔霭互相赠答，于烟波上下间求其孤情逸韵。有出于杨郭董陈及武林七子之外者，摹肖灵境，一归自然，宛转清空，了无饤餖，可谓绝俗超尘，天机翔洽者矣。”查歧昌的笔下，一位放浪形骸、孤傲潇洒的风流才子形象跃然纸上。

许承祖自序写于乾隆十六年（1751 年），序言中有关于雪庄构筑的经过，因祖父许汝霖、父亲许惟模都曾有此意图，而未筑成，直至乾隆六年（1741 年）才由许承祖成就此事：“先子宗伯公归田时，欲于湖壖卜筑数椽，为游览栖息计及子孙诵读所，先大夫时论及焉，皆有志未逮。岁辛酉，偶从数客至省，过葛岭而乐之，购地百弓于山麓，故贾相废园，�蒙翳删荒秽，经营草创，读书其中。”雪庄筑成后许承祖乐在其中，以后的十年，“居庄每暇，凡名山异迹，禅栖道观，园亭祠墓，以及洞壑堤桥，荒林古塔，靡不探幽穷源，零楞孑屑，收拾奚囊，吟稿成卷”。《雪庄西湖渔唱》诗稿完成这一年，正是乾隆第一次南巡来杭，许承祖将书稿献于清高宗，成一时佳话。

《雪庄西湖渔唱》全书七卷，分七路先作景点介绍，然后一景一诗。卷一为孤山路；卷二为南山东路；卷三为南山西路；卷四为北山东路；卷五为北山西路；卷六为吴山路；卷七为西溪路。全书环西湖一周，共有三百六十个景点，每一景点赋诗一首。对每一名胜古迹、地理位置、周围环境、历史渊源、历代题咏，详备考据，成为当时文人士大夫游赏西湖胜景的必备工具书。

书中有数处名胜与海宁人有关，为西湖增色其间。也为海宁文史留下了珍贵的资料，如鹤渚、浴鹄湾、玉钩桥、就庄、雪庄、秋雪庵等。其中浴鹄湾、秋雪庵等处胜迹留存至今，但与海宁人的关系却鲜为人知。

鹤渚，在净慈寺之南港。明朝正德年间，孙一元在此养鹤，海宁许相卿与其友善，为其置田数亩，取租养鹤，孙一元亲手制作鹤田券，留予后人。后来鹤飞去，孙一元引颈顾影，诵唐人“想伊只在秋江上”之句，并赋诗六首，命童子长歌以招鹤。鹤不归而券与诗成为美谈，“鹤渚”从此成为名胜。许承祖赋诗：“幽踪磊落傍南山，豢鹤田荒客不还。似与林家成伴侣，梅花开处屋三间。”

浴鹄湾，在赤水埠水流弯曲处，近定香桥。元朝海宁人张伯雨筑一水轩，名“黄篾楼”，地名与楼今俱在，张伯雨诗文集也有记载。许承祖为浴鹄湾赋绝句：“浴鹄湾边小艇游，红妆千队压花洲。鸳鸯飞过朱栏去，也解寻芳戏水头。”

玉钩桥，在灵石山桥畔，近有张伯雨墓，为张伯雨卖玉钩所建，许承祖的《玉钩桥》一绝，记载了这一典故：“闻道梁成假玉钩，当时句曲擅风流，可怜墓废书亡后，慱得吟魂几度游。”

就庄，在昭庆寺西，海宁陈谦别业。陈谦，字廷益，号任斋，官莱州知府，退居后归隐杭州时所筑，沿堤插柳，结篱为门，垒石为山，取因陋就简意，名为“就庄”。中为拙娱草堂、止止轩，后有临石涧、君子泉，自镌铭文：“旱不干，涝不溢，师此水攸好德。”左转有滋兰室、浣云馆，额为董其昌手书，其深得水月之趣，一时成为名流常到之处。其诗为：“太守冰怀出壑清，湖山多态展闲情。只除索画催诗客，门馆无私减送迎。”

雪庄即许承祖别业，在葛岭巾子峰下，原为南宋贾似道凿仙石处，乾隆六年（1741 年）为许承祖购得此地，在断桥之右，白堤之北。其处：“负崖映流，林薄攒蔚，断桥之胜以残雪称，爰取白傅‘卖雪堆庄’句，名曰‘雪庄’。中筑草堂三楹，曰‘师白’，慕先贤也；东为楼，曰‘镜湖’，纪胜概也；楼之下曰‘复斋’，勿忘先志也；西为诵读之所，曰‘宝云精舍’，高峰耸翠，当卧游也；曰‘竹笑轩’，得此君可令人不俗也；又西曰‘待月廊’，曰‘雪舫’，皆即景纪事也。”可见当时雪庄的规模是颇为可观的。例如《题师白草堂》诗：“我怀稚川翁，卜筑葛岭麓。我慕白舍人，风流映湖澳。仙翁当著书，高举渺仙躅。元和传新体，一一清可掬。公实净名仙，愿言奉尸祝。草堂瓣香敬，不向丹房宿。”

秋雪庵在西溪，原为资寿院，四周蒹葭弥望，花时如雪，陈继儒题“秋雪”，故名。明亡后，为海宁吴本泰隐居处，作有秋雪庵八景诗。许承祖绝句为：“寒芦拂槛影纤纤，疑似梅花倚短檐。小艇西风残照里，秋光遥抹数峰尖。”

《雪庄西湖渔唱》卷后附有各家题咏人物众多，有桐城方苞，海宁陈邦彦、杨式玉，东昌邓钟岳，嘉兴钱陈群，满洲鄂乐舜，长洲彭启丰，钱塘陈兆仑，无锡王会汾，鄞县全祖望，仁和杭世骏、沈廷芳、梁启心、汪台，钱塘金志章，衡山欧阳正焕，满洲舒瞻，乐平王起龙，桐乡冯浩，归安潘作梅等数十人。其中陈邦彦题有“眼前山水谁知己，句里烟霞自绝尘”诗句，最合此书题意。

七十八

身通百艺　深自韬晦

——清·王学权《重庆堂随笔》

王学权（1728—1810 年），字秉衡，号水北老人，系海宁安化王氏二十四世孙。乾隆年间因潮灾举家迁居钱塘。著作仅留下《重庆堂随笔》二卷。

《重庆堂随笔》最早称《医学随笔》，写于嘉庆十三年（1808 年），“重庆堂”是王学权的堂号，取自 80 岁生日，又适逢第一个曾孙出生，因双重喜庆而得。历时两年多，书稿尚未完成而去世。后有儿子王国祥、孙子王升为此书再作注释，曾孙王孟英加以详细评注，改书名为《重庆堂随笔》于咸丰五年（1855 年）初刻，目前有中医古籍出版社等多家出版社点校本出版。

全书分为上、下二卷，共分七论，上卷为六气、虚劳、治案、方剂（附凿井法），下卷论药性（附解诸毒）、论解剖、论看法，为王学权一生医学经验的总结。卷前有俞世贵、杨照藜二人序言，以及杨照藜总评一篇。

俞世贵序写于道光十年（1830 年）秋，俞世贵是王学权曾孙王孟英的舅父，其姐是王学权的孙媳，与王氏是世交也是姻亲，对王氏家族颇为了解：“王氏为盐官望族，秉衡公始迁于杭，治家严肃，门无杂宾，虽身通百艺，而深自韬晦。”可见王学权是一位多才多艺的人物，可惜仅留下一部著作。关于“重庆堂”号的来历，序言中也有明确说明：“先府君目击其三代之为人，而心仪其贤，乃以余四姊为䃺沧室，时嘉庆纪元丙辰也。逾年其祖古稀，其父知非，称觞日适余姊举一男，重闱大悦，爰名其堂曰‘重庆’。”这是王学权“重庆堂”号来历最确切的记载。至于为什么要写《医学随笔》一书，俞世贵也做了解释：“至戊辰三月五日，又举一男。秉衡公喜曰：此儿与祖同甲子，必得籛祖之寿，因小字籛龙。即于是年著《医学随笔》一书，或抒发心得，或采名言，皆发人所未发，洵贻厥之嘉猷也。越二载，书未脱稿而公考终。”在曾孙出生那年，王学权开始著书，只可惜两年以后，书稿尚未完成即去世了。王学权的儿子王永嘉继承遗志，为其辑注：“永嘉公皓首居忧，孺慕犹切，辑注未竟，遂撄疾，服阕后两载亦谢世。”王永嘉去世后，孙子王䜣沧再续遗志，“余姊丈读《礼》之余，校定遗稿，意欲授梓，讵天夺其年，以四十九岁即捐馆舍”。在孙子手里，此书还是未能完成。曾孙王孟英在舅父的支持和鼓励下，学医十年而成，请舅父写下这篇序言，并发誓再续前辈遗志，重新审定加注，才付梓刻印，这已是距王学权所撰书稿 50 年以后的事了。

杨照藜序言写于咸丰五年（1855 年），因好友王孟英之邀所作，在杨照藜看来，此书完全可以与缪仲醇的《广笔记》、尤在泾的《医学读书记》、徐洄溪的《医学源流论》“洵堪媲美”。杨照藜还为此书导读作了总评：“余敬读之，其著论也浏然以清，其烛理也，洞然以明，上溯轩岐，下迄当代，咸抉摘搜剔厘然，去其非而存其是。不禁拜手而叹曰：有是哉！读书之不可无识也。”对王学权的著作作了极高的评价。

论六气篇主要论述六气的性质和六气为病的证型、病机与治则，是统论外感六淫致病对人体的影响，并从风、寒、温、暑、湿外感诸邪分别详加论述。以先别寒温，继察兼夹为提纲，强调风温、春温不可视同，对治疫尤有见地，指出治疫病之法，以“清热、解毒、宣气”六字为扼要，而宣气之法尤为首务。是很有见识的经验之谈。

论虚劳篇阐发了虚劳的病因和病机，以中医脑为髓海，肾主骨藏精学说，解释虚劳病机，将虚劳分为脉大伤阳之冷劳和脉迟伤阴之火劳。认为烦劳伤阳之冷劳，应减少烦劳，充分休养，并结合用药，则更易恢复。而情欲伤阴之火劳则多为难治。注重阴虚析理，提出茎痿一证，人但知为阳虚，而亦有阴虚者。而阴伤火劳是由于情欲伤阴，以致阴液难充，故难治，因此强调节戒为护阴要旨。

治案篇是王学权及其他医家的治验案例，共收录有特色的医案 20 余例，对每一例医案的病因病机，遣方用药都作了详细的分析。

论方剂篇收录了内科、妇科、儿科各种常用方剂 26 方，多为膏、丹、丸、散，以补益气血、滋阴温阳为主，治疗年老体衰、身体虚弱、虚劳吐血、久咳、肺痿、神伤心悸，以及妇女虚寒不孕、产妇保胎、产后症瘕，或小儿诸病，如痉厥、瘛疭、小儿痘疹等。

论药性篇共载药80余种，既有药物功能性味的介绍，又有药理的阐述及药物使用方法的说明，还有纠正古说中以讹传讹的错误内容。其中既有王学权的心得体会，又有引自明清多位医家的笔记，不少内容未见于历代本草著作，颇具参考价值，最后还记述了54种有毒物品引起的中毒病证和解毒方法。

论解剖篇尽管原书在正文中没有专门列出，但这一部分的内容相对独立，可单独列为一章。其主要内容是对最早传入中国的三部解剖学著作《泰西人身说概》《人身图说》《全体新论》，以及王清任《医林改错》等书中的解剖学观点，发表自己的见解，从中可以看到西学东渐对中国医生早期的影响。

论看法篇是谈四诊的运用，论述了望、闻、问、切四诊的重要性，并强调四诊合参，对张景岳“十问歌”的不完善之处给予补充。

现在所看到的《重庆堂随笔》是经过王学权至王孟英祖孙四代人的共同努力、历经40余年而成，浓缩了王氏几代人的医学精华，体现了王氏医学家承的深邃，以及对伤寒、温病认识的独到之处。

七十九

殚精覃思　积数十年而后成

——清·周春《十三经音略》

周春（1729—1815 年），字芚兮，号松霭，晚号黍谷居士。乾隆十九年（1754 年）进士。在家候选十年后，授广西岑溪知县，因其学识渊博，被延聘主修《梧州府志》。任内政绩显著，当地立祠祀之。后父丁忧乞归，从此绝意仕途，在家著书立说，三十年如一日，博学好古，精通韵学，涉猎广泛。主要著作有《十三经音略》《经腋》《诗略》《续诗略》《古文尚书集说》《尔雅广疏》《订阎》《孟子外书订正》《中文孝经》《孝经外传》《小学余论》《归藏》《读经题跋》《附录》《晰疑剩沛》《代北姓谱》《辽金元姓谱》《西夏书》《佛尔雅》《大悲咒音义》《悉昙奥论》《海昌掌故录》《海昌胜览》《补州志灵异传》《海神庙志》《碑帖偶笔》《类说》《读书说》《岑政录》《桐阴随录》《困学偶笔》《选才录》《杜诗双声叠韵括略》《耄余诗话》《海潮说》《松霭吟稿》《松霭诗钞》《昙花馆小稿》《觐乡草》《黄发集》《松霭文略》《骈体文》《修海宁志议》《阅红楼梦随笔》等数十部，为历代海宁文人著作最富者之一。

《十三经音略》十二卷，收录于《粤雅堂丛书》，为咸丰年间南海伍氏刊本，民国年间影印本收录于王云五主编的《丛书集成》。其中《易经》一卷、《书经》一卷、《诗经》二卷、《春秋》《左传》《公羊传》《穀梁传》一卷、《周礼》《仪礼》《礼记》一卷、《大学》《论语》《中庸》《孟子》一卷、《孝经》一卷、《尔雅》三卷、《大戴礼》一卷。后附书札五封，为《上座主武进钱公论韵学书》《答钱竹汀宫詹书》《与卢抱经论音韵书》《与邵二云论尔雅双声书》《答钱宫詹论毛诗叶韵书》。

《十三经音略》卷前有阮元、秦瀛各序一篇。阮元是乾嘉年间著名经学家和训诂学家，为清中期朴学领军人物，曾两度任浙江巡抚。阮之序写于嘉庆七年（1802 年），序中说道："海宁周君松霭以所著《十三经音略》问序于元。详观其书，字必审音，音必归母，谨严细密，丝毫不假反切之学，可谓精矣。"阮元之序，不仅是对周春此书的褒奖，还对音韵学的源流和发展作了论述，最后再归结到周春的《十三经音略》："今周君此书，断断持守，一以字母为归，又复掇拾诸家，详审博辨。读其书者，能有经音以考字母，由字母以审韵谱，由韵谱而协诸雅，故而协则声音之道自此而通，而经学之指归，亦可自此而窥矣。此书之嘉惠来学，其功岂不伟与！"

秦瀛是江苏无锡人，曾任浙江布政使，以诗、古文名重于世。秦瀛序除论述音韵学的历史溯源外，还对清朝音韵学前辈顾炎武、毛奇龄之不足以及周春的发展创新作了评述："本朝深于音韵者，称顾宁人、毛西河诸家，而诸家之说多不合。余于小学一无所解，近乃得周松霭先生所著《十三经音略》，虽知识蠢陋，不能窥见奥突，而其考据精博，则昭然共晓者。盖先生是书以陆氏《释文》为权舆，参以《说文》《玉篇》《广韵》《五经文字》诸书而审定古今异同，一以字母为主，殚精覃思，积数十年而后成。是非学之弸而力之专，不足以与乎！"卷前有周春作《凡例》六则，对编纂此书的体例作了说明。

从周春所作的《凡例》看，是书以陆德明《经典释文》为参照，其是一部保存了唐代音韵、训诂方面的字典，为后世治文字、音韵、训诂学者的范本，受到历代学者的推崇。周春以此为蓝本，再参以《说文》《玉篇》《广韵》《五经文字》诸书，"而审定古今异同，一以字母为主"。全书主要包括了六个方面的内容：一是辨明古音两读而义不殊的语词；二是据音辨物，究其形状；三是辨别字音迥异而后世相混的语词；四是辨别音同义异的语词；五是辨析俗字，主张从今；六是辨析本字，反对泥古。书中对于十三经字音的辨别释读，内容全面而丰富，尤其对读音、文字、词义、异文等都进行了详尽的考辨，许多结论与见解受到当时音韵学家的认可，至今仍为研究古音韵学的重要工具书，为学者所重视。因此，此书虽名为"音略"，实则是继承了《经典释文》《五经文字》《群经音辨》诸书而来的一部专门研究音韵训诂经传方面的辞典。

根据阮元、秦瀛的评价，周春治音韵学，字必审音，音必归母，一丝不苟，严谨缜密，从而使《十三经音略》一书成为研究反切的最精之书。周春深究音韵，讲求字母，坚守音韵学之正宗，敢于挑战前辈，并对同时期音韵、训诂学家大胆质疑。例如，后附《致卢文昭论音韵书》，认为顾炎武全然不讲字母，毛奇龄字母之学也颇为粗疏，并痛诋明代陈第，对江永、戴震之说，也大胆质疑。称赞李光地恪守古法，最为醇正，认为其说毫无瑕疵，也推崇潘耒的《类音》，认为在穷究南北古今音韵变化方面尤为精妙。在《答钱大昕论毛诗叶韵书》中，对同时期的音韵学泰斗同样质疑，并与之商榷，认为就不应该用后出的韵往前去套“三百篇”，更不能以字母去套“三百篇”。

又如，卷一《易音辨》说：“需”陆德明《经典释文》音“须”，心母字也，今通读。如“舒”，乃心音转为审也。“濡”音“儒”，“繻”亦音“儒”，并日字母，今通读“濡”，“繻”并如“舒”，则由“需”字偏旁而误，如此严谨的审字读音，通贯全篇。

附编的五封通信，是周春与当时音韵训诂大家之间的讨论，从其内容可略知周春对前辈音韵学家的质疑和评判，其自负和学识均足盖一时。第一封《上座主武进钱公论韵学书》，锋芒直指前辈名流。武进钱公即钱维城，乾隆十年（1745 年）状元，于 1772 年去世，当时周春才 43 岁，写这封信时，周春作为晚学，有敢于挑战前辈的勇气。信中说道：“我朝言韵学者，群推顾亭林、毛河西两家，然春窃谓韵学必须旁通字母方得其源。亭林全不讲求，西河所见殊浅，故两家惟于部之多寡、字之出入，古今撰著，博引繁称，其中不无抵牾者。”在周春看来，顾亭林、毛西河两位前辈大家，在音韵学的研究中，前者失之偏颇，后者所见殊浅。作为进士出生的周春，学识渊博、满腹经纶，但对当时八股式的教育和文风颇为反感，在《答钱竹汀宫詹书》中，直言八股之弊端：“自八股兴而人才衰，高头讲章出而经学绝矣。前明三百年，名为遵奉程朱，实则荒经灭古，此宗宋元者之流弊，不得不以汉唐之学乐之，匹如大虚之证，急宜峻补，其势然也。”“高头讲章”是对八股式文风的讽刺，周春所倡导的学术风气直追汉唐。

《粤雅堂丛书》刻本的《十三经音略》后，附有伍崇曜跋文一篇，作于咸丰四年（1854 年），跋语中对周春批判顾亭林、毛西河的观点质疑，认为有失偏颇。但其所刻《粤雅堂丛书》能将其辑录，也体现了古人崇尚学术争鸣的良好风气。

八十

所著皆体大思精　闳深奥衍

——清·周广业《蓬庐文钞》

周广业（1730—1798年），字勤圃，号耕厓。乾隆四十八年（1783年）举人，曾担任《四库全书》校勘，后授荐安徽复初书院主讲，其间应广德知府邀请编修《广德州志》。生平邃于经学，尤精论史，著作甚富，主要有《读易纂言》《石经纪略》《读相台五经随笔》《读相台五经随笔·续笔》《孟子四考》《经史避名汇考》《关圣帝君征信编》《文昌通纪》《昭烈灵泽夫人庙考》《补汉官仪》《季汉官爵封爵考》《周年世考》《广德州志》《两浙地志录》《宁志余闻》《桐川石墨》《桐川石墨·附录》《冬集纪程》《过夏杂录》《过夏杂录·续笔》《客皖杂录》《客皖录》《浙士乡会副榜考》《动植小识》《四部寓眼》《时还读我书录》《补校注马总意林》《逸文补篇》《循陔纂闻》《三馀摭录》《目治偶钞》《蓬庐诗钞》《蓬庐文钞》等。

《蓬庐文钞》八卷，是周广业去世后，其子周勋懋整理编辑而成，初刻于嘉庆十六年（1811年），有周氏种松书塾刻本存世，民国二十九年（1940年），燕京大学有铅印本行世。卷一为“策考文”，收文13篇；卷二为“记、说”，收文10篇；卷三为“序”，收文31篇；卷四为“跋、书后”，收文36篇，其中“跋”18篇，“书后”18篇；卷五为“书”，收书信50封；卷六为“行略”，收文5篇；卷七为“传、墓志”，收文14篇；卷八为“杂著”，收文21篇。集前分别有周春、吴骞作序，集后有其子周勋懋作跋。

周春的序作于嘉庆七年（1802年）季夏。周春是周广业族兄，两人往来密切，因此序言可以当作行略来读，介绍周广业的生平事迹颇为详尽。

“广业幼慧能文，长而博览群籍，弱冠游于庠，为名诸生者三十年。乾隆戊子中副车，癸卯登贤书，年已五十矣。计偕北上，时纂四库书，馆阁亟需校勘，争相延致君，肆应精详各餍所请以去。凡卷帙经君寓目者，悉成善本。见闻日益富，著作日益多，才名日益盛。”在北京抄写《四库全书》期间，周广业凭借自己的实力，赢得四库馆臣的认可。回乡以后，应时任安徽巡抚朱珪之邀，执教广德书院兼修《广德州志》，在此期间，“君口讲指画，文风丕振，《志》成亦典核胜前，州人悦服。君有用世才未获大展夙抱，此特其一斑耳”。对于周广业诗文的评价，周春这样说：“君制艺负盛名，闱墨脍炙人口，诗出入唐宋，抒写胸臆以典雅为宗。古文辞元本，经史长于考订，其论事之文，尤剀切通达曲中情理，见者莫不惬心，今集中所载是也。”周广业一生著作极多，从文集中收录的几篇为自己诗文集所作的序跋看，其著作远非上述几种。因此，周春也说：“著述之多，吾州前辈谈观若、范默庵后所罕见也。”谈观若即谈迁，范默庵即范骧，两位都是明末清初著作等身的乡贤前辈。

吴骞的序文写于嘉庆十六年（1811 年）四月。吴骞也是周广业好友，对周广业极为钦佩：“予读亡友周耕厓孝廉《蓬庐文钞》，而深叹其学之博，才之赡。”对其文章和著述的评价是“是以所著皆体大思精，闳深奥衍，能发前人所未发”；“平生撰述等身，已刊行者，仅什之二三，其余各种及诗文及未授梓者，尚什之六七”。周广业的文章著述“体大思精，闳深奥衍”，而一生著述已刊印者仅十之二三，可见质量之高、著述之富。

周勋懋的跋语写于嘉庆四年（1799 年），记述了先父文集的编纂过程，在周春的启发之下才有《蓬庐文钞》八卷问世。因父亲于嘉庆三年（1798 年）突然去世，周勋懋与周勋常兄弟两人去周春处求先父行略，周春告诉他们：“尊公所有著述仆均得过眼，惟文集未曾一睹卷帙几何。懋一时茫然不知所对，退与勋常弟言，俱泣下，即检点行箧书笥遗稿，裒然仅存手泽，亟为抄誊编次，计八卷，惟文与序最夥，而应酬之作及书、序已刊行者，概不录入。”这是周春建议兄弟俩编次《蓬庐文钞》的经过。

文集中有几篇周广业为自己诗文所写的序，是研究其生平及著述最好的原始资料。有《式似集自序》，是为乾隆十三年（1753 年）坐馆于吴兴期间的诗集所写，应该是周广业最早的诗集；《淮游草自序》写于乾隆二十二年（1757 年），是作者客居淮西时留下的诗稿集；《小桃源吟自序》，写于乾隆二十五年（1760年），是为坐馆于海宁湖塘时期的诗集所作，小桃源曾是元末贡师泰的隐居地，死于斯，葬于斯。周广业笔下的小桃源："所谓东野草堂则已荡为榛芜，夷为桑麻，而徘徊故址，辄慨然有岘首之思。且其地平旷，南望见海上诸峰，北枕硖石审山，浮屠露巅顶，东汇女儿湖，西接花溪，其间耕凿室庐与古木断林为错落，亦庶几武陵遗意。"周广业因仰慕贡尚书人品学问，而以其地为诗集名。《省吾庐偶吟自序》作于乾隆二十三年（1758年），省吾庐是其父周璟所建的读书之处，室名也是其父亲书，周广业旅淮回家后，只在老宅住了两年，其间的诗作结为此集。《春晖寸草序》作于乾隆二十八年（1763年），是为西游湖广期间的诗作结集，因其地有汉晋遗风，又感慨孟郊游子之思，"因自命为春晖寸草而叙之曰，藉是上慰北堂，知游子勿忘慎旃之义，是又取郊诗而旁通曲喻之使"。《半山吟序》写于乾隆五十年（1785年），半山位于余杭之皋亭山，是周氏九世祖以来墓葬之地，当年伯兄存斋率族人入山祭祖，因周广业远游在外，未及随拜，故将所作《半山吟》嘱和，而复述所见，然后结集成卷。周广业其他著作的序文跋语也大多收集在卷三、卷四文集中。

为朋友写序跋也是文集中的主要内容，《北游壤击跋》《秋吟偶存跋》是为同郡沈寄巢诗词集所写；《篆刻针度跋》是为陈目耕篆刻著作所跋；《紫薇轩存草跋》是为乡前贤朱一是诗集所作；《跋吾亦庐诗草》是为海盐崔应榴诗集所作；《跋桃溪客语》《跋海宁经籍备考》是为好友吴骞所作，《集孝经郑注跋》是为好友陈鳣著作所作；《跋古文尚书集说》是为族兄周春著作所作。这些跋语，为地方文史留下了珍贵资料。

书信部分是周广业交友往来的记录，交往密切的主要有周春、祝泾、许焞、陈鳣、卢文昭、范永祺、王鸣盛、朱珪、胡衡斋、俞思谦、钱馥等，上至朝廷大臣，下至乡贤隐士，讨论内容大多是经史考据、地方文史、著书修志之事。杂著部分则保留了许多地方人物史料，成为研究地方文史很好的原始资料，如《题祝人斋先生遗像》，关于祝泾斋号"人斋"的来历，"先生四岁时，母吴太夫人所授也，太夫人日课二十字，每课必首揭人字，训曰：'人须是顶天立地。'先生奉之终身，既以自号。"《复初书院条约》是周广业执讲广德时，为书院修订的条约，是研究广德书院的一篇重要史料。

八十一

独言经者　统于尊也

——清·吴骞《拜经楼诗集》《愚谷文存》

吴骞（1733—1813 年），字槎客，又字葵里，号兔床，晚号兔床山人。海宁人，居小桐溪，筑拜经楼，藏书甲于一方。与同乡陈鳣、周春诸君子交往密切，藏书校刻，一生不入仕途。著述极富，有《子夏易传释存》《孙氏诗评摭遗》《诗谱补亡后订》《蜀石经毛诗残本考异》《孙氏尔雅正义拾遗》《皇氏论语义疏参订》《唐石经考异》《经义蒙钞》《国山碑考》《阳羡摩崖纪略》《尺苑》《阳羡名陶录》《阳羡名陶录续录》《桃溪客语》《东江遗事》《海宁倭寇事始末》《扶风传信录》《苏祠从祀议》《海宁经籍志备考》《陈乾初先生年谱》《小桐溪录》《小桐溪随笔》《尖阳丛笔》《尖阳载笔》《小桐溪吴氏家乘》《宗祊要览》《祠墓家规》《槎客日谱》《编定王节愍公集》《海昌丽则》《湖海诗存》《龙山三子诗钞》《论印绝句》《拜经楼诗话》《拜经楼诗集》《拜经楼诗集续编》《拜经楼诗集再续编》《愚谷文存》《愚谷文存续编》等数十种。

吴骞的著作，大多数编入《拜经楼丛书》，《拜经楼丛书》又名《愚谷丛书》，最初刻于乾隆五十年（1785 年），之后逐年新增，至嘉庆十七年（1812 年），历时 27 年，共收入吴骞及他人著作 30 种。有上海博古斋民国十一年（1922 年）影印本，浙江古籍出版社有点校本出版。

《拜经楼诗集》是吴骞一生诗词创作的汇集，除正集十二卷之外，有《续集》四卷和《再续集》一卷，收录自乾隆三十年（1765 年）至嘉庆十六年（1811 年）47 年间古今诗体 1412 首。集前有钱大昕、秦瀛、张衢作序，钱大昕序言写于嘉庆七年（1802 年）十月，吴骞的拜经楼，藏书数万卷，“楼所储书百氏具焉，独言经者，统于尊也”。钱大昕对吴骞诗的评价谓：“槎客之诗，根柢厚而性情正，词必出而不入于俚俗，言必择雅而不流于姚冶。固将蕲至于学人之诗而不诡于经者也。”秦瀛序言写于嘉庆七年（1820年）七月，秦瀛对吴骞诗的评价是：“槎客诗才情飚发，词旨铿耀。至诗之为道，与经学通。”张衢在序中也称吴骞：“早岁即以诗见知于浙西诸名宿，凡浙西之士称诗者，无不交口推吴先生。”可见吴骞在清代中期诗坛的地位。

《拜经楼诗集》以编年体形式编排，起于33岁，终于79岁，分为早年、中年、晚年三个时期，青壮年时期以游历诗为主，一首《吴兴道中》可见其写照：“清远溪山婀娜帆，十年沦落旧青衫。垂髫一去河亭废。欲把闲情取次芟。”壮年时期的吴骞交游极广，从诗集唱和中可知，与当时各地名流鲍绿饮、张芑堂、杭堇浦、卢抱经、丁杰、黄荛圃以及同邑陈鳣、陈敬璋、周松霭等相交甚密。例如，《赠小疋》：“晚向雕虫意转慵，谈经悔不早向从。瓣香若准当时例，师友平昌伏曼容。”小疋即湖州名士丁杰，号小疋，一生致力于经史。吴骞诗里写了两人相识大有相见恨晚之意，要不一定会像南朝伏曼容一样广受生徒，追随先生以师徒相称。晚年的诗作以追忆怀旧为多见，如《重忆西湖》：“忆昨西湖乐事稠，寻芳何处不勾留。黄蜂挟蕊归花国，红粉随人上酒楼。落日茫茫双鸟去，离愁滚滚一江流。千秋爱士秦淮海，万里还来共醉不？”

从诗的风格和内容看，吴骞的诗作可分为酬唱赠答、游览寄怀、咏物题画、悼亡怀思、吟咏风土几种，诗风淳雅，意境深幽。

《愚谷文存》十三卷、《续编》二卷、《补遗》一卷，收录于《拜经楼丛书》第37至44册。初刻于嘉庆十二年（1807年），集前有陈鳣序言。陈鳣是吴骞在家乡交往最密切的朋友，在陈鳣看来，吴骞是吾乡儒林自晋朝干令升、梁朝戚公文、陈朝顾允南、唐朝褚宏度、宋朝张子韶、明朝董硕甫、谈孺木、祝开美至清初陈确以后，“百余年而有吴槎客焉”，是海宁儒林传承中里程碑式的人物。陈鳣对吴骞评价极高：“先生品甚高、谊甚古，而学甚富，著述等身，顾不屑为流俗之文。”《愚谷文存》十三卷内容如下：卷一至卷三为序，卷四至卷五为跋，卷六为跋和论，卷七为辨、订伪、记，卷八为记，卷九为议、说、考、书，卷十为赞、铭、传、行略、状略、家传，卷十一为墓志、诔、状、祭文，卷十二至卷十三为《桐阴日省编》上、下。

《续编》内容为卷一序、说、考、记，卷二为跋、志、铭，另有补遗部分收录铭文四篇、赞一篇，《补遗》一卷，收录序、跋、考、题辞、书等74篇。

文集内容大多是为经学杂著或诗文集所作的序跋，有为自己的著作所作，也有为友人的著作而作。作为经学研究者，吴骞的序、跋、书、考、记，都带有明显的经学家思想，尊经崇道，博宗儒术，深谙目录文献和考据版本学知识，对古籍的流传、辨伪具有深厚的功底，而且治学极为严谨，从这些题跋可以看出吴骞的儒学风范。

卷十三《桐阴日省编》有一则吴骞自述身世及藏书过程的记录，可谓吴骞一生藏书校书、嗜书如命的解读："吾家先世颇尠藏书，予生平酷嗜典籍，几寝馈以之。自束发迄乎衰老，置得书万本。性复喜厚帙，计不下四五万卷，分归大二两房者，不在此数。皆节衣缩食，竭平生之精力而致之者也。非特装潢端整，且多以善本校勘，丹黄精审，非世俗藏书可比。至于宋元本精钞，往往经名人学士赏鉴题跋，如杭堇浦、卢抱经、钱辛楣、周松霭诸先生，鲍绿饮、周耕厓、朱巢饮、张芑堂、钱绿窗、陈简庄、黄荛圃诸良友均有题识，尤足宝贵。故予藏书之铭曰：'寒可无衣，饥可无食。至于书，不可一日失。此昔贤诒厥之名言，允可为拜经楼藏书之雅则。'呜呼！后之人或什袭诊之，或土苴视之，其贤不肖真竹垞所谓'视书之幸不幸，吾不得而前知矣'。"这是吴骞对拜经楼藏书最好的注解。吴骞这方藏书之铭的著名藏书章，在各地图书馆所藏原拜经楼藏书古籍上经常可以见到，幸运的是，此方铭印至今依然在海宁收藏家手中。

八十二

观潮之暇　博考群籍以推求其故

——清·俞思谦《海潮辑说》

俞思谦（1738—1818），字秉渊，号潜山，又号冲谷。海宁史志记载其生卒年不详，仅有卒时80岁记录。笔者在读同邑乡贤张骏《荔园诗续钞》时，有《挽俞潜山思谦二首》，作于嘉庆二十三年（1818年），因知其卒年，又有享年八十记载，故推算其生年。据《海宁州志稿》载：俞思谦“倜傥有风节，晚岁专力治经史，同时言学者首推周大令春，其次必言秉渊。尝著《海潮辑说》。南汇吴侍郎省钦与春《海潮说》同刻入《艺海珠尘》。年八十，无疾而终”。著有《姑射山人诗钞》《李诗纂注》《李诗辑说考异》《全唐诗录补遗》《静余楼诗集》《海潮辑说》等。

《海潮辑说》是俞思谦研究钱塘江潮的综述性著作，成书于乾隆四十六年（1781年）。俞思谦与周春为同时期人，两人颇为投缘，周春有《海潮说》，俞思谦作《海潮辑说》；周春作《阅红楼梦随笔》，俞思谦作《红楼梦集古题词》。两人交往也颇为密切，周春在《红楼梦记》一文中提及俞思谦：“余作此记成，以示俞子秉渊，亦以为确寓张侯家事。翼日即作集古歌一首题之，包括全书，颇得翦绡蕃锦之巧，因录存于此。”周春的《海潮说》开始于乾隆二十二年（1757年），为了修志“潮汐”一门而作，完成于嘉庆五年（1800年）。而俞思谦的《海潮辑说》完成于乾隆四十六年（1781年），起步稍晚，但刊刻稍早，基本上也是同时期的著作。

俞思谦的《海潮辑说》与周春的《海潮说》均被吴省兰收录于《艺海珠尘》。吴省兰是吴省钦之弟，南汇人，兄弟同为进士，《艺海珠尘》由弟吴省兰所编，《海宁州志稿》误为吴省钦。民国初年王云五主编的《丛书集成》将周春的《海潮说》和俞思谦的《海潮辑说》合编为一集，名为《海潮说及其他三种》，有民国二十六年（1937年）铅印本出版。集前有俞思谦自序："思谦家于海宁，出南门数武即为大海。每于观潮之暇，辄博考群籍以推求其故，欲辑一书分别其是非。"出生在海宁的俞思谦，家就在盐官城内，出南城门便能看到钱塘江大潮。从小爱思考的俞思谦为了弄清潮汐产生的原因，博览群书，查考古籍，考证与潮汐这一神奇现象有关的天文地理历史资料。而自古以来，"论潮不下数十家"，众说纷纭，观点不一，但专门论及钱塘江这一与众不同的潮汐，则"颇少专书，即间有一二篇，又多缺略未备，或偏执一见，务伸己说，不求其是"。在这种情况下，俞思谦有了编撰《海潮辑说》的想法，"予窃惜之，因网罗载籍，辑《潮说》二卷，上卷专述论潮之说，下卷遍及海内之潮"。在编著过程中，得到了好友周书昌的帮助。周书昌为山东历城人，曾任校勘永乐大典纂修兼分校官，当时正在京城编纂《四库全书》。俞思谦在自序中说："适故人历城周书昌太史方承修《四库全书》，从《永乐大典》中钞《潮字韵》一卷见寄，因得益增所未备。"自序写于乾隆四十六年（1781年）八月十八，刚好是潮生日，是一个值得纪念的日子。

《海潮辑说》分上、下二卷，以二十篇分述十九个内容，上卷分别是《潮原第一》《潮说存疑第二》《潮说存疑第三》《潮说存疑第四》《潮说存疑第五》《潮汐存疑第六》；下卷分别是《入古九河碣石之潮第七》《入济之潮第八》《入淮之潮第九》《入江之潮第十》《入松江之潮第十一》《入浙江之潮第十二》《入浙东诸江之潮第十三》《入闽江之潮第十四》《入粤江之潮第十五》《钦廉琼海之潮第十六》《安南扶南之潮第十七》《东西两海诸国之潮第十八》《应潮之泉第十九》《应潮之物第二十》。总二十篇，上卷六篇主要辑录有关潮汐成因的史料，下卷十四篇辑录有关河口潮汐、外国潮汐以及中国应潮泉和应潮动物方面的史料。每篇撰述均按时代先后排列，并加有按语或注解。通过此书，可系统了解中国古代对潮汐知识的认识，也保存了大量有价值的古代潮汐文献资料，如唐代窦叔蒙的《海涛志》，五代邱光庭的《海潮论》，北宋张房君的《潮说》。其中所引用的古籍多达一百多部，时间跨度从公元前春秋战国时期的《易经》《黄帝内经灵枢经》到乾隆年间同时代的学者著述，纵跨二千余年，可见俞思谦在研究潮汐方面所下的功夫以及学识的渊博。著书过程中，俞思谦不是停留在资料的简单辑录，而是对各种潮汐见解都有自己的评述，按语和小注就是他的观点。

《海潮辑说》一书刊印后，成为中国历史上第一部研究古代潮汐学史的著作，至今受到海潮研究者的认可和重视。其价值在于首次总结和归纳了古代各种潮汐的成因，确认《周易》是阐述潮汐产生于月说的最早著作，说明了中国在公元前三世纪左右就已经知道“潮学说”的见解。首篇引用了元朝俞石涧《周易集说》中的一句话：“最有信者莫如潮，一日两至，随月之盈亏，以为消长。凡月到坎离，潮水亦到，随月早暮，以为期信，未尝差失也。”这是月球对地球海水引力产生潮涨潮落的最早解释。

第十二篇《入浙江之潮》专门写钱塘江潮汐。对于钱塘江潮为何异于其他海潮，俞思谦引用唐代邱光庭《海潮论》说：“钱塘之潮，所以特大而激涌者，浙江发源不过千里，江水入少，海入多，故潮特大。”而引用北宋学者燕肃《海潮论》则说：“或曰四海潮平来皆有渐，惟浙江潮至则亘如山岳，奋如雷霆，冰岸横飞，雪崖旁射，澎腾奔激，吁可畏也。其激怒之理，可得闻乎？或云夹岸有山，南曰龛，北曰赭，二山相对，谓之海门，岸狭势逼，涌而为涛耳。”俞思谦认为不仅仅是入海口狭逼的问题，他进一步分析原因，“今观浙江之口，起自纂风亭（属会稽郡），北望嘉兴大山，水阔二百余里，故商贾泊船，怖于上潬（水中沙为潬）”。最后再加上月之引力：“惟浙江水不同，月经乾巽，潮来已半，浊浪堆滞，后水益来，于是溢于潬，猛怒顿涌，声势激射，起而为涛，非江山逼狭使之然也。”这是从浙江潮形成之地理自然环境方面的论述。而引述唐代窦叔蒙的《四时潮候图》，认为“简明可信，故为之说，而刻石于浙江亭之壁间，使凡行李之过此者，皆得而观之，以毋蹈夫触险躁进之害，亦庶乎思患而预防之意云”。《四时潮候图》总结出一套钱塘江潮汐的推算方法，是世界最早的潮汐时刻表。最后《应潮之物》一篇，记载了许多动物对涨潮和退潮的明显反应，这些动物的潮汐节律至今仍是生物学家的研究课题。

八十三

尽言无隐　不惜以针暗度

——清·陈克恕《篆刻针度》

陈克恕（1741—1809 年），字体行，号目耕，又号吟香。善书法，精篆刻，亦通医，精眼科。著有《篆学示斯》《印人汇考》《篆体经眼》《砚说笔谈》《存几希斋印存》《篆刻针度》，另有眼科专著《银海金篦》。吴骞的著名藏书章“寒可无衣，饥可无食，至于书不可一日失，此昔人诒厥之名言，是为拜经楼藏书之雅则”，就是陈克恕为其治印。

《篆刻针度》是清代印学方面的论著，成书于乾隆五十一年（1786 年），系汇集前人论述篆刻之精华综合而成，共八卷十九章，21 篇，分别为卷一考篆、审名、辨印论材，卷二分式、制度、定见，卷三参考、摹古、撮要，卷四章法、字法，卷五笔法、刀法，卷六总论、用印法，卷七杂记、制印色、收藏，卷八选石。全书分章叙述印学理论与实践，从考辨、古制、章法、字法、用印、制印、收藏等方面，介绍有关印学的各种基本常识。

集前有翁方纲、桂馥、查莹序及陈克恕自序。翁方纲是乾隆时期著名书法家、金石学家，序写于乾隆五十一年（1786 年）春二月望后一日，即农历二月十六日：“海宁陈子目耕，精于摹印，著书八卷，名曰《篆刻针度》，取元遗山《论诗绝句》‘不把金针度与人’之句也，始自篆体，详诸谱式以及器具之用，选石之目，无不赅备，深其义可以观道焉，溯其本可以言学焉。于是印学之书，为能汇其全而陈子之于斯事为已勤矣。其曰‘针度’者，谓尽言无隐也。是故词取其易晓衷诸心得而已，语又有之良工不示人以璞，夫言岂一端而已，言固各有当也。”可见，翁方纲对陈克恕能以金针度人、言无不尽又尽言无隐的气度极为赞赏。

陈克恕自序作于乾隆五十一年（1786年）重阳后一日，即农历九月十日："余性嗜古金石篆刻，少时专习，帖括未甚究心。每见先君子庭训之暇，时以篆刻自娱，私窃效之。"可知，陈克恕之篆刻是受父亲影响。成年后的陈克恕，乐此不疲："好事者接踵求刻，晶玉铜瓷，灿盈几案，辄为砉然奏刀，和冰挥汗不计也。"乾隆四十三年（1778年），海宁查莹，官文渊阁编修，邀请陈克恕游京师，在京都期间，查莹带他参观了太学石鼓及潘毅堂所藏汉铜印一千余方，如此丰富的藏品，陈克恕眼界大开，"博观约取，觉心手间别有神解矣"。于是，陈克恕遍访京师藏家高手，虚心学习，技艺大进，也发现对篆学一门，当时大多人缺乏正确认识，"京师从事铁笔者不少，举以相叩，或茫无以应，恐篆学之失真，急采辑群言，质之暎山太史，成《篆刻针度》一书"。"暎山太史"即查莹，这便是陈克恕编写此书的背景及经过。

查莹的序写于同年冬天，也记叙了陈克恕编书的经过。当时查莹正在编录《石渠宝笈》，负责金石部分，于是有机会与陈克恕一睹宫廷的金石文字收藏，查莹认为："近时学者类，能刻石而鲜习汉人攻玉凿石之法，吟香因博宗群书，益以心得以成是编，欲使好古者由作印以考篆，因作篆而究心于金石文字。"查莹与陈克恕观点相同，认为时下攻金石者，缺少摩古之人。

关于《篆刻针度》的书名，陈克恕在例言中有专门解释："元遗山诗'鸳鸯绣出从君看，不把金针度与人'，余读不然，是编专为尽言无隐，不惜以针暗度。"古代身怀绝技的人不会轻易传人，而陈克恕则金针暗度，尽言无隐，为了篆刻艺术的发扬光大，将自己所知，毫无保留传示后人。陈克恕所处的年代，正是乾嘉学派盛行之时，金石学家众多，从其交往的学者来看，与吴骞、陈鳣、查莹、翁方纲、桂馥等都有很深交往，相互之间常有学术上的交流，尤其是与查莹的交往，不仅丰富了陈克恕的学养，也使得极有天赋的陈克恕结合多年的探索和实践，编成代表了乾嘉年代金石学水平的《篆刻针度》一书。

例言是阅读此书的入门。陈克恕在全书之前写有八条例言，说明编写此书的目的。在陈克恕看来，"篆刻一道，向无成书，前贤说篆说印，散见于他书及印谱内居多，或有专集，亦错互庞杂，学者无从折衷"。可见，此书具有系统性，分门别类，使读者一目了然。尤其是最后一条，对学篆治印之人提出要求，极为中肯："刻印必先学篆，学篆必须读书。非娴熟经史，博通六书，终难免俗。”把治印、学篆、读书、学问结合在一起，将印学提高到一个更高的层次。

《篆刻针度》卷八《选石》一篇，历来为印学家所重视，文中汇集的石材有青田石、封门石、大松石、寿山石、昌化石、莆田石、宝花石、楚石、大田石、朝鲜石、莱石、煤精石、绿松石、绿矿石、丹砂石、房山石、丰润石等，列举各地所产的17种印石材料，从产地、石质、色泽、受刀、辨伪等方面作了详尽的介绍，被认为此书问世近三百年以来，对印石选材最全面的总结，为印人选石、辨石、用石提供了很大的指导作用。例如，青田石："灯光冻，出浙江处州青田县。夹顽石而生，其材质难得大块。其理细腻温润易刻，而笔意得尽，通体明莹，照之灿若灯辉，故名灯光。妙在茹涂，吐而不燥，非若金玉坚实不茹涂者可比。故为石之最上品。其次则鱼脑冻，色白如鱼脑，又有黄色冻，类蜜蜡，光洁可爱。稍逊灯光。于今求其旧玩者，亦不可多得，有一种辽东冻石，色如熟白果，其质坚硬起毛，甚不可用，而且损刀，不知辨者为上。一种如干腐者，色亦美，条青而外，不足取矣。"对青田石之上品、特色、性能、鉴别都做了详细描述，指出其优劣，对如何辨伪也有详细说明。

卷五第二篇的《刀法》，则对刻印时如何用刀做了仔细的讲解。陈克恕在谈到篆刻笔法、刀法时说："意既主笔，则笔必会意；笔既管刀，则刀必相笔。如笔矫为转换，是笔不如意矣；如刀乱出破碎，是刀不依笔矣。意超笔外，刀藏笔中始得。"提出篆刻时刀法和笔法的结合，要做到刀中有笔，笔中有刀，浑然天成，才能使笔意从刀法中体现出篆刻的精神。

卷六《论诗文用印》，是一篇对书画落款用印具指导性的论述，对于在书画作品完成后如何钤印，极有参考意义："凡写诗文，名印当在上，字印当在下，道号又次之。盖先有名而后有字号故也。试看宋儒真迹中用印皆然。今人多不讲此。或谓印有大小，小者在上，大者在下，庶几相称，此世俗之见也。又谚曰：用一不用二，用三不用四，盖取奇数，其扶阳抑阴之意乎。"从钤印对整幅作品的艺术观赏性提出了要求。

《篆刻针度》成书以来，影响极大，为后世篆刻家所重视，已成为初学篆刻或篆刻专业人士的必备参考书。

八十四

卓然为浙中诗家一大宗

——清·祝德麟《悦亲楼诗集》

祝德麟（1742—1798 年），字趾堂，又字止堂，乾隆二十八年（1763 年）进士，官至翰林院编修。乾隆三十三年（1768 年），朝廷开设三通馆，祝德麟任纂修，负责编译辽、金、元三史中人、地、官名，乾隆五十五年（1790 年）罢官回乡。著有《离骚草木疏》四卷、《赓云集》四卷、《悦亲楼诗集》三十卷。

《悦亲楼诗集》三十卷及《外集》二卷，目前有上海古籍出版社根据嘉庆三年（1798 年）刻本影印，收录于《清代诗文集汇编》第 402 册。集前有祝德麟友人施朝幹、学生吴锡麒作序。施朝幹的序作于乾隆五十五年（1790 年），对好友的生平、境遇及诗学成就作了较为全面的介绍：“余同年友止堂，以诗学称于京师，自翰林诸公以逮求名取科之士，皆持所为诗就正是非甲乙。”把祝德麟的诗作为当时翰林院取科之士的样本，可见其地位。施朝幹对祝德麟诗的评价是：“其辞雄古渊博，苍莽变化如神龙在天，烟雨迷离蜿蜒而不可测及。冥心孤往，别开幽径，则又令人掩卷而思，执笔而叹，为不能至。”祝德麟在清中期诗坛的地位，在施朝幹看来：“当于朱锡鬯、查悔余二公之后，卓然为浙中诗家一大宗，必传于后无疑也。”朱锡鬯即朱彝尊，查悔余即查慎行，两人同为清初诗坛领袖，时隔百年后，祝德麟诗歌地位应该与他们相当。施朝幹对于祝德麟所遭受的境遇则颇为不平：“止堂以弱冠登上第，为天子儒臣，玉堂后进，门墙林立，何其盛也。且如止堂质性坚定，果于任事，谓可坐致台鼎，逡巡二十余年，乃犹以编修改御史。越二年而以弹事不合镌级，遂挂冠归，又何其勇于退也。”“逡巡”意为徘徊不进；“镌级”意为降低官阶。祝德麟中取进士年仅 21 岁，故谓“弱冠登上第”，但是在翰林院任编修 20 余年，没有升迁，反而被降为御史，施朝幹为此深感不平，但对祝德麟急流勇退，罢官还乡的壮举颇为欣赏。认为：“虽然诗人鲜为大官，盖自古所同。而止堂当太平无事之世，身退而诗益工，名益可贵重。自此扁舟南下，放浪西湖孤山之间，临风高咏，云霞水木照耀几席。方与二三古人往来揖让，回首北望，长安门外，车毂殷雷，严寒酷暑奔走不息，未几而身名俱尽者，果何为哉!”在施朝幹看来，诗人放浪形骸，潇洒自由，则可诗工名重，而做官则常年辛勤，奔走劳碌，到最后大多身名俱尽，所以对好友祝德麟而言，罢官反而是好事。施朝幹，江苏仪征人，以诗名，为“吴中十子”之首。

《悦亲楼诗集》三十卷，共收录祝德麟各时期古今体诗 2337 首，以编年体形式排列，起自乾隆二十五年（1760 年），终于嘉庆二年（1797 年），诗集为祝德麟自选。另附有《悦亲楼诗外集》二卷，录诗 160 首，后有祝德麟自识，是历年在馆时的应制之诗以及廷试之作。自序说：“聊以备党塾观摩之助，乾隆丙申，门人陈秋水为余所刻《赓云初集》，即此第一卷中诗也。”由此可知，《外集》所收录之作，仅为乡党私塾学习之用，祝德麟另外一部著作《赓云初集》的内容中，就有《外集》第一卷中的诗作。

从《悦亲楼诗集》可知，祝德麟少年天才，弱冠科举成名，18 岁中举，21 岁中进士。《二十初度》是作者北上进京应试时所作，诗中有“空言贾谊登朝日，已过兰成射策年”之句，“贾谊登朝”“兰成射策”，分别以西汉贾谊和南北朝庾信两人少年成才的典故，来激励鞭策自己。下一年春闱，祝德麟果然不负所望，高中进士，被选入翰林院，官为庶吉士，成为年轻入仕的典范，作者有《五月初十乾清宫引见蒙恩选馆恭纪》一诗记其事。但祝德麟没有想到，在翰林院编修的位置上，他一干就是 20 余年。乾隆四十六年（1781 年）诗人 40 岁那年，有《四十初度》四首律诗，其一有“无多愿力纷纷迁，最好年光草草过”句，流露出对虚度时光的无奈；其二有“绅琚廿载点朝班，簪笔空惭掌故娴”句，对长期的文字工作流露出厌倦之意；其三有“酒熟呼朋传爵饮，花开分韵擘笺题”句，追忆在京城的潇洒生活；其四有“亲宾莫漫称觥祝，已恐无闻过此生”句，预示自己此生在官场是不会有大的作为了。乾隆五十三年（1788 年），因“弹事镌级”，祝德麟被降为御史，做了一年《四库全书》校订工作，于下一年正式弃官准备还乡，有告别同馆诗四章述其事。乾隆五十五年（1890 年）因奉命赴沈阳文溯阁校订《四库全书》，卷二十一为这次沈阳之行的纪事诗。然后于同年八月廿七日，祝德麟正式携家南下，于十一月底回到海宁，卷二十二是一路南下的纪事诗。

祝德麟一生交游颇广，诗集中与之常有唱和的达官闻人有王文治、尹继善、钱载、毕沅、曹文埴、王宸、李调元、赵翼、钱陈群、嵇承谦、蒋士铨、沈世炜、沈廷芳、袁枚、程晋芳、叶佩荪、沈清任、梁同书、翁方纲、沈启震、卢文弨、杨汝谐、刘统勋、刘墉、孙士毅、周春等，与其交往者，有贵为大臣者如尹继善、孙士毅；有文人雅士及名扬天下的书画家，如蒋士铨、钱陈群以及乾隆时期著名四大书家翁方纲、刘墉、梁同书、王文治；有诗文盛极一时的袁枚、赵瓯北；有藏书家卢文弨、周春等，可谓往来皆鸿儒，绝非等闲之辈。

在与文人的交往中，与王文治交往尤深。王文治，字禹卿，号梦楼，江苏丹徒人，乾隆二十五年（1760 年）探花，书法极盛乾隆一朝，因官滇南知县而无意仕进，罢官回乡，以诗书自娱，悠游终生。王文治年长祝德麟 12 岁，因是上一科的进士，较祝德麟先进入翰林院三年，两人相识于乾隆二十八年（1763 年）。祝德麟有《赠王梦楼侍读宋小岩编修》一诗，记录了两人相识的过程，有“三吴萃秀彦，结绶遭良时”句，诗中有小注：这一年，乾隆御试翰林，王文治得第一。既是前辈，又同在翰林院工作，“栖息况邻比，晨昏笑言接”，很快两人成了好朋友。从此，一起游历，相互题跋，互赠书画，唱和不断，并贯穿终身。诗集卷三十最后一集是嘉庆二年（1797 年），时年祝德麟 57 岁，王文治已 69 岁。这一年，祝德麟去镇江看望老友，此时的王文治在文殊阁修佛，祝德麟为老友留下了最后之作《宿文殊阁与梦楼对榻，梦楼终夕趺坐》，有“等此梦寐身，我昏彼独醒”句，对老友依然仰慕不已，最后祝德麟为老友的一幅书法题绝句二首，从此诀别。

祝德麟与袁枚属于忘年交，袁枚出生于 1716 年，较祝德麟年长 27 岁，两人相识于乾隆四十四年（1779 年）祝德麟 38 岁那一年。在《寄怀简斋前辈二首》小注中有说明：“己亥春，邂逅杭州，曾以近稿相质，公亦辱赠《小仓山房外集》。”此诗写于乾隆四十六年（1781 年）祝德麟 40 岁那年，诗中有“一见笑谈剧，廿年倾倒余”句，表达了对袁枚的仰慕。以后两人时有唱和题诗，如《阅随园诗话题后六首》《为我一日留赠简斋前辈》《简斋归娶图二首》《简斋前辈为余评定拙集并辱题一律，答谢三十韵》《题小仓山房诗集十首》《题随园雅集图》《简斋前辈八十寿诗四首》等，有“但向随园门外过，公卿谁敢不低头”之句，对袁枚崇拜之极。

《悦亲楼诗集》还留下许多家乡海宁的珍贵文史资料，如发生于乾隆二十七年（1762 年）的大潮对海宁造成的灾害，有《海啸并引》一诗，记述了亲身经历的这次遭难；有龙山祝氏葆光居和悦亲楼的历史渊源；《送吴侯有序》记录了海宁县令吴嗣湖的政绩；《雨中偕苊兮潜山游陈氏安澜园六首》则记录了安澜园渐趋颓势的景象；《圣驾五巡江浙三幸海塘恭纪》则记录乾隆四十五年（1780 年）乾隆皇帝第五次南巡，到达海宁的详细活动轨迹。

八十五

君之学邃矣　君之文不懈而及于古

——清·陈鳣《简庄文钞》

陈鳣（1753—1817年），字仲鱼，号简庄，又号河庄、新坡，嘉庆元年（1796年）以廪生孝廉方正，嘉庆四年举人（1799年），未入仕，一生以藏书精研文字训诂为主，晚年筑果园于紫薇山麓，筑向山阁藏书其间，讲授校勘著述其间。其所藏之书，均来之不易，因此钤一方藏书印“得此书甚辛苦，后之人其鉴我”。一生著作极富，主要有《论语古训》《集孝经郑注》《六艺论》《诗人考》《石经说》《经籍跋文》《声类拾存》《埤仓拾存》《郑康成年谱》《续唐书》《两汉金石记》《松研斋随笔》《恒言广证》《对策》《诗集》《心阪土风》《简庄文钞》等，大多存世，目前有浙江古籍出版社《陈鳣集》点校本，收录其诗文随笔。

《简庄文钞》最早名《缀文》，收录于《续修四库全书》，是根据光绪海昌羊氏《海昌丛载》影印，内有《简庄文钞》六卷、《简庄文钞续编》二卷。集前有段玉裁序。段玉裁与陈鳣一样，都是清中期朴学大师中的杰出人物，年龄大陈鳣20岁，故以师友相称。两人于乾隆五十四年（1789年）相识于京都：“余识仲鱼也，时仲鱼年方壮，学甚精进，余甚敬之。”段玉裁对陈鳣颇为欣赏，评价也高：“常往来扬、镇、常、苏数郡间，每岁亦必相见数四，见则各言所学，相互赏奇析疑，朋友之至乐也。仲鱼所为《孝敬集郑注》《论语古训》《六艺论拾遗》《郑君年谱》及《对策》诸篇，余既一一雒诵，叹其精巧。今复出此《缀文》，命余叙之，余以为君之学邃矣，君之文不懈而及于古矣。或研经训，或记雠校，或考索故事，或发阐幽光，或抒写兄弟朋友情挚之语。”序写于嘉庆十二年（1807年），已经73岁的段玉裁感慨老友凋零，而陈鳣尚在壮年，钦佩陈鳣“以迟暮之年，好学不倦，好礼不厌”；“仲鱼年才五十许，所进盖未可量也”。

《简庄文钞》羊氏刻本前有《海昌备志》《陈鳣传》一篇，以及李岳云绘简庄先生像一帧，以及阮元、李超孙像赞各一篇，附有好友及后人阮元、李遇孙、黄丕烈、吴衡照、钱泰吉、吴振棫等人对陈鳣的评价。六卷正文内容分别为卷一论九篇，卷二叙十一篇，卷三跋十五篇，卷四考十篇，卷五考十一篇，卷六议、说、铭、传共十七篇。后附有《简庄文钞续编》二卷，卷一以论为主，收文十五篇；卷二以跋为主，收录十二篇。卷一的九篇论，前五篇论名人，分别论贾谊、张禹、胡广、孔明、鲁肃，其中《胡广论》强调："国家之运，坏于奸臣者固多，坏于庸臣者亦复不少。奸臣之误国，人皆知之，庸臣之误国，人不知之。”直接抨击庸臣的误国不亚于奸臣。后四篇是策论，分别是官方论、吏治论、气节论和风俗论，都是治平之策，其中《风俗论》直指国家奢侈风气的弊端，是国内较早批评崇洋媚外的檄文之一，向朝廷建议以法令形式予以禁止："内地有用之物，不得易外洋无用之物。”这些文章被段玉裁称为："首卷论九篇，议论确不可易，真无愧立言也。”卷二的叙文，前九篇均为自己的著作所作，最后两篇是分别为朝鲜使臣朴修其《贞蕤稿略》和老师郑沄《玉句草堂词》所作的序文。其中为朝鲜使臣所写的序言，述说了两人相识于北京琉璃厂，因语言不通，用笔交谈，却极相投契并互赠礼物，最后成为好友的过程，成为中朝文化交流史上的一段佳话。

卷三是陈鳣家藏宋元珍本所题的跋语。陈鳣是乾嘉时期著名经学家、校勘学家和藏书家，其向山阁藏书十万多卷，多为宋元善本或近世罕见之本。从文集中的题跋可以略知其所藏之丰富，题跋中还可知陈鳣与当时藏书家如黄丕烈、钱大昕、卢文弨、吴骞、王念孙等人之间的密切交往。陈鳣有津逮舫私舟一艘，常常往来于杭嘉湖与苏锡常之间，与江南著名藏书家建立了良好的关系，遇到善本必相互传看校阅，许多古籍的题跋落款有“识于津逮舫”，利用舟楫旅途时间，校阅题识。在附编《钱塘遗事跋》中，记载了与吴骞在津逮舫上共读宋钞本《钱塘遗事》，并录下吴骞为此书所作的跋语："时方秋半，爽气迎人，适偕明经游杭，连舫共泊，对酌论文，连日登山临水，阅市访旧，殊多乐事。一夕徐布玩月，坐横河桥，共谈《钱塘遗事》，娓娓忘倦。明经复诵岳倦翁《玉楮集》诗数首，不禁感慨系之，归途校毕，备载于此。”

除了对所藏古籍的点校，考据也是陈鳣一生所致力研究的领域。陈鳣生活的年代，正值乾嘉朴学兴盛时期，而陈鳣又与被称为乾嘉学派的几位领袖人物关系密切，因此也是这一学派的重要人物之一。卷七之文，多为考证，如《金錞考》一文，因吴骞得一金錞古器，为此写了一篇《周虎錞辨》，陈鳣看到后，对该金錞作了详细考证，并专门写了《金錞考》，修正了古时认为此金錞为军中所用之物的误解，提出这是一种与鼓相应的乐器，并列举自《国语》《晋书》《毛传》《山海经》《尚书》《云麓漫钞》《南齐书》《后周书》《周礼注疏》《北史》等十余部典籍中所作记载，予以考证。这篇文章引经据典、考据缜密，不以主观想象轻下结论，而注重以收集资料、归纳研究，用证据讲话。这种锲而不舍的治学精神，正是乾嘉学派的学术特征。

陈鳣不仅藏书极富，其他杂器收藏也同样丰富。卷五各记，是对自己所藏杂器及铭文的记录，有《秦汉瓦当记》，是秦时阿房宫瓦当、兰池宫瓦当、卫国宫室瓦当、汉时长乐未央宫瓦当、黄山宫瓦当、甘泉宫瓦当、长年殿瓦当、迎风宫瓦当等数十种铭文拓片巨册，陈鳣一一识别并题跋；《唐砚记》是为唐华阴令刘蜕用砚的流传、收藏所作的考据；《松砚斋记》是对父亲所藏元代赵子昂澄泥砚的记录，因赵子昂号松雪道人，故父亲将此砚名为“松砚”，并将斋号改成“松斋”；《清仪阁记》是为好友张叔未所写，记述了“清仪阁”的盛况及收藏之富；《述义记》则记述了好友吴骞一桩令人感动的故事：吴骞61岁那年，夫人魏氏因病在床，想为吴骞纳妾，而吴骞一直不同意，趁吴骞在杭州之机，当时平湖一良家女因家境困难，父亲欲卖女，吴夫人便擅作主张将此女买回。吴骞回到海宁，知道此事后，想打发此女回家，此女因父命难违，无家可归，吴骞觉其可怜，便作为义女留在家里，一则伺候夫人，二则打理家务，等到夫人身体稍好，吴骞便为义女选择一户好人家还为其准备了嫁妆，让义女出嫁。吴骞的道德人品，陈鳣认为值得颂扬，便记下了这个故事。

《祭弟文》和《祭钱广伯文》都是声泪俱下的悼文，尤其是后者。钱广伯即钱馥，与陈鳣既是同乡，又是儿女亲家，也是同时代的藏书家和音韵学家，两人可谓知音。在陈鳣看来，钱馥是一位难得的音韵训诂学家：“六书七音更属专门，谐声会意缕析条分，汉儒训诂，宋儒义理，一以贯之。各从其是，声名藉甚。”对陈鳣来说钱馥的去世，既是痛失良友，又伤知音零落，为学术界失去一位英才深感惋惜。

八十六

硖川虽一隅　诗林而海昌

——清·曹宗载《硖川诗钞》

曹宗载（1752—1824年），字问渠，又字铁梅，号桐石。以贡生终，精篆刻，善书法。著作有《东山楼诗集》《东山楼文集》《黛云馆赘语》《扪虱琐谭》《荷锄吟稿》《南湖避暑录》《紫硖文献录》《硖川诗钞》等。

《硖川诗钞》二十卷，附《词钞》一卷，编次于嘉庆九年（1804年），由硖石双山讲舍初刻于光绪十八年（1892年）。集前有吴骞、陈鳣、吕荣作序及曹宗载自序。吴骞序写于嘉庆九年（1804年），序中说："硖川于海昌，地处一隅而擅通邑之胜，凡锦峰绣壑，灵石甘泉，曩日仙真遗迹，有若葛稚川求丹之井，马自然元栖之室，顾华阳读书之台。与夫星楼月榭，绀塔红亭，浮屠老子之宫室，远峙近矗，参差掩映于青林碧树间，望之若绘。是以生长其地，多魁儒秀杰，而一二畸人逸士，骚客寓公，亦往往潜踪讬意，歌咏以适其志，古今来不知凡几。是编取其信而可征者，断始有明，迄乎昭代，分前后集、正集、外集，通得古近体诗二千余首，末附诗余，蒐采可云极备。且每人各系里居出处，次以诸家评语诗话，俾览者开卷而得其生平，尤合知人论世之法。""硖川虽一隅，诗林而海昌，千秋文献之资。"吴骞认为硖川一地，名人胜迹众多，文人逸士，骚客寓公云集，历代留下题咏不知其数，而曹宗载博采广搜，汇编成集，成为千秋文献之资，其功莫大。

陈鳣序写于嘉庆十七年（1812年），其序云："硖石为海宁巨镇，实浙西胜地，山水清嘉，人文炳蔚，有宋沈宣抚之大节，元荣祭酒之名儒，岂无吟咏篇什乃缺焉。不闻良由无好事者早为网罗放失，刊诸枣梨以广其传耳。余近寓斯土，获见曹君桐石所辑《硖川诗钞》而欣赏焉。其采取甚博，其体例甚严，又得及门顾君葛民勤于旁搜，佐其收合，举凡已刻未刻诸集暨家乘之记载，寺观之留题，无不访求，桐石为之选择焉，阐扬焉。故多出于著述家所未见者，又人各作小传，间取先哲题评，言简而赅，文约而富。”

吕荣的序写于道光二年（1822 年），时任海宁海防同知，其序云：“海昌曹君桐石，以乡贡进士举孝廉方正，累征不就，士论高之。余莅任海防，闻其名，重其品，以未得一见为憾。昨其徒顾生葛民携桐石所著《东山楼诗集》及所选《硖川诗钞》，请序于余。余观其所著，诗油然粹然有理，与学之源无腐，与缛之迹所选。硖川诗自轩冕山林以及闺门方外，兼收并采，类多抒写性情和平中正之作，又为考证旧闻各立小传，发潜阐幽，传文献而资观感，此其究心于理，与学者为何如，又岂同镜花水月之虽有如无有哉。余于诗学未敢自信，然犹能言其理。今观桐石所著诗与所选诗，益信诗法之必本于理与学者，非余一己之私见也。”吕荣所写的序，应该是为曹宗载的《东山楼诗集》和《硖川诗钞》所作，故同时论及其诗及所选之诗。

曹宗载自序写于嘉庆九年（1804 年），记述了编写《硖川诗钞》的经过：“余少时窃有志焉，而耳目未周，随见随录，藏诸箧笥。庚申春，王松岑表叔有《硖山志》之辑，遍征文献。余亦相与蒐罗，而遗编逸稿，碎锦残缣裒然盈案，譬若良材异石，一经抉剔，而胜概毕出也。爰命儿子汇为一帙，共二百余家，得诗二千有奇。”从少年时期即有心于收集，至此时，曹宗载年已 60 多岁，可见此书经历了 40 余年，花费了大半生时间才得以完成。故曹宗载颇为得意：“每当风萧雨晦，几净窗明之际，一为展诵，恍与先哲相晤对，即山川风土，轶事旧闻，亦藉以考见一二，何快如之不可见。潜德幽光，固自不朽，而显晦之间，又存乎其时也。”

由此可知，《硖川诗钞》是文献类著作，其选编范围，曹宗载在《凡例》中有说明，因宋元以上少有资料可收，故此集从明代开始，并列为前集，清代诗列为正集，寓居硖川者为外集，闺秀方外之作列为附入。所收录的人名条下各写小传、诗话及诸家评语，集后附有《词钞》一卷。其收入之多，范围之广，是迄今为止寓硖或旅硖文人诗词最为详尽者。

《硖川诗钞》所收集的明清两代寓硖或旅硖文人的小传，保存了硖石地方胜迹的宝贵史料。例如，沈祏的淳朴园在海宁史志中留下的资料不多，曹宗载《硖川诗钞》中，不仅留下了沈祏的介绍，还保存了他的 20 多首诗作。沈祏，字天用，号紫硖，正德年间贡生，任周王府典膳郎，著有《淳朴园稿》。吴本泰对沈祏的评价，认为先生之诗，“清冷淡远，翛然尘外，而律严整而洁”，并收录《紫硖文献录》中的记载：“山人绝意仕进，筑淳朴园于紫微山麓。药栏花坞颇具幽胜，一时名流，如朱西邨、陈勾溪、董萝石、关中孙太初辈，诗酒相娱，徜徉其间，非骚人墨客罕得窥其园者。”对沈祏的生平著作，吴本泰的诗评，淳朴园的诗酒唱酬，记载详尽。沈祏的诗，正如吴本泰所说，清冷淡远，一首《临终诗》可见其对生死的淡然：“小寄人间五十年，黄花篱落白鸥边。于今厌世还归去，水自东流月自圆。”而《漫兴》则是翛然尘外脱俗之作：“与世无关道自尊，山中别有一乾坤。羲经读罢茶烟起，庭草春风绿到门。”

关于沈祏的淳朴园，诗钞中还收录一组唐俞的诗，有《淳朴园即景》及《重过淳朴园感怀》，留下了明朝中期硖石西山麓这处著名私家花园的点滴，其中《涵虚阁》：“涵虚阁上雨声寒，涧草林华不忍看。惆怅青山思往事，几宵风月共阑干。”《藕花湾》：“藕花吹落碧池湾，树色苍苍两岸山。明月自来人不见，白鸥盟冷钓矶间。”《柳塘》：“杨柳青青水半滩，角巾无复弄潺湲。亭亭野鹤如相待，白石冈头照影寒。”《通樵径》：“通樵径绝鹿麋群，杞菊阑凭几夕曛。屐齿犹余旧行迹，山童那忍扫寒云。”其幽静冷艳的景色，令人神往。

明朝时期的东山智标塔，在诗人宋瑛笔下，有《登智标塔》一诗：“摄衣最上碧云连，目断寒林锁暮烟。下界雨催山寺磬，乱帆风送海门船。千头古佛疏藤合，十里樵家独鹤还。笑指两峰天外落，凭轩拟赋远游篇。”烟雨朦胧，疏腾古钟，远帆近林，幽静而神秘，而在明朝诗人闻人龙眼中的紫薇山，则景深林幽，超越尘世：“紫薇楼阁与云齐，石磴盘廻路不迷。幽鸟忽鸣深树里，好山还在曲栏西。歌闻水调沧州近，望入中原落照低。老衲不关尘世虑，笑挥苔壁索诗题。”

《硖川诗钞》编次完成后，并未刻印，直至90年以后，时已光绪十八年（1892年），才由硖石双山讲舍出资刊印。许人杰有一段跋语，说明了刻印过程：“《硖川诗钞》之辑，于今垂九十年矣。蒋梦华先生楷，曾欲刊之而未果，易箦时深以为恨。是册于兵燹后得之亡友郭君子方彬，闻徐芳树孝廉联辉亦藏有一本，为人借阅失去，微郭君，则曹徵君搜订之苦心不几荡为烟云哉。亟付手民以广其传，其资则出于双山讲舍云。”幸亏有了这些乡贤后人的重视，才使《硖川诗钞》流传至今。

八十七

见所可见者惟诗

——清·陆素生《于斯阁诗钞》

陆素生（1756—1816 年），字云裘，号少白，又号少云山人，晚号夷白，室名于斯阁。对于晚年易号的原因，他自己有《易号诗》注解："余号少白，三十年载，余比见时下署号者不一其人，岂二字有足重耶？人取我可弃，人袭我当逊，乃易为夷白云。"陆素生少负才气，科举不顺，一生以布衣终。著有《于斯阁诗钞》。

《于斯阁诗钞》六卷，初刻于嘉庆二十三年（1818 年），集前有彭兆荪作序。彭兆荪，江苏太仓人，同时期诗人。他在序中对陆素生其人作了简单介绍："往与海宁袁花里高君东畹交时，道其故友陆少白之为人。少白家贫甚，为句读师事母孝，应童子试屡不售，独耽为诗，新颖兀傲不主，故常时出惊人语，与古作者相驰骋。其母亦高明上流也，客有誉其子诗，辄喜黾勉治具延客。少白自负才气，纵酒自豪，视世俗荣利挥斥若土苴。敝衣垢裳，歌呼市肆，好雪月花竹佳山水，又好与荒伧野父游，游辄醉。侪辈之方领矩步，称经生者弗善也，少白亦蔑然视之。尝游杭之西湖，有当事上官慕其才，轻舟往访，抵所居，少白闻之即绝迹遁，遣人蹑之不及。上官叹息去。中年境益困，侘傺无聊则益酣歌沈饮，无何卒。卒后见梦于其友，状甚异。东畹及同里查君春园哀其遗诗刻之，而问序于予。嗟乎，少白既以傥荡不羁，为俗所弃，里人延之授徒，辄龃龉不终岁罢。即向有知少白者，亦止得其残篇零帙，其全集秘不示人，以故终其身不闻于时。而两君皆端粹士，与少白殊轨辙，独于其诗笃好若是，是必有知之深者矣。"这一段文字，描述了自负多才而桀骜不驯、清贫不修边幅又不畏权贵，既为世俗所弃，亦为同里之不屑的陆素生形象。序文的最后，彭兆荪感慨说："呜呼，是可以论少白矣，少白既他无表，见所可见者惟诗。"这篇序言也是目前了解陆素生生平最详细的资料，彭兆荪将这位布衣诗人的性格特征、行为癖好刻画得惟妙惟肖，陆素生一身魏晋风骨傲气，贫穷潦倒度过诗酒一生。

查有新、高东畹与陆素生可谓知交，陆素生去世后托梦于两位好友，在两位好友收集整理下，才有《于斯阁诗钞》问世。查有新以长篇五言古风题端首，诗中有"少白才而穷，谪降关天意。读书破万卷，论文无行辈。尚友千载前，杜韩日晤对。伪体尽别裁，多师集众智"。在朋友眼中，陆素生读书破万卷，同辈人中无人能与匹敌，因自负极高，目中无人。"尚友"指与古人交往，陆素生整日沉浸在故纸堆里，与杜甫、韩愈交流，拜古人为师，集先人智慧，这样的人，在常人眼中，非疯即癫，故彭兆荪所言"见所可见者惟诗"，正是诗人一生的写照。

其实，陆素生的诗在乡里同时期诗人眼里，地位是很高的，这可以从同时期与他有交往的乡贤诗集中，如查揆、查有新、查世官、马锦、马洵、朱有莱等人与之诗词唱和中有所了解。作为布衣诗人，一生足迹不出钱塘，不可能有太多的官宦名流与其交往，其诗也不可能有大气磅礴的豪迈，但清逸雅致，乡土气息极浓，反而成了诗人的一大特色。

《于斯阁诗钞》六卷，起于乾隆四十一年（1776 年），时诗人 21 岁，终于嘉庆二十年（1815 年），时诗人 60 岁，即去世前一年，存诗千余首，时间跨度 40 年。陆素生一生活动足迹，基本上停留在杭州、海宁一带，所结交的朋友也仅是少数几位乡贤，但从地方文史角度来看，陆素生的诗记录了乾隆后期至嘉庆年间家乡的人和事，留下了家乡的风土人情。例如，发生于乾隆四十六年（1781 年）夏六月的一次罕见大风，加上连续五旬不下雨，有一首《大风叹》记录了这次大风对海宁造成的灾难，诗写于该年六月十八夜："巉岩雷崩海岳立，坤乾罔辨东西误。初如貔虎之叫嗥，山谷又如蛟螭之振起。"写飓风来时的声势；"偷眼看天天亦堕，东村西舍遍叫呼。大众鼓慄如扬簸，余亦缩缩不敢卧。"写飓风过时的恐惧；"羽书星驰转输急，何当遭旱复遭风。木棉黍苗悉摧折，无论租税莫之给。将求糊口亦乏缺，民乎民乎，尔居坏兮尔食又绝。尔与其死于荒兮宁死于劫，茫茫一夜头如雪。"写了飓风过后的灾情，以及面对天灾，老百姓无可奈何的惨况。

在诗人为数不多的朋友中，"三查"和陈敬璋都是他的好友。与查南庐、查春园、查梅史之间的唱和之作，是诗集中友人间交往的主要体现，其中与查南庐交往更为密切，两人间的诗词唱和伴随终生。乾隆五十一年（1786年）元宵晚，有《元夜与查南庐》一律："今夜闲庭里，婆娑影不孤。露浓怜酒薄，月朗看梅无。北市纷灯火，南楼杂笑呼。倚阑甘寂寞，痴绝是吾徒。"是年，陆素生30岁，查南庐18岁，自此两人交往，直至查南庐去世，唱和不断。嘉庆二十年（1815年），查南庐去世，诗集中留下的最后一首诗是《哭查南庐四首》，前有小序记述了两人之间的友谊："南庐束发过从，余即以国士望衡对宇，率而褰裳如昔之汉沔闲，司马与庞公焉。后客京师，历荆梁、山陕、西凉之地，足迹殆遍，暌隔者十载余，及归又出，闲岁一晤，今岁作束皙近游，馆绍之诸暨官舍。十月中凶问猝至，灵輀继归，盖以无疾终也。年仅四十八，小余一纪。呜呼，天实丧予，不能不为恸哭也。"查南庐游历颇广，是乾嘉时期海宁"三查"诗人中的佼佼者，与陆素生相见的时间并不多，诗词唱和也是以寄怀或寄书赋诗为多，故诗中有"故园转觉是他乡，共醉春风有几场"的感叹。喝酒谈诗是两人共同的爱好和兴趣，乾隆五十五年（1790年），两人同游吴山，有《吴山酒楼同南庐醉》一诗："手摘莲花冠，眼青天目山。湖阴万户瞑，江近一城寒。高觉秋声集，狂歌客路难。与君一尊酒，天向醉时宽。"可知交情匪浅，且同有不得志的感慨之叹。乾隆五十九年（1794年），查南庐远游京师，陆素生一路寄诗不断，从《送查南庐之京口》开始，有《寄南庐江都》《书南庐至燕》《以诗代书寄南庐都中》，查南庐回到海宁后，又有《南庐自扬州归夜话喜赋》。回到家乡，几位好友又是朝夕相处，饮酒赋诗："乙卯仲夏，杜门闲居，南庐诸子无日不至，傍晚辄向树侧溪边饮酒钓鱼为乐，水气侵肌，明月满身，又或涧云骤起，淋雨霑衣，仍居石枕崖，吟啸不辍。此种意趣，自谓虽南面百城，未能易也。"其实孤傲的陆素生并不孤独，只是难得有志同道合者而已。

《登盐官城楼》一诗，写诗人登盐官城楼，望钱塘江景色："盐官城与白云连，有客凭临拂暮烟。孤塔矗当双庙障，两潮怒挟一龛旋。梯航南北三千里，淮海清宁二百年。正得科头吟啸稳，秋风残角断壕边。"诗风豪迈洒脱，一扫平日落拓颓废之气。

除了少数几位师友外，陆素生平日则饮酒读书枯坐为乐，有《枯坐束发》一诗记录了他平时的生活状态："百事不入眼，一穷到尽头。阑干终日倚，风雨霎时秋。到处涨新水，相期上钓舟。行逢沽酒市，买醉夕阳楼。”这是他贫穷潦倒生活的写照。稍后几年写的《幽居》反映了诗人孤独贫困生活：“墙低面面见遥岑，大树当关十亩阴。守默未闻当世口，读书期得古人心。法宽蛛网常除户，机息螳螂不上琴。珍重政身慈母意，一灯残夜忆来深。”最后，诗人在贫穷潦倒中终其一生。

八十八

唐宋以来　代有闻人

——清·陈敬璋《海宁渤海陈氏著录》《初白先生年谱》

陈敬璋（1759—1813 年），字奉莪，号半圭，又号惺庵。一生布衣，以诸生终。陈敬璋为海宁望族之后，是陈确的玄孙，也是查慎行的外曾孙。著有《渤海家乘》《杨园未刻稿定本》《惜阴志》《惺庵焚余稿》《逸名类钞》《朱子文钞》《信天巢笺注》《尔室文集》《尔室文集补编》《词林辑要》《历朝词选》《重次千文》《四勿居诗稿》《海宁渤海陈氏著录》《初白先生年谱》等。陈敬璋著述至晚年大多毁于火灾，其族孙陈其谦在编《海宁渤海陈氏著录续编》时有注："晚年馆吴氏，不戒于火，尽付郁攸，存者仅什一耳。""郁攸"即火灾，语出《左传》。

渤海陈氏为海宁望族，历朝历代文人著述不断，陈敬璋是海宁渤海陈氏第十四世孙。《海宁渤海陈氏著录》成书于嘉庆六年（1801 年），著录收集时间从明朝第六世至清朝第十五世，以及陈氏闺秀第九世至第十四世，附录为碑帖。后经十六世孙陈其谦、十七世孙陈大伦补录十四世至十九世，并补遗明第七世至第十世。同治十二年（1873 年）重刻，民国二十二年（1933 年）有合集铅印本出版。

《海宁渤海陈氏著录》不分卷，成书后并未刊印，有陈敬璋自序一篇："寒家自唐宋以来，代有闻人，纂述甚富，顾稽之家乘所载，仅得什之二三。于是广为蒐采。"经过十余年时间的努力，"由庚午迄今十余年中，已得三百八十余种，凡一千七百余卷，其未定卷次者不与焉。窃仿朱氏经义考体例，各书下附列序传、墓志之类及名贤绪论以补家乘所不及。录稿甫竟，而吾宗有重修谱牒之举，乃亟为抄撮提要一卷以质，诸宗老之多闻者，先付诸梓以供采择”。陈敬璋的本意是为族中重修谱牒而编写此书，但不知何因，此卷并未编入后来的《海宁渤海陈氏宗谱》。

陈敬璋去世后，《海宁渤海陈氏著录》由其妹夫吴昂驹支助刊印，集前有吴昂驹作序。吴昂驹是吴骞从子。序言写于嘉庆二十一年（1816 年）。对陈敬璋此书的要略及体例作了简要说明：“《陈氏著录》一书，昔吾内兄半圭积数十年蒐采之勤而成之。起自唐宋，下至国朝厘为十卷，嘉庆癸亥岁，其族重刊家谱，半圭以原书卷帙稍繁，授梓非易，别录提要寄诸宗长，冀附刊家谱后以传。而事终不果，每至予斋谈及，心为不怡者久之。”可见，目前所见到的这部《海宁渤海陈氏著录》并非当时陈敬璋的全本，全稿从唐宋开始，共有十卷，想必也已化为灰烬了。对于当时陈氏族长为何不将此编附录于《渤海陈氏宗谱》之后，吴昂驹亦颇为耿耿于怀，在序言中也有流露：“陈氏人文极盛，著述之富冠于吾邑，其令子贤孙岂不知举前人之手泽，珍惜而爱护之。”在吴昂驹的支助下，书稿于陈敬璋去世十余年后才得以付梓：“呜呼！半圭表彰之苦心，乌可没哉。半圭未能付剞劂于生前，行见登梨枣于身后，予虽不敏，愿附雠校之末，以慰良友于地下焉。”一部洋洋巨著到最后只剩下零星一册，还是由外人支助付梓，不知当时陈氏宗族如何感想。

直至同治九年（1870 年），陈敬璋曾孙陈大伦又补录了一部分，与族叔陈其谦商量补印，于是两人又从《邑志》《家乘》《两浙輶轩录》《杭郡诗辑》等书中再次收集，自十四世迄十九世，这是《续编》和《补遗》的来历。最后由十六世孙陈其谦刻印于同治十二年（1873 年），并跋于后。这就是今本所能见到的《海宁渤海陈氏著录》全貌。

陈敬璋的另一半血统来自母系海宁查氏，他是清初著名诗人查慎行的外曾孙，因此，他还有另一部著作《初白先生年谱》，又名《查他山先生年谱》，目前有中华书局点校本出版，改名为《查慎行年谱》。陈敬璋的母亲，夙通经史，熟谙家世旧闻。吴骞为此谱作序：“奉莪幼孤，禀慈母氏之教以有成，居恒耳濡目染，断葱截发之余，侧闻绪论，辄谨识之。积以岁月，而成是书。故于先生出处事迹，皆信而有征，无少文饰。先生学博而志宏，少年足迹半宇内，于书无所不窥，卓然为当世儒宗。”吴骞对查慎行极为敬重，称其为“当世儒宗”，长期以来，对于查慎行这样一位伟人，却因没有年谱而深感遗憾。因此对陈敬璋这部《初白先生年谱》的编成极为重视：

“顾从来作年谱之弊，繁者每失于芜，简者又嫌于漏。奉莪是书考核详审，而纪载谨严，可谓简而有要，不蔓不支。既以慰北堂之思，又可为读敬业诗者得知人论世之概。”吴骞认为，“简而有要”是这部年谱的特色。

查慎行生前自编的《敬业堂诗集》，以编年体例而成，但诗集是从康熙十八年（1679 年）他 30 岁开始，30 岁以前则缺少纪载，因此，陈敬璋编撰的年谱，“乃为考其行实，采其轶事，详著于篇，而以全集之名系于每年之下”。陈敬璋在《初白先生年谱》后跋语中作了说明，尽管如此，“诚恐学识芜陋，多所挂遗，而公之出处大略，展卷梨然，或亦读公集者之一助”。把《初白先生年谱》与查慎行的《敬业堂诗集》结合起来读，对其生平了解有更好的帮助。

查慎行是清初著名诗人，初名嗣琏，字夏重，至 40 岁始更名慎行。字悔余，号他山，又号查田。晚年归田后于家乡筑初白庵以居，故又称初白先生。查慎行幼而资禀颖异，11 岁时作《武侯论》，即被乡先辈范默庵视为旷世奇才。少时不为科举业，而肆力于经史百家，长而好吟咏，甚负才名，壮年时曾五次为幕僚，八次入京师，游历遍及大江南北。但屡试科举而不遇，至 44 岁才得举顺天乡试。后经大学士张廷玉、同乡陈元龙等人举荐，被康熙召见，赋诗中旨，命入值南书房。次年钦赐进士，授翰林院庶吉士，特免教习。因屡沾康熙恩荣，为人所羡，但亦为人所嫉而受排挤，遂于康熙五十二年（1713 年）64 岁乞休归里。此后悠游乡泉，或出游访友，或闭门著书。至雍正四年（1726 年），77 岁时因受弟查嗣庭文字狱案株连入狱。次年赦免放还，因痛于家难，回家后不及两月而卒。查慎行一生波澜壮阔，留下大量优秀诗篇，被称为清初诗坛巨擘，甚至被誉为继白居易、陆游之后第一人，可谓推重之极。

陈敬璋编成《初白先生年谱》后，仅以钞本形式存世，直至民国二年（1913 年），吴兴藏书家刘承干初刻于《嘉业堂丛书》，书后附有刘承干跋语，并作有《年谱补遗》一篇。附录有方苞纂《翰林院编修查君墓志铭》及沈廷芳撰《翰林院编修查先生行状》，原钞本是在吴骞序文之后，中华书局本移于卷后作为附录。

八十九

海邑能诗近日稀　颍川才子振风徽

——清·钟大源《东海半人诗钞》

钟大源（1763—1818 年），字晴初，号箬溪。因足病废终生，专攻于诗，著有《东海半人诗钞》二十四卷。初刻于嘉庆二十二年（1817 年），今有收入上海古籍出版社《清代诗文集汇编》第 571 册影印出版。

《东海半人诗钞》集前有时任海宁知州易凤庭序：“钟箬溪先生，海昌诗人也。抱不羁才，未获世用，因寓意于诗，以写其悲悯。旋以病废，家又贫，自是闭门不问得失。诗弟子之请业者，就床头口授之。传诗既广，名大噪一时，荐绅才士闻声向慕数百里外，诗简来往不绝。嘉庆乙丑，余宦游来浙，即耳其名。十年矣，甲戌夏，承乏此州，始与先生晤。屡造其庐，风雨联吟，时相唱和。”易凤庭是一位非常重才的知州，对这位贫病交加的诗人厚爱有加，并屈尊多次登门拜访。易凤庭将离任时，专程登门向钟大源告辞，并作诗词唱和送别。序言中对钟大源人残志坚的精神由衷敬佩：“余爱先生之诗，以其独出心裁而自成一家者也。虽然先生之诗愈工，病愈甚，贫愈极，岂果诗必穷而后工欤？抑才名为造物所忌欤？乃苦吟不辍数十年如一日，不惟不自知为贫，并若不自知为病者，是诚深得夫温柔敦厚之旨，相忘于形骸之外者矣。”易凤庭本有计划续编海宁州志，并拟将钟大源的事迹载入州志，可惜因丁忧而匆匆离任，为此深感遗憾。

俞思谦是钟大源的忘年交，年长钟大源 26 岁，诗集中两人交集频繁，唱和颇多。俞思谦也为《东海半人诗集》作序：“钟君箬溪，海昌世胄，幼即能诗，后随任萍乡，得湖山之助，诗益进。忽患支离之疾，愈专于诗。”江西萍乡是钟大源年轻时唯一一次随父宦游，因足疾回家后即病废终生。在俞思谦看来，“就海宁而论，则近日诸君子未见其匹也”。这与周春的看法一致，周春在为《东海半人诗集》所题之诗中也有“海邑能诗近日稀，颍川才子振风徽”之句。颍川是魏晋时期钟氏的发源地，海宁钟氏本出于此。

俞思谦同门师弟张骏的序，则介绍了身残志坚又极具人格魅力的钟大源。张骏与钟大源原先并不相识，是先闻其名然后相识再到成为至交，“在括州早耳先生名，癸酉岁旋里杜门，守制借读《东海半人吟稿》已信名下无虚，及谒松霭夫子具道所长，益深饥渴，因偕陈子丹山造访，彼此恨相见晚。先生久患风痹，坚卧诗薮，家仅数笏朋箋，茗碗药炉具饶雅致，一时名士乐从之游，长者之辙时过其门。盖弱冠抱疴，自尊甫江右署中归，寝食一榻，历数十年博及群书”。诚如张骏所言，钟大源与当时的地方名流，从老一辈周春、俞思谦、吴骞，同年龄的查揆、查有新、查世官、陈敬璋、马瀛，到小一辈的许梿、钱泰吉等都有密集交往，甚至省、府、州各级官员如秦瀛、阮元、易凤庭等亦屈尊登门拜访，其人格魅力可见一斑。

平湖教谕屈为章来海宁拜访钟大源后，对钟大源极为敬佩，即与之成忘年交，“今箬溪以羸废之人，穷卧庑下，读破万卷书，本之六经以穷其奥，本之群史以大其规，参之诸子百家以搜其奇，复辨析二千余年之风雅盛衰，信诸心而不疑”。正因为有如此刻苦用功的积累，“箬溪病后眼中无天下奇山水，兹一开卷而名区奥壤若所亲历，则虽未得山水之助，而山水之神实呵护之”。与之相比，那些“世之劳劳者、逐逐者，得失如何”之辈，不觉得惭愧吗！

海宁陈莱孝，是乾嘉时期的著名诗人，与钟大源既是忘年交，也是诗友。早在乾隆五十二年（1787 年），钟大源初病不久，时陈莱孝虽已年老病衰，但非常看好眼前这位年轻人，认定其能成为不朽诗人，早早为他写了一篇序，以待今后结集时所用，序通篇用骈体写成，大气磅礴，对钟大源极为赞美，“箬溪钟君，学士文孙。仙曹胄子，敏悟则杨梅对客，至性则陆橘娱亲。当舞勺舞象之年，名擅芙蓉之府；溯佩韘佩觿之岁，赋传鹦鹉之筵”。“芙蓉之府”出自典故芙蓉幕，“鹦鹉之筵”典出《鹦鹉赋》，“舞勺舞象之年”指少年时期，“佩韘佩觿之岁”指成年时期，所用之典极尽赞美又不乏鼓励。

查揆是钟大源同时期诗人及好友，与小一辈的应时良均以诗闻名于时，两人分别于乾隆五十九年（1793 年）和嘉庆二十二年（1817 年）以骈体形式为好友诗集作序。诗集选编完成后，分别有时任杭州知府张青选、海宁周春、山阴陈广宁、武康徐熊飞、丹徒杨铸等人题词。

《东海半人诗钞》起于乾隆五十年（1785 年），时年钟大源 23 岁随父宦游江西因足疾回家开始，止于嘉庆二十二年（1817 年）去世前一年，都是病废在家的诗作，共 32 年。其间尽管诗人足不出盐官县城，大多时间病卧在床，但留下了很多与当时地方乡贤名流之间的唱和以及文史轶事。周春和俞思谦是他家的常客，两位长者都是当时海宁耆宿，却能经常亲临造访。写于乾隆五十七年（1792 年）的《松霭夫子、潜山丈暇辄过访，尘尾茶瓯，谈谐竟晷，致足乐也。即事赋呈二首》一诗，记述了两位长者过访的乐事。其一为："径隐檀栾隔市尘，任教深巷少车轮。病夫不出寻常事，长者能来一两人。白醉酣时神觉王，元言证处义翻新。较量此乐容谁妒，须信萧闲我辈真。"一日畅谈，似乎意犹未尽，时隔两天，再次聚谈，还带来其他几位老人一起过访。《后二日两公复偕掞庭先生、陈明翰丈、吴筠亭姑荪培、桂岩叔父聚谈斋中。叠韵二首》，诗的最后一句"多谢诸公破岑寂，直看欢笑到儿童"。诸多老先生频频相访，恐怕并不是简单的探病，更多原因是被钟大源的学问所吸引，才会有诸位志同道合者前来谈诗论道，诗中有"共作闲仙络社人"句，结社吟诗才是他们的目的。他们之间的交往数十年不间断，诗集中有许多是友人来探望钟大源后的答谢诗，可见病残在家的钟大源，一生并不寂寞。为友人诗集题诗，为友人画作题诗，忙碌不辍。

嘉庆七年（1802 年），时任浙江巡抚的秦瀛，因病辞归，专程来到海宁看望老友故交，同时登门拜访了钟大源，有《秦廉访小岘先生归田后重至海昌赋呈》一诗"图书一叶舟，殷勤怜病树"句，表达了谢忱。

钟大源病贫交加，最困难的时候，甚至数日无米下锅，全靠朋友接济，遇到灾荒之年，其生活艰难可想而知。嘉庆九年（1804 年），有《霉雨涔涔，空斋愁卧，米罄已数日矣，张火莲上舍以一斛分饷，感谢之余为赋此篇》一诗，是一篇长赋，有"贫家恰八口，镇日鸣饥肠。病夫默自念，穷饿分所当。闻侧乡邻间，十户九绝粮"句，记载了当时的困境及灾情后，老百姓艰难困苦的生活。

嘉庆二十一年（1816 年），海宁知州易凤庭离任前夕，还不忘登门向钟大源告辞，有《梧冈刺史过敝庐话别赋呈》一诗，记述了两人间友谊，诗中"人夸长揖见公卿，我并公来不出迎。万户封侯轮此际，一心折节见平生。顿添花径篷门色，倍感扬风扢雅情。赢得他时争诧道，三都一赋价连城”真实记载了当时的情况。嗣后几天，钟大源有《送梧冈刺史归粤》《梧冈刺史将归，余既赋诗送行，公复以留别诗三章见示，怜才忆别，读之惘然，再用海昌留别元韵四律奉呈以志下交之真谊云尔》《谢梧冈刺史赠米》《闰六月朔日，刺史启行，士民走送者数百里不绝，余再赋一律驰寄修川舟次》等诗，可见与易凤庭关系密切，情谊至深。

九十

存一代真迹　传信后人

——清·吴修《昭代名人尺牍》

吴修（1764—1828年），字子修，号思亭。祖籍海盐，乾隆初随祖父吴仪洛迁居海宁硖石，晚年居嘉兴。著有《续疑年录》《曝书亭集补注》《佳句录》《思亭诗集》《青霞馆论画绝句》《昭代名人尺牍》等。

《昭代名人尺牍》分别为尺牍、小传各二十四卷，为吴修收藏的名人手札刻印本，原刻于道光六年（1826年），今有中华工商联合出版社根据原刻本影印出版。全书收集了清初至道光年间各类名家615人的信札手迹，计有730余封。

集前有吴修自序，写于道光六年（1826年）十二月。自序云："余弱冠时即喜旧人尺牍，前明、国朝诸家所蓄甚夥。四十年来，经眼者以数万计，玩其笔墨气味，证以称谓行款，未读文句即能知其世次，定其真赝。"吴修从上万封所收藏的名人信札中精选730余封，选取非常严谨，可谓"选择致为谨慎，非深信真确不敢漫登"。为了"欲以一代真迹，传信后人，不过为矜重，世有同好当必鉴余之苦心"，吴修不惜花费十余年时间，请刻工精心摹刻留下这些珍贵名人手迹，"摹刻功夫不惜心力，务使人人得其用笔之意。始嘉庆甲戌至今已十二年刻既成"。从前序看，吴修当时的信札收集确实丰富，与他结识并有交往的名家有钱塘梁山舟、王检叔、陈瀫水，仁和赵晋斋、孙寻云，海宁蒋梦华，嘉兴李金澜、张叔未、金岱峰、冯柳东，秀水殷云楼、钱学山，方味根，嘉善谢若农，平湖钱梦庐，德清戚馥林、徐竹窗，镇海王师竹，山阴杜尺庄、陈霞西，萧山蔡陆士，吴县潘榕皋、陆谨庭、陶筠椒、陈苇汀、贝简香，长洲吴春生，吴江戚藻村，盛泽凌苇裳，昆山吴银帆，嘉定瞿木夫、钱梅溪，武进赵味辛，阳湖孙渊如，仪征阮云台，江都秦敦夫等三四十人，都是尺牍藏家，这些人收藏信札多则数千封，少则数百封、数十封，经过吴修一一展阅，过眼的信札之多，练就了一双火眼金睛，因此吴修所选取的标准既精又严。书刻成已是12年以后了，当时鼓励和支持他的许多友人如梁山舟、陆谨庭、戚馥林、赵味辛、赵晋斋、陈濴水、陶篘椒、孙寻云、王检叔等已先后作古，62岁的吴修作序时感慨万千。

从《昭代名人尺牍》留存的清初、中期名人墨迹看，有些人本就是当时书法大家，这些墨迹留下了难得的书法资料供后人研习。信札不同于为创作而写的书法作品，是书家日常生活中的书信往来，更能反映书家的真实水平，中国古代法帖大多以书信方式流传。从傅山、王铎到稍后的阮元、钱沣，从中可以看出北碑南帖之间书法的变异和发展。尺牍中有以“怪诞”创新的金农、郑燮，以及以篆隶入行楷的伊秉绶，更多是遵循传统书法的文人学者所谓的馆阁体。总之，纵观全集，这部洋洋大观的尺牍就是清人书法成就的极好展示。

从史料上看，这些名人手迹也弥足珍贵，从一些耳熟能详的人物可见端倪，如顾炎武、黄宗羲、傅山、冒襄、王时敏、陈洪绶、李渔、王铎、吴伟业、周亮工、朱耷、龚贤、查士标、方以智、王士祯、吴兆骞、李光地、徐乾学、王原祁、恽寿平、王翚、王鉴、吴历、梅文鼎、侯方域、纳兰性德、朱彝尊、洪昇、高士奇、禹之鼎、曹寅、孔尚任、赵执信、仇兆鳌、郭元釪、姜宸英、汪士鋐、方苞、华嵒、金农、郑燮、全祖望、沈德潜、袁枚、刘墉、钱载、翁方纲、梁同书、纪昀、钱大昕、王文治、段玉裁、姚鼐、戴震、罗聘、孙星衍、伊秉绶、洪亮吉、陈洪寿、吴鼒等数百余人，全是大名鼎鼎的博学鸿儒。有明末遗老，文坛巨擘，诗词名家，经史学家，也有书画家中的清初四王、扬州八怪和吴历、恽寿平，以及乾隆时期的翁方纲、刘墉、梁同书、王文治四大家。如此大批先贤遗墨，能集中展示在一部书中，更何况有些名人手札已成稀世珍品，这也是这部尺牍的价值所在。集中收有海宁乡贤人物陈之遴、查继佐、朱嘉徵、陈确、杨雍建、范骧、沈珩、吴农祥、陆嘉淑、许箕、潘廷章、查容、朱尔迈、陈奕禧、陈元龙、查昇、查嗣瑮、查慎行、陈邦彦等，他们的墨迹现在已很少见到。

从这些书信内容来看，保存了历史真实，信札尽管一鳞半爪，但也是作者所处时代民风民俗、民生休戚、政治得失、家国安危的记录。许多历史上的具体细节可以在私人信札中有所涉及，而且较正史更具真实性。从他们与亲朋好友的往来信札中，了解真实的国事是非、心态处境，可以作为研究历史人物时的引证资料。当今社会，书信形式渐趋衰落乃至逐步消失，古代尺牍无论从形式和内容都正在形成新的研究学科，越来越受到人们的重视，信札作为人与人相互交往的重要工具，所包含的历史文化价值也有待于深入挖掘和研究，如中国传统文化中人与人之间交往的礼仪、称谓、问候、语气、敬语、起结等，可以从中找到规范的模式。

因收藏者吴修有较高的鉴赏以及鉴别真伪的能力，《昭代名人尺牍》所收藏的这批信札真、精、可靠，因此这部尺牍可以为后人提供历史名人手迹真赝的参照，这也是这部书的价值所在。书中一部分尺牍还保存了写信人自用的印章，约有二百余方风格迥异的钤印。这些名人用印的集中展示，可以作为印章艺术专门研究，如尺牍中的傅山、陈洪绶、朱耷、高士奇、恽寿平、孔尚任等，以及吴修自己所钤的各种收藏章，大致反映了明末至清中期近二百多年的印学发展概况。

《昭代名人尺牍》中有人物小传，也成为现在研究清代名人的重要参考之一。

九十一

每得一帙　必手自斠勘

——清·马瀛《吟香仙馆书目》

马瀛（1765—1830年），字楚才，号二槎，室号汉晋斋。马瀛为海宁藏书世家，所藏古籍多以精品珍本见称。陈鳣“向山阁”藏书散出后，大半为马瀛所购，后又得项元汴“天籁阁”部分藏书，筑“吟香仙馆”藏书楼，贮其所藏。著有《吟香仙馆书目》。

《吟香仙馆书目》四卷，原为清钞本，1968年古典文学出版社曾有潘景郑点校本出版，现有上海古籍出版社于2005年出版《中国历代书目题跋丛书》十册本，其中第十册是《吟香仙馆书目》，前有潘景郑序言。原清钞本是潘景郑从“厂肆传录得之，前有嘉兴冯登府序”，潘景郑序言说：“览目如冯登府所举善本以外，尚多精椠。经并世名家校勘之帙，如何焯、顾千里、黄丕烈、卢文昭、陈鳣、吴骞、吴翌凤诸人，无不具备，足征缥缃之富焉。”潘景郑在点校此书目时，把海宁藏书家蒋光煦《东湖丛记》中《马二槎藏书》一篇列于卷首，使今人对马瀛藏书盛况有了一个更全面的了解。

蒋光煦与马瀛是中表兄弟，也是海宁清朝中晚期著名藏书家、刻书家，他的《马二槎藏书》一文，详细介绍了马瀛的藏书情况：“吾乡陈仲鱼徵君鳣向山阁藏书，大半归马二槎上舍瀛。上舍，余中表行也。时得借观其《吟香仙馆书目》，多世所未见之本。有宋本《汉书》《晋书》，因以‘汉晋’名其斋。《晋书》为天籁阁故物，有王弇州手抄补阙之卷，真书林瑰宝也！余曾假得《刘子注》十卷，后各有跋，录之以见珍秘。”蒋光煦文中还详细注明了部分珍贵藏书的各家题跋以及流传经过。马瀛的“汉晋斋”室号来历，是源于所藏宋椠《汉书》《晋书》，故以此书名作为斋号，其中

《晋书》是明代文学家王世贞手抄补缺之卷，一向为儒林所尊重。从后面各家的题跋、校勘来看，古代藏书家对典籍的重视，并使其广为流传和保存所做出的贡献，厥功甚伟，其中陈鳣的感叹尤为深切："嗟乎！聚书故难，校书亦复非易，盖惟深历此中甘苦者知之耳。"

原《吟香仙馆书目》卷前有冯登府作《马君二槎藏书记》序言一篇。冯登府，嘉兴人，嘉庆二十五年（1820 年）进士，著述等身，藏书颇丰，与马瀛友善。序言中记述了马瀛对藏书、校书的执着："马君二槎，嗜古媚学，每得一帙，舌耕肘书，必手自斠勘，积数十年，收罗之勤，藏不必富，而惟精之是求。"同是藏书、嗜书如命的冯登府，对马瀛的藏书、校书精神除了敬佩，更多的是心心相印的理解，"缥缃皶缝，排陈一室，昕夕坐拥其中，客至，则设茗椀香鉔，相与道古，某书之沿革，某卷之增损，某氏某代之聚散离合，莫不条入叶贯，沿波讨源焉。二槎固雄于赀，不牙筹金埒、钱癖穀堆之爱，而孳孳矻矻，日披寻于萤乾鱼蠹之余，可不谓多文为富欤！"马瀛家富多财，但不喜蓄钱贮物，而乐于为收藏耗费资财。古代藏书有时为了追求古籍的完美，往往需要埋首故纸，耗费数年乃至终身的光阴，有的甚至耗尽家财，为了对典籍负责，对子孙后代负责，这种精神力量支撑着藏书家沉浸在陈编烂简中，奉献一生。

《吟香仙馆书目》著录图书千余种，有多种世所罕见的珍本，其中以宋刻本为最，有《汉书》《晋书》《吕氏书说》《重言重意周礼》《本草衍义》《活人数》《却扫编》等。所藏珍本大多流传有序，出于历代大藏书家之手，有徐健庵、季沧苇藏本，有王凤洲、宋牧仲藏本，有黄荛圃、卢抱经、钱竹汀等，更有曾经的国内著名藏书楼如明代常熟毛晋汲古阁、宁波丰坊万卷楼、清代嘉兴朱彝尊曝书亭等所藏秘本。在马瀛的吟香仙馆藏书楼之前，海宁原有著名藏书楼也不少，仅清初至清中期就有陈元龙的爱日堂、查慎行的得树楼、马思赞的道古楼、许焞的学稼轩、吴骞的拜经楼、陈鳣向山阁，以及稍后蒋光煦的别下斋、蒋光焴的衍芬草堂、胡尔荥的爱莲西堂、葛继常的莒山房、费寅的自怡斋等。

《吟香仙馆书目》四卷，以经、史、子、集分类，经部类有《易》《书》《诗》《礼》《春秋》《孝经》《尔雅》《论语》《群经》《大学》《中庸》《孟子》《四书》《乐》《小学》15 类 95 种；史部类有《正史》《编年》《纪事本末》《别史》《杂史》《诏》《令》《奏》《议》《传纪》《载纪》《地理》《职官》《政书》《目录》《史钞》《史评》17类379种；子部类有《儒家》《道家》《释家》《农家》《兵家》《法家》《天文算法》《诸子》《医家》《术数》《艺术》《谱录》《杂家》《类书》《小说家》《丛书》16类230种；集部类有《骚赋》《别集》《总集》《诗文评》《乐府》《词曲》5类429种。根据潘景郑前序所说："目依《四库》分类，部次间有差误，传写亦多鲁鱼。""鲁鱼"即成语"不辨鲁鱼"，指书写错误。凡潘景郑认为错谬之处，以勘误表形式附录于点校本之后，以便查阅。

根据蒋光煦《东湖丛记》所说，关于陈鳣向山阁藏书，大半归马瀛所得，其经过以及马瀛藏书的聚散过程大致如下，《海昌备志》载："仲鱼既殁，遗书散佚。"据吴骞之侄吴衡照《海昌诗淑》记述，陈鳣死后不几年，其后人不以书为贵，开始卖书，向山阁藏书被苕上一书商廉价买走，"衡照尚见书上题识宛然，图记犹昔，精钞精刻"。对于向山阁藏书被苕上书商买去一事，管庭芬在《经籍跋文书后》中也有相同说法："鳣以嘉庆二十二年下世，手校手著，尽为苕贾所得。"可见，马瀛藏书应该是从书商手中再次重价购得。据《东湖丛记》记载："吾乡陈仲鱼徵君向山阁藏书，大半归马二槎上舍瀛。"由于马瀛的及时购藏，这批向山阁旧藏大部分留在了海宁，也奠定了马瀛藏书的基础。但马瀛去世后，吟香仙馆所有藏书，归其孙管理，后其孙流寓山东济南，书也开始零星散出，有些善本被苏州藏书家汪鸣銮购得，此时已是光绪年间。故我们今天只能在书目中看到马瀛藏书的全豹了。

九十二

一代诗名盛　恢奇敬业堂

——清·查世官《南庐诗钞》

《南庐诗钞》是清中期海宁“三查”诗人之一查世官的诗集。“三查”者，查揆、查有新及查世官。三人中，查世官年龄最大，辈分却小一辈，与前二查是叔侄关系。

查世官（1768—1815年），字怀忠，号南庐，以诸生终，著有《南庐诗钞》。钱泰吉《海昌备志·艺文志》载：“南庐慷慨仗义，工诗善弈。早岁以诗名，所作甚夥，贫不能刊，客都门时与山西刘观察肇绅相契，稿本多存刘氏。其所刻《今雨联吟》等卷皆残鳞遗爪也。吴子律衡照称其诗沉雄秀宕，天分绝高，不作僻深欹仄之体，不染浅肤庸烂之习，洵非过赏。顾以素性伉直，所如多不合，淹蹇寒饿，顑颔以终。诗能穷人，信夫？”从中可知，查世官为人耿直孤傲，一生贫困潦倒。钱泰吉认为《南庐诗钞》仅有写本而无刻本，其实有道光十九年（1839年）退学诗斋刻本。

《南庐诗钞》六卷，是查世官去世20余年后，由好友何耿绳为之付梓。20余年前，查世官曾做诸暨县令刘肇绅幕府，诗稿交与其保存，刘肇绅与何耿绳同为山西人，查世官去世后，刘肇绅将查世官遗稿交给何耿绳，嘱其校刻，后因何耿绳忙于公务，直至道光十九年才将亡友诗集整理刻印。集前有何耿绳序一篇，记述了查世官的生平：“查氏世以诗显，自初白、查浦两先生后工之者益众。余所识春园、梅史皆能世其家学者也，惟南庐为称首，第困于场屋，奔走南北，卒不得尺寸阶以置其身。顾南庐虽屡困，然而握卮酒骋论议，乘兴成咏，俄顷数篇，苦思力索者莫能方其艳发而超轶也，故名流无不识之者。夫诗之为道也，非徒雕琢藻绘以矜奇夸异于一世已也，要必有敦笃真挚之性情，酝酿乎其间，知南庐者，虽多第以诗人目之，亦未有能真识之者。”何耿绳与查世官的交往，在序言中也有交代。嘉庆十年（1805年），查世官与何耿绳父亲宦游宁夏，何耿绳父病重于任所，当时何耿绳兄弟远在京师，何父身边只有查世官一人照顾起居，“食饮医药，靡不详审”，后来何父病逝于宁夏，查世官“又经理殓殡，守待耿绳兄弟之至”，因为有这样一段刻骨铭心的经历，何耿绳与查世官的关系可想而知。

《南庐诗钞》集前收录了法式善、查奕照、何耿绳三人的题诗。法式善是查世官就读于国子监时的老师，查奕照是查世官族亲。法式善的诗应该写于查世官生前，其诗为：“一代诗名盛，恢奇敬业堂。翕然合唐宋，超绝抗朱王（自注：‘秀水、新城。’秀水即朱彝尊，新城即王士桢）。裔子多文秀，南庐擅老苍。新篇钞示我，字带海云光。渔洋官祭酒，屈指海宁夸。今我忝斯职，适君称克家。春云低石鼓，秋雨响槐花。百十年来事，休生摇落嗟（自注：新城官祭酒，夏重、德尹、声山三先生先后肄业太学，今南庐及其族人人和、有新适符三人之数，亦佳话也。）。”这是法式善任国子监祭酒时的感悟之作。康熙时王士桢任国子监祭酒，有学生查慎行、查嗣瑮、查昇，而今查家又有查世官、查人和、查有新成了自己的学生，查氏代有传人，确实非同凡响。

何耿绳留下《读南庐遗稿怆然有作》二律，其一为：“霜里灯明雁叫哀，故人诗卷为重开。百年黄垄埋余恨，一领青衫痛此才。宦迹飘零风里絮，穷途潦倒掌中杯。诗魂此夜归何处，定绕孤山万树梅。”其二为：“燕台犹记惜分离，岂料旋成永诀悲。一事慰人惟有子，千秋传业只余诗。怆怀恼我停云想，入梦寻君落月时。惆怅嵇琴成绝响，天涯谁与话心期。”诗写得悲切情真，凄楚动容，如没有很深的交往，就不会有这样的深情流露。

查世官的诗确实有查慎行遗风，《郭溪舟中》是一首写水乡送别诗：“一川鸥鹭送行舟，两岸人家映碧流。卷幔微凉生屋角，倚栏斜日在帘钩。波光静与云光接，山影遥随树影浮。更依晚风听萧瑟，陂塘十里蓼花秋。”郭溪是诗人家乡的一条河，秋日夕阳，鸥鹭伴行，家人卷起帘幔，依临水斜栏，微风生寒，看着渐渐远去的小船，波光消失在云光之中，直到河面只能看到近树和远山的倒影，到傍晚，只能听到沿河两岸十里蓼花在秋风中的瑟瑟声响。诗人在舟中看到岸上女主人依依惜别，浮现在脑海中的场景，令人黯然伤神。一幅凄美而情景交融的深秋送别诗，展示了诗人细腻的笔触，如梦如幻的诗意。

查世官写秋色诗尤为擅长，诗集中咏秋之作颇多，如《秋望》《落叶》《徐村》《新秋》《甲寅秋日将去扬州感时漫兴》《看芦花忆秋雪庵》《秋泛》《立秋日城北看荷花》《中秋无月和项云庐》《秋日杂感和祝简斋》等，在留存不多的诗作中，咏秋之作占了很大比例，其中《秋泛》一律将秋色描写得淋漓尽致："满眼溪山画不成，遥天低处夕阳明。云移水岸如帆影，风战菰蒲作雨声。寒意渐催枫叶落，愁心偏傍早秋生。芦中人去无消息，鸿雁哀飞更怆情。"以眼前所见的景色而产生的愁心，来抒发对秋天的愁绪和孤寂。

《和友人金陵之作》是一首纪游咏史之诗，沉郁苍凉："壁月销沉琼树荒，六朝旧梦几沧桑。啼鸟门外迷芳草，射雉场边剩夕阳。到眼江山仍绮丽，多情莺燕话兴亡。落花飞絮浑无赖，吹满胭脂旧井旁。"借物咏史，就眼前的金陵景色感慨六朝旧都的历史兴衰。

《江楼晓望》是一首即景抒怀之作："岁月长如此，江湖万古流。紫云天北极，红日海东头。身世看长剑，功名笑敝裘。客游思马援，万里觅封侯。"这是诗人少年壮志、雄心勃勃、豪迈之情的真实流露。

卷五有一首《题恽仲升南田父子访祝月隐鹳山墓诗卷》，记载了一段鲜为人知的史实。诗前有一小序："恽仲升与祝月隐皆刘蕺山先生弟子，月隐以孝廉上书救蕺山同系狱。蕺山殉国，月隐亦殉甲申之难，鲁王时赠检讨。仲升国初曾为西湖寺僧，后与月隐俱配食蕺山祠。此卷七律四首皆南田翁书。"由此可知，祝月隐去世后，恽仲升父子曾来海宁谒墓，并作诗卷一幅，其诗卷今已不知去向，这首诗则道出了恽南田父子与祝月隐之间的一段情谊。

查世官的诗，因其人没有显赫的功名成就，影响力远不如查慎行等查氏前辈诗人，但从诗集中为数不多的作品看，其诗才正如法式善所言"一代诗名盛，恢奇敬业堂"，并非虚言。

九十三

未必前贤畏后生　才华弱冠且纵横

——清·查揆《篔谷诗文钞》

《篔谷诗文钞》是查揆《篔谷诗钞》和《篔谷文钞》的合集。查揆（1770—1834 年），揆，又名初字伯葵，号梅史，又号篔谷居士。嘉庆九年（1804 年）举人，官至直隶滦州知州，因劳卒于任所。著有《桃花影》《菽原词》《菽原堂初集》《篔谷诗钞》《篔谷文钞》等。

《篔谷诗文钞》原为《篔谷诗钞》二十卷、《篔谷文钞》十二卷，道光十五年（1835 年）初刻时合二为一，名为《篔谷诗文钞》，目前有上海古籍出版社《续修四库全书》及《清代诗文集汇编》影印出版。

《篔谷诗钞》二十卷，卷前有查揆好友方廷湖作序，序言写于道光十五年（1835 年）仲冬。方廷湖，字铁珊，石门人，道光十三年（1833 年）举人。从序言看，《篔谷诗文集》是查揆亲自选定："《篔谷诗文集》，吾友查伯葵刺史之所作也。伯葵前寓武林，曾有《菽原堂初集》之刻。通籍后，以乞近再仕，于皖养事毕，始至三辅。补肥乡令，调繁饶阳，旋擢滦州牧。先后三十年中，著作益富，公暇并删汰其前所刊者，手纂为《篔谷诗文集》三十二卷。"查揆编定手稿后寄与好友方廷湖作序，不久因劳卒于任所，方廷湖在序中记载查揆"抵滦郡后，地广事冗，复际歉岁，昕夕从公，不遑暇食，竟以劳瘁卒于官。殁之日，手稿而外，仅存残书数簏，清苦之况，无异寒儒也"。可见，查揆一生清贫廉正，官至直隶州牧，死后竟仅存手稿，身无长物。其诗文集后来经过冀州刺史沈心石、涿州刺史赵寿庄等几位生前好友资助付劂。因劳累而死于任所，是查揆的悲剧。长年漂泊在外的查揆，在卷五《寄家人》一诗中有"江湖还独往，漂泊不如归"之句，流落出

“回看禾黍熟，黄雀一时肥”的思乡情愫。

《篔谷诗文钞》于道光十五年（1835年）刊刻，方廷湖把查揆初刻《菽原堂集》屠倬、郭麐二人的序言，一并放入集前。屠倬，字孟昭，号琴邬，钱塘人；郭麐，字祥伯，号频伽，吴江人，两人均是查揆好友，诗集中有诸多相互间的唱和之作。屠倬与查揆相识于杭州吴山书院，屠倬在序言中详细记录了两人相识到成为至交的过程。屠倬最早知道查揆，是从自己的老师钱塘朱彭口中，后来两人相识于梁山舟家中，在读过查揆诗文后，屠倬感慨而言：“余读书吴山之麓，邀伯葵与偕，尽发所著示予，受而读之，而后知朱先生之言不谬而悔予交伯葵之不早也。伯葵之诗，于古人堂奥无所不窥，而腾踔变幻不能以一家名之。”大有相见恨晚之意。对查揆其人的描写，从一则小故事可见一斑：“伯葵为人在通介之间，虽极穷困，耻事干谒，且抱负卓荦，深机沉识人不能窥。尚忆月夜携酒清平山顶，听门潮声，滚滚上富春去，伯葵引满者再顾予，诵其旧作：‘不能为宰相，会作良医耳，今日之良医，毋乃县令。’是其声渊渊振金石，既而悔之，辄以醉解然。”尽管家境穷困而耻事干谒。“干谒”意为某种目的而求见，可见其清高孤傲，雄心大略自少年时已经形成。自负而又具雄才，在查揆自己的诗中也有流露，卷三《岁暮捡一年所作诗偶成》中，有这样一句：“未必前贤畏后生，才华弱冠且纵横。敢从当世论家事，直为穷交记姓名。”大有敢与查氏前贤论高下的英雄气概，也可见其率性真诚的一面。

郭麐在序中对查揆的才华有这样的描述：“查伯葵异禀绝人，媚学不倦，动厄于世独放于天穹。”可见，郭麐对查揆的评价与屠倬大致相当，好学不倦，心气极高，极富个性。

查揆20岁之前的诗，大多在家乡时所作，留下了许多家乡山水胜迹的诗篇，如《晚步》《夏日村居》《泊硖石小饮》《高阳山》《永安湖》《审山看桃花》《登妙果山》等，其诗清新自然，淳朴率真。其中，《晚步》：“清浅泉如秋际月，淡浓云似画中山。野桥西畔随溪转，万树梅花屋一间。”《夏日村居》：“消夏湾头慰寂寥，红棕榈间绿芭蕉。溪头几日黄梅雨，种了鱼秧种药苗。”《泊硖石小饮》：“言访逋翁宅，榴花照眼红。放船斜日里，煮茗绿阴中。客话双峰雨，渔歌一笠风。拼将河朔饮，眠约野鸥同。”青年时期的查揆，足迹也大多没有离开吴越间，交游范围以钱塘、吴门为主，与之唱和的乡贤前辈有吴骞、周春、陈鳣等，以及无锡秦小岘，钱塘梁山舟、屠琴邬，嘉定钱大昕，吴江郭麐等，与同里吴修、陆素生、查世官、陈敬璋交往密切。中举以后，也一直闲赋在家，与官场的人物交往不多，对做官似乎无多大兴趣。

40 岁以后，查揆开始步入官场，先官皖江，后至直隶，诗集中留下的官场唱和并不多，大多还是游历与交友。例如，《皖口舟夜》《池州怀古》《丹徒道中》《扬州古咏》《滕县怀古》《安州九日》《邯郸怀古》等。这一时期的诗风与早期相比，已变得雄健峻峭。例如，《谒张烈公墓》："楼船兵气黯滃洲，丞相祠堂叱牧牛。燕宕寒深虹贯日，龛山涛落雪惊愁。"道光十年（1830 年），查揆有《六十初度》四律，流露了暮年思归、缅怀家乡亲友，有浓浓的思乡情结，可惜的是，查揆最终未能如愿而客死异乡。

《篔谷文钞》十二卷，收入最多的是为友人诗文集所作的序跋，还留下了查揆为官时的策论、上书、碑记等，是查揆满腹经纶的儒家治国经略。例如，在邯郸写的《紫山书院记》，记载了在自己年事渐高，明知任期已不长，财力又有限的情况下重修书院，并捐出自己仅有的资金；《成安县修建廨宇记》则是查揆在任期内重修县署的记录；《成安县改建长平义仓记》记录重修粮仓、为民造福的一大举措，包括《宣化府义冢记》等，都是为当地居民所做好事的善举。作为一方父母官，为官一任，造福一方，查揆也不例外。《论安徽吏治》则是长篇大论，连续五论，从地理、历史、人文、社会、经济等全方位地论述了安徽的治理策略，并提出治乱、治盗，重农耕、禁酷吏等具体措施，展示了富有诗人气质的查揆的另一面。

可惜，这位少年时期就有"当今之良医，毋乃县令"、颇具雄才大略的理想主义者，终因操劳过度，未等到告老还乡，便客死在了滦州知府任上。

九十四

清新俊逸　情文相生

——清·查有新《春园吟稿》

查有新（1771—1830 年），字铭三，号春园。国子监肄业，无科举功名，与族兄查揆、族侄查世官号称“三查”，与清初查慎行、查嗣瑮、查声山一样，诗名盛于一时。著作有《地理传真》《次宪斋笔记》《敬业堂精华录》《春园吟稿》等。

《春园吟稿》十六卷，初刻于道光元年（1821 年）十卷本，以及道光十一年（1831 年）十六卷增刻本，今收录于上海古籍出版社《清代诗文集汇编》第 505 册，根据道光十一年十六卷本影印出版。集前有吴江郭麐、海宁吴应和作序，以及法式善、张问陶、阮元题识，附有其他各家如有吴骞、朱休度、戚芸生、陈传经、王学浩、冯登府、岑华、朱其镇、汪善枢等题诗。

郭麐与查有新、查揆、查世官三位诗人都是好朋友，年轻时曾同客吴门，相互间时有唱和。道光元年（1821 年），查有新将自编诗集寄与郭麐求序，郭麐欣然应诺：“查氏自国朝以来，以诗名海内，初白、查浦诸老卓然成家，流风遗烈，沾被后贤，几于人人有集。三人者，承其世业，加以旭历锐银之学，鸿黄窈窕之材，宜乎茁发颖竖、争奇兢爽，无足怪者。”郭麐还对“三查”之诗作了对比并综合评价：“盖尝私试论之，伯葵树骨高华，风裁峻洁，少更厄塞，时露骯脏；南庐跌宕自喜，洮洮清辨，下笔不能自休；春园摅舒情素，寓物托怀，有婉笃之思，无奋末之响。三人者，不欲为异，亦自不能同也。伯葵之诗，先刻于京师，作吏以来，久淹官下，未得见其近著，南庐不幸先逝，闻其友，为之哀辑。独春园以游倦思息，优游里中，课子抱孙，得以其闲，长吟曼讽，招北陌东阡之近局，赏幽树好石之新奇，日篇月帙，手自删存。信乎其有以自得于心而无待外人之扬退者，余之知君即君之自知焉。”从序言中可知，郭麐对查氏三诗人其人其诗都极为谂熟。

吴应和序写于嘉庆十三年（1808 年）。吴氏与查氏是世交，对查氏三诗人都很熟悉。查有新是吴应和兄吴子修的姐夫，其序言中说：“海宁诗人盛于龙山，龙山诗人萃于查氏。”从国初查氏诗人到时下查氏三诗人，都能“和声鸣盛，炳耀寰区”，历代“吟豪辈出，不可枚举”“而春园别驾，时亦颉颃其间，互相唱和。盖十数年于兹矣”。查有新一生行历极广，又好交友，留下了许多诗作。“顾别驾行役独早，尝之齐鲁燕赵，留连以进。今夏闭门息轨，录近年以来所作为二卷，问序于予。”可见，《春园吟稿》最早的二卷诗稿为查有新自己删定，吴应和作序言时，并非今所见之十六卷本。吴应和对查有新诗的评价是：“读其诗，温厚如其为人，不屑规模古人面目，时有真性情流露纸上。古今各体俱能，以古法参用我法，雅健清新，居然作手有才如此。宜与梅史诸君称伯仲，而龙山查氏诗人行与国初诸老宿争胜矣。”

法式善是查有新就学于国子监时的老师，尊为国子监祭酒，对学生查有新诗集的题辞为：“山水清音，云霞态美，胸有天慧，笔是化工。君家故多诗人，是又得一烟波钓徒也。”“烟波钓徒”指清初诗人查慎行。查有新与法式善之间的师友情谊极深，嘉庆元年（1798 年），查有新在京师国子监读书六年肄业，即将离开京城之前，与诸师友告别，有一组《怀人诗》，第一首便是《大司空法时帆师》：“文章祭酒共楷模，推挽声誉惬素怀。一世人才皆响附，此身合唤小西涯。”其注有“先生生时有李文正再世之征，因自号小西涯居士”。李文正即明初宰相李东阳，号西涯，而法式善自号小西涯。

张问陶是查有新就学于国子监时的同学，对查有新诗的评价是：“近时诗家竞夸豪艳，或亦貌为超秀不知所难者稳惬耳。细读此卷，秀句天成，妥帖排傲，嗣响初白，故足名家。”“初白”即查慎行，张问陶也认为查有新与清初诗人查慎行一样，是查氏世家中的骄傲。张问陶与查有新交往极深，在离别国子监之前，查有新有赠《张船山大史》一绝：“偶然玩世东方朔，再世狂吟李谪仙。报国文章辉史馆，持躬清白重家传。”小注有：“先生为相国文端公元孙。”两人交往一生未断，诗集中与张问陶之间的唱和颇多。

嘉庆十八年（1813 年），张问陶 50 岁生日，查有新赴苏州祝寿，并作《船山先生五十》一律："岷峨秀气绝人寰，又见坡翁出世间。诗卷一官成一集，政声三月重三山。已忘封事名垂史，但看楞严学闭关。半百年过能称意，桃花坞畔暂时闲。"就在查有新写下此诗的下一年，张问陶于吴门去世，查有新作《哭船山太守》二律痛悼："宦情中岁已阑珊，不定萍踪心自安。邓老无儿天莫测，谢家有女影犹单。客魂寂寞吴江冷，旅榇问关蜀道难。最是高堂远万里，从今老泪不能干。"其二："文章雄绝冠西川，万丈灵光万古传。白传前生身元佛，葛翁虽死亦称仙。小诗曾借褒扬重，永诀那禁涕泪涟。还望交深才钜者，编公大集授雕镌。"好友张问陶客死异乡，身边仅有三个未成年的女儿，灵柩回蜀无力，后在查有新等几位好友的资助之下，才得以归葬故乡遂宁。这一年，对于查有新来说，先是忘年交吴骞去世，他有《挽吴兔床先生》二律，不久又失去一位优秀的侄子，可谓悲情不断。

卷后有侄子查绍籛跋语一篇，对查有新的一生及诗作了详细介绍："公则郡举茂才，早推淹贯，家无长物。常自优游。惟英雄不入乎彀中，斯富贵直视为身外，此其诗之不易于穷达者一也。而乃记行程于蚤岁，览胜迹于京都，琵琶八十之名，茱萸三千之路，出桃花源，入莲花幕。四十年元老待以上宾，舍荣世福，留传世名三百家，唐贤许为知己。然而弓刀小队，投笔则特晋头衔；云水前程，抽簪而快如心愿。谢安石中年以后，何妨丝竹东山，张季鹰久客知还，每念蓴鲈南国。此其诗之不昧于出处者二也。"全篇跋语用骈体写成，用了大量的典故来解释查有新的写诗背景和传承风格。

查有新一生无显著科举功名，但优游闲适，曾六上京都，饱览名胜，交友散财，直至道光五年（1825 年），才结束颠沛流离的生活，准备回家，有《阳月下旬将南归留别京师诸钜公》一诗，有"我生负奇气，不甘处市阛"的感慨，回家不久，即开始自编诗集，一首《到家编第十五卷诗成漫题》有"出交天下士，归读古人书"之句，为自己的一生作了总结。

阮元读诗集后，留下题辞："清新俊逸，情文相生，每于自然混成处，激为警策，气体不落小家。"查有新有一组《袁花十八景诗》是回家乡后所作，诗风确如阮元所说，清新俊逸，情文相生。

九十五

学者之津梁　谭者之园囿

——清·吴衡照《莲子居词话》

吴衡照（1771—1829 年），字夏治子律，号辛卯生。晚年移居仁和（今杭州）。嘉庆十六年（1811 年）进士，曾官淳安训导。后家居孝养，学而不仕。著有《海昌诗淑》《辛卯生诗》《莲子居词钞》《莲子居词话》等。

《莲子居词话》四卷，共有词话 219 则，涉及内容广泛，论及词的历史、词人传记、词坛轶事、词韵词调、词论批评等，时间跨度从汉代的刘熙、唐代李白、温庭筠、韦庄到清中期与吴衡照同时期的顾贞观、凌廷堪、郭麐等，取材丰富，涉略面广是其特色。今存道光十二年（1832 年）钱塘王氏振绮堂刻本，以及唐圭璋、王弈清主编的《词话丛编》，由中华书局修订重印，集前有许宗彦和屠倬作序。

许宗彦（1768—1818 年），字积卿，号周生，德清人。嘉庆四年（1799 年）进士，为乾嘉年间著名藏书家。序言写于嘉庆二十三年（1818 年）春正月："海宁吴君子律以名进士里居，著述辑《莲子居词话》四卷，于前哲及近人论次略备，持论尤雅。间有考订古韵，辨证轶事，无不精审详当。学者之津梁，谭者之园囿也。少寇昔撰续《词综》，于海内词家，收采靡遗。吾郡陈君銮《本事词》，道古宏富。子律此书，则兼而有之矣。余素稔子律博雅名，今观其书益信。"

屠倬（1781—1828 年），字孟昭，号琴坞，钱塘人。嘉庆十三年（1808 年）进士，与海宁当时名流吴骞、查揆等素有交往。序言写于嘉庆二十三年（1818 年）秋："诗莫盛于唐，唐人不作诗话。词莫盛于宋，宋人不作词话。其有论词者，类皆附见诗话中，不别自为书，惟周草窗《浩然斋雅谈》

末有《词话》一卷，国朝毛西河、徐虹亭外，传者亦复寥寥。自李唐迄今，以词名世，不下数百家，而词话独少，非艺林之缺事欤。吾友吴君子律，深于词，撰词话四卷，其中有校正词律伪缺之处，有考订词韵异同之处。至于博征明辨，蒐罗散佚，信足为词苑有功之书。间有遗闻轶事，偶记一二，不必尽有关乎词，要其所列皆词人也。此亦温公诗话载梅尧臣一条之例，读既竟，知子律于此事用力勤矣。吾浙之妙解音律者，向推君家西林先生。闻其手制数十埙吹之，皆不得声，末取吴山顶上土为之，乃始合律。其专且精如是。今子律分刌节度，咀嚼宫商，知其渊源不为无所自也。”序中所提的吴西林，名吴颖芳，字西林，是吴衡照族祖，康乾年间精六书韵律、能诗善文者。

《莲子居词话》开篇，吴衡照从本家族祖吴西林说起：“家西林先生颖芳言：词之兴也，先有文字，从而宛转其声，以腔就辞者也。洎乎传播通久，音律确然，继起诸词人不得不以辞就腔，于是必遵前词字脚之多寡，字面之平仄，号曰填词。”这是词的起源。

吴衡照的词话涉及词坛人物颇多，从汉代的刘熙，唐代的白居易、李白、李商隐、温庭筠，五代十国的李煜、钱俶，宋代的文天祥、朱淑真、李清照、辛弃疾、柳永、秦观、黄庭坚、欧阳修、苏轼，元代的仇远、杨维桢，明代的王世贞、李因、徐灿、陈子龙、顾炎武，清代的朱彝尊、吴伟业、吴骞、周春、杭世骏、陈慎行、屠倬、陈鳣等近三百人，有生平纪行、人物轶事、词作本事、词人考证以及词人挖掘等，对名不见经传又为词坛忽略的词人词作，吴衡照颇为重视并加以挖掘，如明末清初的任玉卮、陈筠、曹玉雨等，既补录了他们的词作，也对人物作了补充评述，为保存易代时期残缺不全的资料，以及后人研究这个时代词人群体和词作风格提供了帮助。

对各种词体创作风格的评价介绍是《莲子居词话》的主要内容。吴衡照选择的词作风格繁多，诸如艳丽、清新、婉约、豪放、洒脱、沉郁等均有涉及，体现了吴衡照论词博采众长、无偏执一格的审美态度。例如，对清初丁澎《锁窗寒·东风》《柳初新·本意》和《凤衔杯·旧恨和柳七韵》三词的评价，认为“更入柳非烟，弄花无影，断肠何处”；“柔条无力，挽不尽陇烟湘雨。及早和他同倚，怕销魂、夕阳飞絮”；“将坎泪双绡，断肠一纸交伊看，怎推得、无人见”乃艳情词，柔媚婉丽，堪称才人之笔。对清新之风格，吴衡照欣赏许乃赓的清宛、郭麐的清灵、李良年的清新。对豪放派词人，他对辛弃疾的词评价尤高，认为其词融汇古今文句，意境也横绝古今，笔力之峭，纳辞之广，是其豪放词的特色。对同时期屠倬的词也作了重笔点评，认为“其豪爽疏俊处，不愧名家”。吴衡照极重词的洒脱有致，同为咏春词，批评黄庭坚的词失之拙笨，王观的词失之平俗，而王沂孙的词则缠绵深挚。他更欣赏汪初的词，认为深情而不凄切，悲而不沉，有一种洒脱的“翩翩有致”之情。吴衡照对悲愁沉郁之词也颇为关注，认为李佩金的词，“自是天地间愁种”，李清照的词“悲深婉笃”，张诩的词“神味高绝”。他认为凡悲情沉郁之词，一定是反映了特定时期词人的时代背景和所遭受的创伤境遇，是词人心境的真实写照。

《莲子居词话》对词人、词作的评价，吴衡照有时仅用一句话来表述，却画龙点睛，极为精彩。例如，李清照的《浣溪沙·闺情》和朱淑真的《清平乐·夏日游胡》，他分别用“易安‘眼波才动被人猜’，矜持得妙；淑真‘娇痴不怕人猜’，放诞得妙，均善于言情”来点评。两首词表达了不一样的少女情感流露，李清照写少女眉目传情，却怕被人识破的心理，不但无放浪之态，更表现了有内涵教养的矜持之妙；朱淑真写少女对爱情的大胆追求，痴情率真的个性根本不顾及旁人的看法，胆大而放纵，是朱淑真性情的真实写照。短短一句话，精彩到位。

《莲子居词话》对乡贤词人收录较多，为后人保存了先贤人物的历史资料。例如，卷一有一则写查继佐：“查东山先生以名孝廉负盛誉于时。性耽音律，声伎登场，旦色皆以些为名，有柔些者尤妙绝。汪蛟门制《春风袅娜》以赠云：‘看先生老矣，兀自风流。围翠袖，昵红楼。羡香山，携得小蛮樊素，玉箫金管，到处遨游。舞爱前溪，歌怜子夜，记曲娘还数阿柔。戏罢更教弹绝调，氍毹坐拨箜篌。新制南唐院本，衣冠巾帼，抵多少，优孟春秋。拖六幅，掩双钩。英雄意态，儿女娇羞。灯下红儿，真堪销恨，花前碧玉，耐可忘忧。是乡足老，任悠悠世事，烂羊作尉，屠狗封侯。’”这段记载及汪蛟门的词，写出了明亡后查继佐参与南明王反清复明失败，回到乡里过着声色歌舞的隐居生活，是查继佐晚年生活的一段写实。

吴衡照晚年还有《莲子居词钞》，是他主持东轩吟社时的唱和集，惜已不存。而《莲子居词话》是他晚年词学研究的总结，尤其是对乾嘉时期的词坛遗珠、词林人物的记录较其他词话更具价值。

九十六

善承先志　保护旧籍

——清·吴寿旸《拜经楼藏书题跋记》

吴寿旸（1771—1831 年），字虞臣，号苏阁，吴骞次子。以贡生终，承其父志，勤于校勘，守护拜经楼藏书。著有《公羊传异文集解》《后汉书校勘记》《东坡集校勘记》《读书日益编》《富春轩杂著》《词苑珠丛》《苏阁诗稿》《拜经楼藏书题跋记》及《书画题跋记》等。

《拜经楼藏书题跋记》五卷，是吴骞去世后，吴寿旸在其父藏书基础上，根据吴骞《拜经楼书目》编成。当时并未刻印，而是藏之箧衍，秘不示人。吴寿旸去世后，其子吴之淳曾手录稿本赠予蒋光煦。吴之淳去世后，至道光二十七年（1847 年），此稿本由蒋光煦别下斋刊刻行世。吴氏拜经楼藏书，根据吴骞晚年手定本《拜经楼书目》收录藏书 1579 种，而《拜经楼藏书题跋记》所选取的著录仅占全部藏书的五分之一，但大致包括了拜经楼藏书最精华部分，集中了吴骞与当时藏书家杭世骏、卢文昭、钱大昕、周春、鲍廷博、周广业、朱型家、张燕昌、钱馥、黄丕烈等所写的题跋，成为研究吴骞藏书版本收藏、流传以及校勘的最全资料，汇聚了乾嘉时期中国藏书界的学术精华。

《拜经楼藏书题跋记》卷前有钱泰吉序，卷后有蒋光煦、管庭芬跋，序跋均写于道光二十七年（1847 年）。钱泰吉以问答形式，写了蒋光煦刊刻此书的意义："问：'昔钱遵王成《读书敏求记》，秘不示人，盖虑异本著闻，则巧偷豪夺，日无已时，不遂所求，或且召衅也。今蒋生沐刻《拜经楼题跋记》，广传于世，是岂楼主人累世保守遗书之意乎？'余曰：'不然。丛残之帙，虽古香馣薆，非若金玉玩好之足以娱俗也。同此嗜好者，大都博物君子，岂忍攘人累世之藏以自私箧衍哉？况兔床先生生平得一异本，必传示知交，共相抄校，非私为己有者。其所题记，正讹纠谬，既详备矣。世之君子得读其文，已如目睹旧本，获益神智，何必私有其书而后快然自足耶？'”这篇问答的目的在于“告世之读此书者，且冀吴氏后人皆如苏阁父子之善承先志，保护旧籍，勿损于虫蚁，勿夺于豪势，择人通假，责归如期，则拜经楼当与四明范氏天一阁并峙而为浙东西宛委之藏也”。可惜的是，海宁吴氏拜经楼藏书并没有像钱泰吉所期望的，与宁波天一阁藏书楼一样传至后世。

蒋光煦同为海宁藏书家，深知藏书、校书不易，跋语写了自己藏书、校书的艰辛，也为刊刻此书作了说明：“吾邑藏书家，近数陈简庄徵君士乡堂，吴兔床明经拜经楼。顾余生也晚，均不获接其绪论。徵君没，书籍亦亡失。惟吴氏犹世守之，洎与其孙鲈乡茂才交，乃得假拜经楼善本以校所藏之缺失焉。岁丙午，鲈乡下世，吴氏所藏亦不若曩时之易于借观矣。而是书为鲈乡尊人苏阁先生所记述，鲈乡曾手录其稿以见遗，因授之梓，而附其父子诗文若干首于后，以广其传，并著平日所阅历，以见购藏之不易。苟非若兔床先生之精于鉴别，虽拥书数万卷，未足傲南面百城也。”

管庭芬的跋，则将海宁藏书家及吴氏藏书的渊源作了说明：“国初吾邑东南藏书家首推道古楼马氏、得树楼查氏，盖两家插架多宋刻元钞，而于甲乙两部，积有异本，其珍守已逾数世，不仅为充栋计也。兔床先生祖籍休宁，流寓尖山之阳百有余年矣，世以文章经术著称。先生博综好古，纂述宏富，值马氏、查氏遗书散布人间，先生偶得其残帙，流连景慕，每系跋语，以寄其概。迨后搜讨益勤，兼于吴门、武林诸藏书家互相抄校，并与同邑周松霭大令、陈简庄徵君赏奇析疑，获一秘册，则共为题识，歌诗以纪其事。故拜经楼之藏弆足与道古、得树二家后先鼎峙。嘉庆癸酉，先生年八十一下世，次君苏阁明经汇录藏书跋语，析为五卷。秘之箧衍，不以示人。岁己亥，余客硖川蒋氏之别下斋，时明经没已数年，哲嗣鲈乡茂才出示遗墨，其中辨误析疑，兼及藏书之印记，书版之行款，钞书之岁月，莫不详识。海昌遗老之载籍，世鲜传本，并为著录。其留心桑梓，不仅汲古之心矣。生沐广文读而称善，钞录其副。乙巳之秋，鲈乡谢世，遗书尘封，问奇无自。生沐广文谓《拜经题跋》实胜《读书敏求记》，欲广其传，乃属庭芬偕许君光清校写付梓，并辑苏阁明经父子诗文一卷附之。余尝见寒中、初白二先生收藏之本，皆有跋尾，惜无人搜辑以传。兔床先生铅椠，得存此五帙，视道古、得树二家为无憾矣。而苏阁父子保守遗籍，累世不怠，亦自来藏书家所难能也。此书传，苏阁父子之苦心亦可告慰矣。”管庭芬不仅是此书刊印的钞校者，也是吴氏三代藏书过程的见证者。

《拜经楼藏书题跋记》卷一为群经小学类，收录《周易》等63条；卷二为正史载记类，收录《史记》等49条；卷三为地志目录类，收录30条；卷四为诸子杂家类，收录79条；卷五为别集总集类，收录120条；附录是收录吴寿旸的《古官印考》3篇，吴寿旸古今体诗15首以及吴之淳诗5首。经过吴氏父子的精心摘录，将家藏古籍中以前藏家题跋集中收录，作为古籍流传及善本珍本的考据，为后世研究者提供了方便。

仅举藏本《前汉书》一例，可见此书之价值。吴寿旸先介绍《前汉书》的版本，说明此书“笔墨工整，纸墨古雅，洵宋刻之最佳者”，后再列各位藏家、鉴赏家跋语，有朱文藻跋：“兔床吴氏以重价购得，乾隆癸丑新正二十一日，余停舟造访，或观于拜经楼下。流连竟日，不忍释手，因劝兔床翻刻以惠后学。”有黄丕烈跋：“海宁吴槎客先生藏书甚富，考核尤精。每过吾乡，必承枉访，并出一二古书相质。”“顷同陈仲鱼过访，茶话片时，历历述古书源流，俾得闻所未闻，实为忻幸。其行囊携得《汉书》残本数册，字大悦目，在宋椠中信为佳刻。”卢文弨跋：“汲古所梓《汉书》当是据北宋本，此疑是南宋本，误字亦少。”而吴骞自跋则详细介绍宋刻《汉书》版本的流传情况，当时所见各种宋刻本的真伪鉴别，以及诸家考据、注释的说明。各家跋语都反映了乾嘉年间藏书家认真严谨的精神。

九十七

缥囊锦轴钟鼎金石　济美一楼

——清·胡尔荥《破铁网》

胡尔荥（1775—1826年），字豫波，号蕉窗，又号廉石。以监生终。家富收藏，筑爱莲西堂藏字画古籍、金石鼎铭。著有《破铁网》三卷。有好友管庭芬钞本存世，后有缪荃孙于光绪二十二年（1896年）收录《藕香零拾》丛书，有中华书局影印本及辽宁教育出版社点校本出版。

《破铁网》分上、中、下三卷，上卷记载古籍，中卷记录字画，下卷是碑帖器物。卷后有管庭芬两篇跋文，第一篇跋写于道光元年（1821年）十二月六日："林泉乐事，惟读书论古，足以怡志明心。吾辈身处寒素，兼为帖括所缚，敢望作平地神仙？每阅前人藏书之记，赏鉴之论，莫不心契孔殷。如身入宝山，而终徒手以返也。乡居往来，惟胡子蕉窗为密迩。蕉窗向厚于赀，缥囊锦轴及钟鼎金石，济美一楼。然性情疏放，不问家人产，晚遂中落。年来书贾骨董到门，有所悦而力不能从者，辄攒眉相告，大有娜嬛福地张茂先不能再窥之思。一日出此编见示，颜曰《破铁网》。盖寓网破无策可以求珊瑚也，其寄概亦深矣！后之览者当作云烟过眼录观。"胡尔荥一生无甚功名，亦少交往，本家富多赀，因不善理财，又喜收藏，故耗尽家产，中年去世后，家道破落，藏品散失殆尽。因此，海宁地方史料对其人其事记载甚少。管庭芬是胡尔荥的至交，从管庭芬跋语中大略可知其家况及收藏的梗概一二。

第二篇跋语写于同治二年（1863年），时隔42年以后，胡尔荥去世已近四十年："蕉窗主人所著此卷，余曾跋之，匆匆已四十余载矣。昔晚菘居士著《一角编》，书画不多，独具真赏，樊榭徵君序而传之。此书足以相匹。今巨寇未平，故家长物毁于劫火者，不啻如恒河沙数，今重读遗编，曷胜人琴之感!”

《破铁网》是胡尔荥所过眼的古籍字画记录，由于胡尔荥生性散漫粗放，不善经营理财，致使家道日趋中落，当古董商送货上门，看到喜爱的字画器物，因财力所不及而无力购藏，只能留下文字以作纪念。之所以用“破铁网”，出自《新唐书》有人用铁网沉到海底去采集珊瑚的故事，后来历代文人就以“铁网珊瑚”作为搜集奇珍异品的代名词。明代朱存理记载他所见到的法书名画，就用《铁网珊瑚》作书名。而胡尔荥认为，既然采集珊瑚要用铁网，而今铁网已破，也就无法再采。眼看即将到手的“珊瑚”无力收为己有，只能望之兴叹，其惋惜之情可想而知。好在胡尔荥对所过眼的宝物还写下几行文字记载，为后人留下宝物流传的经过，其来龙去脉可成为研究者参考的学术资料。

例如，宋版《陶靖节先生诗注》四卷二册，原为周松霭先生故物。前有收藏家私印十余方，序末题云：“淳祐初元九月九日汤汉序。”此即古籍收藏史上著名的“汤注陶诗”。周春购得后，与原有所藏《礼书》并储一室，将藏书楼命名为“礼陶斋”，秘不示人，后出售此书，将自己斋号又改成“梦陶斋”，可见痴迷程度。此书后又归海宁藏书家吴骞拜经楼，再归蒋梦华来青阁。

又如，朱存理《铁网珊瑚》十四卷，原为周砚农手录，本为苕溪严氏芳椒堂藏品。此书的流传经历颇为传奇，可见严元照跋语：“辛亥孟冬，有书贾王某携朱存理性甫《铁网珊瑚》十四卷求售，纸薄而光，新若未触，乃国初时江阴周砚农收录本。砚农名荣起，馆于毛子晋家。子晋所刻书籍，砚农与之校正，见渔洋《居易录》。曾手录王原吉《梧溪集》七卷，归渔洋。渔洋跋语：‘书学钟太傅，稍杂八分，终卷如一。’是书亦如之，洵足宝爱。后为吾友知不足斋主人鲍以文先生借去。季冬之月，先生携来见还，自言家遭火厄，是书慬而得免。予为之惊叹不能已已。翻看之余，追理先生之言，亟捉笔识其后。廿六日方椒堂主人严元照书。”严元照跋后，意犹未尽，再跋一段：“此书首有砚农《缘起》一篇，云从汲古阁所藏性甫稿本录出。元照又书”此书后来又流入海宁，先有钱馥收藏，钱馥去世后，又归金书巢，胡尔荥见到后已无力购藏，又归洛溪卜氏葆初斋。尽管胡尔荥没有收藏此书，但凭其所见，详细记录了此书的流传经过，为后世留下宝贵的史料。

卷下为书画篇，所载的第一幅画是文徵明的《拙政园图》，足以让我们震撼："文衡山《拙政园图》真迹绢本大册。有原案：'园在长洲，故大宏寺基也，林木绝胜。王侍御槐雨以豪势夺之，拓为此园。凡分景三十有二，嘱文待诏一一绘之。画法疏秀，书兼四体。每景序其大略，系以小诗。后附园记，皆《甫田集》所未载。而汪珂玉《珊瑚网》全录也。'是册为桐乡金氏文端楼故物，内子自奁具中携归。吴槎客先生曾从予借观，并跋其后，兼录其诗刊于吾乡徐夫人灿《拙政园诗馀》后。盖园于明季为陈素庵相国所有也。顷因无资，已质于友人家，殊可叹耳。"这是胡尔荥得到及失去此画的经过。《拙政园图》全称《拙政园三十一景图》，系文徵明于嘉靖十二年（1533 年）因御史王献臣所求而作，图后有文徵明题《王氏拙政园记》，写于嘉靖癸巳（1533 年）五月既望（十六），该画现藏于苏州博物馆，成为镇馆之宝。

从胡尔荥的记载可知，这幅名画是其夫人作为嫁妆从桐乡金氏文端楼随嫁到了胡家，曾为"爱莲西堂"藏品，后因胡氏家道中落而质于友人。海宁藏书家吴骞晚年曾通过朋友周子纪介绍，向胡尔荥借得此画一阅，阅时"洁几焚香，对之心目具爽，可不谓衰年翰墨之缘哉"，并于嘉庆十四年（1809 年）仲夏作《文待诏拙政园图并题咏真迹跋》。从《管庭芬日记》中记载可知，胡尔荥质出该画后，画卷仍留在海宁藏家手中，道光十五年（1835）三月初三，管庭芬应长安收藏家朱仲青邀请参加好友雅集，于仰山书院作修禊之会，朱仲青拿出新得《拙政园图》给好友欣赏，管庭芬睹物思人，在日记中写下："此为文待诏真迹，向藏亡友胡蕉窗处，余尝借摹。今阅此，反触黄垆之痛，泫然不忍终卷。"朱仲青在道光十二年（1832 年）花了一年时间，将《王氏拙政园记》刻石，款旁两印改用"徵""明"朱文联珠印。现拙政园"拜文揖沈之斋"壁间所嵌文氏记，即光绪二十年（1894 年）张履谦据朱拓重刻。管庭芬在日记中对朱仲青的石刻也有记载。这幅《拙政园图》后来如何流出海宁现已无法考证，但道光以后的名家题跋有：钱泳题签和跋、戴熙补及跋、钱杜跋，以及张廷济、苏惇元、吴云、何绍基等大名家的题跋。

法帖部分胡尔荥记载米南宫《虎丘山诗帖》一册，先为花山马寒中所藏，有寒中二跋，"谓是《快雪堂帖》中十之一也，后有查查浦、曹三才数跋”。此帖后为周松霭先生所藏，胡尔荥因无力购藏，由蒋氏来青阁收藏。

《破铁网》尽管篇幅较少，内容不多，但其所藏品级极高，所见所记从现在看大多是国宝级的藏品，因此著作中所记载的书画、古籍、金石器皿等史料价值极高，是今人研究古籍版本、字画流传的重要参考资料。

九十八

得雅驯之体　无夸诞之辞

——清·徐瀛《西征日记》

徐瀛（1781—1858 年），字洲士，号笔珊。嘉庆九年（1804 年）举人，曾任四川铜梁知县，西藏粮道。著有《铜梁县志》及《西征日记》五种。

《西征日记》是徐瀛出任西藏拉里粮台时的日记。道光四年（1824 年），徐瀛受四川巡抚委派出任西藏拉里粮台，又称驻藏粮务，这一官职是清乾隆十六年（1751 年）后由四川巡抚在知县、通判内遴选产生，负责驻藏官兵的口粮军饷发放、驻藏官员的薪金支付等事宜。徐瀛时任四川铜梁知县，擢升此职。赴藏履职时从第一天出发，徐瀛就开始记日记，一路记下全部行程，是一部非常珍贵的了解清代川藏地理风貌的著作。

《西征日记》共五篇，分别为《西征日记》《晋藏小录》《旃林纪略》《拉台四境》《应差蛮族》，初刻于道光二十五年（1845 年），民国初年蔡尔康收录于《屑玉丛谭》丛书，有铅印本出版。集前有朱绪曾作序，写于道光二十八年（1848 年）。朱绪曾认为关于西藏的记载，尽管有古代的法显、玄奘，以及明代永乐时有陈诚、李暹等人出使西域留下的著作，但大多记载不详，至清朝有果亲王允礼的《西藏日记》以及玉沙道人的《西域全书》，论说西藏的内容才有所完备。而一百年以后的徐瀛，“缚袴出关，飞刍挽粟，经综拉台，目击手纂”，又一次填补了清中期有关西藏著述的空白，而且此书“得雅驯之体，无夸诞之辞，说山川如聚米，纪道里如指车”，认为书中详细记载了在西藏的所见所闻、物产习俗、风土人情，是一部非常全面的西藏风情志。

日记刊印时有徐瀛同时期的好友多人为此书的题诗，如方成珪、马洵、庄锦、周在恩、胡靖、刑守道等人。时任海宁学正的方成珪题诗曰："缚袴居然出汉关，书生胆气未为孱。朝辞虎落中州地，夜宿鸦飞不到山。绝塞茄声催远梦，炎天雪影照清颜。应嗤入蜀行程记，务观险踪只等闲。"表达了对徐瀛不畏艰险出任西藏粮道一路所经历的艰难险阻敬佩不已。

《西征日记》为五篇中的第一篇，记录从道光四年（1824 年）七月十三日从成都出发起，至十一月十二日到达西藏拉里，接受拉里粮务关防篆结束，全部行程 120 天，历时四月余的经历。随从车队人马共有骡子 20 头，马 12 匹，跟班 12 名，纤夫 10 名，家人 4 名，差使 3 名，厨役 1 名，同事 1 名，共 30 余人。日记详细记载了一路行途，每天的行走路程和宿营地点，途径各县村舍藏寨所经历的艰难险阻，多次克服难以想象的困难。一路与野兽同行，与土匪遭遇，被藏族头领拘押，遇雪崩、遭迷路、断蔬粮，率领一队人马翻越川西崇山峻岭，渡险水、过雪山，其艰难程度如作者在后记附诗中所写："万山顶上闯然来，不信书生是弱材。"其人其行的一路艰险，足以载入援藏史册。

根据徐瀛的记载，从成都到拉里的行程，共行走 121 天，全程 4739 里，少则每天走 30 里，多则走 120 里，从成都双流县出发，至新津县、公邛州、百丈县（今名山区）、雅安、荥经县、清溪县、黎州、泸定县、永宁县、康定县、河口县、雅江县、理塘县、巴塘县、芒康县、察雅县、八宿县、昌都县、洛隆县、硕督县，最后到达拉里，即今嘉黎县。全程穿过 20 余个县，过大渡河，翻越折多山，渡雅砻江、金沙江，翻过贡嘎雪山，最终到达任所，接受四川"拉里粮务关防篆"。

在离开成都的第九天，刚出清溪县，徐瀛还饶有兴趣作了一首诗："简书初捧去蛮荒，雪窖冰天路正长。更过邛崃七千里，车回峻坂愧王阳。"至第二十九天经过康定县之东俄络村，八月初遇大雪，川藏交界处的迷人景色令徐瀛诗兴大发："正发东俄络，天极晴霁，二十五里，高日寺尖，循海子又行五十里，黑云陡起，飞雪珠如雹，舆人手僵不能舁，遂避大松林下，少刻雪止，复行十里，抵卧龙石，一路深林邃壑，人迹罕逢，四围壁立，万仞古木槎枒，刺柏垂松，奇崛万状。此境若移于吴越之间，吾知春秋佳日，笠屐探幽，当不减山阴道上，遇于蛮荒冰雪中反使人增感耳。即随地松柏虽高不盈尺，而虬枝蟠屈并数百年物，使栽盆盎中，则卖花翁居奇货之矣。"尽管在艰难的行程之中，仍不失文人的雅致逸兴。第二十四日过雪山，在日记中第一次留下进藏的寒慄："发麻盖中，行三十里，上大雪山。万山重叠，雪压其巅如群玉，山头天风浪浪，甚为寒慄。"以后则是险象丛生的路程，第八十一天，遇藏地头领勒索，行李被扣，仅放人行，至第九十一天经巴贡把总协调才还回行李。第一百零三天，风雪中迷路，夜宿山中，极为惊险："大雪山没马腹，奇寒刺骨，舆夫手足俱僵裂，举步极艰，下山日已曛黑，离瓦合寨尚隔七十里，中间并无居人，暗行深雪中四五十里，迷不辨径，月上后，四顾茫茫无门托足，不得已停舆愁坐，使人依望杆探路，而积雪封山，杳无人迹，时已四鼓，风冷彻肌，窘万状。拟坐待天晓，或可寻途，忽数里外一灯萤萤，呼噪而至，则瓦合塘汛兵秉炬来迎也。"雪夜迷路深山，如没有汛兵及时来迎，后果不堪设想。

民国蔡尔康在后跋中说："是纪以日为纲，以事为目，冰天雪地，窨跃露行，自四川至拉里已四阅月，而有闻必录，无语不真，非兼擅弃繻缚之才者，其曷克臻此。"认为日记真实可信，其勇气可嘉。

《西征日记》的其他四篇分别是《晋藏小录》《旃林纪略》《拉台四境》及《应差蛮族》。《晋藏小录》是徐瀛到达拉里，休整一月后，继续西行至拉萨的纪行。从拉里至拉萨行程10天，里程近千里，记录沿途所闻所见。《旃林纪略》则记录西藏风俗人情以及西藏的行政体制、官员设置，对西藏佛教寺院、达赖和班禅的世袭等都有详细记载。蔡尔康跋语云："其于藏中之国俗，人情及设官制度，几无一不备，阅之不啻作祇园之导师，而亲见佛家之风景也。为之欢喜赞叹不能自已。"《拉台四境》记录拉里城乡四周界址远近，以及赴藏山川道路里数。详细记录了拉里四周河道、乡村名称，蔡尔康称之为"实可以补《藏志》之缺，西征数万里，先生盖不虚此行矣"。《应差蛮族》是徐瀛作为粮务官员，记录所管辖范围户籍人口以及官员设置，兼谈掌故，故徐瀛自己说："以上两种任拉里粮员者，可备参考，余无所用。"这是当时的认识，从现在看，此不失为一份记录西藏户籍人口的真实史料。

九十九

于清新流丽中　运真挚急昂之气

——清·马锦《碧萝吟馆诗集》

马锦（1783—1829年），字谦甫，号古芸，又号笙谷，室名碧萝吟馆。海宁马桥人，居小桐溪，后迁居嘉兴角里（今海盐六里村）。候选盐运判未任，以诸生终。著作有《碧萝吟馆诗集》八卷、《诗馀》一卷、《碧萝吟馆唱和诗词》五卷、《苕游吟草》一卷。今有广西师范大学出版社以南开大学图书馆藏《稀见清人别集丛刊》第十九册影印出版，收录除《苕游吟草》外三种。

《碧萝吟馆诗集》前有徐熊飞序。徐熊飞，浙江武康人，曾为阮元诂经精舍讲席，工诗善文，名盛一时。一次，徐熊飞与秦瀛师生两人在扬州安定书院对话时，秦瀛向徐熊飞推荐马锦，“屈指浙西雅士，公亟称海昌马古芸舍人。不置且谓，诗贵清真，然清者不必真，而真者又不尽皆清。惟舍人诗能于清新流丽中运真挚激昂之气，其在古人庶几杜樊川、郭功甫之流，同时作者未能或之先也”。秦瀛，无锡人，为乾嘉时期著名学者，诗文极盛于时，曾任浙江布政使，与海宁吴骞、周春、查揆等名流交往密切。在秦瀛眼中，同时期的诗人无人可与马锦相比，可与唐代的杜牧、北宋的郭祥正相提并论，可见秦瀛对马锦评价之高。

《碧萝吟馆诗集》八卷，是马锦自选诗集，始于嘉庆十九年（1814年），时32岁，止于道光七年（1827年），时45岁。各卷均有集名，卷一至卷五为《课余集》，卷六、卷七为《鸥盟集》，卷八为《登啸集》。

《课余集》前马锦自撰小序：“余髫年至壮岁，每有往还投赠之作，诗不足存稿，且悉已散失，自三十二岁甲戌年起，作诗稍知爱惜，每有吟咏即录存之，然其时犹习举子业，占毕之功居半，无暇专事声律，故作诗亦不多，编为五卷，曰课余集。”这是前五卷的说明，起于嘉庆十九年（1814年），止于道光三年（1823年），是32岁至42岁期间的诗作。每卷集后分别有秦瀛、易凤庭、张青选、朱文治、戴光曾等师友跋语。卷一跋语为秦瀛所写，评价马锦的诗：“风格超迥，刻露清秀，有别于时派之以诗鸣者。”卷二是易凤庭作跋。易凤庭时任海宁知州，与马锦同在安澜书院讲学，其跋语云：“余莅海昌，每月课安澜书院，得与邑中诸名士相为讨论。马君笙谷亦与焉。笙谷家故丰裕而能专心学业，其嗜好有不与世俗同者。今年春出示近作诗一卷，读之知其规唐范宋，所习非一家。妙句皆自然流出，长古清空一气，直逼韩潮苏海。”卷三是张青选跋。张青选，广东顺德人，时任杭州知府，对马锦诗的评价是：“笙谷古体诗浑灏流转，纯以真气行乎其间，近体风格遒上，落落大方，不屑描头画角，作儿女之态，洵足于海昌诗坛别树一帜。”卷四有秦瀛、戴光曾两人跋语。秦瀛跋云：“洋洋洒洒不受前人束缚，自然入格，此天才之妙也，加以遒炼，此少陵所谓‘庾信文章老更成’者，学问与年俱进当不求工而自工耳。”而戴光曾的跋，除了赞美之言，亦指出其不足之处，更为可贵：“读笙谷诗，如啖鲜荔枝，色香味俱佳，其天资超绝，又能济以学力，故酝酿中时有清旷之气……惜笙谷闭户豪吟，不能遍历山川展其才力，是亦缺憾事耳。”由于足迹游历的局限，其诗大多为“韬迹乡园，徜徉于一丘一壑间，题月品花”之作，故戴光曾跋实是非常中肯的评价。戴光曾，嘉兴人，乾嘉年间著名藏书家，与马锦同出秦瀛师门。卷五有朱文治跋语。朱文治，余姚人，曾任海宁学正，其跋云：“余与古芸讲学二十载，其诗亦与年俱进，盖由于天资超迈，学历又能深造，故出语皆有酝酿，云巢都转曾云，古芸诗足以海昌诗坛别树一帜，余亦云然。”“云巢都转”指张青选，字云巢，曾任两淮粮运使，故称都转。

卷六、卷七为《鸥盟集》，有马锦自序：“少壮不得志，栖栖牖下，遂使慷慨磊落之气日益消磨，时或废书长叹，涉想烟波浩渺间，一叶扁舟往还自得，亦云乐也。因寄江湖之兴，萍踪所至，与鱼鸟为朋，欢然结契，一觞一咏，自觉天趣盎然，不知身世之有荣辱矣，爰以鸥盟名是编。”《鸥盟集》起于道光三年（1823年）五月，止于道光六年（1826年）六月，卷六有宋咸熙、李富孙跋。宋咸熙，仁和人，嘉庆十二年（1807年）举人，官桐乡教谕，对马锦诗的评价是：“余谓古芸诗，自然流出若春云之卷舒，妍丽动人；若春华之坼苞，沈实高华，兼擅其胜。”李富孙，嘉兴人，著名藏书家，认为其诗“思愈壮而辞亦愈工，其咏古怀人，体物赋事见闻既博恰而才足以运之，不必调肝斲肺，独抒写胸中所蕴，纵横宕逸，实多自得，绝无摹拟襞积之痕，洵然自成一家”。卷七有徐镛、蒋浩跋。徐镛，桐城人，嘉庆十四年（1809 年）进士；蒋浩，嘉兴人，善画工诗。

卷八为《登啸集》，起于道光六年（1826 年）八月，止于道光七年（1827 年）六月。前有自序：“啸本天籁也，意有所触，以宣其郁勃之气，其声如天风清冷，海涛溢涌，林木振动，猿鹤群惊。啸者，但知为啸而不自知啸之所以为啸也。昔阮籍遇孙登于苏门山，登忽长啸，登岂有滞于物哉，发乎天籁而已。余诗欲求如孙登之啸，故曰登啸集。”卷后有方成珪跋。方成珪，瑞安人，曾官海宁学正，认为马锦的诗，其自然之韵，如其集名，“诵之音如鸾凤，离俗独异，令人有飘飘欲仙之想焉”。卷九也名《登啸集》，但未见目录，既无前序，也无后跋，起于道光七年（1827 年）七月，止于道光八年（1818 年），是马锦去世前一年的诗作，应该是后人编入。

《碧萝吟馆诗馀》一卷，收录马锦词作 26 首，《碧萝吟馆唱和诗词》五卷，依年付刻，是马锦与朋友间的唱和结集，每集均有前序和后跋，参与唱和的名流初刻有朱文治、宋咸熙、李祥金、李遇孙、陆文煐、释广慈、朱沆等；二刻有应时良、李遇孙、徐绍曾、查亦庆等；三刻有朱文治、蒋浩、钱青选、董家隽、吴玉辉等；四刻有方成珪、徐兆庠、徐绍曾、冯登府、马德馨等；五刻有吕荣、方成珪、宋咸熙、俞万逢、马源等。

马锦一生科举并不成功，因家资丰厚，生活优渥，诗作清新流丽，为时人所推崇，但终究游历不广，足迹仅限于吴越间，大气淋漓之作不多，故对后世影响不大。例如，《冬日晚步即景》一绝：“小石桥边野寺通，寒鸦一阵叫西风。夕阳著地如轮大，烘得霜林分外红。”家乡小镇的霜林寒鸦，古桥野寺在夕阳西风中静谧而秀美，在自然清新的诗句中流露无遗。

一〇〇

称心而出　适意而止

——清·马洵《五千卷室诗集》

马洵（1786—1839 年），字伯泉，号小麋。斋号“瓶隐”，室名“五千卷室”。海宁马桥人，后迁居嘉兴梅里（今嘉兴王店镇）。马洵是马锦侄子，马瀛弟。家富藏书，擅书法诗词。著有《五千卷室诗集》五卷、《瓶隐词》一卷。

《五千卷室诗集》五卷（附《瓶隐词》一卷），刻于道光二十六年（1846 年），卷前有黄安涛所作序言。黄安涛，字凝舆，号霁青，嘉善人。嘉庆十四年（1809 年）进士，马洵至交。对马洵极为欣赏。其序中说：“我友伯泉马君，殆其人矣，才锋俊卓，量宇淹通，以相如之文章，效卜式之轮纳，咸谓动可以作时干，出可以为国桢。而乃云息鹏图、雾资豹隐，艺擅九能，不慕三事，卷积千首可轻万户，是岂徒持牺牲之谈而骋蜡蛭之训哉。”“时干”是指治世才干，“国桢”是指能肩负国家重任的人才。在黄安涛眼中，马洵具有经世之才，因母亲年高而不事科举，息隐于世，不慕三事，“三事”在古代泛指官职。马洵蛰守家中五千多卷藏书，读书作诗乐在其中。根据地方史记载，马洵曾以监生捐授道衔，但一生并未做官。对于马洵的诗，黄安涛这样评价：“君作诗之蕴蓄也，夫根柢深则其植之也固，蕴蓄厚则其发之也昌。矧乃规风雅之典则探正变之源流，含吐性灵何论魏晋，隐括真伪无分唐宋，称心而出，适意而止。镕厥众制，归诸自然。”黄安涛是当时马洵组织的“吟社”成员之一，他回忆“吟社”聚会时的盛况，“君判重赀以贾旧隣，占胜景而延俊侣，月启吟社时盍朋簪，僮扫径以长忙，仆当关而屡报。翦灯话雨之夕，开筵坐花之晨，或体物而缘情，或赓歌而联句，一篇跳出，惊其坐人，十手传钞，叹为杰作”。可见当时马洵之人之诗受欢迎程度。

《五千卷室诗集》是马洵去世后，由两个儿子整理成编后请黄安涛作序。此时黄安涛已是七十高龄，抚今追昔感慨万千，赋诗一首以志其感：“马君性嗜文，慷慨爱结客。名场一官辞，箧衍千诗积。以今人视君，亦足夸宏硕。以古人待君，安得少假借。素好郭与吴，近世推词伯。伪体尽别裁，疏处待搜索。系余订交晚，杯酒几晨夕。拟将苦心鞭，奈又病躯惜。豹才窥半斑，鹏未揽六翮。吾道非悠悠，此意终脉脉。君今冥路归，留此二三册。钞胥既易讹，涂窜更难覈。只期寸衷殚，敢谓具眼双。题存篇从删，语改意不易。所汰已繁多，所录逾四百。斟酌过半年，商量如一昔。窗灯黯黯红，庭雪皑皑白。昏忘目力疲，冷耐手腕坼。犹冀梦魂通，那知身世隔。督率竟雕刊，摩挲再寻绎。得慰平生心，粗释后死责。何当移樽来，焚草告幽宅。”长诗既写出了好友马洵生平，也记录了诗稿的收录过程，诗中的“素好郭与吴”，分别指郭麐与吴应和两位诗人，都是马洵的至交。好友许田也赋长诗以志，主要是叙述两人长达30多年的交情。

马洵因游历不广，交友大多以乡贤为主，故其诗与乡贤间的唱和为多，主要有查有新、查世官、查揆、查奕庆、吴应和、陈鳣、冯登府、郭麐、许田、钟大源、祝琳以及黄安涛、黄若济兄弟等人。马洵家境富有，且好客，因此其书斋“五千卷室”是这些诗人经常相聚的地方，诗集中留下颇多雅聚时的唱和。有《雨中频伽丈过访，同人集五千卷室，以良人惟古欢分韵得人字》一诗，记述了雅集的盛况：“著作年来已等身，买山未遂尚风尘。行踪长隔一千里，同调不过三五人。客似春潮来有信，诗争腊酿味还醇。侵窗水气终朝坐，困雨盆松欲化鳞。”频伽即郭麐，是马洵的至交，马洵尽管好客多友，但“同调不过三五人”。《频伽丈见过，同人集五千卷室，迟榕园长不至兼怀梅史次频伽》一诗，也是与郭麐、吴应和、查揆之间的一次雅聚唱和。其他还有《五千卷室铜鼓歌，同吴丈榕园、李丈金澜作》《雪夜五千卷室同许文渔、冯柳东、汪一江、钱小溪、金似园、二槎弟联句》《查表弟将游粤西，携琴过访，集同人饯于五千卷室，酒间听弹阳关三叠，率赋长古送行》《人日顾半村偕其令甥祝熙斋茂才琳过访，招同人集五千卷室，以人日题诗寄草堂分韵得题字》等，诗集中这样的雅聚唱和占了很大篇幅。

马洵擅画，故为友人题画诗在诗集中也占了不少篇幅，如《题王秋坪丈种菜图》《题施少峰踏叶寻僧图》《题冯柳东登府秋江载月图》《题冯柳东杨柳岸晓峰残月图》《冯柳东登府索题潞河萍迹图》《题许静溪采菊行吟图》《题胥山读书图》《题计寿乔富春昔梦图》《频伽先生老复丁菴图》《题皖江归棹图》《题寒松图》《题沈梦华遗墨》《题顾茂才西溪山庄图》《山窗听雪图》《南湖钓雪图》《百药山房子未索题》《冷斋勘书图为钱警石学博泰吉题》《冷斋勘书图》等。其中《冷斋勘书图》是钱泰吉的画，曾广求名家题跋，马洵是其中之一。马洵的题画诗颇具特色，诗与画浑然一成，诗中有画，画中有诗，如《频伽先生老复丁菴图》："跌宕图书老盆工，草元身手薄杨雄。交游无恙青山在，儿女闲愁白发公。乏二顷田长作客，有千秋业寿斯翁。他时不免安车载，夜鹤休惊蕙帐空。"一幅老而归养者、锄草栽花的生动画面油然而出。马洵所作画如《百药山房图》是为好友黄安涛之弟黄若济的书斋所画。《二槎弟溪南读书图》是为马瀛所作并题诗："三间水阁枕河堤，时听筝箸响隔溪。杨柳风疏山月上，书声吹出板桥西。"其二："披图只忆乡园好，碧水环村我旧居。准拟明年归老屋，弟兄同读五车书。"马瀛的"吟香仙馆"藏书楼在马洵老家海宁桐溪，尽管当时马洵已迁居梅里，但对老家的藏书楼依然念念不忘，希望能回到旧居，与兄弟同读，思乡情愫，至老尤切。

马洵的景观诗，大气雄浑，颇具杜少陵气势，如《夜泊海昌城外乘月观潮口占》："突兀孤城外，潮声入夜雄。霜天一明月，飞上海门东。势挟飚轮转，雷奔地轴空。振衣吟眺处，逸兴更谁同。"

《五千卷室诗集》后附《瓶隐词》一卷，收录马洵词作 51 首，多为唱和之作。"瓶隐"是马洵的斋室名，他在《见瓶中黄梅花感赋》一诗自注中有说明："幽姿已隔一年期，瓶隐今朝见此枝。自注云：瓶隐，余斋名。"马洵的词，以写景和题画为主，《买陂塘・花溪道中》写回老家袁花途中所见："画江南，半篙新涨，蝉鸣夹岸丛树。落帆笑指虹桥近，桥在柳荫深处。留不住，便转个湾头，惊起圆沙鸥。桔槔声苦，看翠浪分畴，绿针刺水，农事已如许。扁舟稳，欲和苹洲笛谱。推蓬乘兴容与，青萍叶底凉风起，几点洒来凉雨，教缓渡。爱云敛，遥峰塔影当窗度。夕阳催暮，早草阁灯红，渔村烟暝，人隐隔溪语。"江南水乡的夏景，烟雨朦胧，催人欲醉，意境极佳。

一〇一

七代诗僧后　君应出一头

——清·释六舟《小绿天庵吟草》

释六舟（1791—1858 年），俗姓姚，名达受，又字秋楫，号颇多有万峰退叟、慧日峰主、南屏退叟、西子湖头摆渡僧、寒泉、同寿、小绿天庵僧等，斋室名有磨砖作镜室、宝素室、玉佛庵、墨王楼、小绿天庵、万峰山房等。释六舟早年出家于海宁白马庙，拜松溪老和尚为师，曾先后住持过湖州演教寺、苏州沧浪亭、杭州净慈寺、晚年隐居白马庙。释六舟极富才艺，诗书画印，无不精通，嗜金石、富收藏、精鉴别。尤擅传拓，精绝一时，阮元曾以“金石僧”“九能僧”称之。著作有《宝素室金石书画编年录》《小绿天庵吟草》《山野纪事诗》《白马神庙小志》《南屏行箧录》《祖庭数典录》《六书广通》《两浙金石志补遗》等，其著作及藏品大多毁于太平天国运动引起的战乱。

《小绿天庵吟草》四卷，其中第四卷为《山野纪事诗》，收录嘉庆十八年（1813 年）至道光十八年（1838 年）间诗作 244 首，有民国九年（1920 年）海宁姚煜古朴山房删节本，现有浙江古籍出版社《六舟集》点校本出版。诗集前有蔡名衡、戴熙、陈文述、金萼、汪熚、阮亨、陈凤孙、陈赐年、王承喜等题诗，其中陈文述所题四律中有“七代诗僧后，君应出一头”之句。所谓“七代诗僧”，是阮元任浙江巡抚时为南屏万峰山房小颠禅师所题，而后，六舟又住持南屏，故陈文述有“君应出一头”句。陈文述，钱塘人，以诗文著称，阮元任浙江巡抚时，称“文述之诗为第一”，与族兄陈鸿寿、陈甫一起被阮元称为“武林三杰”。陈文述在题诗中有一段自注，其中有“近自西泠移锡吴门，家芝楣方伯延主沧浪精舍，距余寓庐二百步，晨夕过从。以所著《小绿天庵诗》见示，多山水烟霞之作。西泠故多诗僧，即以诗论，将侣贯休而友宝月矣”，将六舟的诗誉为与贯休为侣，与宝月为友，视作珍贵。

释六舟对诗僧小颠法师极为景仰和敬重，诗集中有许多歌咏之作，如《和陈荔峰阁学同人祭小颠诗老墓原韵》有“死不失交真敬久，梦能相会亦情深”句；《题小颠诗翁遗照》有“诗僧继七代，此后何所传”句；而《次韵答阮芸台相国》一诗，则是与阮元关于“七代诗僧”的一次唱和，释六舟在诗题下有自注：“宫保阮芸台相国自京中寄赠诗句，有怀南屏万峰山房小颠诗老。四十年前，赠颠师‘七代诗僧精舍’额。公案万峰自明元津法师至颠师，七代诗传，相国抚浙时，为赠是额。榜后有伧夫云：‘自此七代而止。’相国惘然。适有啸溪者，工吟咏，命为颠师弟子，以继诗灯，有‘钟后月前照不断，万峰深处一诗灯’之句，受即次原韵寄答。”阮元的原诗是：“万峰深处有南能，一代诗传一代灯。笑我十年篱下住，依然粥饭一顽僧。”后附一首陈文述的唱和诗：“旧向西湖访秀能，南屏深处有诗灯。那知行脚天台者，又号南屏金石僧。”而释六舟则联赋五首绝句，盛赞七代诗僧之后，西湖继续者不绝，有“南屏七代诗僧后，又向西湖见此僧”及“相公绿野谭禅悦，今日江南有二僧”等句，其实释六舟本身就是南屏诗僧的传承者，阮元后来称其为“九能僧”已是肯定。到晚年释六舟又有《青雨法兄夜话仍用仪征相国原韵奉答》，依然用阮元原韵赋诗四绝，有“眼底故人零落尽，其如多鬓白头僧”之句，缅怀故交零落以及“每到深更独对灯”的孤寂。第四首为：“入山有计遂吾能，一卷经来一盏灯。从此回头原是岸，一变同作退堂僧。”

释六舟的山野纪事诗，诚如陈文述所说：“多山水烟霞之作。”诗前大多附有小纪，从《幼辞石井》开始作方外游，有自注：“余家去唐仙马自然故居仅半里许，忆六龄时，严父见背，伶仃无倚，兼复疢疾，星命家谓五行于华盖有犯，故幼年即叠遭悯凶，当作方外游，庶能脱离苦海。”自述幼年出家的经历。第二首为《梅塘侍泛》，有自注：“先慈褚太孺人欲予舍俗出家，由梅塘遣舟之白马禅院，礼松溪老和尚为沙弥，时嘉庆四年正月四日也。”由此可知，六舟出家时间是嘉庆四年（1799年）年仅9岁，出家寺院为盐官白马禅院，师傅是松溪和尚。后一路云游，自南屏、焦山、金山、天台、灵云、沧浪、金陵、新安至九华山。最后一首为《铜山听雨》，有自

注："甲寅春，法嗣一源邀余作武康之游，因止铜山寺匝月，连宵听雨，境甚清寂。"时间是咸丰四年（1854 年），是年 64 岁。《山野纪事诗》共 41 首，基本包括了一生云游纪事，其中《建玉佛庵》《造墨王楼》二绝，记载了两则关于释六舟收藏的故事。释六舟藏有东魏天平四年（537 年）造四面玉佛像一尊，获得的经过在《建玉佛楼》自注中有说明："武林金鸥汀司马任歙州，重建梅花和尚渐江老人墓，属余刻记。因寓西干如意院，见佛堂有造像甚古，乃东魏天平四年靳逢受兄弟所造四面玉佛像，院僧即舍余供养，以作刻石之润。后于吴门东城普渡庵小龛中复见一像，与歙郡所得同，虽为漆工漫漶，仍隐见'武定二年刘明所作玉佛'字。又于善堂中见三面玉佛，乃武定四年比丘尼惠好、惠藏所造，并敬奉以归海昌。佛缘鼎足而至，为之欢喜无量，即建玉佛庵，以虔晨夕香花之奉，阮相国为书额。"其诗为："武定天平玉像三，旃檀龛供起精蓝。佛光应许宵深见，慧眼人天忍一庵。"这是在盐官所建白马庙玉佛庵的详细过程。而建墨王楼的过程在《造墨王楼》一绝自注中也有详细说明："昔米南宫收藏晋唐名迹，日置案展观，号曰'墨王'。余得王逸少《清晏帖》，有宣和内府诸印，并宋元人题记。又藏长沙老人小草《千文》二卷，皆刻石行世，因效米老之颠，建楼亦署'墨王'云。"其诗为："晋唐遗迹守英光，珍赏何妨号墨王。我有右军怀素帖，老颠亦效米襄阳。"

《小绿天庵吟草》集后附有管庭芬《南屏退叟传》，写于释六舟去世后。管庭芬是释六舟的至交，其日记中与释六舟的交往有详细记录，因此，管庭芬作的传，对了解释六舟一生，真实可信。管庭芬对释六舟的评价极高："吾邑方外名流，自句曲外史之后，代有传人，今卓然似可继者，其惟南屏退叟乎。"认为海宁自元朝张雨之后，方外之人，释六舟是唯一继承者。释六舟"性颖悟，每放参之暇，好读儒书，于六书、章草，无不精考。学诗于焦山借庵，学画于南屏付法师松光，然杂卉以白阳为宗，画梅兼擅二树、冬心之胜，命居净慈之秘山堂，一时名流皆与订交。性尤耽于金石，凡商周秦汉之彝器，皆能考古以证其原"，可惜"昔句曲外史居湖上，筑黄篾楼以贮鼎彝书画，富甲浙西，兼多亡宋南廊库故物，没后散佚无存，仅遗一簪，六舟罄衣钵之资四十余年，筑磨砖作镜室及墨王楼，以贮所藏，几与相埒。乱后半遭劫火，半为豪夺，身后所存仅玉佛一尊"。现今玉佛也不知流落何处。

一〇二

卅年校官　讲席以继

——清·钱泰吉《甘泉乡人稿》

钱泰吉（1791—1863年），字辅宜，号警石，又号深庐，浙江嘉兴人。以贡生终，任海宁训导，寓居海宁30年，好聚书，精鉴赏，善雠校。太平天国运动太平军占领海宁后，赴曾国藩幕府投靠儿子钱应溥，终老安庆。著有《海昌备志》《清芬世守录》《海昌学职未入考》《甘泉乡人稿》等。

《甘泉乡人稿》二十四卷，其中文集二十卷，诗集四卷。文集除曝书杂记及论学之文外，大多为金石版本题跋。咸丰四年（1854年）初刻于海昌，同治十一年（1872年）再刻于南京，光绪十一年（1885年）补订增刻，增加诗文余稿二卷，附收录钱泰吉长兄钱友泗，长子钱炳森之诗文各一卷。卷首有曾国藩撰墓表，王拯撰家传，卷末附子钱应溥所撰年谱。现有台湾文史哲出版社1973年点校本出版。

台湾1973年点校本版的《甘泉乡人稿》，卷前收录子钱应溥、孙钱志澄序，记述了30年三刻其稿的经过以及诗文集增补情况，并收录莫友芝与于同治三年（1864年）《述赞》一篇，其中有“卅年校官，讲席以继。身在海隅，气铸一世”之句。阅读卷前几篇序表，有助于了解钱泰吉的一生。曾国藩《海宁州训导钱君墓表》，细说了钱泰吉家事，尤重在记述钱仪吉、钱泰吉兄弟两人的学术成就：“君少而苦学，潜心孤往，从兄曰仪吉者，字衎石，博通群籍，早有高名，君事之师友之间，兄弟常以纯儒相勉。盖自弱冠后，远近已盛称嘉兴钱氏二石云。”文中曾国藩还记载了钱泰吉投奔其幕府的过程：“咸丰庚申辛酉之际，粤贼纵横浙中，君展转播迁，最后由江西以达安庆。国藩乃获与相见，以漂泊兵闲偷得骨肉完聚也，则为之破颜一喜。语及世事沧桑，丘墓成毁不可知，则又蠹焉以悲。其明岁同治二年十一月廿日卒于安庆旅舍。将没，犹以先世文字之责未得及身整理为恨，足以知其志之所存已。”钱泰吉在海宁住了30年，因太平军占领海宁，无奈离开海宁，辗转从江西到安徽安庆。曾国藩当时驻军安庆，钱泰吉儿子钱应溥是曾国藩的幕僚。钱泰吉在安庆度过了生命的最后三年时光，去世前尚念念不忘钱氏先世文献资料的整理。在学术传承上，曾国藩认为钱氏二石（钱仪吉、钱泰吉）继承桐城姚鼐，恪守程朱，“二石风指乃与姚氏相近，其论文亦颇法姚氏”，对钱泰吉为人为学作了撰述和评价。

王拯的《嘉兴钱先生家传》一文，则详细介绍了钱氏先世自海盐甘泉乡迁居嘉兴再移居海宁的过程，以及钱泰吉藏书的由来。王拯是道光二十一年（1841年）进士，也是桐城派代表人物之一，对钱泰吉生平介绍颇详细：“先生既高材，踬场屋，自乐校官，不复就试，肆力为古文词。其要本于性情之真，养之以正，不为偏杂，故气和而体醇。其精尤在笺疏考证，自先世遗书外，遇善本异籍，非力所必不能得者，悉购藏或假录焉。在海昌三十年，及以子应溥封老将去，又为州人攀主书院数年，有书数十匮，大半丹铅所勘订，于四库名籍几遍。两汉书、元文类尤精校者，目为《曝书杂记》两卷百余条。自道所得，成一家言，海内学者及藏书家争购传之。为校官严身教、正士习，海人群敬爱之。大府计吏将以荐擢，则力辞谢曰：吾祖父皆久县官，实政在民，吾故知县令难为也。后其友冯柳东将辞校官为县令，先生作书极尼之，然于民生利病讲榷深至。大府廉其才，尝以开浚备塘河事属之，先生举民所不便者为牧言，断断往复，辞不预开河事。既而牧乃大服，于贞孝节义尤亟表扬。”王拯对钱泰吉弃举业、辞荐举，甘为校官，兢兢业业的一生，介绍甚详。

钱仪吉的《警石弟文稿序》写于道光十六年（1836年），自述了兄弟之间的情谊，对钱泰吉“家贫，节布粝置书数万卷以读，虽甚烦困不废，治一书必贯首尾，丹黄审勘数十过不厌”之治学精神，极为钦佩，认为其“学力笃且专，余固不能及已”。

沈濂的《甘泉乡人稿序》写于咸丰四年（1854年）。沈濂是嘉兴人，道光三年（1823年）进士，与钱泰吉少年时就结为好友，“钱丈警石与余总角论交，其为人笃修内行，品谊端谨，蔼乎其可亲，沈酣古籍，讲求其是，以去其非，确乎其不可易。官海昌训导，崇圣学、端士习，较雠古书，日有课程，三十年如一日。盖素所蕴蓄者然也”。

《甘泉乡人稿》二十四卷，大致内容如下：卷一为书五通；卷二为与兄钱仪吉书二十六通，附跋；卷三为议、跋、墓表十四篇；卷四为跋古籍十八篇；卷五为校勘古籍题跋十二篇；卷六为跋史籍、文集三十篇；卷七为曝书杂记上五十七则；卷八为曝书杂记中五十六则，附蒋跋、管跋；卷九为曝书杂记下四十四则；卷十为跋各类碑记三十一篇；卷十一为跋各类帖十九篇；卷十二为世系谱各祖跋二十八篇；卷十三为乡贤前辈文稿跋十六篇；卷十四为记五篇；卷十五为碑记十八篇；卷十六为序二十四篇；卷十七为铭、赞三十篇；卷十八为述五篇；卷十六为行状、传十二篇；卷二十墓志铭十篇；卷二十一为读旧书室古今体诗；卷二十二至二十四为可读斋古今体诗上、中、下。

《甘泉乡人稿》是钱泰吉一生学术成就的集中体现，为后人留下了宝贵的文献学遗产。其中卷七至卷九的《曝书杂记》，是钱泰吉早期的读书笔记，记载了经手的宋元古籍情况，涉及作者与流传及校勘与考订，是一部至今仍在版本目录学方面具有很大影响力的学术著作。钱泰吉嗜古籍但不迷信古籍，对于重刻宋本，他的观点是有错就要加以纠正，譬如，对于“今日士大夫过信宋本，明知字句之误而不肯更改”，既贵宋而不佞宋的实事求是的态度，很受后人古籍校勘者称道。在校勘古籍时，钱泰吉不主张直接在原书上更改，以另写校勘记或以题跋形式注明，这样的做法更有利于对古籍的保存。他自己的古籍收藏极为丰富，将几十柜书放在学宫，供需要者查阅。他认为藏书必须实现其价值，不赞同束之高阁秘不示人，因此，在海宁期间，钱泰吉与诸多藏书家关系极为密切，常有往来，互校互钞，互通有无。

关于读书，钱泰吉介绍了一种行之有效的方法。古代典籍浩如烟海，“自六经诸史与诸子之善者，通有三千余卷，读之固不可限以数。以二十年计之，日读一卷，亦可以再周，其余一读足矣。惟六经不可一日去手。吾自登科后，每以五月以后天气渐暑，不能泛及他书，即日专诵六经一卷，至中秋时毕，谓之夏课，守之甚坚”。这种持之以恒的学习方法，也是今日读书之人所缺少的。《甘泉乡人稿》的内容极为丰富，尚有待后人对其价值深入挖掘。

一〇三

笑我一官乃落此　瘴云百道排飞鸾

——清·朱有莱《饮香读画斋诗集》

朱有莱（1793—1828年），字北山。以监生选授贵州黔西州知州，后任广东德庆州知州及广西象州知府，卒于任。著有《饮香读画斋诗集》四卷。朱有莱的生平，地方史志记载简略，生卒不详，根据诗集中嗣子记载卒于戊子腊月，应该是道光八年（1828年）。应时良的序言中有“卒于官，年三十六”，其诗小引中有“花朝前二日，值余生辰”的记载，可知其生于乾隆五十八年（1793年）农历正月二十九日，卒于道光八年（1828年）农历十二月。钱泰吉在《海昌备志·艺文志》中有一段关于朱有莱为官时的记载：“北山官德庆时，行宾兴礼，分俸助乡试士，有停丧不葬者为条教以劝。官象州时，有宦族某横行乡，其弟屡谏不听，具状以诉，某赂金请治其弟罪，却之，令以金与弟，速改过，某感悟，卒为善士。他若治盗贼，惩健讼，则两地皆然。”可见，以德治理是朱有莱的执政之策。

《吟香读画斋诗集》初刻于道光十八年（1838年），其嗣子朱钧赴广西象州奔丧整理遗物时，将幸存之诗稿钞录后刻印。今有影印本收录于上海古籍出版社《清代诗文集汇编》第587册。

前集有孙元培和应笠湖作序。孙元培，字宾华，号绮塘，钱塘名士，藏书刻书家。序言写于朱有莱去世十年后，孙元培到修川看望其嗣子朱钧，受朱钧所托，在诗稿准备校勘付劂时所写。全文用骈体文写成，从生平、游历、政事乃至与朱家世交一一交代。应时良是海宁名流，字笠湖，也是朱有莱至交，对其生平介绍更为详细：“君屡试不得志，亲老亟谋禄养，入赀为州刺史，历官粤东西，所至卓然有循声。为政之暇，此事不废，每当讼庭，花落燕寝，香凝据案，哦声与阁铃相应，答得句即付小胥钞之，以故吟编治谱道路并立，而蛮区边徼之士，亦渐通声韵、善讴歌，且有因之获科第者。”“入赀”即指通过捐纳谋取官爵或功名，可知朱有莱的官职并非科举所得。为官期间，除喜吟咏，还为穷乡僻壤做了不少好事。根据《德庆县志》记载：“嘉庆二十四年（1819 年），知州朱有莱倡建宾兴馆，为县内文人学士读诗论文之所，并参与地方教育，宾兴馆之设一直沿袭至清末。”正如应笠湖序中所言，朱有莱力图通过教育，使荒蛮的边陲渐通声韵、善讴歌，因此而有获得科第者，这是朱有莱的政绩。对朱有莱的诗，应时良作如此评价：“自来文章政事，判如两途，诗人而兼循吏者，虽古贤不数数觏，如谢宣城、柳吴兴辈，宦游皆山水清远风土淳美之区，其卧理坐啸也，固宜若夫韩、柳、二苏，又不幸遭非圣世，谪贬炎荒，置散投闲，郁郁志不得展，所为诗亦遂鲜和平之音，遇之使然。诚何足怪君则地处极边，时逢全盛，乃得兼尽所长，勤其官而优于学。卒使蛮鸟变声，恶鱼徒迹，咸鼓舞于鸣琴布化、樽酒论文间，君子之才、君子之遇也。纵躬瘁神疲，贤老致疾，不获享修龄擢高位，而其所树立已垂诸无穷，昌及后嗣，然则君不朽矣。”谢宣城即谢朓，因官宣城太守而称；柳吴兴即柳恽，因官吴兴太守而称。两人均是南北朝时期的诗人，都在山水清远、风土淳美之地做官。韩愈、柳宗元、苏轼和苏辙则是遭遇谪贬，境遇郁郁，心境又大不相同。而朱有莱虽适逢盛世，但却在边陲荒蛮之地为官，有别于以上诸官，能取得如此成就也属不易。

《吟香读画斋诗集》共四卷。卷一为《长安集》，起于第一次赴京授官时的旅途吟咏，首篇有《自箴》一诗，表达了自己的远大志向。其一有“挽须夙承训，学者植品先。所贵持此志，莫误歧途千。其次及文艺，闭户时探研”；其三有“兢兢复兢兢，勿为习俗移”自勉之句。当得知部选官黔西知州时，有《部选黔西州作此寄家人》：“罗施之国路七千，危崖绝磴相钩连。笑我一官乃落此，瘴云百道排非鸢。不才捧檄敢心喜，作书亟报吾亲前。”捐赀从仕，官是当上了，但仅谋得黔西荒蛮之地的一个州官，但在出任之前，朱有莱还是作了充分准备，其《阅黔省通志》一诗，有“民长深山苛在役，士生荒徼学先文”之句，似有大干一番的雄心壮志。

卷二为《粤游集》，是朱有莱于嘉庆二十四年（1819 年）调任广东德庆州府时期的诗作结集，《庚辰元旦》一诗，抒发了当时的心境：“隔宵灯火尚辉煌，一度迎年古晋康。边徼云开瞻旭日，山城梅早蕴清香。韶华转眼更新岁，冷暖关心异故乡。好醉屠苏满樽酒，能无归梦到高堂。”德庆地处粤西，山区边陲，属古晋康郡，也属荒蛮之地，因此，诗中流露了新年思乡的情愫。地处贫困山区，又遇荒年歉收，做了知州，下乡催促征收田赋租税是一件头疼的事，但在诗人的笔下，却极富诗意，一首《催征偶作》记录了乡村见闻："于役乡隅半月余，路曾经处又停车。道旁父老扶藜迓，雨后人家带犊锄。诗仆随身频斗韵，山窗遣兴只看书，年年政坐催科拙，欠尔输将庶慰予。"把催征这样一件难事，写成如此诗情画意，朱有莱的诗人气质可见一斑。而《大雨吟》则是作为父母官的恤民之作，表达了忧虑人民疾苦的情怀："不雨望膏泽，水涸田欲裂。久雨复祈晴，水深秧易没。嗟彼老农心，与我同切切。当兹夏已届，催科重于役。东郊与西畴，良苗凝寒碧。日日猛雨至，昏昏湿云积。屋倾八九椽，溪涨三五尺。为问郫虚中，往来绝人迹。既知行路难，莫叹守株拙。"

卷三为《归云集》，是朱有莱休假还乡期间的唱和集，与其交往比较密切的同乡友人有沈毓荪、许梿、周思兼等。宦旅回乡，友朋间招饮不断，琴棋书画记录了乡贤文人间的闲情雅致，如《连日友人招饮每饮辄醉不能无诗》："新年意绪问如何，剪韭开樽日日过。小会也关缘聚散，好春大半酒消磨。雨收竹阁哦诗就，人在梅窗得月多。忆否天南上元夜，红灯低唱采茶歌。"这一年的冬季，朱有莱又接到新任，将赴广西象州履新州府，旅途一月有余，留下了许多行旅吟唱。

卷四为《寿阳集》，是朱有莱宦旅广西象州时期的诗作。其内容大多是祈雨、催征、纪游、唱和以及为文友的题诗。有一首《偶检故衫感赋》，则明显流露了游子思归的心情，诗风有些苍凉悲伤："什袭征衫敢弃捐，几经刀尺倍增怜。缝痕密密怀慈母，不忍开箱已七年。"就在写此诗不久，朱有莱因劳累过度，卒于任上。

朱有莱去世后，嗣子朱钧扶柩归乡，一路钞录先父诗稿，编成《吟香读画斋诗集》，并作跋语："先大夫读书稽古，雅好词章，里居时与二三知己，徜徉山水间，萧歌不辍；出则与贤士大夫交，缟纻赠答，击钵成诗，人俱翕然称道。"当初朱有莱到广西赴任时，嗣子曾一路随行护送，"一日酒半酣，忽谓不肖曰：广西山水甚奇，可助吾吟笔，吾所好在是，他日手定诗稿，汝当为吾刻之。不肖虽唯唯，心窃讶其不祥"。不想一语成谶，朱有莱客死异乡，朱钧没有失约，终完成先父诗集刻印使其流传。

一〇四

贫居陋巷无所求　愿与史籍同生死

——清·管庭芬《渟溪老屋自娱集》

管庭芬（1797—1880 年），原名怀许，又名廷芬，字培兰，又字子佩，号子湘，晚号笠翁、芝翁、甚翁、渟溪老渔、渟溪钓鱼师、渟溪病叟。一生不仅自号多，室号亦多，有桂林一枝轩、太古轩、渟溪老屋、花近楼、斜川馆舍、留教书堂、听雨小楼、笔花吟馆、待清书屋、心亨书屋、锄田种梅室等。管庭芬一生布衣，却勤奋异常，著述极富，有《渟溪老屋自娱集》《芷湘吟稿》《芷湘笔乘》《日谱》《海隅遗珠录》《丱兮笔记》《天竺山志》等，并协助钱泰吉修《海昌备志》。

《渟溪老屋自娱集》不分卷，是管庭芬自编诗集，稿本今藏海宁图书馆，现有浙江古籍出版社虞坤林点校本《管庭芬诗文集》出版。集前有吴昂驹序，写于道光十二年（1832 年）；许洪乔序，写于道光十八年（1838 年）。为诗集题词的有潘蓉镜、毕面山、周勋懋、陶所庵、胡尔荥、金麟士、孙祖珍、应时良、许杏南。管庭芬自序写于潞阴（今北京通州）官廨，时间是道光十一年（1831 年）。诗集共分八集，收录各体诗作 870 余首，每集各有集名，并写有自序，集后有友人作跋，仿乡贤前辈查慎行《敬业堂诗》体例，以编年形式分集。

第一集为《心亨书屋瞉音》，起于嘉庆二十年（1815 年）。“心亨”语出《易经·坎卦》：“维心亨，行有尚。”意为唯有内心真诚才可通达。“瞉音”指小鸟出卵时的鸣声。此集是管庭芬少年时期的诗作，其自序云：“譬如小鸟初鸣，啾啁成音。”故以此名。作于嘉庆二十二年（1817 年）的《典衣买书歌》，可以说预示了管庭芬的一生：

天涯有客芷湘子，青山嫩隐隐村市。贫居陋巷无所求，愿与史籍同生死。

既耕还读甑屡虚，仰天狂啸心不舒。天生我材必有用，供我岂乏今古书。

叩门喜接西吴客，一笑相逢皆秘册。绕床真奈阿堵无，欲舍仍留费筹划。

缊袍挂体春衣闲，呼童且质钱刀还。奇文换得自欣赏，绝胜梦游嫏嬛间。

芸香谨贮心亨室，雠校乐可消永日。丹黄涂乙且咿唔，两手晨昏少停笔。

吁嗟乎，当儿插架为斗奇，开卷茫然何所知。深房空锁少人迹，蠹鱼作粮蛛萦丝。

寒士寥寥稀卷轴，个中欲想寻清福。苦心积得几残编，也要后人能善读。

此集跋语为钟大源所作，评语为："古体沉厚有力，落落大方，近体颇具剑南风格。英年得此，伫见诗坛又立一帜矣。"

第二集为《红叶村庄集》，起于嘉庆二十三年（1818 年）。有自序："余弱冠后，携砚谋食，馆于晏城沈氏。地当吴越古战场，平原莽莽。秋来绛霞结幄，红雨飘帷，茅屋三间，点缀营丘画意。且地居村僻，绝少足音，散步行吟，聊遣岑寂。想吴江枫冷，未必减此清味也。"故以红叶村庄名集。集后跋语为潘德音所作。

第三集为《抱膝吟》，起于嘉庆二十四年（1819 年）。有自序："昔南阳卧龙，抱膝行吟，自比管乐，盖其怀才守道，养晦韬真，为千古所不可及，仆也何人，敢效隆重高士。但一轩容膝，四壁无尘，柳垂贫女之窗，梅点寒畯之袖，所幸椿萱并茂，棠棣交辉，涉笔吟哦，不管鱼生范釜，秀才清福，至此足矣。"因以抱膝盖名其集。跋语为曹宗载、胡尔荥、陶钧所作。

第四集为《太古轩集》，起于道光二年（1822 年），是坐馆于辛江时所作。有自序："壬午之春，课经辛江，画室两楹，在桑麻深处，一灯对影，万籁无声，如闭关之僧，如守栏之鹤。稍里旧业，誓戒吟诗。但海上遥峰尽环窗户，无一非古锦囊中佳料。春华秋月，触绪纷来，兼之朋辈唱酬不乏鸿笺鲤素，因复冯妇下车，时与牧笛农歌共相答响，即次三年所赋，曰《太古轩集》。”跋语为毕面山、胡尔荥所作。胡尔荥对其诗评价：“今盥读大集，如天马行空，非驽骀所敢引领，盖笔底得春夏之气居多，自是文士乐境，亦文士之清福。”

第五集为《留教书室集》，起于道光四年（1824 年）。自序云：“‘留教书室’，先大人课儿辈处也，取古人‘贫不卖书留教子’之意。乙酉秋，痛遭大故，抱恨终天。读礼闭门，应废蓼莪之什，但以砚田为活。诗债日多，愁苦不欢，声同击筑，譬之寒蛩唤月，孤鹤悲秋。按其格调，半在唐衢恸哭中也。两年所作无多，仍以《留教书室》名其集。”跋语为孙祖珍、应时良所作。

第六集为《辛江寓草》，起于道光五年（1825 年）。自序云：“丁亥岁复馆辛江，移寓郭氏，地踞横塘，帆痕如画，门邻羽流栖息之庐，玉管云璈，迥非凡响。清秋良夜，使人几欲化鹤飞去。时碧萝吟馆方有诗课之刻，招余入社，新交旧雨不乏唱和，颇具衡门乐趣。两载所作，亦复不少，因次为《辛江寓草》。”后跋为马古芸、宋咸熙、马同曾所作。

第七集为《静啸吟》，起于道光八年（1828 年）。自序云：“己丑后，息影桂林一枝轩中，案列丹铅，著《海昌经籍志》六卷，露钞雪纂，殆无虚日。然静中天籁寥泬自鸣，感秋士之情怀，托空山之逸响，虽不能比拟苏门，聊自消其勃郁，曼声一转，终未肯作《离骚》变徵之音也。哀集所咏，署曰《静啸吟》。”跋语为乡贤耆宿张骏 90 岁时所作，称其诗“古风胜于近体，豪迈之气咄咄逼人”。

第八集为《轮帆集》，起于道光十年（1830 年），为北游时所作。有自序：“仆年逾三十，悒郁无成，未能争雄于翰墨之场，角逐于功名之地，境遇日促，乏策谋生。欲碎燕市之琴，冀有所遇，残秋襆被，匹马长安。一路岳色河声，壮人吟思，访今怀古，遣我羁愁。然行笈无书，难资考镜。就向所闻见，以纪行踪，录存所作曰《轮帆集》。”后跋为吴昂驹所作。

吴昂驹对管庭芬诗的总体评价为：“其取材也富，运思也深，调则从容而不迫，辞则妍丽而清新。拟诸前贤，唐似元白，宋比欧梅，明同何李，以视拜袁揖赵，兢趋时好者，迥乎不侔矣。”“元白”指唐朝诗人元稹、白居易，“欧梅”指宋朝诗人欧阳修、梅尧臣，“何李”指明朝诗人何景明、李开先，“袁赵”指清朝诗人袁枚、赵翼。

《渟溪老屋自娱集》是管庭芬众多著述之一，为青壮年时期的诗作，起于19岁，止于34岁，诗经管庭芬自己删定，一直以稿本流传。至宣统元年（1909年），族孙管元耀又从《管庭芬日记》中抄录道光十年（1830年）以后的诗，有《芷湘吟稿》，为管庭芬40岁时所结集，以及《渟溪老屋遗稿》，起于道光十八年（1838年），止于同治二年（1863年），后又有虞坤林先生从管庭芬《日谱》中补遗，今全部收录于浙江古籍出版社出版的《管庭芬诗文集》中。

一〇五

荏苒三十余年　仅载一砚归籍

——清·王士雄《归砚录》

王士雄（1808—1863年），字孟英，号潜斋、半痴、半痴山人、归砚草堂、随息居、随息子、随息居士、梦隐、华胥小隐、睡乡散人。为海宁安化王氏二十七世孙，自曾祖王学权始，世代业医。王学权于乾隆中期自海昌迁钱塘，咸丰五年（1855年），王士雄迁回海宁，定居渟溪（今路仲）。王士雄一生以医为业，足迹涉及浙江、上海、江西等地，以善治温热病著称于时，被后世誉为温病四大家之一。一生著述极富，主要有《霍乱论》《回春录》《仁术志》《王氏医案三编》《温热经纬》《归砚录》《随息居饮食谱》《鸡鸣录》《乘桴医影》等，编校著作有《重庆堂随笔》《医砭》《沈氏女科辑要》《言医》《愿体医话》《柳州医话良方》《潜斋简效方》《四科简效方》《古今医案按选》《洄溪医案按》《蓬窗录验方》等。

《归砚录》四卷，作于王士雄回归海宁，隐居渟溪期间，完成于咸丰九年（1859年），初刻于同治元年（1862年），属于医话类著作，主要内容为饮食养生、乡贤轶事、医理探讨、医籍评述以及医案医话等。其中卷一以养生饮食类为主，涉及饮水饮食、禁烟戒酒、蔬果奇药等论述；卷二为医理医论、名医类案、名人轶事、三焦辨证、验方药效；卷三为医案医话、疑难杂症、友人验案；卷四为医案实录、临证心得、友人往来等。全书看似杂乱，却内容丰富，文笔流畅，体现了王士雄知识渊博，兴趣广泛，是一本医理文理俱佳之作。书中记录了王士雄在海宁时期的生活、交游、行医等活动轨迹，其中包含了行医见闻、杂感、读书心得及医案。书成之后，无论其医案、医话，还是文采、学识，在当时或是后世，都产生了很大的影响，是王士雄继《温热经纬》《霍乱论》《王氏医案》以后的又一部力作。

《归砚录》卷前有王士雄自写《弁言》，作于咸丰七年（1857 年），其内容主要是自叙家世，从海宁安化王氏十四祖迁居海盐水北，十九世复迁海宁旧仓（今袁花），至乾隆间曾祖王学权因潮灾又迁钱塘，再到王氏家族因家道衰落，父母归葬海宁无力实施的窘境，以及自己回迁海宁，实现祖上愿望的过程。这篇弁言因写于动荡不安的乱世，王士雄有感于身世，忧患于时局，感慨万千，从出生到回归，行笔凄楚，读之令人心酸，可以说是王士雄为自己写的一篇小传，也是王士雄为何将新著定名为《归砚录》的自我注解。

王士雄之所以选择回归渟溪，他这样写道："渟溪，地既幽僻，俗亦淳良，小有市廛，颇堪栖隐，距海较远，水患无虞。"尽管渟溪是海宁的一个僻壤小镇，却因王士雄的到来，各方好友频频关顾，前来看望或慕名问诊的人，络绎不绝，一时给小镇带来热闹的气氛。《归砚录》也记录了王士雄晚年交友的真实状况，从为《归砚录》题诗文的文人学者看，有曹大经、袁凤桐、赵梦龄、胡耀曾、戴穗孙、章征华，海宁有周在恩、管庭芬、钱保塘、杨文荪等。这些题跋，最早有咸丰六年（1856）彭兰媛所作，最晚是咸丰十年（1860 年）管庭芬所作。彭兰媛称王士雄为"王公孟英，博雅君子也，储八斗之才，富五车之学，而尤长于医，疗疾之神，人莫能测"。晚清著名学者、同邑钱保塘的题诗中，有"才名今仲景"的赞誉。咸丰九年（1859 年）仲春，老友赵梦龄来到海宁，故友相见，老泪纵横。四年前，赵梦龄与王士雄一起离开杭州避乱，一回海宁，一回寿昌（今建德）。赵梦龄在杭州时，与王士雄医学观念颇为一致，在与温补派的争论中，他是王士雄少数几个盟友之一，对王士雄的学识人品、医术渊源深为折服，对时下世风、医风之不正，两人均痛恶之。当赵梦龄读到王士雄《归砚录》手稿后，题了一首长律，有"王君抱砚归渟溪""名山一席传者谁"之句。知道能传至后世者，非王士雄莫属了。

王士雄为人谦和内敛，所到之处受人景仰，与他"和而不同"的交友原则有很大关系。在古代，文人懂医是很平常的事，自古以来儒医相通，习以为常，但有些文人自以为通医而误人误己，当引以为戒。在《归砚录》中，王士雄讲述了与山阴（今绍兴）文人俞万春之间的一则故事，是其强调交友以"和而不同"及为人处世的典型。"和而不同"，语出《论语》

“君子和而不同，小人同而不和”。俞万春，字仲华，号忽来道人，浙江山阴人，小说《荡寇志》的作者。学医于同邑陈念弟，性倜傥淡泊，不以功名得失为重，曾行医于杭州，与王士雄交谊颇深。两人在文韬武略方面相谈投机，然而一谈到医学，常争论不休。王士雄对张景岳之温补论，素多微词，而俞万春则是张景岳忠实信徒。尽管存在医学流派上的分歧，但俞万春对王士雄的医术颇为折服，如遇到时感重证，则必推荐士雄诊治。但俞万春太迷信于张景岳之温补法，以至于自己两个儿子均因误用温热药而殒命，王士雄曾极力劝阻，无奈“乔梓皆不悟”。“乔梓”，意为父子，因乔木高，梓木低，比喻父位遵，子位下。俞万春次子“极聪慧，善诗画。患咯血，乃翁专与桂附药而殒”，而长子俞伯龙“极钝诚，恪守家传，患肝胃痛，乃服温补致殆”。王士雄为俞万春的执迷不悟致两子殒命，深感痛惜。为此，王士雄向所有儒而好医者，发出真诚呼吁：“夫以仲华之才之学，谈医而犹走入魔道，医岂易言哉！”尽管两人医学流派不同，但不影响好友间的交往。文人大多比较自负，朋友间谈医亦颇为时尚，但由于过分自信而误事者也不少，王士雄在《归砚录》中批评了这种风气：“愚谓虽读医书而阅历未深者，尚有人为书囿之弊，故论病最非易事。”医者，人命关天，千万不能过于自信，有些文人自以为读了不少医书，就擅自诊病开方，一知半解，往往害人匪浅。

王士雄不但为人谦和，还乐于助人，从不以名医自居，对同邑医生，亦极为尊重。在路仲期间，王士雄结识了一位乡医，是当地一位很有名的疮疡外科医生，叫管荣棠，医术精湛，远近闻名。之前王士雄曾有耳闻，到了路仲后便亲临拜访，不耻下问。因同住路仲，王士雄常常携酒肴登门论道，向其讨教外科疮疡疾病以及一些复杂的内科疾病的外治方法。管荣棠亦视王士雄为知己，毫不保留地把自己的手稿交给王士雄。在《归砚录》卷二中，王士雄用了比较多的篇幅记载管荣棠的临床经验，对管荣棠之为人及医术作了很高的评价：“吾乡管君荣棠，少服贾，天姿颖异，自知体弱，恐不永年，乃潜心于疡科者十余年，遂精其术。性慷慨，施药济人，能起危症，与余为莫逆交。”管荣棠去世后，王士雄为其整理遗著不遗余力。

《归砚录》卷后有王士雄写于同治元年（1862 年）的跋文，从跋文可知此书刻印过程也颇曲折。《归砚录》书稿完成后，由学生徐亚枝带回杭州刻版，于咸丰十年（1860 年）春完成制版。因杭城陷于太平天国运动战火，书版未能及时开印。书版又被带回海宁，准备在海宁开印。岂知海宁不久也遭战火，海宁刻书家蒋光煦因别下斋被付之一炬，郁而暴病，随即去世。蒋光焴将衍芬草堂藏书及时搬迁至武昌，才免遭灭顶之灾，但衍芬草堂已无印书条件，《归砚录》开印再遭搁浅。随后王士雄避乱濮院，再到上海，书稿一直带在身边。后经在上海新结识的朋友苏州人金韭斋的帮助之下，最终在上海完成刻印。

一〇六

可怜乡曲悼才华

——清·许光治《江山风月谱》

许光治（1808—1855年），字羹梅，号龙华，又号穗嫣。擅书画篆刻，尤工古隶，诗词戏曲，乃至医药星相，无不通晓。一生无功名，以布衣终。著有《龙华遗稿》《续宋中兴编年资治通鉴校》《放吟》《红蝉香馆集》《金石萃编汉碑校正》《江山风月谱》《有声画》等。

《江山风月谱》分上、下二卷，上卷为词作，共收录许光治词作138首；下卷为散曲，收录各种小令52首。其被收录于蒋光煦《别下斋丛书》，咸丰六年（1856年）初刻，民国十二年（1923年）上海商务印书馆有根据蒋光煦别下斋本影印出版，今有广陵书社影印再版。

卷前有许光清作序。许光清与许光治都是许汝霖五世孙，许光清年长许光治7岁。序写于咸丰六年（1856年），许光治“弱冠以后，授徒为生，又旁涉各艺事，学为书长于篆隶，学为画长于写生，学为篆刻长于工整，而不喜奇古。辨订金石碑刻文字，下及壬易星平医药，无不涉略，即奇门皇极音乐，亦尝讨论之，愈以鲜暇。而吟咏固未尝废也”。中年以后专攻词曲为主，“洎中年为人题图多缀以词，至将没数年，则又易为散曲”。序中回忆其弟6岁能诗，11岁随兄读书，后攻举子业，杂治制义、试帖、经解、律赋及骈散各体文。在许光清看来，许光治在诗词曲方面的成就是“曲胜于词，词胜于诗”。可惜许光治英年早逝，不然在其他方面一定还会有更多成就，许光清为之潸然而叹：“然令享大年，所造或不止此，乃不谓未五十而遽没也。”从兄长许光清序言可知，许光治极富才华，所学广而杂，且专而既精，又无所不晓。

许光治的词，清新流丽。例如，《蝶恋花》：“细雨空蒙轻似雾，剪剪余寒，又向花梢驻。满径飞花兼落絮，分明认得春归路。犹有韶华千万树，芍药酴醾，不放东风去。只有芭蕉无意绪，一痕深绿窗纱妒。”暮春时刻，细雨落花，春将归去，芭蕉放绿，初夏渐至，用自然界的花草红绿，描绘春去夏至的美好画面。又如，《浣溪沙·立秋》：“怪道闲庭暑半收，西风近日数从头，萧萧新雨洗新秋。绿草天涯凉冉冉，碧梧金井晚飕飕，一声鷤鴂若为愁。”西风新雨，杜鹃鸟啼，预示着秋天的到来。再如《生查子·雪》：“风挟雪回飞，偷入纱窗缝。知道小阶前，已把梅花冻。整顿下罗帏，防著寒威重。纸帐夜三更，准作瑶台梦。”

从整体上看，许光治的词，因限于一生足不出邑，游历不广，缺少大气磅礴的豪迈气概，所吟咏的对象，大多是自然界的鸟虫鱼草，风花雪月。中年以后，为友人题画，也是以词为多，有《水调歌头·题乘风破浪图》《满庭芳·题茅屋秋声图》《忆少年·题十年磨剑图》《渔家傲·题柳荫垂钓图》《惜黄花·题竹篱茅舍图》《千秋岁·题蒋生沐登月图》《一斛珠·题美人团扇》等数十首。

《江山风月谱》下卷为散曲，前有许光治自序，写于咸丰二年（1852年）。自序云：“汉魏乐府降而六朝歌辞，情也，再降而三唐之诗、两宋之词，律也，至元曲，几谓里言俳语矣。然张小山、乔梦符散曲，犹有前人规矩在，俪辞追乐府之工，散句撷宋唐之秀，惟套曲则似涪翁俳词，不足鼓吹，风雅也。予心好之，情之所宣，每为邯郸之步，然音律未娴，其声之高下不入格者，当复不少。然第寄意云耳，于声律固不计也。”“张小山”即张可久，“乔梦符”即乔吉，都是元朝著名散曲家，是元曲中清丽典雅的代表人物。“涪翁”即北宋文学家黄庭坚的号。从自序可知，许光治散曲宗张可久、乔吉，故纵观其曲，继承了清丽一脉。

散曲又称小令。唐诗宋词元曲都是中国诗歌艺术的一种表现形式，曲是继诗、词之后而兴起的又一种文学载体。曲大体分为两种形式：一是戏曲的唱词，或称“剧曲”，可供演出；另一种是散曲，又称小令或套曲。小令以一支曲子为独立单位，套曲则以若干曲子组成。曲的特点是有一定的格律但又吸收了口语的自由灵活，在艺术表现方面比诗和词更多地采用了“赋”的方式，加以铺陈叙述。曲的押韵比较灵活，明显具有口语化、俚语化，较诗词更通俗，长久以来，一直活跃于中国古典文学艺术舞台。

曲肇始于古代的民间歌谣，兴盛于元代，经过元、明、清的发展，直至清末渐趋衰落。元朝的马致远，被誉为“曲状元”，是散曲豪放派的代表人物。到了清朝，由于对曲的重视程度不如以前，散曲逐渐走向诗词的附庸而日趋衰弱。但是，清代还是有不少散曲大家产生，也有不少优秀的散曲作品流传，如尤侗、朱彝尊、许光治等。在中国文学艺术史上谈到清代散曲时，许光治是不可或缺的。

许光治的散曲受张可久影响最深，成为晚清“清雅派”散曲的代表作家。《江山风月谱》中许光治自选小令50多首，如《满庭芳·绿阳野港》：“绿阴野港，黄云陇亩，红雨村庄。东风归去春无恙，未了蚕忙。连日提笼采桑，几时荷插栽秧？连枷响，田塍夕阳，打豆好时光。”这支小令描写农村生活，已到春去夏来时节，农村一片生机勃勃、热气腾腾的景象。乡村的自然景色十分美丽，“绿云”“黄花”“红雨”，可谓色彩缤纷；乡村的农事又十分繁忙，庄家人“采桑”“栽秧”“打豆”，劳作而充满希望。作者运用轻快的笔触，绚丽的色彩展示了乡村农忙时节的风情画卷。《红绣鞋》：“袅袅新篁乍展，阴阴高树初齐，庭院深沉乳鸦啼。花光当槛动，香篆出帘低，午窗风又起。”这支小令描绘了雨后的庭院，一片清新明丽的景象，幼竹的枝叶更加翠绿舒展，高大的树木深沉挺拔，乳鸦啼叫，花影摇曳，香炷的轻烟飘出屋外，微风吹拂，分外妖娆。全曲意境优雅，文笔清丽，写景细致，体现了许光治散曲的特点。《山坡羊·蔷薇早卸》：“蔷薇早卸，玫瑰又谢，春归才信春无价，红雨歇，绿阴遮。东风冷落银屏夜，烧烛有人怜岁华。蝶，犹恋花，蜗，空篆叶。”这支小曲描写暮春风光，抒发惜春的感叹，体现了两层意思，第一层意思：描写暮春令人无比留恋惋惜的景色，花落了，叶繁了，春去了，只有蝴蝶，还在枝头寻找残花，可怜的蜗牛，爬来爬去不能留下一丝残春。其中的“卸”字用得极为形象，可以理解为花瓣被东风卸下，也可以理解为花儿像美人一样卸妆。“春归才信春无价”是拟人手法，“烧烛”是借用李商隐的《花下醉》诗“客散酒醒深夜后，更持红烛赏残花”之句，取其“恐花儿归去不能再相见”意。第二层意思：以“春归”的景致，蕴含着对年华易老，青春易逝的叹息，表达了主人对美好生活的向往，全曲语句清丽，意境悠远，诗意含蓄婉转，令人回味无穷。

同样，许光治以曲为友人题画，也是其特色之一，有《折桂枝·题桐阴小隐图》《阅金经·题一清僧照》《人月圆·题胡心农列翠楼印谱》等。

许光治的散曲为晚清散曲的创作带来了一股清风。

《江山风月谱》卷后附有蒋光煦《读许兄龙华遗稿感赋》一首："丛残纸墨整还斜，展读争禁起叹嗟。不信苍穹悭福业，可怜乡曲悼才华。学成未算儒冠误，命蹇何劳俗口哗。今日知交零落尽，招魂泣尽果园花。""果园"为蒋光煦别业。作为生前至交，蒋光煦将亡友遗稿刊印，是对朋友最好的纪念。

一〇七

其得意处殆与少陵为近

——清·杨凤翰《镜海楼诗集》

杨凤翰（1821—1863年），字抑甫，号筠卿。生不逢时，适逢太平天国运动，科举不达，以诸生终。著有《镜海楼诗集》。关于杨凤翰的身世，地方史志记载很少，因与乡贤钱保塘是好友，在钱保塘为《镜海楼诗集》所作的序言中，有简略介绍："抑甫家附郭，兵后所居荡然，脱身渡越，栖泊于柯亭山，其尊人挈家依戚属于衢，江路阻绝，不得音问者常数月。""附郭"指城外，杨凤翰家居盐官城外，因太平天国运动，盐官沦陷，其家毁于战火，父亲携家人避乱于衢州，杨凤翰只身居留于柯亭山（柯亭山在绍兴）。

《镜海楼诗集》四卷，刻于光绪十二年（1886年），为钱保塘《清风室丛书》之一。从钱保塘序言可知，诗集作于杨凤翰避乱期间。同治元年（1862年），杨凤翰取道上海，经温州去衢州省亲，与正在上海避乱的钱保塘相遇，便将自己近作《劫余集》《越江集》交给好友，希望钱保塘能为之写序。钱保塘欣然命笔，为之作序："去年夏，余遇抑甫于赭山逆旅，读其诗数十篇，今读是编又益前数十篇。时事之屯否，将帅之贤愚，近状之怫郁，无聊触于目而怵于心者，悉寓于诗。豪荡感激，眉宇间真气坌涌，恍然置我于天宝、贞元时已。抑甫言生平所作不下千篇，痛加芟汰，得十之三四，旅寓萧然，辄出旧作，哦改之声彻邻壁，藉消其侘傺幽忧之况。以为丧乱以来，资生之具既尽。所持以自解者，惟此耳。"钱保塘与杨凤翰相识已20余年，对杨凤翰知之甚深，序言中亦有交代："余识抑甫垂二十年，深叹其嗜诗之笃，遇蹇而志不少衰，同时未有其比也。近岁历经患难，相见益稀，今兹复有千里之行，聊序其近作以代送行之辞，吾二人之怅恍可知矣。”兵荒马乱之际，杨凤翰依然笃志写诗，记录这些艰难岁月世道状况，在同时期诗人中亦为少见。

集前有杨凤翰自序，写于咸丰十一年（1861 年）。盐官被太平军占领，家遭兵燹被毁后，避居越江时回忆旧作所录，再增加一些避乱时的新作，汇编成集。其序云：“予自辨四声即攻篇什，雕虫篆刻知不足存，辄随手弃。成童后颇自爱惜，谬为录稿，随得随芟，积十余年不下千首。今春突遭兵火，庐舍荡然，旧稿都为灰烬，忧患余生，顾亦不复置念矣。避居越江，长夏无事，辄复省记，不及十之三四，又汰其繁芜，次其先后，得若干首。厘为《劫余集》二卷。”这是《镜海楼诗集》前二卷的情况说明。后二卷是咸丰十一年（1861 年）之后的新作。

《镜海楼诗集》卷一为《劫余集》上，起于道光二十七年（1847 年），止于咸丰五年（1855 年），为杨凤翰 27 岁至 35 五岁时的诗作。其时读书科举，交友唱酬，无忧无虑。《春日闲居》一诗是作者青年时期的生活写照：“领略闲居趣，庭闱爱日长。落花流水径，春草读书堂。时有幽禽语，惟看野马忙。狂歌聊自遣，兴至尽壶觞。”这一时期的诗，大有少年壮志不言愁的豪迈风格。《观潮》一绝：“侧身天地叹沈浮，江水江花满目秋。输与弄潮儿结伴，临风歌唱不知愁。”诗风豪迈而略显沉郁。咸丰二年（1852 年），杨凤翰秋闱落榜，写《秋闱被放感述四律》自舒其怀，其二为：“百感中来不自由，几人望眼几时酬。难从镜里留青鬓，未向堂前慰白头。有此艰辛成阅历，无多才调太沈浮。知音更抱西州憾，不为穷途泪亦流。”诗中明显流露出怀才不遇的伤感。

卷二为《劫余集》下，起于咸丰七年（1857 年），止于咸丰十一年（1861 年），是作者 36 至 39 岁时的诗作。其时，太平天国运动已经席卷大江南北，诗集中的作品有许多是对这场战争的描写。听说清兵已收复镇江，作《闻官军收复镇江》，有“捷音频报破愁颜，勒石铭功转盼间”句，为官兵的胜利而喜庆，盼望早日结束战争，能为之刻石庆功。战争遍及江南时，作《行路难》六首七律述怀，有“男儿读书不得意，安能郁郁窗下死”的不甘，有“不如投笔来从军，健儿快马冲蛮云”的豪情，有“打门催租吏如虎，饥饿偏来横索钱”的不平，也有“人生适意非偶然，穷通得失皆由天”的无奈。组诗真实反映了杨凤翰当时的心境。而写于咸丰十年（1860 年）的《海昌新乐府》，则反映了海宁被太平军占领后的社会现状，有《逃兵来》《刺史走》《难民船》《途中金》《白扎巾》《升平桥》《筹防局》《县官印》八首，记录了海宁为太平军所攻占后社会各层面的状况。《逃兵来》记载了太平军势如破竹，官兵兵败如山倒，有“江潮怒涌如奔雷，沿江但见逃兵来”的惨象；《刺史走》则记载了百姓寄希望于刺史的抵抗，而刺史面对强劲的太平军却无可奈何：“刺史日日事筹防，啧啧刺史万夫望。一朝逃兵满江浒，夜雨涔涔断更鼓。刺史不见空官府，逃兵去如鹰饱扬。”一幅逃兵来、刺史逃的讽刺画历历在目。《难民船》则是一幅逃难时的众生相，“大船峨峨驰帆樯，小船叶叶飞沙棠。风声水声满湖黑，人声如沸纷蜩螗”，描写逃难时江上乱象；“富者连云载筐箱，贫者打包趣行装。大雨倾盆来，岸上人尽哭。蹒跚泥淖中，不如委沟渎。船中人，惨属目，那能相顾伤心曲。伤心曲，血漉漉，闻说逃兵来，舟中指可掬”，描写逃难时悲欢别离、惊慌失措的场景。

《劫余集》所收录的诗作，为太平天国时期海宁被太平军占领前后的社会现状留下了珍贵的史料，除了《海昌新乐府》组诗，《兵船行》写清兵收复失地时的战况，《感述》则记述了一家逃难时的经历，以及战争结束回家后所见的感怀：“扁舟携家还，入门视井臼。秋风撼庭树，残灯闪窗牖。相对恍如梦，语碎不能剖。惊魂尚未定。鸣征忽先后。桃源今已无，得安亦云苟。”海宁素有世外桃源之称，如今乱后重返，面对满目凄凉，简直惨不忍睹。《庚申除夕感事书怀》四首七律也是乱后感怀真情的流露。

卷三《越江集》是杨凤翰越江避乱期间的诗。《伤乱》《渡江》《过湘湖》《泊钱清江》《柯亭》《鉴湖》《蠡城客感》，按时间路线诗记，从海宁渡钱塘江开始，直至蠡城（今绍兴），一路写来，一路伤感。《蠡城客感》流露了客居异乡的无奈和伤心：“一擢春城倚夕阳，镜湖烟水极苍茫。山川洵美非吾土，风物惊看忽异乡。玉帛袛今王会远，锦衣何处霸图荒。故园烽火伤心地，闻说沿江早撤防。”越城风光再美，毕竟是身处异乡为异客，关心的还是家乡战争情况。《越江集》除了古越游记诗，还有一些与家乡文友间的唱和，杨凤翰与海宁文人关系密切者，有羊复礼、许棡、蒋光焴、钱保塘等，诗中内容大多为抒发游子思乡、感怀伤离，忧国忧民的情感流露，如《答蒋寅昉》一诗，有“旅病偏当秋雨集，乡愁难借酒杯浇”句，充满伤感。

卷四《露车集》，是杨凤翰于同治元年（1862 年）回到海宁，准备从上海赴温州，转道去衢州省亲期间的诗。第一组《还乡集感》，可谓百感交集，“昔年去乡邑，尺地犹汉土。今来何所之，郊原盛豺狼。”“荒冢何累累，平墟失其阴。岂独松栝尽，篝火夜摸金。”“旷野浩茫茫，极目但废垒。言循东郭门，故居有遗址。”共八首律诗，写尽家乡战乱后的满目疮痍。在老家盐官作短暂停留，杨凤翰与好友钱保塘、管庭芬等人作别，从长江取道九江、南昌到衢州。根据钱保塘为《镜海楼诗集》所作后跋可知，这次衢州之行，杨凤翰再也没有回到家乡，一年后便客死衢州。诗稿是钱保塘四年以后从羊复礼处获得，并于光绪十二年（1886 年）刻印。

钱保塘在后跋中对杨凤翰的诗作这样评价：“今读庚申后避乱诸篇，苍凉激越，屑涕无端。其得意处殆与少陵为近，盖思力既至，境遇所迫逼，似古人有莫知其所以然者，岂古人所谓诗必穷而后工耶？然抑甫之穷何其甚也。”

一〇八

文似永叔　诗近中唐

——清·钱保塘《清风室诗文钞》

钱保塘（1833—1897 年），字铁江，号兰伯，室名“清风室”。咸丰九年（1859 年）举人。历任四川什邡、定远、大足知县，曾主讲四川尊经书院，在蜀 30 年，为蜀中培养了大批优秀弟子。著作有《札记》《重校物理论》《春秋疑年录》《辨名小记》《夏氏考古录》《历代名人生卒录》《帝王世纪续补》《考异》《光绪舆地韵编》《涪州石鱼题名记》《妇学》《女英传》《国语补音札记》《乾道临安志札记》《吴越杂事诗录》《清风室诗文钞》等。

《清风室诗文钞》共十七卷，其中《清风室文钞》十二卷、《清风室诗钞》五卷。诗集初刻于宣统三年（1911 年），文集初刻于民国二年（1913 年），收录于台北新文丰出版公司《丛书集成续编》第 143 册。集前有缪荃孙、沈恩孚、查燕绪作序，三序都作于民国二年。缪荃孙序记载了与钱保塘从相识到相交的经过。同治十三年（1874 年），钱保塘到蜀候补，缪荃孙时任四川总督吴棠幕府，经吴棠介绍认识钱保塘并订交。光绪元年（1875 年），四川总督吴棠与四川学政张之洞创建“尊经书院”，推荐钱保塘、钱徐山及缪荃孙担任讲习，于是成为至交。在缪荃孙眼里，钱保塘“不但学问多所观摩，即性情无不接洽，蜀中益友，君其举首”。后来缪荃孙中进士，赴京任翰林院编修，两人继续保持书信往来。“余官京师，见异书必告，获佳士必告，虽隔八千里，犹咫尺也。”民国二年（1913 年），钱保塘已去世，其子钱剑虹请缪荃孙为《清风室诗文钞》作序，缪荃孙欣然命笔：“视其德性之淳厚，襟怀之洒落，问学之淹贯，考据之明晰，无不流露其间。文似永叔，诗近中唐。不尚矜奇吊诡而议论自足动人，则根柢之渊雅也。不必树党沽名而襟期亦足服众，则德量之纯粹也。”“永叔”即欧阳修，指文风接近欧阳修，诗风接近中唐。这是作为故友至交对亡友的最真实评价。

《清风室文钞》一至十二卷内容为：卷一杂文，卷二至卷四序，卷五至卷七生日序，卷八记，卷九碑、志、表，卷十状、传、家传、先贤祠小传、书事，卷十一跋，卷十二箴、铭、赞、对、责文、祭文、书、策问。书序部分有多篇为乡贤或自己著作所作的序言，如《小学庵遗书序》为钱馥著作所作；《镜海楼诗集序》为杨凤翰诗集所作；《女英传序》是钱保塘在京城时为梨园所演故事所著，尽管原著今已不存，但其序则见于卷二书序中；《范施十局序》为乡贤国棋手范西屏、施襄夏两家棋局所作；《百一山房集序》为乡贤诗人应笠湖诗集所作。卷五《外舅曹葛民先生七十寿序》是为岳父曹籀所作。曹籀，字葛民，钱塘人，太平天国运动时隐居海宁路仲，序文记载了曹葛民一生经历以及成为钱保塘岳父的过程，是一篇内容丰富的人物史料。卷八《重修里中社庙记》则记载钱保塘故乡路仲被焚毁的社庙，太平天国战后集资重修的情况；《重修成都浙江会馆先贤祠记》则记载了在成都的浙江人集资重修浙江会馆的情况。卷十《家传》详细记录了海宁路仲钱氏的世袭传承，是研究海宁钱氏一脉的原始资料。卷十二《箴言》分别有《口箴》《耳箴》《目箴》《心箴》四篇，都是座右铭式的警句，如《心箴》：“汝司思，思无邪。千里之谬，毫厘之差。放逸不返，如行忘家。君子守之，终身无瑕。”告诫学子心正则身正，守心则守身。《成都尊经书院策问》是钱保塘担任四川尊经书院讲习时，对书院学生所出的考题，分别有《四书》《五经》《史例》《地理统部》《制科》《儒家》等篇。

《清风室诗钞》五卷，初刻于宣统三年（1911 年），集前有钱保塘学生袁康作序，序中对钱保塘在四川的经历有简要介绍：“先生学邃经史，精于考据。中年后以名孝廉出宰川省。太史素闻其贤，适创尊经书院，遂以官师课事相委。未几敦聘先生独主讲席。不数年间，川中文学大兴，而先生之名益震。既而历知繁剧，本经术为吏治，布政余闲辄取向编杂纂校刊数种，亦藉为训俗地也。生平撰著甚富，其诗文集及他著述均未授梓，忽忽十余年。”《清风室诗钞》五卷以编年体排列，卷一为咸丰二年（1852 年）至九年（1859 年）所作，共 61 首；卷二为咸丰十年（1860 年）至同治四年

（1865 年）所作，共 131 首；卷三为同治五年（1866 年）至十二年（1873 年）所作，共 104 首；卷四为同治十三年（1874 年）至光绪四年（1878 年）所作，共 100 首；卷五为光绪五年（1879 年）至光绪二十一年（1895 年）所作，共 98 首。

钱保塘的诗，缪荃孙称为“诗近中唐”，袁康也有同样评介：“故其风骨之隽上，寄托之遥深，实与中唐相近，而为大历十子之嫡乳。”确实，钱保塘的诗大多抒写社会现实，以写实为主要风格。例如，《读吴越春秋》《寓杭州江皋杂咏》《月湖曲》《行路难》《北征叹》《兵车行》《江山城》《避寇》《避乱海上》等，尤其对于太平天国运动时期，社会动荡，民生艰难，在诗集中都有真实记录。例如，《避寇》一诗：“万里归来未解鞍，匆匆避寇太无端。惊心旅夜风霜恶，茧足荒原道路难。亲在敢将身试险，乡居惟向梦求安。田园摇落村庐尽，满目疮痍不忍看。”

《安澜园遗址》作于咸丰八年（1858 年），其时太平天国运动战火尚未延及海宁。大多数历史研究学者认为，海宁安澜园毁于太平天国运动战火，但从钱保塘的这首诗，再次证实，安澜园在海宁被太平军占领以前就已经荒芜，这在同时期乡贤诗文集中都可找到佐证。钱保塘的《安澜园遗址》直接以遗址为题，更能说明问题：“故家乔木说平泉，一曲歌残相府莲。梦鹿功名成往迹，栖乌门第认当年。画堂有鸟啼春雨，辇道无人起暮烟。亭榭无多零落尽，不须茂草已堪怜。”战火之前的安澜园已经是“亭榭无多零落尽”的衰败境况，大多胜迹只剩下残留的遗迹。

《题王孟英归砚录》二律作于同治元年（1862 年），其时王士雄的《归砚录》已初刻于上海，故《归砚录》中，此诗未予收录。王士雄归隐海宁后与钱保塘结为好友，后因避乱而各奔东西，《归砚录》初刻当年，钱保塘也避乱上海，有《避乱海上》一诗纪其事。钱保塘为王士雄《归砚录》所题的诗，对王士雄评价极高：“医国心同切，持危德可钦。天涯余一砚，肘后值千金。力破拘墟见，咸知济物心。新编定传播，沧海几知音。”“澒洞风尘里，中流挽浊澜。才名今仲景，家世古盐官。与我论心久，如君妙手难。终期同里闬，乱定整归鞍。”可惜，钱保塘希望乱后同归乡里的愿望终未实现，王士雄于下一年在上海救治霍乱病人时不幸去世。钱保塘的这首诗，也印证了同时期人对王士雄医学成就上的肯定，所谓“才名今仲景”，誉王士雄为当世的张仲景，实至名归。

后 记

近年来，出于对海宁地方文史的爱好，阅读兴趣偏向历代乡贤著述，因此用心收集了历代海宁名人著述200多种，择其有代表性的108位人物，以诗文集为主，每读一部便以随笔形式记录读后点滴，形成了《海昌文存丛谈》这一书稿。算是继《海昌余韵》《细说海宁》之后，完成了海宁地方文史研究三部曲，也是对海宁历史人物故事、海宁历史上发生过的重要事件以及历代海宁人对中国文化的贡献等方面，有了一个比较完整的展示。

海宁地处吴越之交，素有文化重镇之称，虽一隅之地却因历代文人众多，艺文之盛，为全国之翘楚。据钱泰吉《海昌备志·艺文志》记载，海宁艺林人物著作从晋代干宝始，到清代道光末期的1500多年间，各类有影响力的儒林人物有1300余人，著作多达3100余种，收录于《四库全书》的就有近百种，可见帙卷浩繁，洋洋大观。这还不包括1840年以后，进入近现代社会文化繁荣的璀璨时期，海宁名家辈出，大师众多，为世人瞩目的各类著述。

退休以后，有了身闲心静的环境，因热衷于海宁地方文史的研究，开始留心收集海宁历代文人著作。经过千百年的历史沉淀，历尽战乱和自然灾难，大多珍贵古籍早已散佚，能留存至今的仅凤毛麟角而已。而且大多也是束之高阁，深藏灵兰秘室。幸好有钱泰吉《海昌备志·艺文志》做向导，从大型丛书入手，分别查阅了《四库全书》《四库全书存目丛书》《四库全书存目丛书补编》《续修四库全书》《四库禁毁书丛刊》《四库禁毁书丛刊补编》《四库未收书辑刊》《两浙輶轩录》《别下斋丛书》《丛书集成》《明别集丛刊》《阳明后学文献丛书》《清代诗文集汇编》《清代诗文集珍本丛刊》《稀见清人别集丛刊》《清代科举人物家传资料汇编》《清代闺秀集丛刊》《清代闺秀集丛刊续编》《浙学未刊稿丛编》《北京图书馆古籍珍本丛刊》《明末清初史料选刊》《中国地方志集成》《中国历代书目题跋丛书》《中国古医籍整理丛书》《海外回归中医古籍善本丛书》等，又从《中国古籍总目》中找到一些原以为散佚的乡贤珍稀诗文集。于是埋头故纸堆里，乐此不疲，通过多年的努力，大致摸清了历代乡贤著述的存世情况。空余时间除了收集，便是阅读，过程看似辛苦，其实真心快乐。

海宁艺文的兴盛，肇始于晋唐，滥觞于南渡，繁荣于明清，尤其是易代之际，文人之多，著述之富，种类之盛，极为可观。有晋朝志怪小说鼻祖干宝，南齐道释争斗中著名人物顾欢，南梁太学博士戚衮，南陈东宫讲习顾越，初唐著名教育家褚无量，中唐重要诗人顾况，宋朝理学家张九成，元朝教育家荣肇，明朝王阳明高足董澐、董穀父子及许相卿，清朝大学士陈之遴、哲学家陈确、经学家张次仲和朱康流、博物学家陈元龙、医学家吴仪洛和王士雄、数学家李善兰，以及民国时期的王国维、蒋百里、吴其昌、张宗祥、徐志摩，等等。可谓人文渊薮，层出不穷，而且都是享誉儒林的响当当人物，对中国学术思想发展贡献巨大。当然，还有更多默默无闻的地方布衣乡绅，他们所留下的诗文保留了丰富多彩的地方文化史料。书中所选取的乡贤著作虽包含了经、史、子、集，但以诗文集为主，这些著作所具有的思想性和学术性姑且不论，仅书中所提供的地方文史资料，与我而已，就像发现了一座富藏的宝库，一些静躺了数百年无人问津的第一手资料，都鲜活地再现了当事人所处时代发生的历史真实，可以极大地补充原先对一些地方人物的了解，通过阅读原著，对原来较为模糊的历史事件，从诗文和信札中找到了答案。这些古籍应该是每一位从事海宁地方文史研究学者或爱好者必须阅读的第一手资料。所涉及的人物上到皇帝近臣、翰林学士，下到明经贡生，他们的著作从儒学传承、国政大事、治国方略、地方治理、战乱灾难、国变易代，到名人交往、诗词唱和、山水吟咏、风花雪月、逸闻趣事、文玩收藏，再到生卒年月等，包含了社会政治、经济、文化生活的方方面面。尤其是每当历史上重大事件发生时，地方人物的种种心态和所表现的心理反应，如易代之际文人面对守节、失节或隐逸的艰难选择，以及以前不为人关注的海宁人物外迁任地方官吏为当地所做的贡献，乃至于一座藏书楼、一室书斋、一处园林的具体变迁，都可以从中找到真实的记载和有趣的故事，丰富而精彩的内容构成了海宁特有的地方人文特色。

这部书稿完成以后，面对案桌前堆积如山的前贤典籍，便萌生异想，如能把这些尚待深挖的海宁历代文人著作编成一部大型文献《海昌文丛》，让这些沉睡的古籍真正活起来，不至于淹没在历史长河之中，实不失为一件很有意义的事情。但这一巨大的工程则非凭一己之力所能为之，期盼有识之士共鸣，如能引起学术机构或地方有关部门的重视，则海宁文史界幸莫大焉，这也是撰写《海昌文存丛谈》的初衷。

最后要感谢唐兆基老师一直以来关心我的研究和写作，并拨冗为序，还鼓励我把这件事情继续下去，完成近现代海宁名人著作的挖掘和收集，使之完整；感谢地方文史爱好者王志江在古籍搜寻购买方面提供的帮助；感谢徐培武、高朱萍两位女士为我校稿修改，使文字臻于完善，铭感之情，尽在不言中。

辛丑处暑钱菁于冷闲斋